A SPEEDY ELEMENTARY COURSE
500 BASIC CHINESE CHARACTERS

外国人汉字速成

修订本

编著　PATRICK LIN　　周　健

校译　陆景周

插图　朱柏子　　周和平

华语教学出版社　　北京

SINOLINGUA BEIJING

First Edition   1996
Second Edition   1999

ISBN 7-80052-460-4

Copyright 1996 by Sinolingua

Published by Sinolingua

24 Baiwanzhuang Road, Beijing 100037, China

Printed by Beijing Foreign Languages Printing House

Distributed by China International

Book Trading Corporation

35 Chegongzhuang Xilu, P.O. Box 399

Beijing 100044, China

Printed in the People's Republic of China

前　言

西方人学汉语,感到最困难的地方,莫过于汉字了。汉字难认,难读,难写,难记。对于习惯了拼音文字的西方初学者来说,汉语的方块字,无异于天书,"每一个字都像是一幅神秘的图画"。

汉字难的问题主要有两大原因:一是数量大,汉字总共有五万多个,低限度的常用字也有三四千;二是笔画多,简化之后,常用字平均仍有八笔之多。对于母语为拼音文字的初学者来说,还要加上一条:字母拼音文字与方块表意文字有巨大差异,汉字字形与读音常常不能直接挂钩。例如"友、邓、权、圣、反、支、戏、对、发、叙"等字中都有"又"字,读音却无一相似。

人们多认为汉字是表意文字,其实以形声字为主的汉字常常既表意也表声,故俗谚有"读字读半边,不会错上天"之说。不过汉字演变至今,其形、音、义之间往往已缺乏关联,有关联的也不够明显,需要在已经掌握了大量汉字的基础上,经过对比、揣摩才能了解。外国初学者常常只能"一个图形一个图形地死记硬背",学习汉字的效率很低,书写时常常出错,有时还会创造出一些"很可笑的"错字来。

应当看到,虽然同是汉字的初学者,中国小学生与外国学生有着很大的差异。中国孩子在入学之前已经掌握了大量的汉语词汇和语句,他们通常对所学生字的读音及字义(或词义)已经相当熟悉了。有了这种预备知识,学习汉字的过程便简化为建立字音(已知)、字义(已知)与字形(未知)三者之间的对应关系,学起来自然事半功倍了。外国学生对生字的音、形、义都不熟悉,对三者的掌握是同步进行的,无法"对号入座",再加上他们缺乏使用汉语的大环境,更没有从小就接受字形记忆方面的长期训练,因此难怪他们要把学汉字视为畏途了。但外国学生也有优势,他们一般都是成年人了,有比较丰富的综合文化知识和较强的认知领悟能力。

本书试图采用外国学生喜闻乐见的方式,在较短的时间内突击教会500个最基本的汉字。学生有了基础,以后再学新字就会感到越来越容易,因为他们可以运用部件、偏旁、部首、谐音等知识来理解、记忆和领悟汉字形、音、义之间的关联了。例如:学生如果掌握了"宀、人、百"这些部件(字)的含义,再讲宿舍的"宿"字,就轻而易举了。

我们认为应当调动一切认知手段——既包括逻辑思维的也包括形象思维的——来建立初学者大脑中的汉字库。一切视觉的、联想的、比较的、分析的、谐音的、荒诞的都可以采用。最有效的办法是在讲解每一个字时都给学生一点儿提示或联想。

例如"不"字：让学生把下边的"小"想像成一只小鸟，上边的"一"是大手一压，不准飞上去！如"画"字，把中间的"田"想像成一幅图画，现在正在为它嵌装画框(囗)。如"早"字：想像太阳(日)还在教堂顶上(十)，时间还早。如"今"字："今"字怎么读？jīn，记住"今"字下边像个j。又如"要"字：中国人要什么？西方女人！(这个笑话是利玛窦创造的。)又如"看"字：上边是手(龵)，下边是眼(目)，手在目上挡住阳光，以便看清楚。又如"左、右"二字容易混淆，可提示学生"左"字下边的"工"形似Z，而"右"字下边是个口，人们用右手吃饭。又如"杯"字左为"木"旁，难道中国的茶杯是用木头做的吗？不是，右边是个"不"字就是说杯子不是木头做的！

采用这种别出心裁的"说文解字"，风趣幽默荒诞，一般不合文字学，但实用和有效，极受学生欢迎。认知心理学也认为滑稽、荒诞、意外和反常的东西有时反比逻辑的事物易记。如果再为提示配上生动的图解，效果就更加显著，有的时候，一幅寥寥数笔的漫画比几十字的说解更令人难忘。

那么，能否采用《说文解字》的理论来进行汉字教学呢？我们认为在对外汉语教学中，六书的理论对于初学者掌握汉字意义并不大。如"君"字，《说文》释为："君，尊也。从尹口，口以发号。"(段玉裁注："尹，治也，尹亦声。")首先，尹与君的读音有较大距离，其次，学生未必能先识"尹"再学"君"。显然，《说文》对掌握汉字帮助不大。"六书"中只有象形一类富于趣味性，学生也容易接受，其余指事、会意、形声、转注、假借的讲解都需要以认识相当多的汉字作为前提。不过，象形字在汉字中所占的比例很小，百分之一二而已，而且古汉字经过篆体、隶变，演化成今天的方块字，很多象形字已失去象形的意味了。《说文解字》是研究古汉字的一把钥匙，对于我们了解汉字的演变与内部联系都有重要的作用，但是，古文字学的知识毕竟过于专业，连中国人自己都不是靠《说文》掌握汉字的，何况我们教学的对象是不识之无的外国初学者呢。再说，我们的教材一般都采用简化字，就更无法以《说文》作为解释的依据了。我们要教给留学生的不是文字学的知识，而是文字的使用。至于学生会不会把"提示"误作字源的知识而对其将来高级阶段的汉学研究产生副作用？这种看法似乎过虑了。因为，首先教学的对象是成年人，我们在一开始便反复申明采用某些荒诞有趣的记忆方法不过是一根帮助识字的拐杖；其次，学生掌握了最基本的汉字之后，"提示"的内容就将以文字学知识为主了。

本书每页一字，依次介绍字形(含繁体)、读音(以汉语拼音为主，字头兼列国语注音)、释义、笔顺、字体、提示、部件、部首、常用词和练习，共十个部分，有关个栏目标有英译。

本书汉字读音以《普通话异读词审音表》(1985年12月修订)为准；简化字字形以《简化字总表》(1986年新版)为准，笔顺以国家语言文字工作委员会标准化工作委员会编的《现代汉语通用字笔顺规范》(北京：语文出版社，1997年)为准。汉字释义主要列常用义，一般不列生僻义。每个汉字字体包含钢笔字、宋体、楷书、隶书、行书、草书、篆书。

所谓"部件"，是按汉字的结构分解出来的，它们是构成汉字的常用零件，并不等同于部首或偏旁,如"谢"字分为"讠、身、寸"三个部件;"慢"字分为"忄、日、四、又"四个部件。把单独的部件写好了,再组合起来,就可以减少笔划方面的错误,也能加深对汉字结构的认识。

部首的设立,各种字(词)典不尽相同,本书以《新华字典》(北京:商务印书馆,1998年修订本)为准,少数字同时参考了《现代汉语词典》(北京:商务印书馆,1996年修订本)。它们一般一个字立一个部首,有的字为了便于查检而立了两个部首,个别字甚至立了三个部首。本书也作同样处理。

中国人习惯用词来界定字,如:他叫章平,文章的章,和平的平。字与词的关系密不可分。本书介绍了与所学字有关的常用词、词组、成语和短语,既有字头词也有字尾词、字中词,总数达 3000 余条,涵盖了中国对外汉语教学学会、汉语水平等级标准研究小组 1988 年 11 月公布的《词汇等级大纲》中相当大一部分甲级词和乙级词。这些词汇在教学中可以帮助学生全面地理解汉字的意思和用法,并不要求他们都掌握。

本书选字的主要依据是国家语言文字工作委员会、国家标准局 1985 年 10 月颁布的《三千高频度汉字字表》的前 500 号最常用字,以及《词汇等级大纲》中的 1011 个甲级词。《字表》是对社会科学和自然科学的一亿三千八百万字的材料抽样统计的结果,因此,其中有些使用频度高、政治色彩浓的汉字与日常生活常用字及汉语教学常用字不尽一致,我们根据《大纲》作了适当的调整。例如,本书不收列在《字表》前 500 号内的"党、团、革、列"等字,而将 500 号之后的"吃、请、坐、吗"等字收入。《大纲》中的 1011 个甲级词共用字 777 个,《字表》中前 500 号字如果不在这 777 字的范围内,我们一般不收。

本书的"提示"、"练习"、"笔顺"和"结构图示"由暨南大学周健编写,其余部分由美国国防语言学院 Patrick Lin(林柏松)编写,英文译校由美国国防语言学院的 Ching-chou Lu(陆景周)担任,插图的作者是朱柏子和周和平等。前辈学者饶秉才教授为本书的编写提出过很好的建议,华语教学出版社领导和编辑为本书的编辑、修改、出版花费了不少心血,我们表示衷心的感谢。我们力求把这本汉字入门教材编得实用生动,富有参考价值,对于书中的疏漏舛误,尚祈读者不吝赐教。

PREFACE

One of the most difficult tasks in learning Chinese is the mastery of Chinese characters. For beginners, Chinese characters are difficult to recognize, read, write and remember. Some Western learners who are used to alphabetical writing may even view the square-block Chinese characters as some kind of impenetrable enigma.

There are two main reasons why Chinese characters are difficult for foreign learners: the large number of them and the lack of correlation between the forms and the pronunciations. There are more than 50, 000 Chinese characters, and even the most frequently used ones still total three or four thousand. To a foreign beginner, each character is completely different from the others, and he has to learn it as it is. Although the majority of Chinese characters are phonetic-compound characters, containing some components indicating the pronunciation or meaning, the learner has to first master a large number of basic components and characters before he can comprehend the rules and apply them to his study of new characters.

Aiming at smoothing away these difficulties, this book is designed to provide beginners with a fast and efficient way to master 500 basic characters, and through the study of these characters, they can also gain a basic knowledge of the components of Chinese characters—the radicals, pronunciations, meanings and inter-relationships. This will enable them to further build up their reading skills rapidly.

This book takes a new approach completely different from other books in this field of study. It aims to mobilize every learning technique, including vision, imagination, association, comparison, analysis and assimilation. For instance, the character 画 is interpreted as "a picture is being framed"; the character 早 (early) is imagined as the morning sun (日) rising over the roof of a church (十); it's still early; the character 杯 (cup) contains a 'wood' (木) radical, but, this certainly does not (不) mean that Chinese cups are made of wood; the character 要 (want) is explained as: "what he wants is a Western (西) girl (女)." Interpretations like these, matched with lively illustrations, will help the learners remember the meanings of the characters and reinforce their visualization of their forms. This new approach may seem to deviate from the traditional method of using lexicographic explanations based on the classical Chinese work 说文解字 (*The Interpretations of the Words and Characters*). However, through our many years of experience of teaching Chinese as a foreign language, we have found that the unconventional, imaginative, humorous way of presentation can frequently achieve better results than the conventional way.

5

Moreover, most of the readers of this book will be students who eventually will have to work with the simplified characters that are used in China's mainland. In this case, tracing the origins of the complex forms of the characters would be less useful to them.

Two other unique features of this book are the inclusion of seven types of script and an array of exercises. Each character is shown in seven types of script, ranging from the ancient "seal script", "grass script", "running script", to the modern "standard script", "Sung-style printing script" and even the "hand-written style". This feature will give learners an understanding of the evolution of Chinese characters as well as an appreciation of Chinese calligraphy. The 80-odd various types of exercises are so designed that the learners will absorb the characters through games and fun rather than by dull memorization.

This book helps learners understand the structures of Chinese characters in a common-sense and painless way, by breaking them down into radicals and basic components while explaining their inter-relationships. Having a mastery of the simple components, you can better understand and write the various combinations of the more complex characters formed with them. It should be noted that, although most of the characters have only one radical, some, as listed in this book, can have two or even three radicals, i. e. alternative ways to look them up in the dictionary. This classification of radicals is made in accordance with the *Xinhua Dictionary* (Commercial Press, Beijing, 1998) and *A Dictionary of Modern Chinese* (Commercial Press, Beijing, 1996).

Among the 500 characters introduced in this book there are over 3, 000 entries of freqently used words (two- or three-character compounds) and phrases. In considering their practicability and frequency of use, the selection of these entries is not limited to those beginning with the heading character, but extends to any word or phrase that contains the heading character. The selection of these entries was based on two sources: *A List of 3, 000 High-frequency Chinese Characters* (published by the Chinese Character Reform Commission in 1985) and *An Outline for the Classification of Chinese Vocabulary* (published by the Association for Teaching Chinese as a Foreign Language in 1988) . It is believed that the 500 characters in this book are extensive enough to cover 80 percent of the vocabulary items listed under the A and B categories (most frequently used levels) in *An Outline*.

Three indexes are provided for convenient reference: the "Character Order Index"; the "Stroke Order Index" and the "Alphabetical Index" . Although *pinyin* (the Romanization system adopted in China's mainland) is used in this book, the "Chinese Phonetic Alphabet" (the system adopted in Taiwan) is also used to show the pronunciation of the heading character.

We would like to express our sincere appreciation to Professor Bing-cai Rao for his suggestions and comments on the draft of this book, and to the editors of Sinolingua for their cooperation and valuable contributions to its revision. Any criticisms or suggestions that might make future editions more useful for beginners are welcome.

字序索引

跟 231　走 232　路 233　自 234　己 235　已 236　改 237　起 238　记 239　没 240

设 241　与 242　写 243　午 244　许 245　得 246　但 247　青 248　清 249　情 250

请 251　精 252　能 253　开 254　并 255　关 256　送 257　车 258　连 259　军 260

此 261　些 262　老 263　考 264　者 265　教 266　师 267　着 268　会 269　两 270

史 271　使 272　更 273　便 274　交 275　校 276　较 277　回 278　合 279　拿 280

给 281　答 282　正 283　证 284　政 285　整 286　立 287　位 288　音 289　意 290

找 291　公 292　共 293　打 294　收 295　都 296　当 297　常 298　气 299　汽 300

过 301　成 302　别 303　相 304　想 305　思 306　志 307　感 308　厂 309　长 310

借 311　练 312　晚 313　其 314　期 315　化 316　花 317　华 318　事 319　笔 320

让 321　因 322　母 323　每 324　海 325　高 326　京 327　影 328　电 329　平 330

包 331　衣 332　被 333　装 334　故 335　做 336　飞 337　图 338　运 339　加 340

号 341　件 342　令 343　领 344　里 345　理 346　求 347　球 348　谢 349　由 350

众 351　知 352　道 353　边 354　病 355　次 356　决 357　冷 358　准 359　死 360

就 361　茶 362　菜 363　报 364　张 365　产 366　床 367　或 368　忙 369　慢 370

前 371　民 372　身 373　完 374　院 375　员 376　圆 377　直 378　真 379　词 380

等 381　红 382　非 383　客 384　难 385　世 386　界 387　全 388　色 389　无 390

义 391　亲 392　新 393　节 394　角 395　解 396　始 397　科 398　级 399　极 400

风 401　代 402　表 403　办 404　定 405　告 406　计 407　诉 408　业 409　光 410

复 411　服 412　克 413　空 414　片 415　外 416　往 417　论 418　谈 419　星 420

行 421　形 422　须 423　选 424　医 425　应 426　该 427　拉 428　念 429　农 430

命 431　岁 432　兴 433　系 434　条 435　提 436　题 437　布 438　够 439　劳 440

轻 441　经 442　重 443　量 444　跑 445　容 446　易 447　需 448　接 449　候 450

参 451　层 452　导 453　步 454　低 455　部 456　错 457　发 458　备 459　结 460

紧 461　面 462　原 463　越 464　总 465　组 466　治 467　帮 468　场 469　变 470

将 471　府 472　离 473　例 474　流 475　社 476　神 477　声 478　式 479　虽 480

算 481　务 482　物 483　实 484　商 485　查 486　按 487　带 488　省 489　所 490

特 491　通 492　鱼 493　制 494　指 495　建 496　象 497　数 498　纸 499　展 500

最常用五百汉字音序索引

dōng	东	144		gàn	干	71		hé	何	158
dòng	动	185		gāo	高	326		hè	和	175
dōu	都	296		gào	告	406		hēi	黑	173
dū	都	296		gē	哥	156		hěn	很	230
dú	读	211		gè	个	54		hóng	红	382
duì	对	189		gè	各	150		hòu	后	195
duō	多	113		ge	个	54		hòu	候	450
E				gěi	给	281		huā	花	317
ér	而	164		gēn	跟	231		huá	华	318
ér	儿	103		gēng	更	273		huà	话	207
èr	二	2		gèng	更	273		huà	画	148
F				gōng	公	292		huà	化	316
fā	发	458		gōng	工	89		huài	坏	69
fǎ	法	220		gòng	共	293		huán	还	66
fà	发	458		gòu	够	439		huí	回	278
fǎn	反	45		gǔ	古	32		huì	会	269
fàn	饭	46		gù	故	335		huó	活	208
fāng	方	152		guān	观	143		huǒ	火	168
fáng	房	153		guān	关	256		huò	或	368
fàng	放	154		guāng	光	410		huo	和	175
fēi	非	383		guó	国	94		**J**		
fēi	飞	337		guǒ	果	64		jī	几	104
fēn	分	227		guò	过	301		jī	机	105
fèn	分	227		**H**				jí	级	399
fēng	风	401		hái	还	66		jí	极	400
fū	夫	18		hǎi	海	325		jǐ	几	104
fú	服	412		hàn	汉	203		jǐ	己	235
fú	复	411		háng	行	421		jǐ	给	281
fǔ	府	472		háo	号	341		jì	系	434
fù	父	98		hǎo	好	75		jì	记	239
G				hào	号	341		jì	计	407
gāi	该	427		hào	好	75		jiā	家	78
gǎi	改	237		hé	和	175		jiā	加	340
gān	干	71		hé	河	157		jiān	间	112
gǎn	感	308		hé	合	279		jiàn	见	141

jiàn	建	496		jūn	军	260		liǎng	两	270
jiàn	件	342			**K**			liàng	量	444
jiàn	间	112		kāi	开	254		liǎo	了	51
jiāng	将	471		kān	看	140		lín	林	58
jiāng	江	204		kàn	看	140		lǐng	领	344
jiǎng	讲	209		kǎo	考	264		lìng	令	343
jiàng	将	471		kē	科	398		liú	流	475
jiāo	教	266		kě	可	155		liù	六	6
jiāo	交	275		kè	克	413		lù	路	233
jiǎo	角	395		kè	客	384		lùn	论	418
jiǎo	较	277		kōng	空	414			**M**	
jiào	教	266		kòng	空	414		mā	妈	97
jiào	校	276		kǒu	口	31		má	吗	96
jiào	叫	33		kū	哭	212		mǎ	马	95
jiào	觉	200		kuài	快	229		mǎ	吗	96
jiē	接	449		kuài	块	228		ma	吗	96
jiē	结	460			**L**			mǎi	买	187
jié	结	460		lā	拉	428		mài	卖	188
jié	节	394		lái	来	125		màn	慢	370
jiě	解	396		láo	劳	440		máng	忙	369
jiě	姐	162		lǎo	老	263		máo	毛	226
jiè	借	311		le	了	51		me	么	117
jiè	界	387		lěng	冷	358		méi	没	240
jīn	今	118		lí	离	473		měi	每	324
jǐn	紧	461		lǐ	里	345		měi	美	108
jìn	近	225		lǐ	理	346		mèi	妹	163
jìn	进	210		lǐ	李	62		mén	门	109
jīng	经	442		lì	立	287		men	们	110
jīng	精	252		lì	利	176		miàn	面	462
jīng	京	327		lì	例	474		mín	民	372
jiǔ	九	9		lì	历	183		míng	名	149
jiù	就	361		lì	力	182		míng	明	23
jué	角	395		lián	连	259		mìng	命	431
jué	觉	200		liàn	练	312		mǔ	母	323
jué	决	357		liáng	量	444		mù	目	138

sì	四	4		wèi	为	137		xǐng	省	489
sòng	送	257		wén	文	130		xìng	兴	433
sù	诉	408		wèn	问	111		xìng	姓	197
suàn	算	481		wǒ	我	79		xiū	休	63
suī	虽	480		wú	无	390		xū	需	448
suì	岁	432		wǔ	五	5		xū	须	423
suǒ	所	490		wǔ	午	244		xǔ	许	245
T				wù	物	483		xuǎn	选	424
tā	他	82		wù	务	482		xué	学	199
tā	她	83		**X**				**Y**		
tā	它	84		xī	西	145		yán	言	35
tài	太	16		xí	习	201		yǎn	眼	139
tán	谈	419		xì	系	434		yǎng	养	107
tè	特	491		xià	下	30		yàng	样	106
tí	提	436		xiān	先	194		yāo	么	117
tí	题	437		xiàn	现	142		yào	要	146
tǐ	体	60		xiāng	相	304		yě	也	81
tiān	天	17		xiǎng	想	305		yè	夜	114
tiáo	条	435		xiǎng	响	218		yè	业	409
tīng	听	34		xiàng	相	304		yī	一	1
tōng	通	492		xiàng	象	497		yī	衣	332
tóng	同	179		xiàng	向	217		yī	医	425
tóu	头	15		xiǎo	小	86		yǐ	已	236
tú	图	338		xiào	笑	213		yǐ	以	165
tǔ	土	68		xiào	校	276		yì	易	447
W				xiē	些	262		yì	意	290
wài	外	416		xiě	写	243		yì	义	391
wán	完	374		xiè	谢	349		yīn	因	322
wǎn	晚	313		xīn	新	393		yīn	音	289
wàn	万	151		xīn	心	121		yīng	应	426
wáng	王	90		xìn	信	36		yīng	英	219
wàng	往	417		xīng	星	420		yǐng	影	328
wàng	望	115		xīng	兴	433		yìng	应	426
wéi	为	137		xíng	行	421		yòng	用	181
wèi	位	288		xíng	形	422		yóu	由	350

笔画索引

(相同笔画按音序排列)

先 194　向 217　行 421　兴 433　休 63　许 245　衣 332　因 322　有 41　在 124

再 216　早 24　争 44　众 351　自 234　字 53

七画　把 101　吧 100　报 364　别 303　步 454　层 452　床 367　词 380　但 247　弟 159

低 455　饭 46　改 237　告 406　更 273　还 66　何 158　花 317　坏 69　极 400

间 112　角 395　近 225　进 210　克 413　快 229　块 228　来 125　劳 440　冷 358

里 345　李 62　利 176　连 259　两 270　没 240　每 324　男 184　你 80　汽 300

求 347　却 127　社 476　身 373　声 478　识 191　时 27　诉 408　体 60　条 435

听 34　完 374　位 288　我 79　系 434　形 422　言 35　医 425　应 426　员 376

远 224　运 339　张 365　找 291　这 132　证 284　纸 499　志 307　住 93　走 232

作 120　坐 70

八画　爸 99　杯 67　备 459　变 470　表 403　参 451　到 128　的 102　定 405　法 220

房 153　放 154　非 383　服 412　府 472　该 427　国 94　果 64　和 175　河 157

话 207　画 148　或 368　建 496　姐 162　经 442　京 327　空 414　拉 428　例 474

练 312　林 58　卖 188　妹 163　明 23　命 431　呢 135　念 429　朋 215　其 314

青 248　取 47　实 484　使 272　始 397　事 319　受 42　所 490　图 338　往 417

物 483　现 142　些 262　姓 197　夜 114　易 447　英 219　雨 198　者 265　知 352

直 378　制 494　治 467　注 92　组 466　学 199　鱼 493

九画　按 487　便 274　查 486　茶 362　带 488　点 169　复 411　给 281　故 335　很 230

活 208　将 471　结 460　界 387　觉 200　看 140　科 398　客 384　美 108　面 462

哪 134　南 147　前 371　亲 392　轻 441　神 477　省 489　胜 196　是 28　说 206

思 306　送 257　虽 480　相 304　响 218　信 36　星 420　须 423　选 424　养 107

要 146　音 289　语 205　院 375　怎 122　政 285　指 495　重 443　种 177　总 465

昨 119　帮 468

十画　爱 43　笔 320　病 355　菜 363　倒 129　都 296　读 211　高 326　哥 156　海 325

候 450　家 78　较 277　借 311　紧 461　哭 212　离 473　流 475　拿 280　难 385

能 253　起 238　请 251　热 171　容 446　谁 136　谈 419　特 491　通 492　笑 213

校 276　样 106　原 463　圆 377　展 500　真 379　准 359　被 333　部 456

十一画　常 298　得 246　第 160　够 439　教 266　接 449　理 346　领 344　清 249　情 250

球 348　商 485　晚 313　望 115　眼 139　象 497　着 268　做 336

略 语 表
ABBREVIATIONS

adverb	副词	adv.
adjective	形容词	adj.
auxiliary verb	助动词	aux.
conjunction	连词	conj.
idiomatic expressions	成语,惯用语	id.
measure word	量词	m.
noun	名词	n.
numeral	数词	num.
particle	助词	part.
phrase	短语	ph.
preposition	介词	prep.
pronoun	代词	pron.
slang	俚语	sl.
suffix	词尾	suf.
verb	动词	v.
verb-object	动宾结构	v. o.

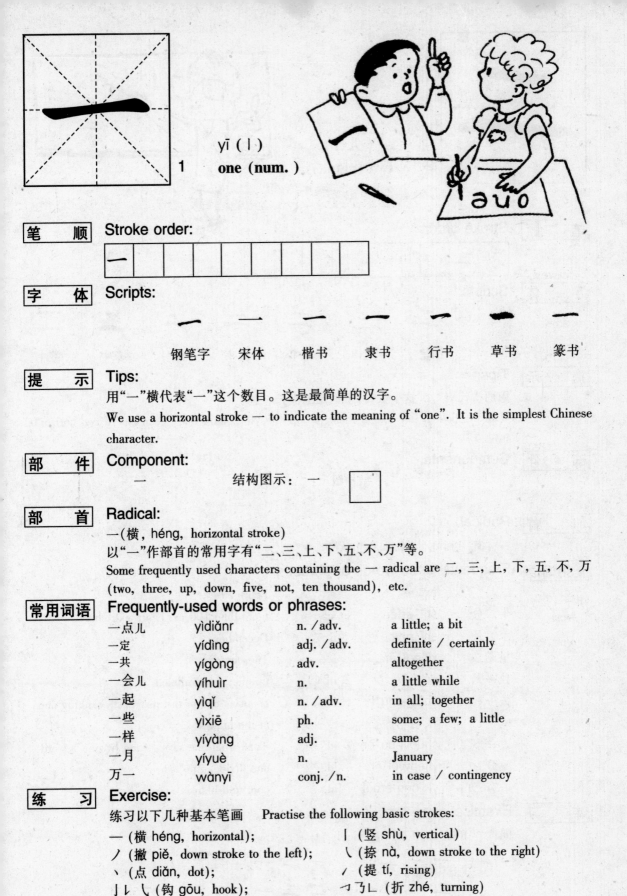

yī (丨)

1   one (num.)

笔 顺 Stroke order:

一

字 体 Scripts:

一　一　一　一　一　一　一

钢笔字　宋体　楷书　隶书　行书　草书　篆书

提 示 Tips:

用"一"横代表"一"这个数目。这是最简单的汉字。

We use a horizontal stroke 一 to indicate the meaning of "one". It is the simplest Chinese character.

部 件 Component:

一　　　结构图示：一　☐

部 首 Radical:

一(横 , héng, horizontal stroke)

以"一"作部首的常用字有"二、三、上、下、五、不、万"等。

Some frequently used characters containing the 一 radical are 二, 三, 上, 下, 五, 不, 万 (two, three, up, down, five, not, ten thousand), etc.

常用词语 Frequently-used words or phrases:

一点儿	yìdiǎnr	n. /adv.	a little; a bit
一定	yídìng	adj. /adv.	definite / certainly
一共	yígòng	adv.	altogether
一会儿	yíhuìr	n.	a little while
一起	yìqǐ	n. /adv.	in all; together
一些	yìxiē	ph.	some; a few; a little
一样	yíyàng	adj.	same
一月	yíyuè	n.	January
万一	wànyī	conj. /n.	in case / contingency

练 习 Exercise:

练习以下几种基本笔画　Practise the following basic strokes:

一 (横 héng, horizontal);　　　丨 (竖 shù, vertical)

丿 (撇 piě, down stroke to the left);　　乀 (捺 nà, down stroke to the right)

丶 (点 diǎn, dot);　　　　　　丿 (提 tí, rising)

亅乚乀 (钩 gōu, hook);　　　　乛乃乚 (折 zhé, turning)

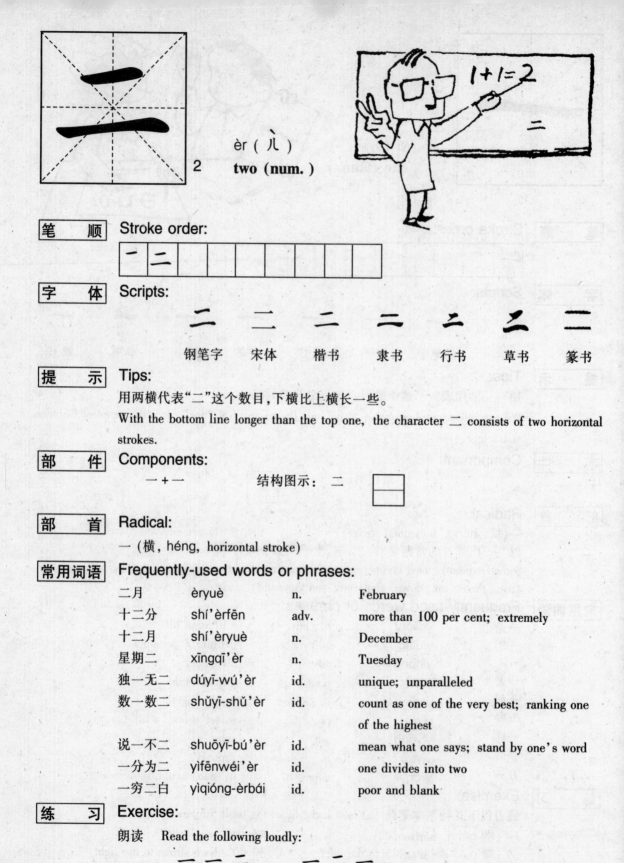

二

èr（儿）

2

two (num.)

二

笔 顺	**Stroke order:**

一　二

字 体	**Scripts:**

二　　二　　二　　二　　二　　乙　　二

钢笔字　　宋体　　楷书　　隶书　　行书　　草书　　篆书

提 示	**Tips:**

用两横代表"二"这个数目，下横比上横长一些。

With the bottom line longer than the top one, the character 二 consists of two horizontal strokes.

部 件	**Components:**

一 + 一　　　　结构图示：二

部 首	**Radical:**

一（横，héng，horizontal stroke）

常用词语	**Frequently-used words or phrases:**

二月	èryuè	n.	February
十二分	shí'èrfēn	adv.	more than 100 per cent; extremely
十二月	shí'èryuè	n.	December
星期二	xīngqī'èr	n.	Tuesday
独一无二	dúyī-wú'èr	id.	unique; unparalleled
数一数二	shǔyī-shǔ'èr	id.	count as one of the very best; ranking one of the highest
说一不二	shuōyī-bú'èr	id.	mean what one says; stand by one's word
一分为二	yìfēnwéi'èr	id.	one divides into two
一穷二白	yìqióng-èrbái	id.	poor and blank

练 习	**Exercise:**

朗读　Read the following loudly:

一 一 二，　　一 二 一。

二 一 二，　　二 二 一。

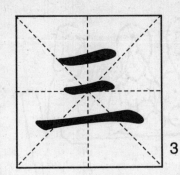

sān (ㄙㄢ)

3 **three (num.)**

| 笔 顺 | **Stroke order:** |

| 一 | 二 | 三 | | | | | |

| 字 体 | **Scripts:** |

三　　三　　三　　三　　三　　三　　三

钢笔字　　宋体　　楷书　　隶书　　行书　　草书　　篆书

| 提 示 | **Tips:** |

用三横代表"三",中间一横短,下边一横长。

The character 三 consists of three horizontal strokes. The middle stroke is the shortest, while the bottom one is the longest.

| 部 件 | **Components:** |

一 + 一 + 一　　　　结构图示：三

| 部 首 | **Radical:** |

一 (横, héng, horizontal stroke)

| 常用词语 | **Frequently-used words or phrases:** |

三角	sānjiǎo	n.	triangle
三月	sānyuè	n.	March
再三	zàisān	adv.	time and again
三个月	sān ge yuè	ph.	three months
星期三	xīngqīsān	n.	Wednesday
三三两两	sānsān-liǎngliǎng	id.	in twos and threes
三心二意	sānxīn-èryì	id.	be of two minds; half-heartedly
三言两语	sānyán-liǎngyǔ	id.	in a few words

| 练 习 | **Exercise:** |

找出各字中相同的三画来:

Find out the similar three strokes in each of the following characters:

直　须　形　真　振　叁　诊　参　蠢

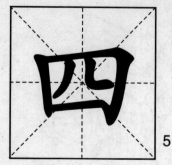

四

sì (ㄙˋ)

5 **four (num.)**

笔 顺	**Stroke order:**

丨	冂	罒	四	四			

字 体	**Scripts:**

四	四	四	四	四	㊃	四
钢笔字	宋体	楷书	隶书	行书	草书	篆书

提 示	**Tips:**

"四"字中间像个"八"！

It is so strange that what's inside the character "four" looks like an "eight"!

部 件	**Component:**

四 　　　　结构图示： 四　[ ]

部 首	**Radical:**

口 (方框，fāngkuàng, enclosure)

以"口"作部首的常用字有"四、团、因、回、园、图、围、困、国、圆、固、圈"等。

Some frequently-used characters containing the radical 口 are 四, 团, 因, 回, 园, 图, 围, 困, 国, 圆, 固, 圈 (four, circular, reason, return, garden, picture, surround, stranded, country, round, solid, circle), etc.

常用词语	**Frequently-used words or phrases:**

四处	sìchù	n.	all around; everywhere
四季	sìjì	n.	the four seasons
四月	sìyuè	n.	April
四周	sìzhōu	n.	all around
四个月	sì ge yuè	ph.	four months
星期四	xīngqīsì	n.	Thursday
四分五裂	sìfēn-wǔliè	id.	fall apart; be all split up
四面八方	sìmiàn-bāfāng	id.	all directions

练 习	**Exercise:**

观察"四"（罒）在各字中的位置，并数出各字的笔画　Locate the component 四 in each character, and then count the total number of strokes of the character:

罗　罢　罪　泗　驷　罚　蜀　署

4

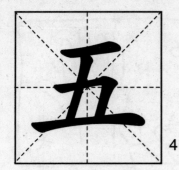

五

4　　wǔ (ㄨˇ)
five (num.)

笔　顺 Stroke order:

一	丆	五	五					

字　体 Scripts:

五	五	五	五	五	五	五
钢笔字	宋体	楷书	隶书	行书	草书	篆书

提　示 Tips:

注意"五"字只有四画。

Note that the character 五 has only four strokes, not five strokes.

部　件 Component:

五　　　　结构图示：五 □

部　首 Radical:

一(横, héng, horizontal stroke)

常用词语 Frequently-used words or phrases:

五官	wǔguān	n.	the five sense organs
五月	wǔyuè	n.	May
五指	wǔzhǐ	n.	the five fingers
五个月	wǔ ge yuè	ph.	five months
星期五	xīngqīwǔ	n.	Friday
五花八门	wǔhuā-bāmén	id.	multifarious; of a wide variety
五星红旗	Wǔxīng Hóngqí	n.	the Five-Starred Red Flag
五颜六色	wǔyán-liùsè	id.	of various colors

练　习 Exercise:

朗读　Read the two sentences aloud:

　　　　　　　　dà jiā qiāo luó gǔ.
一 二 三 四 五，　大 家 敲 锣 鼓。
one, two, three, four, five,　gongs and drums, let's strike.

　　　　　　　　yì qǐ shàng lóu tī.
五 四 三 二 一，　一 起 上 楼 梯。
five, four, three, two, one,　upstairs, let's run.

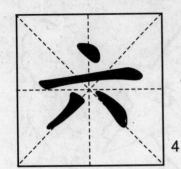

liù (ㄌㄧㄡˋ)

six (num.)

Stroke order:

丶	一	亠	六				

字　体 **Scripts:**

六　　六　　六　　六　　六　　六　　巾

钢笔字　　宋体　　楷书　　隶书　　行书　　草书　　篆书

提　示 **Tips:**

"六"字左右对称。注意，"二、四、六、八"等双数字都可平分为二。

As an even-number numeral, the character 六 is symmetrical. Note that each of the even-number Chinese numerals 二，四，六，八 includes two equal parts as indicated.

部　件 **Components:**

六＋八　　　　　　结构图示：六

部　首 **Radical:**

亠（文字头，wénzìtóu，top part of 文）

常用词语 **Frequently-used words or phrases:**

六书	liùshū	n.	the six categories of Chinese characters
六月	liùyuè	n.	June
六个月	liù ge yuè	ph.	six months
星期六	xīngqīliù	n.	Saturday
六亲不认	liùqīn-búrèn	id.	refuse to have anything to do with one's kith and kin
三头六臂	sāntóu-liùbì	id.	(with) three heads and six arms: super-human

练　习 **Exercises:**

一、读出以下号码　Read aloud the following numbers:

415-323-6514　　　　512-463-5566　　　　631-135-2462

二、把下列数字改写成汉字　Convert the numbers into Chinese characters:

1, 2, 3, 4, 5, 6 ____, ____, ____, ____, ____, ____

1, 3, 5, 2, 4, 6 ____, ____, ____, ____, ____, ____

七

qī (くｌ)

2

seven (num.)

笔　顺 Stroke order:

一　七

字　体 Scripts:

七　　七　　七　　七　　七　　七　　七

钢笔字　　宋体　　楷书　　隶书　　行书　　草书　　篆书

提　示 Tips:

把"七"字倒过来看也是7(7)。

It is also "7" (seven) when you turn the character 七 upside down.

部　件 Component:

七　　　　　　　结构图示：七　　□

部　首 Radical:

一(横，héng, horizontal stroke)

常用词语 Frequently-used words or phrases:

七月	qīyuè	n.	July
七个月	qī ge yuè	ph.	seven months
七上八下	qīshàng-bāxià	id.	be agitated; be perturbed
七十二行	qīshí'èr háng	id.	all sorts of occupations
乱七八糟	luànqībāzāo	id.	at sixes and sevens; in a mess

练　习 Exercises:

一、朗读　Read aloud the following Chinese numbers:

　　一 二 三, 三 二 一,

　　一 二 三 四 五 六 七。

二、用汉语读下列等式　Read aloud the following equalities in Chinese:

$2 + 3 = 5$　　　　　　　　$3 + 4 = 7$

$7 - 1 = 6$　　　　　　　　$7 - 2 = 5$

(+: jiā　　　 –: jiǎn　　　 =: děngyú)

7

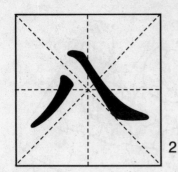

八

bā （ㄅㄚ）

2 **eight** (num.)

Stroke order:

ノ	八						

字　体 **Scripts:**

八　　八　　八　　八　　八　　八　　川

钢笔字　　宋体　　楷书　　隶书　　行书　　草书　　篆书

提　示 **Tips:**

"八"字像爸爸的八字胡。

The character 八 looks like Papa's moustache.

部　件 **Component:**

八　　　　结构图示：八

部　首 **Radical:**

八 (bā, eight)

以"八(丷)"作部首的常用字有"公、共、关、弟、六、其、前、兴、真"等。

Some frequently-used characters containing the radical 八(丷) are 公,共,关,弟,六,其,前,兴,真 (public, together, shut down, younger brother, six, his/her/its/their, front, prosper, real), etc.

常用词语 **Frequently-used words or phrases:**

八月	bāyuè	n.	August
八个月	bā ge yuè	ph.	eight months
半斤八两	bànjīn-bāliǎng	id.	six of one and half a dozen of the other; just the same
胡说八道	húshuō-bādào	id.	talk nonsense
八九不离十	bā jiǔ bù lí shí	id.	pretty close; very near

练　习 **Exercise:**

指出"八(丷)"在各字中的位置,并数笔画:

Locate 八(丷) in each character, and count the total number of strokes of the character:

分　半　只　关　共　弟　前　益　曾

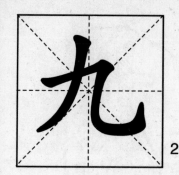

jiǔ (ㄐㄧㄡˇ)
2
nine (num.)

| 笔 顺 | **Stroke order:** |

ノ	九								

| 字 体 | **Scripts:** |

九　　九　　九　　九　　九　　九　　尤

钢笔字　　宋体　　楷书　　隶书　　行书　　草书　　篆书

| 提 示 | **Tips:** |

"九"字只有两画。

There are only two strokes in 九, and it resembles a hook, too.

| 部 件 | **Component:** |

九　　　　　结构图示：九　⬚

| 部 首 | **Radical:** |

ノ (撇, piě, left-falling stroke)

以"ノ"作部首的常用字有"川、生、久、升、乐、年、乘、及"等。

The frequently-used characters containing the radical ノ are 川,生,久,升,乐,年,乘,及 (river, life, long, rise, happy, year, ride, and), etc.

| 常用词语 | **Frequently-used words or phrases:** |

九天	Jiǔtiān	n.	the Ninth Heaven; the highest of heavens
九月	jiǔyuè	n.	September
重九	Chóngjiǔ	n.	the Double Ninth Festival (the 9th day of the 9th lunar month)
九牛一毛	jiǔniú-yìmáo	id.	a single hair out of nine ox hides; a drop in the ocean
九死一生	jiǔsǐ-yìshēng	id.	a narrow escape from death

| 练 习 | **Exercise:** |

找出下列汉字中的"九"　Identify 九 in each of the characters below:

旭　究　轨　染　仇　丸　尥

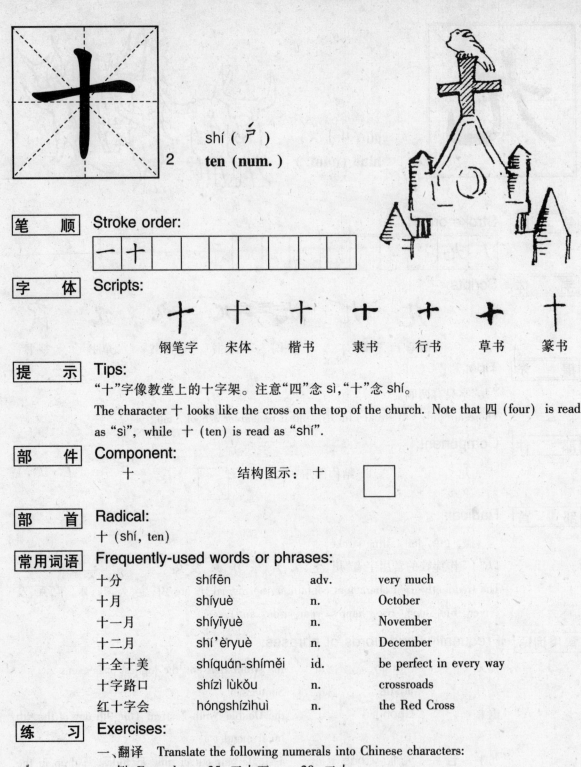

十

shí (ㄕ)

2 ten (num.)

| 笔 顺 | **Stroke order:** |

| 一 | 十 | | | | | | | | |

| 字 体 | **Scripts:** |

十　　　十　　　十　　　十　　　十　　　十　　　十

钢笔字　　宋体　　楷书　　隶书　　行书　　草书　　篆书

| 提 示 | **Tips:** |

"十"字像教堂上的十字架。注意"四"念 sì，"十"念 shí。

The character 十 looks like the cross on the top of the church. Note that 四 (four) is read as "sì", while 十 (ten) is read as "shí".

| 部 件 | **Component:** |

十　　　　　　结构图示：十

| 部 首 | **Radical:** |

十 (shí, ten)

| 常用词语 | **Frequently-used words or phrases:** |

十分	shífēn	adv.	very much
十月	shíyuè	n.	October
十一月	shíyīyuè	n.	November
十二月	shí'èryuè	n.	December
十全十美	shíquán-shíměi	id.	be perfect in every way
十字路口	shízì lùkǒu	n.	crossroads
红十字会	hóngshízìhuì	n.	the Red Cross

| 练 习 | **Exercises:** |

一、翻译 Translate the following numerals into Chinese characters:

　　例 Examples:　35 <u>三十五</u>　　20 <u>二十</u>

　　　　59 _____, 40 _____, 76 _____, 12 _____

二、读出下列数字 Read the following numerals in Chinese:

　　15; 27; 68; 92; 30; 13; 44

三、读下列乘法口诀 Read each formula for multiplication:

　　二一得(dé, make)二，二二得四，二三得六，二四得八，

　　二五一十，二六十二，二七十四，二八十六，二九十八。

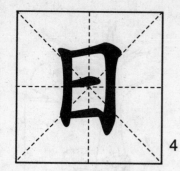

日 4

rì (曰)
1. the sun (n.)
2. day (n.)
3. time (n.)

笔 顺 Stroke order:

丨	冂	月	日					

字 体 Scripts:

日　　日　　日　　日　　日　　日　　日

钢笔字　　宋体　　楷书　　隶书　　行书　　草书　　篆书

提 示 Tips:

像太阳的形状。

This is a pictographic character symbolizing the sun.

部 件 Component:

日　　　　　结构图示： 日

部 首 Radical:

日 (rì, the sun)

以"日"作部首的字,意义多半和太阳、时间有关,如"旦、明、时、晚、早、昨、星"等。

The meanings of those characters containing the 日 radical are frequently related to the sun and time, such as 旦, 明, 时, 晚, 早, 昨, 星 (daybreak, bright, time, late, early, yesterday, star), etc.

常用词语 Frequently-used words or phrases:

日本	Rìběn	n.	Japan
日常	rìcháng	adj.	day-to-day; everyday
日程	rìchéng	n.	schedule; program
日记	rìjì	n.	diary
日期	rìqī	n.	date
日夜	rìyè	n.	day and night
日语	Rìyǔ	n.	the Japanese language
日子	rìzi	n.	day; time; life
星期日	xīngqīrì	n.	Sunday

练 习 Exercise:

指出下列各字中"日"的位置,并数各字的笔画:

Point out the location of 日 in each of the following characters, and count the strokes:

昌　旧　旭　明　间　晶　暑　朝　暮

11

月

yuè (ㄩㄝˋ)
1. the moon (n.)
2. month (n.)

4

笔 顺 Stroke order:

| 丿 | 几 | 月 | 月 | | | | |

字 体 Scripts:

月　　月　　月　　月　　月　　月　　月

钢笔字　　宋体　　楷书　　隶书　　行书　　草书　　篆书

提 示 Tips:

象形字,像月牙儿的形状。

This is a pictographic character symbolizing the moon in crescent.

部 件 Component:

月　　　　　　结构图示: 月　　□

部 首 Radical:

月 (yuè, the moon; meat)

以"月"作部首的字,一部分和月亮有关,如"期、望、朔"等;一部分和肉有关,如"朋、肥、有、脚、脸"等。

The meanings of some characters containing the 月 radical are related to the moon, such as 期,望,朔, etc.; while some of the others are related to meat or flesh, such as 朋,肥,有,脚,脸(friend, fat, have, foot, face), etc.

常用词语 Frequently-used words or phrases:

月饼	yuèbǐng	n.	moon cake for the Mid-Autumn Festival
月光	yuèguāng	n.	moonlight; moonbeam
月亮	yuèliang	n.	the moon
月票	yuèpiào	n.	monthly ticket
月食	yuèshí	n.	lunar eclipse
蜜月	mìyuè	n.	honeymoon

练 习 Exercise:

写出下列日期　Write each of the dates in Chinese character:

例 Example: April 29　四月二十九日

September 23 _____　　July 4 _____

February 14 _____　　December 25 _____

October 1st _____　　November 30 _____

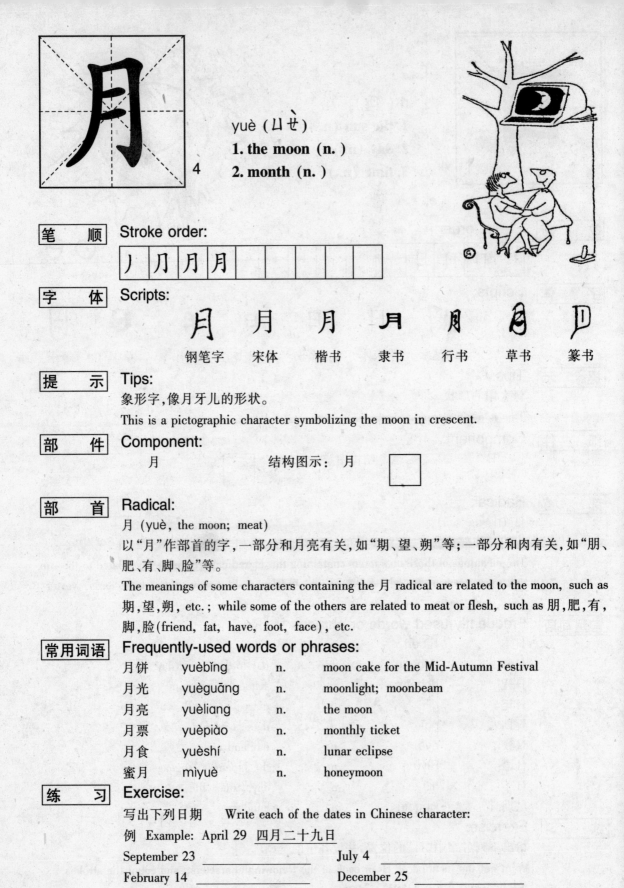

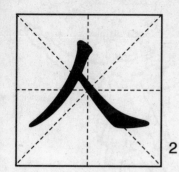

rén（ㄖㄣˊ）
1. **human being** (n.)
2. **person** (n.)

| 笔 | 顺 | **Stroke order:** |

| ノ | 人 | | | | | | | |

| 字 | 体 | **Scripts:** |

人　　人　　人　　人　　人　　人　　几

钢笔字　　宋体　　楷书　　隶书　　行书　　草书　　篆书

| 提 | 示 | **Tips:** |

象形字，像人的形状。人只用两条腿走路，这是人和猿猴的一大区别。

This is a pictographic character meaning a man. A man uses only two legs to walk, which is a significant difference between men and apes.

| 部 | 件 | **Component:** |

人　　　　　　结构图示：人

| 部 | 首 | **Radical:** |

人（rén，man）

以"人"作部首的字，意义多半和人有关，如"住、做、作、什、借、使、他、众、个"等。

The meanings of characters containing the 人 radical are usually related to person, such as 住，做，作，什，借，使，他，众，个 (live, make, do, varied, use, lend, he, crowd, etc.).

| 常用词语 | **Frequently-used words or phrases:** |

人才	réncái	n.	a person of ability
人工	réngōng	n. /adj.	manpower; manual work / man-made
人口	rénkǒu	n.	population; number of people in a family
人类	rénlèi	n.	mankind
人们	rénmen	n.	people; men
人民	rénmín	n.	the people
人物	rénwù	n.	figure; personage
家人	jiārén	n.	family members
主人	zhǔrén	n.	host; master; owner
人民币	rénmínbì	n.	the currency in China (PRC)

| 练 | 习 | **Exercise:** |

猜猜下面这些字的意思　Guess the meanings of the following characters:

从：＿＿＿＿＿　　　　众：＿＿＿＿＿

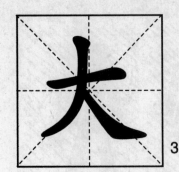

dà/dài (ㄉㄚ/ㄉㄞ)
1. dà: **big (adj.)**
2. dài(-fu): **doctor (n.)**

| 笔　顺 | **Stroke order:** |

| 一 | ナ | 大 | | | | | | |

| 字　体 | **Scripts:** |

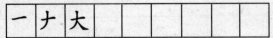

| 大 | 大 | 大 | 大 | 大 | 大 | 大 |
| 钢笔字 | 宋体 | 楷书 | 隶书 | 行书 | 草书 | 篆书 |

| 提　示 | **Tips:** |

人伸开双臂表示"大"。

This pictographic character exhibits a man stretching out his arms, symbolizing "big".

| 部　件 | **Component:** |

大　　　　　　结构图示：大　　□

| 部　首 | **Radical:** |

大 (dà, big)

以"大"作部首的常用字有"夫、太、天、头"等。

The frequently-used characters containing the 大 radical are 夫,太,天,头 (husband, too, sky, head), etc.

| 常用词语 | **Frequently-used words or phrases:** |

大概	dàgài	adv./adj.	probably / general (idea)
大家	dàjiā	pron.	all; everyone
大陆	dàlù	n.	continent; mainland
大人	dàrén	n.	adult
大声	dàshēng	adv.	loudly
大小	dàxiǎo	n.	big and small; size
大学	dàxué	n.	university
大多数	dàduōshù	n.	the majority
大使馆	dàshǐguǎn	n.	embassy
大夫	dàifu	n.	doctor

| 练　习 | **Exercise:** |

想一想下面四个字中一共有多少个人?

How many people are there in these four characters?

什　谷　仇　夫

头 tóu (ㄊㄡˊ)
5
1. head (n.)
2. first (adj.)

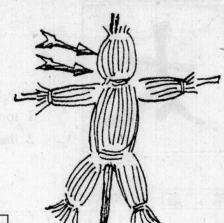

| 笔 顺 | **Stroke order:** |

| 丶 | 丶 | ニ | 头 | 头 | | | | |

| 字 体 | **Scripts:** |

头　头　头　头　头　弘　頭

钢笔字　宋体　楷书　隶书　行书　草书　篆书

| 提 示 | **Tips:** |

"大"是人的形状,两点"丶"指示头的位置。

大 is the shape of a man, and the two dots "丶" point out the position of the head.

| 部 件 | **Component:** |

头　　　　结构图示：头

| 部 首 | **Radicals:** |

大(dà, big); 丶(点, diǎn, dot)

| 常用词语 | **Frequently-used words or phrases:** |

头等	tóuděng	adj.	first-class
头发	tóufa	n.	hair (on the human head)
头脑	tóunǎo	n.	brains; mind
带头	dàitóu	v. o.	take the lead
低头	dītóu	v. o.	lower (bow) one's head
点头	diǎntóu	v. o.	nod one's head
工头	gōngtóu	n.	foreman
口头	kǒutóu	n.	oral; in words
老头(儿)	lǎotóu(r)	n.	old man
一年到头	yìnián-dàotóu	id.	throughout the year; all the year round
迎头赶上	yíngtóu-gǎnshàng	id.	try hard to catch up

| 练 习 | **Exercise:** |

解释下列词语的意思　Explain the meanings of the following terms:

人头　日头　一头牛　三头六臂

15

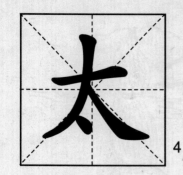

tài（ㄊㄞˋ）
1. too（adv.）
2. the greatest（adj.）

| 笔 顺 | **Stroke order:** |

| 一 | ナ | 大 | 太 | | | | | |

| 字 体 | **Scripts:** |

太　　太　　太　　太　　太　　ㄎ　　杢

钢笔字　　宋体　　楷书　　隶书　　行书　　草书　　篆书

| 提 示 | **Tips:** |

"大"再增加一点"、"，表示"过分"、"非常"的意思。

A dot "、" is added to 大（big）to form 太, meaning "too, excessive" or "extremely".

| 部 件 | **Components:** |

大 + 、　　　　　结构图示：太　　☐

| 部 首 | **Radical:** |

大（dà, big）

| 常用词语 | **Frequently-used words or phrases:** |

太公	tàigōng	n.	great-grandfather
太后	tàihòu	n.	mother of an emperor
太空	tàikōng	n.	outer space
太平	tàipíng	adj.	peaceful
太太	tàitai	n.	wife; Mrs.; lady
太阳	tàiyáng	n.	the sun
太子	tàizǐ	n.	crown prince

| 练 习 | **Exercise:** |

猜猜下列词语的意思：

Guess the meaning of the following terms:

大太太　　　　　太空人　　　　　人太多

_____　　_____　　_____

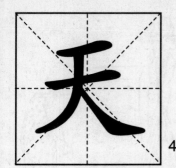

天

4

tiān (ㄊㄧㄢ)

1. sky (n.)

2. day (n.)

笔 顺 **Stroke order:**

一	二	于	天				

字 体 **Scripts:**

天　　天　　天　　天　　天　　云　　禾

钢笔字　　宋体　　楷书　　隶书　　行书　　草书　　篆书

提 示 **Tips:**

"大"字上方加一横表示"天"，最大的是天。

The sky, the horizon (一) above 大, signifies the greatest.

部 件 **Component:**

一 + 大　　　　结构图示：天

部 首 **Radicals:**

大 (dà, big)；一 (横, héng, horizontal stroke)

常用词语 **Frequently-used words or phrases:**

天才	tiāncái	n.	talent
天空	tiānkōng	n.	the sky; the heavens
天气	tiānqì	n.	weather
天真	tiānzhēn	adj.	innocent
天主	Tiānzhǔ	n.	the God
春天	chūntiān	n.	spring
夏天	xiàtiān	n.	summer
秋天	qiūtiān	n.	autumn
冬天	dōngtiān	n.	winter
礼拜天	lǐbàitiān	n.	Sunday

练 习 **Exercise:**

填空　Fill in the blanks with characters according to the information given:

1. 一周(zhōu, week)有(yǒu, have) _____ _____ (seven days)。

2. 他(tā, he)一周工作(gōngzuò, work) _____ _____ (five days)。

3. 他 _____ _____ (June)去(qù, go)日本(Rìběn, Japan)。

17

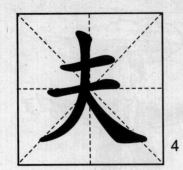

fū (ㄈㄨ)
1. husband (n.)
2. man (n.)

笔　顺 Stroke order:

一　二　キ　夫

字　体 Scripts:

夫　夫　夫　夫　夫　夫　夫

钢笔字　宋体　楷书　隶书　行书　草书　篆书

提　示 Tips:

丈夫高过天。

夫 (husband) is higher than 天 (the sky). So you must respect him.

部　件 Component:

夫　　　　　　结构图示：夫 □

部　首 Radicals:

一 (横, héng, horizontal stroke); 大 (dà, big)

常用词语 Frequently-used words or phrases:

夫妇	fūfù	n.	husband and wife
夫妻	fūqī	n.	husband and wife
夫人	fūren	n.	Lady; Madame; Mrs.
大夫	dàifu	n.	doctor
工夫	gōngfu	n.	time
功夫	gōngfu	n.	workmanship; skill; art
姐夫	jiěfu	n.	elder sister's husband
丈夫	zhàngfu	n.	husband

练　习 Exercises:

一、根据拼音写出汉字和英译　Write the characters according to the *pinyin*, and give
the English translation:

dàifu _____　　　　dàrén _____

tóu tài dà_____　　　　tàifūren _____

二、猜一猜, 这是什么字?　Guess what character it is:

这个男人比天高, 一个人等于两个人。_____

This man is higher than the sky, one person equals to two persons.

18

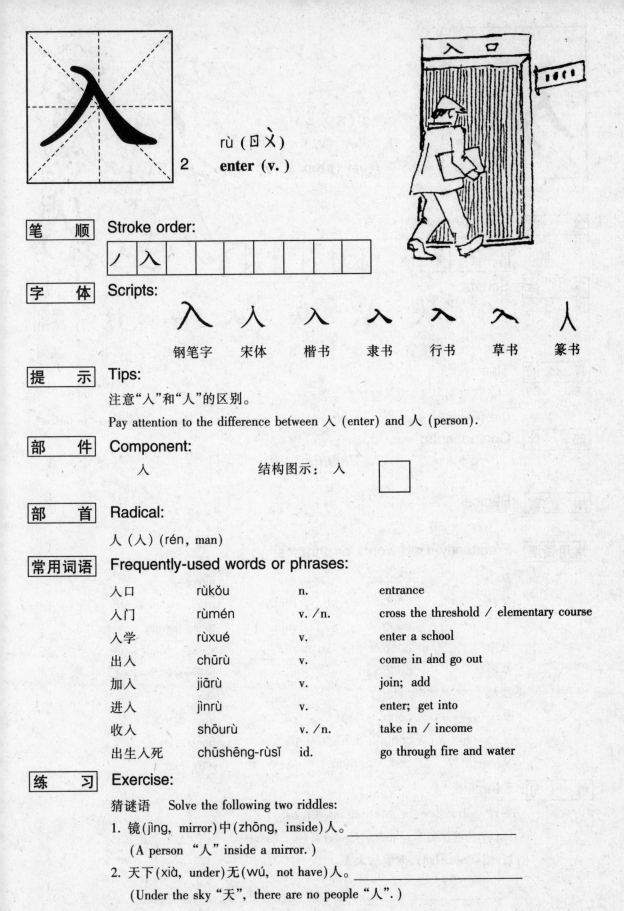

入

rù （ㄖㄨˋ）

2　enter（v.）

Stroke order:

ノ	入						

字　体　Scripts:

入　　入　　入　　入　　入　　入　　人

钢笔字　宋体　楷书　隶书　行书　草书　篆书

提　示　Tips:

注意"入"和"人"的区别。

Pay attention to the difference between 入 (enter) and 人 (person).

部　件　Component:

入　　　　　结构图示：入

部　首　Radical:

人（亻）(rén, man)

常用词语　Frequently-used words or phrases:

入口	rùkǒu	n.	entrance
入门	rùmén	v./n.	cross the threshold / elementary course
入学	rùxué	v.	enter a school
出入	chūrù	v.	come in and go out
加入	jiārù	v.	join; add
进入	jìnrù	v.	enter; get into
收入	shōurù	v./n.	take in / income
出生入死	chūshēng-rùsǐ	id.	go through fire and water

练　习　Exercise:

猜谜语　Solve the following two riddles:

1. 镜(jìng, mirror)中(zhōng, inside)人。_____

(A person "人" inside a mirror.)

2. 天下(xià, under)无(wú, not have)人。_____

(Under the sky "天", there are no people "人".)

19

从　　從　cóng（ㄘㄨㄥ）
4　　1. follow (v.)
　　　2. from (prep.)

丿　丿　刀　从

字　体　Scripts:

从　　从　　从　　从　　从　　从　　从

钢笔字　宋体　楷书　隶书　行书　草书　篆书

提　示　Tips:

一人跟着另一人，表示跟从。

One person following another, this associative compound character indicates "to follow".

部　件　Components:

亻 + 人　　　　结构图示：从

部　首　Radical:

人 (rén, man)

常用词语　Frequently-used words or phrases:

从不	cóngbù	adv.	never
从此	cóngcǐ	conj.	from now on
从而	cóng'ér	conj.	thus; thereby
从来	cónglái	adv.	always; at all times
从前	cóngqián	n.	before; in the past
服从	fúcóng	v.	obey
从……到	cóng...dào	ph.	from...to...
从……起	cóng...qǐ	ph.	from...on
从……出发	cóng...chūfā	ph.	start from...

练　习　Exercise:

翻译　Translate the following into English:

他(tā, he)从日本(Rìběn, Japan)来(lái, come)；

可是(kěshì, but)，他服从太太。

běi (ㄅㄟˇ)

5   **north (n.)**

Stroke order:

| 丨 | 十 | 丰 | 北 | 北 | | | |

字　体　Scripts:

北　北　北　北　北　北　川

钢笔字　宋体　楷书　隶书　行书　草书　篆书

提　示　Tips:

古字为两人背靠背站着，是背的意思，后来借用作"北"。

Originally a picture of two persons standing back to back, the first meaning of this character was "back". The current meaning of "north" comes as a result of a phonetic loan.

部　件　Components:

丬 + 匕　　　结构图示：北

部　首　Radical:

丨（竖，shù, vertical stroke）

常用词语　Frequently-used words or phrases:

北边	běibiān	n.	north
北方	běifāng	n.	north; the northen part of the country
北极	běijí	n.	the North Pole
北京	Běijīng	n.	Beijing, the capital of China (PRC)
北面	běimiàn	n.	north
东北	dōngběi	n.	northeast
北美洲	Běiměizhōu	n.	North America

练　习　Exercise:

翻译　Translate the following into Chinese:

1. There are too many people in Beijing.

_____。

2. The doctor came from Beijing.

_____。

比

bǐ (ㄅ ㄧˇ)
1. compare (v.)
2. than (prep.)

4

笔　顺 Stroke order:

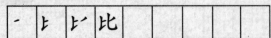

一　比　比　比

字　体 Scripts:

比　　比　　比　　比　　比　　比　　川

钢笔字　宋体　楷书　隶书　行书　草书　篆书

提　示 Tips:

两人站在一起比高低，就是"比"的意思。

With two persons standing face to face to compare their heights, this associative compound character means "to compare".

部　件 Components:

⺊ + 匕　　　　　结构图示：比

部　首 Radical:

比（bǐ, comparison）

常用词语 Frequently-used words or phrases:

比方	bǐfāng	v. / n.	suppose / analogy; for instance
比分	bǐfēn	n.	score for a competition
比较	bǐjiào	v. / adv.	compare / comparatively
比例	bǐlì	n.	ratio; proportion
比如	bǐrú	v.	for example
比赛	bǐsài	n. / v.	match / compete

练　习 Exercise:

模仿下面两个句子,用"比"字造句：

Study the examples and then make two sentences with "比"：

1. 他太太比他高(gāo, tall)。

_____。

2. 中国(Zhōngguó, China)比日本大。

_____。

míng (ㄇㄧㄥˊ)

1. bright (adj.)
2. know (v.)

8

Stroke order:

日	明							

字　体 Scripts:

明	明	明	明	明	明	明
钢笔字	宋体	楷书	隶书	行书	草书	篆书

提　示 Tips:

日、月合在一起，表示明亮。

This associative compound character means "bright" since the sun（日） and the moon （月）are put together.

部　件 Components:

　　日＋月　　　　　结构图示：明

部　首 Radical:

日（rì, the sun）

常用词语 Frequently-used words or phrases:

明白	míngbai	adj. ／v.	clear ／ understand; know
明亮	míngliàng	adj.	bright; become clear
明明	míngmíng	adv.	obviously; undoubtedly
明年	míngnián	n.	next year
明确	míngquè	adj. ／v.	clear ／ make clear
明天	míngtiān	n.	tomorrow; the near future
明显	míngxiǎn	adj.	clear; obvious
明信片	míngxìnpiàn	n.	postcard

练　习 Exercise:

指出"月"在下面各字中的位置：

Point out the location of 月 in each of the following characters:

服　肯　期　胜　肩　有　朝　望　能　脊　肚

早

zǎo （ㄗㄠˇ）
1. morning (n.)
2. long ago (adj.)
3. early (adj.)

笔　顺 Stroke order:

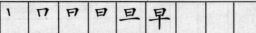

字　体 Scripts:

早　　早　　早　　早　　早　　早　　昂

钢笔字　宋体　　楷书　　隶书　　行书　　草书　　篆书

提　示 Tips:

想像一下太阳(日)在教堂顶上(十)，就会知道它是早上的意思。

Imagine the sun （日） has come up to the top of the church （十）, and you will know that the meaning of this associative compound character is "morning".

部　件 Components:

日 + 十　　　　　　结构图示：早

部　首 Radicals:

日 （rì, the sun）

常用词语 Frequently-used words or phrases:

早晨	zǎochén	n.	(early) morning
早点	zǎodiǎn	n.	breakfast
早饭	zǎofàn	n.	breakfast
早期	zǎoqī	n.	the early time period
早上	zǎoshang	n.	(early) morning
早晚	zǎowǎn	adv.	morning and evening; sooner or later
清早	qīngzǎo	n.	early morning

练　习 Exercise:

指出"十"在下面各字中的位置：

Point out the location of 十 in each of the following characters:

古　华　田　卉　丧　卓　卖　乾　博　克

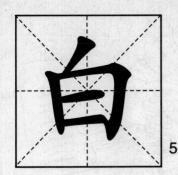

bái (ㄅㄞˊ)
1. white (adj.)
2. in vain (adv.)

5

Stroke order:

′	白							

字 体 **Scripts:**

白	白	白	白	白	白	白
钢笔字	宋体	楷书	隶书	行书	草书	篆书

提 示 **Tips:**

"日"上多一撇(丿),表示太阳的白光。

This is a self-explanatory character. With one additional stroke (丿) above the sun (日), this character implies the white light of the sun.

部 件 **Component:**

白　　　　　结构图示：白　| |

部 首 **Radical:**

白 (bái, white)

常用词语 **Frequently-used words or phrases:**

白菜	báicài	n.	Chinese cabbage
白废	báifèi	v.	waste
白宫	Báigōng	n.	the White House
白人	báirén	n.	white people
白天	báitiān	n.	daytime; day
明白	míngbái	v./adj.	understand / clear
雪白	xuěbái	adj.	snow-white
白纸黑字	báizhǐ-hēizì	id.	black words on white paper—clear; obvious

练 习 **Exercise:**

一、翻译　Translate each of the following words into English:

明白＿＿＿＿＿＿　　白太太＿＿＿＿＿＿　　白色＿＿＿＿＿＿

二、指出"白"在各字中的位置　Locate the radical 白 in each of the following characters:

百　皂　的　皇　皙　魄　皆

25

bǎi (ㄅㄞˇ)

6

1. hundred (num.)
2. numerous (adj.)

笔　顺	**Stroke order:**

一　丆　丆　丆　百　百

字　体	**Scripts:**

百　　百　　百　　百　　百　　百　　百

钢笔字　　宋体　　楷书　　隶书　　行书　　草书　　篆书

提　示	**Tips:**

"白"是声旁，"一"是形旁。

This is a pictophonetic character with 白 (bái) as its sound element and 一 (one) as its
ideogram.

部　件	**Components:**

一 + 白　　　　　　结构图示：百

部　首	**Radicals:**

一 (横, héng, horizontal stroke); 白 (bái, white)

常用词语	**Frequently-used words or phrases:**

百般	bǎibān	adv.	in a hundred and one ways
百货	bǎihuò	n.	general merchandise
百年	bǎinián	n.	a very long period; lifetime
百万	bǎiwàn	num.	million
百姓	bǎixìng	n.	common people
百分比	bǎifēnbǐ	n.	percentage
百发百中	bǎifā-bǎizhòng	id.	(as in archery and shooting) Every shot hits the target.
百分之百	bǎifēn zhī bǎi	id.	a hundred per cent

练　习	**Exercise:**

用汉字写出下列数字　　Turn the following numerals into characters:

400 _____　　　　213 _____　　　　760 _____

899 _____　　　　956 _____　　　　579 _____

26

時 shí (ㄕ)

7

1. time (n.)
2. hour (n.)

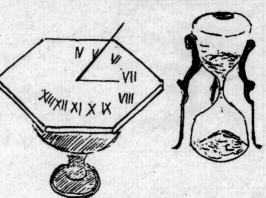

| 笔　顺 | Stroke order: |

| 日 | 日一 | 时 | 时 | | | | |

| 字　体 | Scripts: |

时　　时　　时　　时　　时　　时　　時

钢笔字　宋体　楷书　隶书　行书　草书　篆书

| 提　示 | Tips: |

"日"是太阳，"寸"表示尺度，"日"和"寸"合在一起表示时间或钟点。

日 is the sun or day; 寸 is the symbol of a hand holding a ruler. With 日 and 寸 together, this associative compound character indicates the measurement of the day, namely, the time or the hour.

| 部　件 | Components: |

日 + 寸　　　　　结构图示：时

| 部　首 | Radical: |

日 (rì, the sun)

| 常用词语 | Frequently-used words or phrases: |

时代	shídài	n.	age; era
时候	shíhou	n.	(the duration of) time
时间	shíjiān	n.	(the concept of) time
时节	shíjié	n.	season
时刻	shíkè	n.	time; moment
时期	shíqī	n.	period of time
时时	shíshí	adv.	always; all the time
按时	ànshí	adv.	on time; on schedule
随时	suíshí	adv.	at any time; whenever necessary

| 练　习 | Exercise: |

翻译　Translate the following expressions into Chinese:

1. 7 o'clock, tomorrow morning　　2. December 26, 6 pm

shì (ㄕ)
1. correct (adj.)
2. be (v.)

9

Stroke order:

| 日 | 旦 | 早 | 早 | 昆 | 是 | | | |

字　体 Scripts:

是　　是　　是　　是　　是　　是　　昆

钢笔字　　宋体　　楷书　　隶书　　行书　　草书　　篆书

提　示 Tips:

在太阳(日)下发誓某事正确无误,表示肯定。

Swearing under the sun （日） that something is true （正，正），gives this character the original meaning of "to be correct, certain". Now it may also mean "to be".

部　件 Components:

日 + 正　　　　结构图示：是

部　首 Radicals:

日 (rì, the sun)

常用词语 Frequently-used words or phrases:

是非	shìfēi	n.	right and wrong
但是	dànshì	conj.	however
可是	kěshì	conj.	but
似是而非	sì shì ér fēi	id.	seemingly right but actually wrong

练　习 Exercises:

一、朗读并翻译　Read the following and translate them into English:

四是四,十是十, ＿＿＿＿＿＿＿＿＿＿＿

十四是十四,四十是四十, ＿＿＿＿＿＿＿＿＿

四十四是四十四。＿＿＿＿＿＿＿＿＿＿＿

二、指出下列各字的部首　Point out the radical in each of the characters:

三　四　六　时　是　早　月　百　天

＿　＿　＿　＿　＿　＿　＿　＿　＿

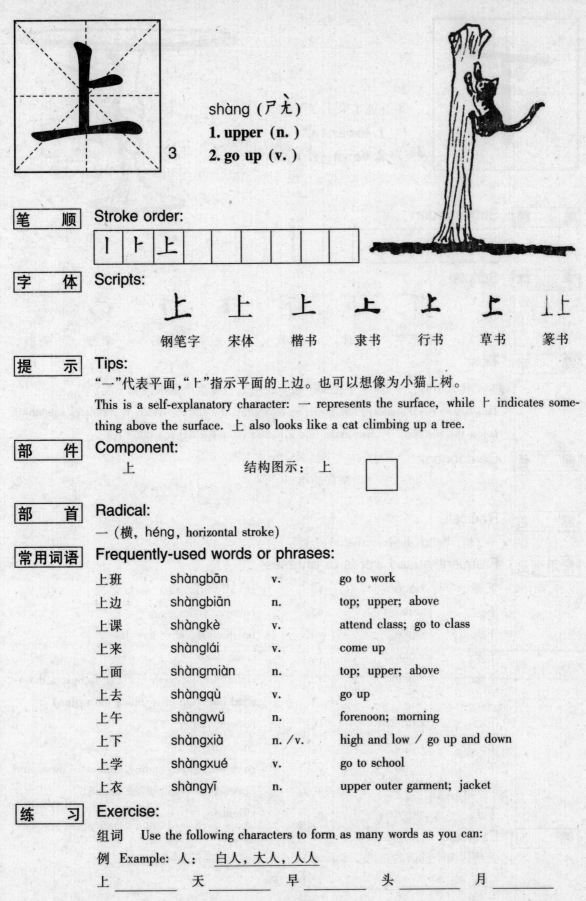

上

shàng (ㄕㄤ)
3
1. upper (n.)
2. go up (v.)

笔 顺 | Stroke order:

| 丨 | 卜 | 上 | | | | | | |

字 体 | Scripts:

上	上	上	上	上	上	上
钢笔字	宋体	楷书	隶书	行书	草书	篆书

提 示 | Tips:

"一"代表平面，"卜"指示平面的上边。也可以想像为小猫上树。

This is a self-explanatory character: 一 represents the surface, while 卜 indicates something above the surface. 上 also looks like a cat climbing up a tree.

部 件 | Component:

上   结构图示：上

部 首 | Radical:

一 （横，héng，horizontal stroke）

常用词语 | Frequently-used words or phrases:

上班	shàngbān	v.	go to work
上边	shàngbiān	n.	top; upper; above
上课	shàngkè	v.	attend class; go to class
上来	shànglái	v.	come up
上面	shàngmiàn	n.	top; upper; above
上去	shàngqù	v.	go up
上午	shàngwǔ	n.	forenoon; morning
上下	shàngxià	n./v.	high and low / go up and down
上学	shàngxué	v.	go to school
上衣	shàngyī	n.	upper outer garment; jacket

练 习 | Exercise:

组词　Use the following characters to form as many words as you can:

例 Example: 人：　白人，大人，人人

上 _____　天 _____　早 _____　头 _____　月 _____

29

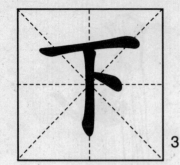

xià （ㄒㄧㄚˋ）
1. lower （n.）
3
2. down （v.）

| 笔　顺 | **Stroke order:** |

| 一 | 丁 | 下 | | | | | |

| 字　体 | **Scripts:** |

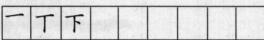

钢笔字　　宋体　　楷书　　隶书　　行书　　草书　　篆书

| 提　示 | **Tips:** |

"一"代表平面，"卜"指示平面的下边。也可以想像为老鼠沿桌腿下爬。

This is a self-explanatory character: 一 represents the surface while 卜 indicates something below the surface. 下 also looks like a mouse climbing down a table leg.

| 部　件 | **Component:** |

下　　　　　　　　结构图示：下

| 部　首 | **Radical:** |

一（横，héng，horizontal stroke）

| 常用词语 | **Frequently-used words or phrases:** |

下班	xiàbān	v.	get off work; after work
下边	xiàbiān	n.	bottom; under
下课	xiàkè	v.	finish class; after the class
下来	xiàlái	v.	come down
下来	xiàlai	v.	come down; (verb ending, indicates downward direction or result of the action)
下面	xiàmiàn	n.	bottom; under
下去	.xiàqù	v.	go down
下去	xiàqu	v.	go down; (verb ending, indicates downward direction or result of the action)
下午	xiàwǔ	n.	afternoon

| 练　习 | **Exercise:** |

猜猜这两个词语的意思　Guess the meanings of the following items:

卡 ＿＿＿＿＿＿＿＿＿＿　　　七上八下 ＿＿＿＿＿＿＿＿＿＿

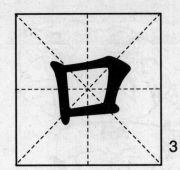

kǒu (丂ㄡˇ)
3　**mouth (n.)**

| 笔　顺 | **Stroke order:** |

| 丨 | 冂 | 口 | | | | | | |

| 字　体 | **Scripts:** |

口　　口　　口　　口　　口　　ロ　　ㅂ

钢笔字　　宋体　　楷书　　隶书　　行书　　草书　　篆书

| 提　示 | **Tips:** |

像嘴的形状。

Symbolizing a mouth, this pictographic character means mouth.

| 部　件 | **Component:** |

口　　　　　结构图示：口　　[　　]

| 部　首 | **Radical:** |

口 (kǒu, mouth)

以"口"作部首的字,意义大都和口有关,例如"吃、叫、哭、听、告、吗、吧、呢、哪"等等。

The characters containing the 口 radical are usually related to mouth, such as 吃,叫,哭,

听,告,吗,吧,呢,哪(eat, shout, cry, listen, tell, etc.).

| 常用词语 | **Frequently-used words or phrases:** |

口袋	kǒudài	n.	pocket
口号	kǒuhào	n.	slogan; watchword
口气	kǒuqì	n.	tone; note
口试	kǒushì	n./v.	oral examination / have an oral test
口头	kǒutóu	n.	oral; in word
口语	kǒuyǔ	n.	spoken language
口是心非	kǒushì-xīnfēi	id.	say yes but mean no

| 练　习 | **Exercise:** |

指出"口"在下面各字中的位置:

Point out the radical 口 in each of the following characters:

叶　古　右　号　句　吕　哥　吸　燕　哈

gǔ (ㄍㄨˇ)

5　ancient (adj.)

Stroke order:

| 一 | 十 | 十 | 古 | 古 | | | |

字　体　Scripts:

古　　古　　古　　古　　古　　古　　古

钢笔字　宋体　楷书　隶书　行书　草书　篆书

提　示　Tips:

十口相传,表示古老,古代。

A tradition passed down　(口) through ten　(十) generations, this associative compound character means "old, ancient".

部　件　Components:

十 + 口　　　　　结构图示：古

部　首　Radicals:

十 (shí, ten); 口 (kǒu, mouth)

常用词语　Frequently-used words or phrases:

古代	gǔdài	n.	ancient times
古迹	gǔjì	n.	historic site
古老	gǔlǎo	adj.	ancient; age-old
古文	gǔwén	n.	classical writing
古今中外	gǔjīn-zhōngwài	id.	ancient and modern, Chinese and foreign; throughout the whole world at all times
古往今来	gǔwǎng-jīnlái	id.	through the ages; of all ages

练　习　Exercises:

一、猜字谜　Solve the riddle:

古字跌倒。　The character 古 falls down. _____

二、比较两字的部首、笔画的结构:

Compare the radicals, strokes and structures of the two characters:

古　旱

32

jiào (ㄐㄧㄠ)

5　**call (v.)**

笔　顺	**Stroke order:**

口	叫	叫						

字　体	**Scripts:**

叫　　叫　　叫　　叫　　叫　　叫　　叫

钢笔字　宋体　楷书　隶书　行书　草书　篆书

提　示	**Tips:**

用"口"叫，"丩"是声旁。"丩"在注音字母中表示 j。

One yells with 口 (the mouth). 丩 is pronounced "j" in the national phonetic alphabet.

部　件	**Components:**

口 + 丩　　　　　结构图示：叫

部　首	**Radical:**

口 (kǒu, mouth)

常用词语	**Frequently-used words or phrases:**

叫喊	jiàohǎn	v.	shout; yell
叫好	jiàohǎo	v.	applaud; shout "Well done!"
叫苦	jiàokǔ	v.	complain of hardship or suffering; moan and groan
叫卖	jiàomài	v.	hawk one's goods; peddle
叫门	jiàomén	v. o.	call at the door to be let in
叫作	jiàozuò	v.	be called
叫花子	jiàohuāzi	n.	beggar

练　习	**Exercise:**

字谜　Riddles:

一个字四个口，　一个字五个口，　一个字八个口，

一个字十个口，　各是什么字？

One character has four mouths, another one has five, a third one has eight, and a fourth one has ten. What are those four characters?

Answers: _____　_____　_____　_____

33

听 聽

tīng （ㄊ｜ㄥ）

7 listen (v.)

笔 顺 Stroke order:

口	叮	听	听					

字 体 Scripts:

听　听　听　听　听　𠂉　聽

钢笔字　宋体　楷书　隶书　行书　草书　篆书

提 示 Tips:

左边是"口"，有人说话；右边可想像成一只耳朵，有人在听。

The left part is a mouth (口), symbolizing that somebody is speaking, while the right part can be imagined as the ear of the other person who is listening.

部 件 Components:

口 + 斤　　　结构图示：听

部 首 Radical:

口 （kǒu, mouth）

常用词语 Frequently-used words or phrases:

听见	tīngjiàn	v.	have heard
听讲	tīngjiǎng	v.	listen to a talk; attend a lecture
听力	tīnglì	n.	listening comprehension
听说	tīngshuō	v.	be told; hear about
听写	tīngxiě	v./n.	dictate / dictation
听众	tīngzhòng	n.	listeners; audience
听起来	tīng qǐlái	ph.	sound (like)

练 习 Exercise:

翻译　Translate the following sentences into English:

1. 听他说话，听不明白。

_____

2. 太太叫丈夫听电话。

_____

34

言 7

yán （ㄧㄢˊ）
1. **words** (n.)
2. **say** (v.)

"Keep out! Keep out! K-E-E-P O-U-T."

| 笔　顺 | Stroke order: |

| 丶 | 宀 | 宀 | 訁 | 言 | | | |

| 字　体 | Scripts: |

言　　言　　言　　言　　言　　言　　言

钢笔字　　宋体　　楷书　　隶书　　行书　　草书　　篆书

| 提　示 | Tips: |

下边是嘴,上边是声波。

A mouth （口） with sound waves （言） coming out shows that the character 言 means "words".

| 部　件 | Component: |

言　　　　　　　结构图示： 言 □

| 部　首 | Radical: |

言 (yán, words)

以"言(讠)"作部首的字,往往与语言有关,如"誉、警、词、话、讲、说、读、诉、请"等。

Characters containing the 言 （讠） radical are usually related to languages and speech, such as 誉, 警, 词, 话, 讲, 说, 读, 诉, 请(honor, alarm, word, speech, speak, say, read, tell, invite), etc.

| 常用词语 | Frequently-used words or phrases: |

言论	yánlùn	n.	opinion on public affairs
言谈	yántán	n.	the way one speaks; what one says
言语	yányǔ	n.	speech; words
语言	yǔyán	n.	language
言而无信	yán'érwúxìn	id.	fail to keep one's word
言行不一	yánxíng-bùyī	id.	one's deeds do not match one's words

| 练　习 | Exercise: |

指出"言(讠)"在下面各字中的位置,并数一数各字的笔画:

Point out the radical 言(讠) in each of the following characters, and count the number of strokes for each one:

信　誉　誓　计　访　话　请　谢　狱

信

xìn (ㄒㄧㄣ)
1. letter (n.)
2. believe (v.)

9

笔 顺 Stroke order:

亻	信							

字 体 Scripts:

信　　信　　信　　信　　信　　信　　信

钢笔字　　宋体　　楷书　　隶书　　行书　　草书　　篆书

提 示 Tips:

人言为信。

The character 信 (letter) is composed of a man （亻） and his words （言）. Since people should trust the man's words, 信 also means "to believe" or "to trust".

部 件 Components:

亻 + 言　　　　　结构图示：信

部 首 Radical:

亻 (单人, dānrén, man)

常用词语 Frequently-used words or phrases:

信封	xìnfēng	n.	envelope
信号	xìnhào	n.	signal
信念	xìnniàn	n.	faith; belief
信任	xìnrèn	v./n.	have confidence in; trust
信息	xìnxī	n.	information
信心	xìnxīn	n.	confidence
相信	xiāngxìn	v.	believe
自信	zìxìn	v.	have self-confidence
自信心	zìxìnxīn	n.	self-confidence

练 习 Exercise:

查字典,说出下列各词中"信"的含义:

Look up the dictionary for the meaning of 信 in each of the following expressions:

送信　　守信　　信服　　信息　　信用卡　　通风报信　　信不信由你

36

shǒu (ㄕ ㄡˇ)

4   hand (n.)

笔 顺 **Stroke order:**

一	二	三	手				

字 体 **Scripts:**

手　　手　　手　　手　　手　　手　　ᗣ

钢笔字　　宋体　　楷书　　隶书　　行书　　草书　　篆书

提 示 **Tips:**

古字像一只手的形状。

This pictographic character originated from the ideogram on the top right, symbolizing a hand.

部 件 **Component:**

手　　　　　结构图示：手　　☐

部 首 **Radical:**

手 (shǒu, hand)

以"手(扌)"作部首的字,意义往往与手有关,如"拿、拳、找、打、拉、指、接、按"等。

Characters containing the radical 手 (扌) usually have something to do with hand; e.g. 拿,拳,找,打,拉,指,接,按(take, fist, search, hit, pull, point, receive, press), etc.

常用词语 **Frequently-used words or phrases:**

手表	shǒubiǎo	n.	wrist watch
手段	shǒuduàn	n.	means; medium; measure
手枪	shǒuqiāng	n.	pistol
手势	shǒushì	n.	gesture; sign
手术	shǒushù	n.	surgical operation
手套儿	shǒutàor	n.	gloves
手续	shǒuxù	n.	procedures
手指	shǒuzhǐ	n.	finger

练 习 **Exercise:**

指出"手(扌)"在下面各字中的位置,并数一数各字的笔画:

Locate the radical 手 (扌) in each of the following characters, and count the number of strokes for the character:

拿　拳　掰　掌　打　提　指　擦

37

yòu （ㄧㄡˋ）

2

again; and (adv.)

你又喝酒了！

笔　顺 **Stroke order:**

フ　又

字　体　**Scripts:**

又　　又　　又　　又　　又　　又　　彐

钢笔字　　宋体　　楷书　　隶书　　行书　　草书　　篆书

提　示　**Tips:**

"又"古字作彐，像手的形状。

The pictographic character 又 originated from the ideogram 彐, symbolizing a hand.

部　件　**Component:**

又　　　　　　　结构图示：又　　[ ]

部　首　**Radical:**

又 (yòu, also; hand)

以"又"作部首的字,有些与手有关,如"受、友、取、反"等;有些来自简化字,如"变、对、发、鸡、难、圣、邓、双"等。　Characters containing the radical 又 are frequently related to hand, such as 受，友，取，反 (accept, friend, obtain, oppose) etc.; some of them, however, are simplified characters, such as 变，对，发，鸡，难，圣，邓，双 (change, right, send out, chicken, difficult, sage, a surname, double), etc.

常用词语　**Frequently-used phrase:**

又及　　　　yòují　　　　ph.　　　　postscript (PS)

用　法　**Usage:**

1. 表示重复或继续,如: 看了又看;一步又一步地移动;一年又一年。

Indicating repetition or continuation, e.g. look again and again; move step by step; year after year.

2. 表示几种情况或性质同时存在,如:又快又好;又哭又笑。

Indicating the co-existence of several qualities or states, e.g. fast and fine, crying and laughing alternately.

练　习　**Exercise:**

指出"又"在下面各字中的位置,并数笔画:

Locate 又 in each of the characters and count the number of strokes:

又　双　邓　发　取　受　圣　变

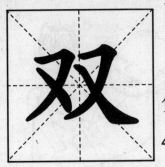

双 雙 shuāng (ㄕㄨㄤ)

4

1. dual; both (adj.)
2. pair (m.)

Stroke order:

又	双							

字　体　Scripts:

双　　双　　双　　双　　双　　雙　　雙

钢笔字　宋体　楷书　隶书　行书　草书　篆书

提　示　Tips:

两只(隻)手,表示一双。

This is a self-explanatory character: a pair of hands.

部　件　Components:

又ʼ + 又　　　　结构图示：双 ☐

部　首　Radical:

又 (yòu, also, hand)

常用词语　Frequently-used words or phrases:

双边	shuāngbiān	n.	both sides; bilateral
双方	shuāngfāng	n.	both sides; the two parties
双亲	shuāngqīn	n.	(both) parents; father and mother
双数	shuāngshù	n.	even numbers
双喜	shuāngxǐ	n.	double happiness
双人床	shuāngrénchuáng	n.	double-bed
一双手	yì shuāng shǒu	ph.	a pair of hands
一双眼睛	yì shuāng yǎnjīng	ph.	a pair of eyes

练　习　Exercise:

根据所示的字形结构,将下列各字分别填入格中:

Fill in the squares with characters according to the structure indicated:

反　夜　导　想　远　指　谢　紧　所　新　字　朋

39

yǒu (l ㄡˇ)

4

friend (n.)

Stroke order:

一	ナ	友					

字　　体　　Scripts:

友　　友　　友　　友　　友　　发　　彐

钢笔字　　宋体　　楷书　　隶书　　行书　　草书　　篆书

提　　示　　Tips:

会意字。两只手合在一起，表示朋友。

As the original form at the top right shows, two 又 looking like hands close together mean "friend".

部　　件　　Components:

　　ナ + 又　　　　　　结构图示：友

部　　首　　Radical:

又 (yòu, also, hand)

常用词语　　Frequently-used words or phrases:

友爱	yǒu'ài	adj.	friendly affection
友好	yǒuhǎo	adj. /n.	friendly / close friend
友情	yǒuqíng	n.	friendship; friendly sentiments
友善	yǒushàn	adj.	friendly; kind
友谊	yǒuyì	n.	friendship
朋友	péngyou	n.	friend

练　　习　　Exercises:

一、朗读并翻译　　Read and translate the following sentence into English:

　　信子(Xìnzǐ, a name)是日本人。

_____

二、写出含有下列部首的汉字　　Write down three characters for each of the radicals:

　　例 Example:　　一： 二　 三　 五　 百

　　日：___　___　___

　　又：___　___　___

　　口：___　___　___

yǒu (l ㄡˇ)

6
have; possess (v.)

Stroke order:

一	ナ	有					

字　体　**Scripts:**

有　　有　　有　　有　　有　　有　　有

钢笔字　　宋体　　楷书　　隶书　　行书　　草书　　篆书

提　示　**Tips:**

上边是手(ㄛ)，下边是肉(月)，表示拥有。

A piece of meat (月) in hand (ㄛ) indicates "to have something".

部　件　**Components:**

　ナ + 月　　　　　结构图示：有

部　首　**Radical:**

月 (yuè, meat, moon)

常用词语　**Frequently-used words or phrases:**

有的	yǒude	ph.	some
有点儿	yǒudiǎnr	adj. / adv.	some; a little / somewhat
有关	yǒuguān	v.	relate to; concern
有力	yǒulì	adj.	powerful
有名	yǒumíng	adj.	well-known; famous
有时(候)	yǒushí(hou)	adv.	sometimes; at times
有些	yǒuxiē	adv. / pron.	somewhat / some
有用	yǒuyòng	adj.	useful
没有	méiyǒu	ph.	don't have
所有	suǒyǒu	adj. / v.	all / possess; own
有意思	yǒuyìsi	id.	interesting

练　习　**Exercise:**

朗读并翻译　Read and translate the following:

1. 天上有日月。

_____

2. 人人有口，人人有手；人人闭(bì, close)口，人人动(dòng, use)手。

_____

shòu (ㄕ ㄡˋ)

8　**receive (v.)**

| 笔　顺 | **Stroke order:** |

| 字　体 | **Scripts:** |

受　受　受　受　受　爰　𩰈

钢笔字　宋体　楷书　隶书　行书　草书　篆书

| 提　示 | **Tips:** |

上面的手(爫)递送,下面的手(又)接受。

While the hand above (爫) is delivering something, the hand below (又) is receiving it. This character means "receive" or "accept".

| 部　件 | **Components:** |

爫 + 冖 + 又　　　结构图示：受

| 部　首 | **Radicals:** |

爫 (爪字头, zhǎozìtóu, claws);　又 (yòu, also; hand)

| 常用词语 | **Frequently-used words or phrases:** |

受凉	shòuliáng	v.	catch cold
受伤	shòushāng	v.	be injured; be wounded
感受	gǎnshòu	v. /n.	experience; feel / feeling
接受	jiēshòu	v.	accept
经受	jīngshòu	v.	undergo; experience
难受	nánshòu	adj.	feeling bad; suffering pain
忍受	rěnshòu	v.	endure; bear; stand
享受	xiǎngshòu	v. /n.	enjoy / enjoyment
遭受	zāoshòu	v.	suffer

| 练　习 | **Exercise:** |

找出下列各字中的中文数字来：

Find out the Chinese numerals in each of the following characters:

语　切　染　罢　分　冥　率　叁　仁　旦

爱
ài（ㄞ）
10 love; like (v.)

Stroke order:

⺤	爱						

字　体
Scripts:

爱　　爱　　爱　　爱　　爱　　書　　𤔔

钢笔字　　宋体　　楷书　　隶书　　行书　　草书　　篆书

提　示
Tips:

"爱"字上边是手(⺤)，表示送礼物；下边是"友"，我们爱朋友。

The upper part of 爱 is a hand (⺤) that holds a present to be given to a friend (友) that one likes or "loves".

部　件
Components:

⺤ + 冖 + 友　　　　结构图示：爱

部　首
Radical:

⺤（爪字头，zhǎozìtóu，claws）

常用词语
Frequently-used words or phrases:

爱好	àihào	v./n.	love; like / hobby; interest
爱护	àihù	v.	take good care of
爱情	àiqíng	n.	love (between man and woman)
爱人	àiren	n.	sweetheart; husband or wife
爱惜	àixī	v.	cherish; treasure
恋爱	liàn'ài	n./v.	romance / love
爱好者	àihàozhě	n.	lover (of art, sports, etc.)
爱面子	ài miànzi	id.	be concerned about face-saving

练　习
Exercise:

朗读并翻译　Read the following sentences and translate them into English:

大古(a person's name)爱信子，信子爱钱(qián, money)。

―――――――――――――――――――――

大古有钱，信子爱大古。

―――――――――――――――――――――

争 zhēng (ㄓㄥ)

6

1. contend (v.)
2. argue (v.)

Stroke order:

| ノ | ク | ⼅ | 刍 | 刍 | 争 | | | |

字　体 Scripts:

争　　争　　争　　争　　争　　争　　争

钢笔字　　宋体　　楷书　　隶书　　行书　　草书　　篆书

提　示 Tips:

两只手(爪⺕)向不同方向争夺一个物体(｜)。

Two hands (爪⺕) pulling an object (｜) to different directions, the original form of 争 symbolizes "to contend".

部　件 Components:

⼅ + ⺕　　　　结构图示：争

部　首 Radical:

刀(⼅, dāo, knife)

常用词语 Frequently-used words or phrases:

争吵	zhēngchǎo	v./n.	quarrel
争夺	zhēngduó	v.	fight for
争光	zhēngguāng	v.	win honor for
争论	zhēnglùn	v./n.	argue / argument; controversy
争气	zhēngqì	adj.	try to make a good showing
争取	zhēngqǔ	v.	strive for; fight for
斗争	dòuzhēng	v./n.	fight for / struggle
竞争	jìngzhēng	v./n.	compete / competition

练　习 Exercise:

根据拼音写出汉字和英译：

Transcribe the following into characters and give their English meanings:

àiren _____   yǒu qián _____

tiānmíng _____   tīng míngbai _____

44

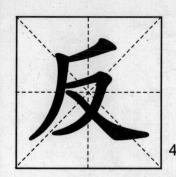

反 4

fǎn （ㄈㄢˇ）

1. inversive (adj.)
2. on the contrary (adv.)

笔　顺 Stroke order:

一	厂	反					

字　体 Scripts:

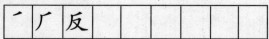

反　　反　　反　　反　　反　　反　　月

钢笔字　　宋体　　楷书　　隶书　　行书　　草书　　篆书

提　示 Tips:

把手(又)翻过来(厂)，表示相反。

Turn over (厂) a hand (又), thus developing the meaning "inversion".

部　件 Components:

厂 ＋ 又　　　　结构图示：反

部　首 Radical:

又 (yòu, hand, also)

常用词语 Frequently-used words or phrases:

反动	fǎndòng	adj.	reactionary
反对	fǎnduì	v.	oppose; be against
反而	fǎn'ér	adv.	on the contrary
反复	fǎnfù	adv.	repeatedly; again and again
反击	fǎnjī	v.	counterattack
反抗	fǎnkàng	v.	revolt; resist
反应	fǎnyìng	v./n.	react / reaction; response
反映	fǎnyìng	v.	reflect
反正	fǎnzhèng	adv.	anyway; anyhow; in any case

练　习 Exercise:

移动一根火柴,使下面各字变成新字:

Move only one match from each of the following and create a new character:

十＿＿　上＿＿　天＿＿　田＿＿　反＿＿

45

饭 fàn（ㄈㄢ）
7
1. cooked rice (n.)
2. meal (n.)

笔　顺	**Stroke order:**

ノ	⺈	饣	饭				

字　体	**Scripts:**

饭　饭　饭　饭　饭　饭　飯

钢笔字　宋体　楷书　隶书　行书　草书　篆书

提　示	**Tips:**

"饣(食)"表示食品或吃,"反"是声旁。

饣(食) is food or to eat; 反 is the sound element.

部　件	**Components:**

饣 + 反　　　　　结构图示：饭

部　首	**Radical:**

饣(食)（食字旁, shízìpáng, food）

常用词语	**Frequently-used words or phrases:**

饭菜	fàncài	n.	meal; dishes with cooked rice
饭店	fàndiàn	n.	hotel; restaurant
饭馆	fànguǎn	n.	restaurant
饭厅	fàntīng	n.	dining hall; dining room
饭碗	fànwǎn	n.	rice bowl; job
饭桌	fànzhuō	n.	dining table
米饭	mǐfàn	n.	(cooked) rice
晚饭	wǎnfàn	n.	supper; dinner
做饭	zuòfàn	v.	cook

练　习	**Exercise:**

写出你所学过的能分为左右两部分的字　Write some of the characters you have learned which can be divided into the left and the right parts:

例　Example: 河

取

qǔ （ㄑㄩˇ）

8   take (v.)

Stroke order:

一 厂 厂 耳 耳 耳 取

字　体 Scripts:

取　取　取　取　取　取　取

钢笔字　宋体　楷书　隶书　行书　草书　篆书

提　示 Tips:

左耳,右手。古代战士每杀死一名敌人便割下他的左耳来报功。

Take the left ear 耳 with the right hand 又, resulting in 取. In ancient times, after a soldier had killed an enemy, he would cut off the enemy's left ear as proof of his exploit.

部　件 Components:

耳 + 又　　　　结构图示： 取

部　首 Radicals:

耳 (ěr, ear); 又 (yòu, also, hand)

常用词语 Frequently-used words or phrases:

取代	qǔdài	v.	replace
取得	qǔdé	v.	gain; acquire; obtain
取胜	qǔshèng	v.	win victory; score a success
取消	qǔxiāo	v.	cancel; call off; abolish
取笑	qǔxiào	v.	laugh at; poke fun at
采取	cǎiqǔ	v.	adopt; assume
争取	zhēngqǔ	v.	strive for
取决于	qǔjuéyú	ph.	be decided by; depend on
取长补短	qǔcháng-bǔduǎn	id.	learn from other's strong point to offset one's weaknesses

练　习 Exercise:

为下列汉字注音　Give the *pinyin* for each of the following characters:

饭　争　叫　爱　听　取　受

言　下　早　时　日　友　上

最

zuì (ㄗㄨㄟˋ)

12   most (adv.)

Stroke order:

日	最						

字　体　Scripts:

最　　最　　最　　最　　最　　最　　最

钢笔字　　宋体　　楷书　　隶书　　行书　　草书　　篆书

提　示　Tips:

"又"用右手摸着左"耳"说话(曰)。

Speaking (曰) again (又) while touching one's left ear with the right hand 又.

部　件　Components:

曰 + 耳 + 又　　　　结构图示：最

部　首　Radical:

曰 (yuē, say)

常用词语　Frequently – used words or phrases:

最初	zuìchū	adj. / n.	initial / first
最大	zuìdà	ph.	maximum
最低	zuìdī	ph.	lowest; minimum
最高	zuìgāo	ph.	highest; supreme
最高级	zuìgāojí	n.	summit
最好	zuìhǎo	ph. / adv.	best; first-rate / had better
最后	zuìhòu	n.	final; last; ultimate
最佳	zuìjiā	adj.	optimum
最近	zuìjìn	adj. / adv.	nearest / recently
……之最	…zhīzuì	ph.	the most …

练　习　Exercise:

写出所学过含有部件"又"的字并各组一词。

Write all the characters with the component 又 you have learned and make a word for each one.

左 zuǒ (ㄗㄨㄛˇ)

5　left (n.)

一	ナ	左						

字　体 Scripts:

左　左　左　左　左　左　屋

钢笔字　宋体　楷书　隶书　行书　草书　篆书

提　示 Tips:

左手,下边的"工"近似 Z。

A mason uses his left hand (左) to hold on to a brick 工 that looks like a Z.

部　件 Components:

ナ + 工　　　结构图示： 左

部　首 Radical:

工 (gōng, work)

常用词语 Frequently-used words or phrases:

左边	zuǒbiān	n.	the left side
左面	zuǒmiàn	n.	the left side
左派	zuǒpài	n.	the left; the left wing
左手	zuǒshǒu	n.	the left hand
左翼	zuǒyì	n.	the left wing
左右	zuǒyòu	n. / part.	the left and right sides / about
左右手	zuǒyòushǒu	n.	right-hand man; valuable assistant
左……右……	zuǒ...yòu...	ph.	over and over again
左右为难	zuǒyòu-wéinán	id.	in a dilemma; in an awkward situation
左思右想	zuǒsī-yòuxiǎng	id.	think back and forth; ponder

练　习 Exercise:

翻译　Translate the following into Chinese:

1. the biggest _____　　2. left hand _____　　3. fetch letters _____

4. morning _____　　5. spouse _____　　6. both hands _____

7. ancient time _____　　8. too big _____　　9. left side _____

yòu (丨 ㄡ)

5   right (n.)

Stroke order:

ナ	右							

字　体　Scripts:

右　右　右　右　右　右　右

钢笔字　宋体　楷书　隶书　行书　草书　篆书

提　示　Tips:

上边是手,下边有"口",用来吃饭的那只手就是右手。

The upper part indicates a hand while the lower part is a mouth (口). The hand with which you eat something is the right hand.

部　件　Components:

ナ + 口　　　结构图示：右

部　首　Radical:

口 (kǒu, mouth)

常用词语　Frequently-used words or phrases:

右边	yòubiān	n.	the right side
右面	yòumiàn	n.	the right side
右派	yòupài	n.	the right; the right wing
右倾	yòuqīng	adj.	right deviation
右手	yòushǒu	n.	the right hand
右翼	yòuyì	n.	the right wing
靠右走	kào yòu zǒu	ph.	keep to the right

练　习　Exercises:

一、根据拼音填空　Fill in the blanks according to the *pinyin* given:

我有一____(shuāng)手,我用____(zuǒ)手写字,用____(yòu)手吃饭。

二、用"左……右……"的格式写几个词语。

Write a few phrases using the pattern "左……右……".

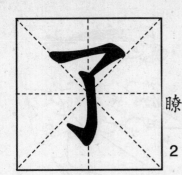

了 le/liǎo (ㄌㄜ/ㄌㄧㄠˇ)
瞭²
1. le: (verb ending) (part.)
2. liǎo: understand (v.)
3. liǎo: finish; settle (v.)

2

笔 顺 Stroke order:

ㄱ	了								

字 体 Scripts:

了　　了　　了　　了　　了　　了　　尸瞭

钢笔字　宋体　　楷书　　隶书　　行书　　草书　　篆书

提 示 Tips:

很像阿拉伯数字 3 的形状。"了"是动词后缀,表示动作完成;也作语气词。

了 looks like the Arabic numeral 3. 了 is a verb suffix indicating the completion of an action or a change of a status; it is also a modal particle.

部 件 Component:

了　　　　　结构图示：了 □

部 首 Radical:

乙 (一) (折, zhé, turning stroke)

常用词语 Frequently-used words or phrases:

下雨了	xiàyǔ le	ph.	It is raining now.
下了班	xià le bān	ph.	after work
了结	liǎojié	v.	finish; settle
了解	liǎojiě	v.	understand; comprehend
了事	liǎoshì	v.	dispose of a matter; get sth. over
了不得	liǎobude	adj.	terrific; extraordinary
了不起	liǎobuqǐ	adj.	amazing; terrific; extraordinary
不得了	bùdéliǎo	adj.	disastrous; extremely

练 习 Exercise:

汉译英　Translate the following sentences into English:

1. 听了＿＿＿＿＿＿＿　　2. 吃(chī, eat) 了饭 ＿＿＿＿＿＿＿

3. 取了信 ＿＿＿＿＿＿＿　　4. 明白了 ＿＿＿＿＿＿＿

5. 叫了三次(cì, times) 了＿＿＿＿＿＿＿＿＿＿＿

51

子

3

zǐ/zi (ㄗˇ / ㄗ)
1. zǐ: son; child (n.)
2. zi: (noun suffix) (suf.)

Stroke order:

了　子

Scripts:

子　　子　　子　　子　　子　　子　　乎

钢笔字　　宋体　　楷书　　隶书　　行书　　草书　　篆书

Tips:

像襁褓(qiǎngbǎo)中的新生小儿形状,上面是头和两手。

It looks like a new-born baby. The upper part resembles the head and two hands.

Component:

子　　　　　　　结构图示：子 ☐

Radical:

子 (zǐ, child)

Frequently-used words or phrases:

子弹	zǐdàn	n.	bullet; pellet
子弟	zǐdì	n.	students; disciples
子女	zǐnǚ	n.	sons and daughters (children)
子孙	zǐsūn	n.	descendants
孩子	háizi	n.	child
男子	nánzǐ	n.	man; boy
女子	nǚzǐ	n.	woman; girl
竹子	zhúzi	n.	bamboo
桌子	zhuōzi	n.	table

Exercise:

找出下列词语对应的英译:

Match the Chinese words with their English meanings:

1. 友爱　　2. 桌子　　3. 下手　　4. 左右　　5. 争论

6. 语言　　7. 米饭　　8. 时间　　9. 听取　　10. 双人床

A. assistant　　B. time　　C. table　　D. language　　E. about

F. rice　　G. listen to　　H. argument　　I. double bed　　J. friendly affection

字

6

zì (ㄗ)

character; words (n.)

Stroke order:

丶	丷	宀	字					

字 体 Scripts:

字　　字　　字　　字　　字　　字　　宇

钢笔字　　宋体　　楷书　　隶书　　行书　　草书　　篆书

提 示 Tips:

"子"是声旁,"宀"是家——在家多练习汉字!

宀 is a symbol of home; 子 is a sound element. Let's practise Chinese 字 (characters) more often at home.

部 件 Components:

宀 + 子　　　　　　结构图示: 字

部 首 Radical:

宀 (宝盖, bǎogài, roof)

常用词语 Frequently-used words or phrases:

字典	zìdiǎn	n.	dictionary
字画	zìhuà	n.	calligraphy and painting
字谜	zìmí	n.	riddle
字面	zìmiàn	n.	literal
字母	zìmǔ	n.	alphabet
字体	zìtǐ	n.	style of writing
打字	dǎzì	v. o.	type; typewrite
文字	wénzì	n.	characters; writing
字里行间	zìlǐ-hángjiān	id.	between the lines

练 习 Exercise:

仿例造句　Make sentences by following the examples:

例　Examples: "爱"字下边是"友"字。

"明"字左边是"日"字。　(上边,下边,左边,右边)

53

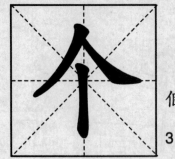

个

個
3

gè / ge (《さ / 《さ)
(a measure) (m.)

| 笔 顺 | **Stroke order:** |

ノ	人	个						

| 字 体 | **Scripts:** |

个	个	个	个	个	个	屮圄
钢笔字	宋体	楷书	隶书	行书	草书	篆书

| 提 示 | **Tips:** |

一（丨）个人，人一个，一人为个。最常用量词。

个 is composed of 丨 (one) and 人 (person). A person is a unique individual. This is the most commonly used measure word.

| 部 件 | **Components:** |

人 + 丨   结构图示：个

| 部 首 | **Radical:** |

人 (rén, man)

| 常用词语 | **Frequently-used words or phrases:** |

个别	gèbié	adj.	individual
个个	gègè	pron.	everyone
个儿	gèr	n.	physical build; stature
个人	gèrén	n.	personal; individual
个性	gèxìng	n.	personal character
个子	gèzi	n.	a person's stature
单个	dāngè	adj.	individual; alone
个体户	gètǐhù	n.	privately owned small business
三个星期	sān ge xīngqī	ph.	three weeks
两个故事	liǎng ge gùshi	ph.	two stories

| 练 习 | **Exercise:** |

汉译英   Translate the following sentences into English:

1. 信子写(xiě, write)了十二个大字。

2. 大古叫了五个菜(cài, dish)。

3. 信子吃(chī, eat)了一口饭。

4. 大古有四个朋友(péngyou, friend)。

54

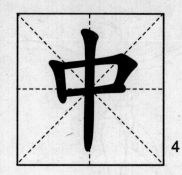

zhōng／zhòng
(ㄓㄨㄥ／ㄓㄨㄥˋ)
1. zhōng: **center (n.)**
2. Zhōng: **China (n.)**
3. zhòng: **hit (v.)**

4

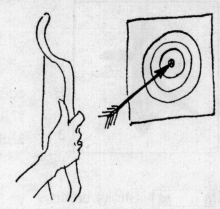

笔　顺 Stroke order:

口	中							

字　体 Scripts:

中　　中　　中　　中　　中　　中　　中

钢笔字　宋体　　楷书　　隶书　　行书　　草书　　篆书

提　示 Tips:

一支箭射中(zhòng)了靶子的中(zhōng)心。

An arrow hit the bull's eye right in the center.

部　件 Components:

口 + 丨　　　　结构图示：中

部　首 Radical:

丨 (竖, shù, vertical stroke)

常用词语 Frequently-used words or phrases:

中间	zhōngjiān	n.	middle; center
中年	zhōngnián	n.	middle age
中午	zhōngwǔ	n.	noon
中心	zhōngxīn	n	center
中学	zhōngxué	n.	middle school
中国	Zhōngguó	n.	China
中文	Zhōngwén	n.	the Chinese language
中药	zhōngyào	n.	Chinese herbal medicine
中医	zhōngyī	n.	traditional Chinese medicine; doctor of traditional Chinese medicine
中奖	zhòngjiǎng	v. o.	win a prize
打中	dǎzhòng	v.	hit the target; hit

练　习 Exercise:

填空　Fill in each blank with at least a suitable character:

1.＿＿字有两画(huà, stroke)。　　2.＿＿字有四画。　　3.＿＿字有七画。

4.＿＿字有九画。　　5.＿＿字有十二画。

55

才 縫[1] cái（ㄘㄞˊ）
1. just (adv.)
2. ability (n.)

3

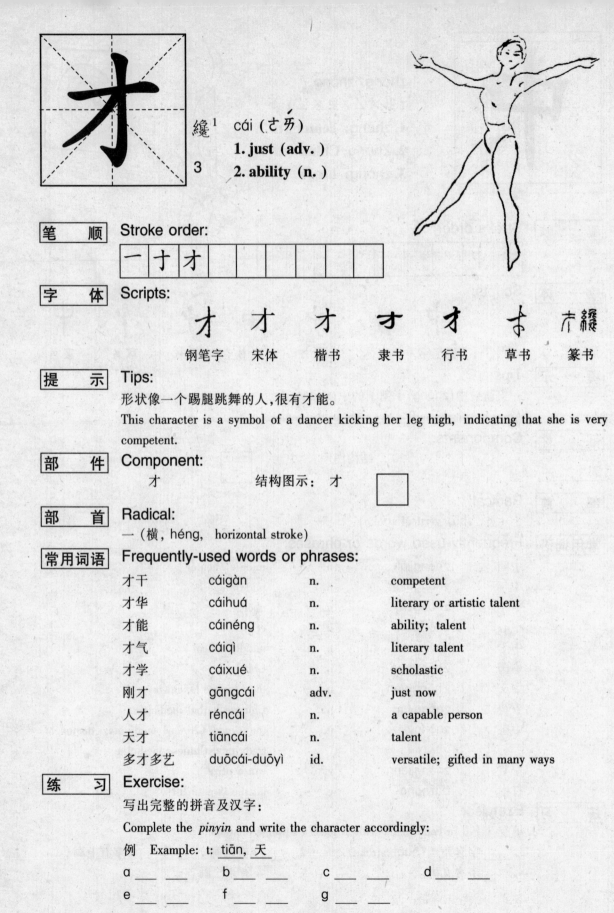

笔 顺 Stroke order:

一	十	才					

字 体 Scripts:

才　　才　　才　　才　　才　　才　　縫

钢笔字　　宋体　　楷书　　隶书　　行书　　草书　　篆书

提 示 Tips:

形状像一个踢腿跳舞的人，很有才能。

This character is a symbol of a dancer kicking her leg high, indicating that she is very competent.

部 件 Component:

才　　　　　结构图示：才 □

部 首 Radical:

一（横，héng，horizontal stroke）

常用词语 Frequently-used words or phrases:

才干	cáigàn	n.	competent
才华	cáihuá	n.	literary or artistic talent
才能	cáinéng	n.	ability; talent
才气	cáiqì	n.	literary talent
才学	cáixué	n.	scholastic
刚才	gāngcái	adv.	just now
人才	réncái	n.	a capable person
天才	tiāncái	n.	talent
多才多艺	duōcái-duōyì	id.	versatile; gifted in many ways

练 习 Exercise:

写出完整的拼音及汉字：

Complete the *pinyin* and write the character accordingly:

例　Example: t: tiān, 天

a ___ ___　　　b ___ ___　　　c ___ ___　　　d ___ ___

e ___ ___　　　f ___ ___　　　g ___ ___

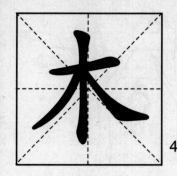

mù (ㄇㄨˋ)

4

tree; wood（n.）

Stroke order:

十	才	木					

字　体 **Scripts:**

木　　木　　木　　木　　木　　木　　朩

钢笔字　　宋体　　楷书　　隶书　　行书　　草书　　篆书

提　示 **Tips:**

古字像一棵树的形状，上边是枝，下边是根。

The pictographic character 木 originated from the ideogram on the top right symbolizing a tree with branches and roots.

部　件 **Component:**

木　　　　　结构图示：木　[　]

部　首 **Radical:**

木 (mù, wood)

以"木"作部首的字，意义往往与木头或植物有关，如"本、根、果、林、条、李"等。

Characters containing the radical 木 usually refer to or have something to do with wood or plants, e. g. 本，根，果，林，条，李(stem, root, fruit, forest, twig, plum), etc.

常用词语 **Frequently-used words or phrases:**

木板	mùbǎn	n.	plank; board
木材	mùcái	n.	timber
木柴	mùchái	n.	firewood
木工	mùgōng	n.	carpentry; carpenter
木偶	mù'ǒu	n.	carved figure; wooden puppet
木头	mùtou	n.	wood
麻木	mámù	adj.	numb; lifeless
树木	shùmù	n.	trees; woods

练　习 **Exercise:**

指出"木"在下面各字中的位置，并数一数各字的笔画：

Locate the 木 radical in each of the following characters, and count the number of strokes in each character:

机　条　李　困　禁　未　森　彬　沐

57

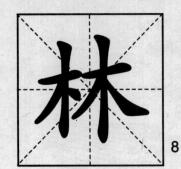

林

8

lín（ㄌㄧㄣ）
1. forest (n.)
2. (a surname) (n.)

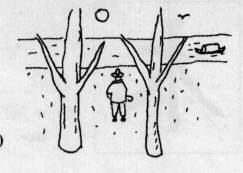

| 笔　顺 | **Stroke order:** |

| 木 | 林 | | | | | | | |

| 字　体 | **Scripts:** |

林　　林　　林　　林　　林　　林　　林

钢笔字　　宋体　　楷书　　隶书　　行书　　草书　　篆书

| 提　示 | **Tips:** |

两棵树排在一起,表示许多树形成树林。

As shown on the top right, two trees（木）standing together indicate a forest.

| 部　件 | **Components:** |

木 ＋ 木　　　　结构图示：林

| 部　首 | **Radical:** |

木 (mù, wood)

| 常用词语 | **Frequently-used words or phrases:** |

林场	línchǎng	n.	tree farm
林海	línhǎi	n.	immense forest
林木	línmù	n.	forest
林区	línqū	n.	forest area
林业	línyè	n.	forestry
森林	sēnlín	n.	giant forest
树林	shùlín	n.	forest
园林	yuánlín	n.	gardens; park
植树造林	zhíshù-zàolín	id.	make a forest by planting trees

| 练　习 | **Exercise:** |

猜下列各词的含义　Guess the meanings of the following words and expressions:

林中木 _____　才子 _____　古木 _____

人才 _____　爱子 _____　个人 _____

左右手 _____　口才 _____　双木为林 _____

58

本

5

běn (ㄅㄣˇ)
1. root (n.)
2. original (adj.)
3. book; volume (m.)

| 笔 顺 | Stroke order: |

| 木 | 本 | | | | | | | |

| 字 体 | Scripts: |

本　　本　　本　　本　　本　　本　　本

钢笔字　　宋体　　楷书　　隶书　　行书　　草书　　篆书

| 提 示 | Tips: |

"木"是树，短横指示树的根部所在。

The short stroke under the 木 (tree) indicates the root of the tree.

| 部 件 | Components: |

　　木 + 一　　　　　结构图示： 本

| 部 首 | Radical: |

木 (mù, wood)

| 常用词语 | Frequently-used words or phrases: |

本地	běndì	n.	local
本来	běnlái	adj. / adv.	original / originally
本领	běnlǐng	n.	capability
本人	běnrén	pron.	I (me, myself); self; oneself
本身	běnshēn	pron.	by itself; oneself
本质	běnzhì	n.	in its own nature; innate character
本子	běnzi	n.	notebook
根本	gēnběn	n. / adj. / adv.	root / basic / essentially; at all
课本	kèběn	n.	textbook

| 练 习 | Exercise: |

如果把"本"下的一横移到"木"上，就成为"未"或"末"，猜猜这两个字的意思：

With the bottom stroke （一） moving to the top of 木, two characters, 未 and 末 are created. Guess their meanings:

未 (wèi) _____　　　　末 (mò) _____

59

體

tǐ (ㄊㄧˇ)

7   body (n.)

你身体好吗?

| 笔　顺 | **Stroke order:** |

亻	体							

| 字　体 | **Scripts:** |

体　　体　　体　　体　　体　　龙　　體

钢笔字　　宋体　　楷书　　隶书　　行书　　草书　　篆书

| 提　示 | **Tips:** |

身体是人(亻)的根本(本)。

The essence (本) of a man (人) is his body (体).

| 部　件 | **Components:** |

亻 + 本　　　　结构图示： 体

| 部　首 | **Radical:** |

亻 (单人, dānrén, man)

| 常用词语 | **Frequently-used words or phrases:** |

体会	tǐhuì	v./n.	know or learn from experience / experience
体积	tǐjī	n.	volume; bulk
体温	tǐwēn	n.	(body) temperature
体系	tǐxì	n.	system; setup
体现	tǐxiàn	v./n.	embody; reflect / embodiment; reflection
体育	tǐyù	n.	physical culture; sports
身体	shēntǐ	n.	body
物体	wùtǐ	n.	body; object
体育场	tǐyùchǎng	n.	stadium; sports field
体育馆	tǐyùguǎn	n.	gymnasium; gym

| 练　习 | **Exercise:** |

解释下列词语：

Give the English meanings for the following:

1. 人体＿＿＿＿＿　　2. 字体＿＿＿＿＿　　3. 四体＿＿＿＿＿

4. 上体＿＿＿＿＿　　5. 个体＿＿＿＿＿　　6. 天体＿＿＿＿＿

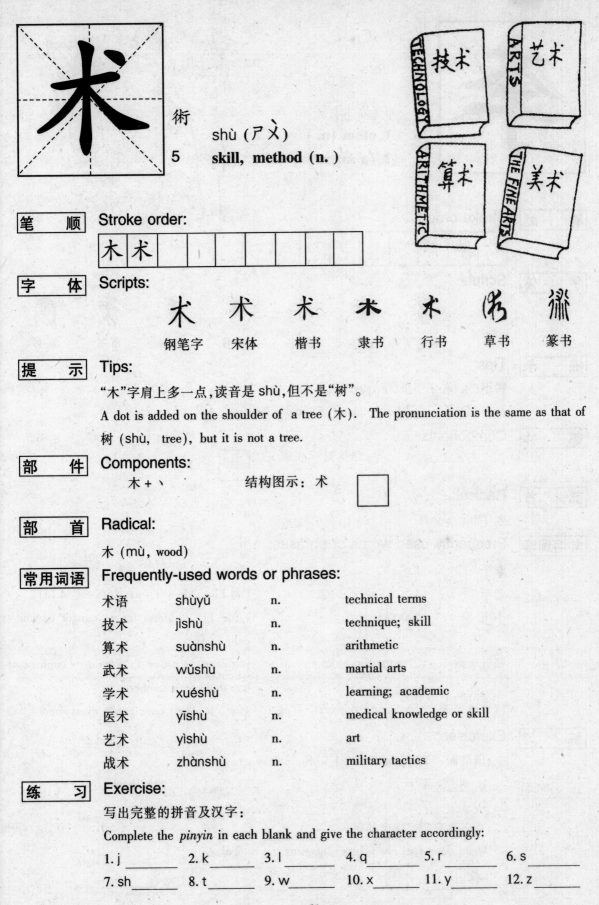

术 術

shù (ㄕㄨ)

5   **skill, method (n.)**

木 术

字 体 Scripts:

术   术   术   木   术   術   術

钢笔字   宋体   楷书   隶书   行书   草书   篆书

提 示 Tips:

"木"字肩上多一点,读音是 shù,但不是"树"。

A dot is added on the shoulder of a tree (木). The pronunciation is the same as that of 树 (shù, tree), but it is not a tree.

部 件 Components:

木 + 丶   结构图示:术   ☐

部 首 Radical:

木 (mù, wood)

常用词语 Frequently-used words or phrases:

术语	shùyǔ	n.	technical terms
技术	jìshù	n.	technique; skill
算术	suànshù	n.	arithmetic
武术	wǔshù	n.	martial arts
学术	xuéshù	n.	learning; academic
医术	yīshù	n.	medical knowledge or skill
艺术	yìshù	n.	art
战术	zhànshù	n.	military tactics

练 习 Exercise:

写出完整的拼音及汉字:

Complete the *pinyin* in each blank and give the character accordingly:

1. j_____   2. k_____   3. l_____   4. q_____   5. r_____   6. s_____

7. sh_____   8. t_____   9. w_____   10. x_____   11. y_____   12. z_____

61

李

lǐ (ㄌㄧˇ)
1. plum (n.)
2. (a surname) (n.)

7

| 笔 顺 | Stroke order: |

| 木 | 李 | | | | | | | |

| 字 体 | Scripts: |

李　李　李　李　李　李　

钢笔字　宋体　楷书　隶书　行书　草书　篆书

| 提 示 | Tips: |

树下(木)有个小孩(子)捡李子。

A child (子) is picking plums (李) under the tree (木).

| 部 件 | Components: |

木 + 子　　　　结构图示：李

| 部 首 | Radical: |

木 (mù, wood)

| 常用词语 | Frequently-used words or phrases: |

李子	lǐzi	n.	plum
老李	Lǎo Lǐ	n.	Old Li (address for an elder called Li)
小李	Xiǎo Lǐ	n.	Little Li (address for a younger person called Li)
张冠李戴	Zhāngguān-Lǐdài	id.	put Zhang's hat on Li's head — confuse one thing with another
桃李满天下	táolǐ mǎn tiānxià	id.	(for a teacher) have pupils everywhere

| 练 习 | Exercises: |

一、填量词　Fill in each blank with a proper measure word:

1. 四___李子　　2. 一___饭　　3. 三___书(shū, book)

4. 一___天才　　5. 六___手

二、写出含有"木"偏旁的字：

Write down four characters containing the radical 木：

木：__　__　__　__

62

休

xiū (ㄒㄧㄡ)
6　rest; stop (v.)

笔　顺	**Stroke order:**

亻	休						

字　体	**Scripts:**

休　休　休　休　休　休　休

钢笔字　宋体　楷书　隶书　行书　草书　篆书

提　示	**Tips:**

人(亻)在树旁(木)休息。

A person (亻) is resting (休) by the tree (木).

部　件	**Components:**

亻 + 木　　　　结构图示：休

部　首	**Radical:**

亻 (单人, dānrén, man)

常用词语	**Frequently-used words or phrases:**

休会	xiūhuì	v.	(of meetings) adjourn
休假	xiūjià	v.	vacation
休息	xiūxi	v.	rest
休养	xiūyǎng	v.	recuperate
休战	xiūzhàn	v.	cease fire
休整	xiūzhěng	v.	(of troops) have a rest and reorganization
休止	xiūzhǐ	v.	stop; cease
罢休	bàxiū	v.	give up
退休	tuìxiū	v.	retire

练　习	**Exercise:**

字谜　Solve the riddle:

木字多(duō, add)一撇(丿, piě),

不(bù, not)作(zuò, take as)禾(hé, grain)字猜(cāi, guess)。

8

guǒ（《ㄨㄛˇ）
1. fruit (n.)
2. as expected (adv.)

Stroke order:

一	口	曰	日	旦	甲	甲	果	

字　体　Scripts:

果　　果　　果　　果　　果　　果　　果

钢笔字　　宋体　　楷书　　隶书　　行书　　草书　　篆书

提　示　Tips:

木（米）就是树，田（田）是树上的果实。
Fruits（田）grown on a tree（木）gives us 果.

部　件　Component:

果　　　　　　结构图示：果　□

部　首　Radical:

木（mù, wood）

常用词语　Frequently-used words or phrases:

果木	guǒmù	n.	fruit tree
果皮	guǒpí	n.	(of fruits) peel
果然	guǒrán	adv.	as expected
果实	guǒshí	n.	fruit
果树	guǒshù	n.	fruit trees
果真	guǒzhēn	adv.	if really
成果	chéngguǒ	n.	achievement
结果	jiéguǒ/jiēguǒ	n./v.	result; outcome / bear fruit
水果	shuǐguǒ	n.	fruit

练　习　Exercise:

填字组词　Fill in the blanks with proper characters:

身___(body)　　　水___(fruit)　　　___息(rest)

___斗(fight)　　　___好(the best)　　　写___(write a letter)

相___(opposite)　　　___间(time)　　　艺___(art)

bù (ㄅㄨˋ)

4 **not (adv.)**

Stroke order:

一	丆	不	不				

字 体 **Scripts:**

不　　不　　不　　不　　不　　ふ　　芾

钢笔字　　宋体　　楷书　　隶书　　行书　　草书　　篆书

提 示 **Tips:**

小鸟(小)被(一)挡住，飞不上天。

A small (小) bird is blocked (一) from flying up to the sky.

部 件 **Component:**

不　　　　　　　结构图示：不 ☐

部 首 **Radical:**

一（横，héng， horizontal stroke）

常用词语 **Frequently-used words or phrases:**

不必	búbì	adv.	need not; unnecessary
不错	búcuò	adj.	not bad
不但	búdàn	conj.	not only
不断	búduàn	v. /adv.	continue / unceasingly
不过	búguò	conj.	however
不久	bùjiǔ	n.	soon; before long
不论	búlùn	conj.	no matter
不如	bùrú	v. /conj.	not as well as
不行	bùxíng	adj.	won't do; impossible
不幸	búxìng	adj.	unfortunate
不用	búyòng	adv.	It's not necessary.
不得不	bùdébù	adv.	can't help but
不得了	bùdéliǎo	adj.	terrific
不好意思	bùhǎoyìsi	id.	feel embarrassed

练 习 **Exercise:**

字谜　Solve the riddles:

1. 不上不下 ＿＿＿＿　　2. 不左不右 ＿＿＿＿

3. 上字下边(biān, side)，下字上边 ＿＿＿＿

65

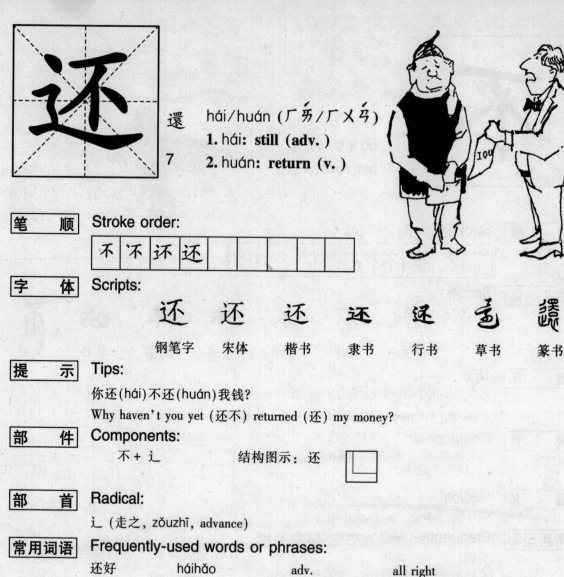

还 / huán (ㄏㄞ/ㄏㄨㄢ)
1. hái: **still (adv.)**
2. huán: **return (v.)**

7

笔 顺 Stroke order:

| 不 | 不 | 还 | 还 | | | | |

字 体 Scripts:

还　　还　　还　　还　　还　　还　　還

钢笔字　　宋体　　楷书　　隶书　　行书　　草书　　篆书

提 示 Tips:

你还(hái)不还(huán)我钱?

Why haven't you yet (还不) returned (还) my money?

部 件 Components:

不 + 辶　　　　结构图示：还

部 首 Radical:

辶 (走之, zǒuzhī, advance)

常用词语 Frequently-used words or phrases:

还好	háihǎo	adv.	all right
还是	háishì	adv. /conj.	still / or
还击	huánjī	v.	counterattack
还礼	huánlǐ	v.	return a salute
还钱	huán qián	v. o.	return the money
还清	huánqīng	v.	return all (the debt, etc.)
还手	huánshǒu	v.	strike (hit) back
归还	guīhuán	v.	return
讨价还价	tǎojià-huánjià	id.	haggle; bargain

练 习 Exercise:

下边的字都有两个读音,请把它们写下来:

Give the two pronunciations for each of the following characters:

1. 还 ___ ___　　2. 了 ___ ___

3. 大 ___ ___　　4. 中 ___ ___

杯

bēi (ㄅㄟ)
1. cup (n.)
8
2. a cup of (m.)

| 笔 顺 | **Stroke order:** |

| 木 | 杯 | | | | | | | |

| 字 体 | **Scripts:** |

杯　杯　杯　杯　杯　杯　杯

钢笔字　宋体　楷书　隶书　行书　草书　篆书

| 提 示 | **Tips:** |

茶杯不是木头做的!

A cup (杯) is not (不) necessarily made of wood (木)!

| 部 件 | **Components:** |

木 + 不　　　　结构图示: 杯

| 部 首 | **Radical:** |

木 (mù, wood)

| 常用词语 | **Frequently-used words or phrases:** |

杯子	bēizi	n.	cup; glass
茶杯	chábēi	n.	tea cup
干杯	gānbēi	v.	drink a toast
量杯	liángbēi	n.	measurement cup
碰杯	pèngbēi	v.	clink glasses
银杯	yínbēi	n.	silver cup
一杯水	yì bēi shuǐ	ph.	a glass of water
杯弓蛇影	bēigōng-shéyǐng	id.	extremely suspicious
杯水车薪	bēishuǐ-chēxīn	id.	an utterly inadequate measure

| 练 习 | **Exercise:** |

根据拼音填汉字, 并翻译成英文 Give both the Chinese character and the English meaning for each of the following words:

____ (lǐ) 子: _____　　　____ (běn) 子: _____

____ (bēi) 子: _____　　____ (rì) 子: _____

____ (guǒ) 子: _____

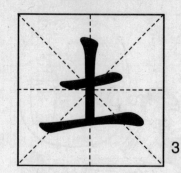

土

3

tǔ (ㄊㄨˇ)
1. soil, earth (n.)
2. local (adj.)

笔 顺 | Stroke order:

| 一 | 十 | 土 | | | | | | |

字 体 | Scripts:

土 土 土 土 土 土 土

钢笔字　宋体　楷书　隶书　行书　草书　篆书

提 示 | Tips:

"二"表示土地、土壤，"丨"表示从土地里生长出来的万物。

二 indicates the earth, which produces all things indicated by 丨 .

部 件 | Component:

土　　　　　结构图示：土 □

部 首 | Radical:

土 (tǔ, earth)

以"土"作部首的字,意义多半与泥土、土地有关,如"地、场、块、坏、坡、坐"等。

Characters that have 土 as the radical usually are related to the earth, such as 地,场,块, 坏,坡,坐 (earth, field, clump, bad, slope, sit), etc.

常用词语 | Frequently-used words or phrases:

土产	tǔchǎn	n.	local products
土地	tǔdì	n.	earth
土法	tǔfǎ	n.	indigenous method
土木	tǔmù	n.	construction
土气	tǔqi	adj.	rustic; uncouth
土壤	tǔrǎng	n.	soil
土人	tǔrén	n.	natives
尘土	chéntǔ	n.	dust
土生土长	tǔshēng-tǔzhǎng	id.	locally born

练 习 | Exercise:

指出"土"在下面各字中的位置,并数笔画:

Point out the location of 土 in each of the following and count the strokes:

去　至　地　社　在　封　幸　坐　坡　疆

68

坏

壊

huài (ㄏㄨㄞ)

7　**bad (adj.)**

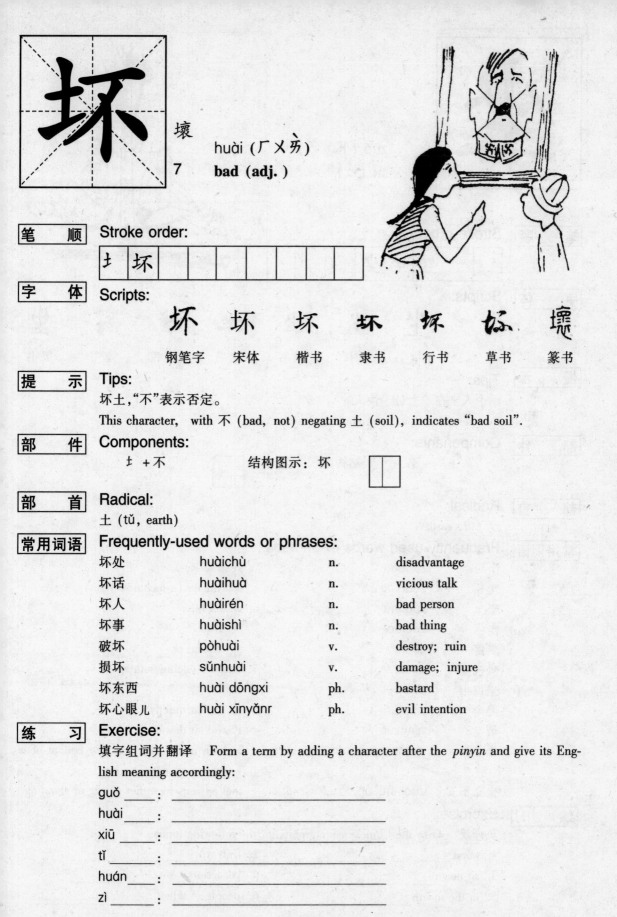

笔　顺 | Stroke order:

| 土 | 坏 | | | | | | |

字　体 | Scripts:

坏　　坏　　坏　　坏　　坏　　坏　　壞

钢笔字　宋体　楷书　隶书　行书　草书　篆书

提　示 | Tips:

坏土，"不"表示否定。

This character, with 不 (bad, not) negating 土 (soil), indicates "bad soil".

部　件 | Components:

土 + 不　　　　　结构图示：坏

部　首 | Radical:

土 (tǔ, earth)

常用词语 | Frequently-used words or phrases:

坏处	huàichù	n.	disadvantage
坏话	huàihuà	n.	vicious talk
坏人	huàirén	n.	bad person
坏事	huàishì	n.	bad thing
破坏	pòhuài	v.	destroy; ruin
损坏	sǔnhuài	v.	damage; injure
坏东西	huài dōngxi	ph.	bastard
坏心眼儿	huài xīnyǎnr	ph.	evil intention

练　习 | Exercise:

填字组词并翻译　Form a term by adding a character after the *pinyin* and give its English meaning accordingly:

guǒ ＿＿＿＿ : ＿＿＿＿＿＿＿＿＿＿＿＿＿＿＿＿

huài ＿＿＿＿ : ＿＿＿＿＿＿＿＿＿＿＿＿＿＿＿＿

xiū ＿＿＿＿ : ＿＿＿＿＿＿＿＿＿＿＿＿＿＿＿＿

tǐ ＿＿＿＿ : ＿＿＿＿＿＿＿＿＿＿＿＿＿＿＿＿

huán ＿＿＿＿ : ＿＿＿＿＿＿＿＿＿＿＿＿＿＿＿＿

zì ＿＿＿＿ : ＿＿＿＿＿＿＿＿＿＿＿＿＿＿＿＿

坐

zuò (ㄗㄨㄛˋ)

7   sit (v.)

Stroke order:

𠆢	𠆢𠆢	𠆢𠆢	坐	坐			

字　体　Scripts:

坐　　坐　　坐　　坐　　坐　　坐　　坐

钢笔字　　宋体　　楷书　　隶书　　行书　　草书　　篆书

提　示　Tips:

两个人坐在地上(土)谈天。

Two persons sit on the ground (土) and chat.

部　件　Components:

亻 + 亻 + 土　　　结构图示：坐

部　首　Radical:

土 (tǔ, earth)

常用词语　Frequently-used words or phrases:

坐班	zuòbān	v.	keep office hours
坐标	zuòbiāo	n.	coordinate (a technical term)
坐车	zuòchē	v. o.	take a bus
坐牢	zuòláo	v.	be in jail
坐落	zuòluò	v.	be located at
坐视	zuòshì	v.	watch by doing nothing
坐位	zuòwèi	n.	seat
静坐	jìngzuò	v.	sit-in; sit quietly
请坐	qǐngzuò	id.	Please sit down.
坐井观天	zuòjǐng-guāntiān	id.	looking at the sky from the bottom of a well—a very narrow view
坐立不安	zuòlì-bù'ān	id.	feel anxious by either sitting or standing

练　习　Exercise:

英译汉　Give the Chinese counterparts for the following terms:

1. worst _____

2. fruit trees _____

3. sit down _____

4. get letters _____

5. in the mouth _____

6. people of talent _____

干

乾¹₂ gān/gàn (ㄍㄢ/ㄍㄢˋ)

幹³

3

1. gān: have to do with (v.)
2. gān: dry (adj.)
3. gàn: work (v.)

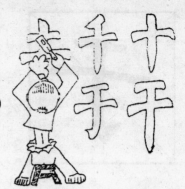

笔 顺 Stroke order:

一	二	干					

字 体 Scripts:

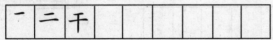

干　　干　　干　　干　　干　　干　　干
乾幹

钢笔字　宋体　楷书　隶书　行书　草书　篆书

提 示 Tips:

干活,工作,把土地(土)翻过来。

To work (干), one has to turn over the soil (土).

部 件 Component:

　　干　　　　　结构图示：干 ☐

部 首 Radicals:

一(横, héng, horizontal stroke), 二 (èr, two)

常用词语 Frequently-used words or phrases:

干脆	gāncuì	adj./adv.	straight-forward; simply
干旱	gānhàn	adj.	(of weather) dried; arid
干净	gānjìng	adj.	clean
干扰	gānrǎo	v.	disturb; interfere
干涉	gānshè	v.	intervene
干燥	gānzào	adj.	dried
干部	gànbù	n.	cadre
干活	gànhuó	v.	work
干劲	gànjìn	n.	vigor
干吗	gànmá	id.	why on earth; what to do
能干	nénggàn	adj.	capable

练 习 Exercise:

下面各字中,哪些可以左右颠倒?哪些可以上下颠倒?(颠倒后仍为正确的汉字)

Which of the following characters can become a new character by being turned upside down or from left to right?

上　又　一　个　林　干　不　左　双　人

坐　才　言　口　日　六　七　中　天　本

71

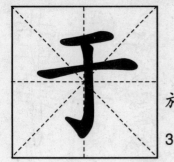

於

3

yú (ㄩ)

at, on, in, to,
than (prep.)

笔 顺 Stroke order:

| 一 | 二 | 于 | | | | | | | |

字 体 Scripts:

于　　于　　于　　于　　于　　お　　弓

钢笔字　　宋体　　楷书　　隶书　　行书　　草书　　篆书

提 示 Tips:

注意"于"和"干"的区别。

The difference between 于 and 干 lies in a hook for the former.

部 件 Component:

于　　　　　结构图示：于

部 首 Radicals:

一(横, héng, horizontal stroke)，二 (èr, two)

常用词语 Frequently-used words or phrases:

于今	yújīn	ph.	as of now
于是	yúshì	conj.	then
出于	chūyú	v.	stem from
等于	děngyú	v.	equal to; amount to
关于	guānyú	prep.	concerning; about
属于	shǔyú	v.	belong to
由于	yóuyú	prep.	because of
至于	zhìyú	conj.	as to; as for
终于	zhōngyú	adv.	finally

练 习 Exercise:

下列各字增添一笔,可成新字:

Add a stroke to each of the characters to form a new character:

一＿　二＿　十＿　日＿　人＿　白＿　干＿

木＿　上＿　口＿　个＿　才＿　了＿　大＿

72

qiān (ㄑㄧㄢ)

3   **thousand (num.)**

Stroke order:

ノ	二	千					

字　体
Scripts:

千　　千　　千　　千　　千　　千　　千

钢笔字　宋体　楷书　隶书　行书　草书　篆书

提　示
Tips:

"千"和"干"的区别就在于第一笔。

Note that the difference between 千 and 干 lies in the first stroke on top.

部　件
Components:

ノ ＋ 十　　　　结构图示：千　□

部　首
Radicals:

丿 (撇，piě, left-falling stroke)；十 (shí, ten)

常用词语
Frequently-used words or phrases:

千古	qiāngǔ	n. /v.	through the ages
千金	qiānjīn	n.	your (honorable) daughter; thousand pieces of gold
千斤	qiānjīn	ph.	1000 *jin* (= 500 kilograms)
千里	qiānlǐ	n.	a thousand Chinese miles—a long distance
千秋	qiānqiū	n.	centuries
千万	qiānwàn	adv. /num.	be sure / ten millions
千变万化	qiānbiàn-wànhuà	id.	ever-changing
千方百计	qiānfāng-bǎijì	id.	by every possible way; by all means
千言万语	qiānyán-wànyǔ	id.	thousands and thousands of words

练　习
Exercise:

用中文写出下列数字　Write the following numerals in Chinese:

2134 _____   7589 _____

4700 _____   1950 _____

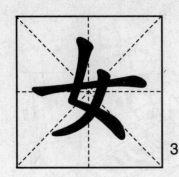

女

3

nǔ (ㄋㄩ)
1. woman (n.)
2. daughter (n.)

笔　顺 Stroke order:

| 乄 | 乆 | 女 | | | | | | |

字　体 Scripts:

女　　女　　女　　女　　女　　め　　虎

钢笔字　　宋体　　楷书　　隶书　　行书　　草书　　篆书

提　示 Tips:

注意笔顺，先写"乄"，再写"丿"，最后写"一"。

The proper stroke order is: 乄 first, 丿 next, and 一 last.

部　件 Component:

女　　　　　　结构图示：女　　[　]

部　首 Radical:

女 (nǔ, female)

以"女"作部首的字，意义往往与女性有关，如"她、妈、姐、妹、姑、娘、婆、好"等。

Characters with the 女 radical are usually related to females, such as: 她 (she), 妈 (mother), 姐 (elder sister), 妹 (younger sister), 姑 (aunt), 娘 (mother), 婆 (grandmother), 好 (good), etc.

常用词语 Frequently-used words or phrases:

女儿	nǔ'ér	n.	daughter
女孩	nǔhái	n.	girl
女人	nǔrén	n.	woman
女色	nǔsè	n.	female charm
女生	nǔshēng	n.	female student
女士	nǔshì	n.	lady; Ms.
女子	nǔzǐ	n.	woman; female
儿女	érnǔ	n.	children
女朋友	nǔpéngyou	n.	girl friend
男女平等	nánnǔ píngděng	id.	equality of men and women

练　习 Exercise:

指出"女"在下面各字中的位置，并数笔画　Locate the radical 女 in the following characters and count the number of strokes of each character:

好　安　奶　汝　委　孬　娶　囡　嬴

74

好 6

hǎo / hào (ㄏㄠˇ / ㄏㄠˋ)
1. hǎo: **good (adj.)**
2. hǎo: **very (adv.)**
3. hào: **like (v.)**

| 笔 顺 | **Stroke order:** |

| 女 | 好 | | | | | | | |

| 字 体 | **Scripts:** |

好　　好　　好　　好　　好　　好　　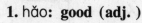

钢笔字　　宋体　　楷书　　隶书　　行书　　草书　　篆书

| 提 示 | **Tips:** |

什么好?老婆(女),孩子(子)。

What are so good? My wife (女) and my children (子), to be sure!

| 部 件 | **Components:** |

女 + 子　　　　　结构图示：好　　| | |

| 部 首 | **Radical:** |

女 (nǚ, female)

| 常用词语 | **Frequently-used words or phrases:** |

好办	hǎobàn	adj.	easy to be handled
好吃	hǎochī	adj.	delicious
好处	hǎochù	n.	good points; strong points
好久	hǎojiǔ	adv.	long (time)
好看	hǎokàn	adj.	pretty; good-looking
好像	hǎoxiàng	v. / adv.	seem; be like / seemingly
美好	měihǎo	adj.	fine; happy
友好	yǒuhǎo	adj.	friendly
好容易	hǎoróngyì	adv.	not easily
好学	hàoxué	adj.	be fond of learning
爱好	àihào	v. / n.	be keen on / hobby

| 练 习 | **Exercise:** |

汉译英　Translate the following into English:

好人 _____　　　好听 _____　　　好友 _____

好手 _____　　　好话 _____　　　友好 _____

rú (ㄖㄨˊ)
1. like (v.)
2. if (conj.)

6

笔 顺 Stroke order:

| 女 | 如 | | | | | | | |

字 体 Scripts:

如　如　如　如　如　如　如

钢笔字　　宋体　　楷书　　隶书　　行书　　草书　　篆书

提 示 Tips:

女人(女)的话(口)如同什么?蜜糖?还是刀子?

What is the mouth (口) of a woman (女) similar to? Honey or knife?

部 件 Components:

女 + 口　　　　　结构图示：如 | |

部 首 Radical:

女 (nǚ, female)

常用词语 Frequently-used words or phrases:

如此	rúcǐ	pron.	so; in such a way
如果	rúguǒ	conj.	if
如何	rúhé	pron.	how; What do you think?
如今	rújīn	n.	now
如同	rútóng	v.	similar to; as if
如下	rúxià	v.	as follows
如意	rúyì	adj.	as one wishes
比如	bǐrú	v.	for instance; such as
假如	jiǎrú	conj.	suppose; if
例如	lìrú	v.	for example

练 习 Exercise:

填空,使 AB、BC 各成一词:

Fill in the following blanks so that AB and BC will form a new term:

1. A　　B　　C　　　2. A　　B　　C

比 ＿＿ 果　　　　＿＿ 才 ＿＿＿

安

ān（ㄢ）

1. peaceful (adj.)

6

2. install (v.)

笔 顺 Stroke order:

宀	安							

字 体 Scripts:

安　安　安　安　安　安　安

钢笔字　宋体　楷书　隶书　行书　草书　篆书

提 示 Tips:

家(宀)里有一个女人(女)就安心了。

Everything will be fine when there is a woman（女）in the house（宀）.

部 件 Components:

宀 + 女　　　　结构图示：安

部 首 Radical:

宀（宝盖，bǎogài，roof）

以"宀"作部首的字，意义往往与房屋有关，如"家、室、牢、宫、客"等。

The meanings of those characters containing the 宀 radical are frequently related to house and family, such as 家,室,牢,宫,客(family, room, prison, palace, guest), etc.

常用词语 Frequently-used words or phrases:

安定	āndìng	adj.	stable
安静	ānjìng	adj.	calm and quiet
安排	ānpái	v.	arrange
安全	ānquán	adj./n.	safe / safety
安慰	ānwèi	v./n.	comfort; console / consolation
安心	ānxīn	adj.	at ease
安装	ānzhuāng	v.	install
平安	píng'ān	adj.	safe and sound

练 习 Exercise:

找对应词　Match the following terms with the English counterparts:

1. 天安门　　2. 干活　　3. 酒杯　　4. 土话　　5. 交还

6. 术语　　7. 体形　　8. 本人　　9. 木刻　　10. 才学

a. technical terms　　b. bodily form　　c. dialect　　d. wine glass　　e. oneself

f. Gate of Heavenly Peace　　g. return　　h. wood carving　　i. work

j. talent and learning

jiā (ㄐㄧㄚ)

10 family; home (n.)

| 笔　順 | **Stroke order:** |

宀 宀 宀 宁 穼 家 家 家

| 字　体 | **Scripts:** |

家　　家　　家　　家　　家　　家　　家

钢笔字　宋体　楷书　隶书　行书　草书　篆书

| 提　示 | **Tips:** |

外国人家里有狗,中国人家(宀)里养着一头猪(豕, shǐ, pig)。

Westerners keep dogs in their houses (宀), but in Chinese houses, there are pigs (豕).

| 部　件 | **Components:** |

宀 + 豕　　　　结构图示：家

| 部　首 | **Radical:** |

宀 (宝盖, bǎogài, roof)

| 常用词语 | **Frequently-used words or phrases:** |

家具	jiājù	n.	furniture
家书	jiāshū	n.	letter from one's family
家属	jiāshǔ	n.	family members
家庭	jiātíng	n.	family
家乡	jiāxiāng	n.	hometown
大家	dàjiā	pron.	everybody, all
老家	lǎojiā	n.	hometown
名家	míngjiā	n.	famous authority (in a certain field)
人家	rénjiā	n.	family; household
人家	rénjia	pron.	other person(s); I

| 练　习 | **Exercise:** |

猜词义　Guess the meanings of the following terms:

1. 安家＿＿＿＿＿　　2. 还家＿＿＿＿＿　　3. 家信＿＿＿＿＿

4. 家人＿＿＿＿＿　　5. 本家＿＿＿＿＿　　6. 家中＿＿＿＿＿

我

wǒ (ㄨㄛˇ)

7   **I; me (pron.)**

笔 顺 Stroke order:

丿 一 于 手 我 我 我

字 体 Scripts:

我   我   我   我   我   我   我

钢笔字   宋体   楷书   隶书   行书   草书   篆书

提 示 Tips:

注意笔画和笔顺,第四笔是提(丿),最后一笔写点(丶)。

Note that the fourth stroke of this character should kick up (丿), and the last stroke is a downward dot (丶).

部 件 Component:

我   结构图示：我   [ ]

部 首 Radicals:

丿 (撇，piě, left-falling stroke); 戈 (gē, spear)

常用词语 Frequently-used words or phrases:

我们	wǒmen	pron.	we
忘我	wàngwǒ	adj.	oblivious of oneself
自我	zìwǒ	pron.	self

练 习 Exercises:

一、英译汉 Translate the following English into Chinese:

1. I am. . . _____   2. I love. . . _____

3. I listen. . . _____   4. I call. . . _____

5. I believe. . . _____   6. I have. . . _____

7. I fetch. . . _____   8. I sit. . . _____

二、造句 Complete each of the sentences below:

1. 我是 _____

2. 我有 _____

3. 我爱 _____

你 nǐ (ㄋㄧˇ)
7
you (pron.)

| 亻 | 亻 | 亻 | 竹 | 你 | 你 | | |

字　体 **Scripts:**

你　你　你　你　你　你　你

钢笔字　宋体　楷书　隶书　行书　草书　篆书

提　示 **Tips:**

右边的"尔"(ěr),在古代表示你。

The right part 尔(ěr) of this character is the old form for "you".

部　件 **Components:**

亻 + 尔　　　　结构图示：你

部　首 **Radical:**

亻(单人, dānrén, man)

常用词语 **Frequently-used words or phrases:**

你们	nǐmen	pron.	you (plural)
不分你我	bùfēn-nǐwǒ	id.	make no difference between you and me; share everything
你死我活	nǐsǐ – wǒhuó	id.	life-and-death; mortal

练　习 **Exercise:**

按照拼音,给每个部首加上适当的偏旁,构成一个字:

Based on the *pinyin*, add a component to the radical to form a new character:

亻:	nǐ ___	xiū ___	tǐ ___	xìn ___
口:	jiào ___	tīng ___	gǔ ___	yòu ___
又:	shuāng ___	shòu ___	fǎn ___	qǔ ___
木:	běn ___	lín ___	lǐ ___	guǒ ___

也

yě (丨 ㄝ̌)

3 **also (adv.)**

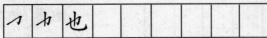

字　体 Scripts:

也　　也　　也　　也　　也　　也　　也

钢笔字　　宋体　　楷书　　隶书　　行书　　草书　　篆书

提　示 Tips:

注意笔顺,先写"乛",再写"丨",最后"乚"。

Pay attention to the stroke order: first 乛, then 丨, and last 乚.

部　件 Component:

也　　　　　　结构图示：也

部　首 Radical:

乙 (乛) (折, zhé, turning stroke)

常用词语 Frequently-used words or phrases:

也罢	yěbà	part.	all right
也好	yěhǎo	part.	all right; may as well
也许	yěxǔ	adv.	perhaps
也……也……	yě…yě…	ph.	both…and…
空空如也	kōngkōngrúyě	id.	It's all empty.

练　习 Exercises:

一、观察"也"在各字中的位置,并数各字的笔画:

Locate 也 in each character and count the number of strokes:

池　他　她　拖　迤

二、用"也"字造句　Complete each of the following sentences:

1. 你是＿＿＿＿＿＿,我也是＿＿＿＿＿＿。

2. 你有＿＿＿＿＿＿,我也有＿＿＿＿＿＿。

3. 你爱＿＿＿＿＿＿,我也爱＿＿＿＿＿＿。

tā (ㄊㄚ)
1. he; him (pron.)
2. other (pron.)

5

他是你爸爸？

| 笔 顺 | **Stroke order:** |

亻	他							

| 字 体 | **Scripts:** |

他　　他　　他　　他　　他　　他　　他

钢笔字　宋体　　楷书　　隶书　　行书　　草书　　篆书

| 提 示 | **Tips:** |

"亻(人)""也"是他，他也是人。

亻(person) and 也 (also) make 他 (him), and 他 (he) is also a person.

| 部 件 | **Components:** |

亻 + 也　　　　结构图示：他

| 部 首 | **Radical:** |

亻 (单人, dānrén, man)

| 常用词语 | **Frequently-used words or phrases:** |

他们	tāmen	pron.	they; them
他人	tārén	pron.	other people
他日	tārì	n.	some other day
他杀	tāshā	v.	homicide
他乡	tāxiāng	n.	a strange place; an alien land
其他	qítā	pron.	other

| 练 习 | **Exercise:** |

以"你、我、他"为主语,各造两句:

Make two sentences each with the character 你, 我 or 他 as the subject:

1. 你 _____

2. 我 _____

3. 他 _____

她

tā (ㄊㄚ)

6   she; her (pron.)

Stroke order:

女	她							

字 体 **Scripts:**

她   她   她   她   她   她   她

钢笔字   宋体   楷书   隶书   行书   草书   篆书

提 示 **Tips:**

第三人称女性，女字旁。

Replacing the 亻 radical with a 女 radical, this character changes the meaning from "he" to "she".

部 件 **Components:**

女 + 也   结构图示：她

部 首 **Radical:**

女 (nǚ, female)

常用词语 **Frequently-used word:**

她们   tāmen   pron.   they, them (famale)

练 习 **Exercise:**

英译汉   Translate the following into Chinese:

1. I love you, but (kěshì) you don't love me.

2. She loves me, but I don't love her.

3. He loves her, but she doesn't love him.

4. You don't love me, but I still love you.

5. She doesn't love him, but he still loves her.

tā (ㄊㄚ)

5 **it (pron.)**

Stroke order:

宀　宀　它

Scripts:

它　它　它　它　它　它　它

钢笔字　宋体　楷书　隶书　行书　草书　篆书

Tips:

虽然字形是家(宀)里有人(匕)，但是它是动物。

Although the character looks like a person (匕) at home (宀), it actually means "it".

Components:

宀 + 匕　　　结构图示：它

Radical:

宀 (宝盖, bǎogài, roof)

Frequently-used words:

| 它们 | tāmen | pron. | they; them (plural of 它) |
| 其它 | qítā | pron. | others |

Exercise:

英译汉　Translate the following into Chinese:

1. I am Chinese. (中国人, Zhōngguórén) _____

2. You are Chinese. _____

3. He is Chinese. _____

4. She is Chinese. _____

5. It is a Beijing duck (鸭, yā). _____

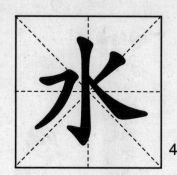

shuǐ (ㄕㄨㄟˇ)

4 **water (n.)**

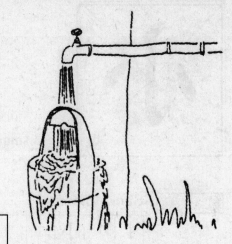

Stroke order:

丿	刀	汁	水					

字 体 Scripts:

水　水　水　水　水　氺　川

钢笔字　宋体　楷书　隶书　行书　草书　篆书

提 示 Tips:

像水流的形状。

This pictographic character symbolizes running water.

部 件 Component:

水　　　　　结构图示：水　　□

部 首 Radical:

水 (shuǐ, water)

常用词语 Frequently-used words or phrases:

水稻	shuǐdào	n.	water rice paddy
水份	shuǐfèn	n.	moisture
水果	shuǐguǒ	n.	fruit
水库	shuǐkù	n.	reservoir; dam
水利	shuǐlì	n.	water irrigation
水力	shuǐlì	n.	hydraulic power
水泥	shuǐní	n.	cement
水平	shuǐpíng	n.	standard; level
风水	fēngshuǐ	n.	geomancy
洪水	hóngshuǐ	n.	flood
开水	kāishuǐ	n.	boiled water
自来水	zìláishuǐ	n.	tap water

练 习 Exercise:

观察"水"(氵、氺)在各字中的位置,并数笔画:

Locate the radical 水(氵, 氺) in each of the characters and count the strokes:

永　汉　洲　烫　淼　沓　黎　泉

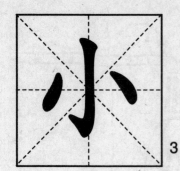

xiǎo (ㄒㄧㄠˇ)

3 **small; little (adj.)**

| 笔 顺 | **Stroke order:** |

| 亅 | 小 | 小 | | | | | |

| 字 体 | **Scripts:** |

小　　小　　小　　小　　小　　小　　川

钢笔字　宋体　楷书　隶书　行书　草书　篆书

| 提 示 | **Tips:** |

中间站着一个大人，一边一个小孩子。

An adult stands in the middle with one little child standing on each side.

| 部 件 | **Component:** |

小　　　　　结构图示：小

| 部 首 | **Radical:** |

小 (xiǎo, small)

| 常用词语 | **Frequently-used words or phrases:** |

小孩儿	xiǎoháir	n.	small child
小伙儿	xiǎohuǒr	n.	young man
小姐	xiǎojiě	n.	Miss; young lady
小麦	xiǎomài	n.	wheat
小时	xiǎoshí	n.	hour
小说	xiǎoshuō	n.	fiction; novel
小心	xiǎoxīn	adj. /v.	careful / take care
小学	xiǎoxué	n.	elementary school
从小	cóngxiǎo	adv.	since childhood
大小	dàxiǎo	n.	size
老小	lǎoxiǎo	n.	one's family
细小	xìxiǎo	adj.	tiny
小朋友	xiǎopéngyou	n.	little friend; children

| 练 习 | **Exercise:** |

"尖"(jiān)和"尘"(chén)都是会意字,试猜猜它们的意思:

Both 尖 and 尘 consist of the radical 小 . Can you give their meanings?

尖_____　　　尘_____

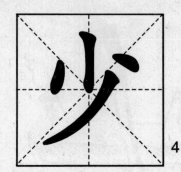

shǎo/shào (ㄕㄠˇ/ㄕㄠˋ)

1. shǎo: **few;**
   little (adj.)
2. shào: **children (n.)**

4

| 笔 顺 | **Stroke order:** |

| 小 | 少 | | | | | | | |

| 字 体 | **Scripts:** |

少　少　少　少　少　少　川

钢笔字　宋体　楷书　隶书　行书　草书　篆书

| 提 示 | **Tips:** |

用刀（丿）切下一小块，表示少。

Using a knife（丿）to cut down whatever is small（小）will make it even smaller or less.

| 部 件 | **Components:** |

小 + 丿　　　结构图示：少 ☐

| 部 首 | **Radical:** |

小 (xiǎo, small)

| 常用词语 | **Frequently-used words or phrases:** |

少数	shǎoshù	n.	a small number; minority
多少	duōshǎo	pron./adv.	how many, how much / somewhat
减少	jiǎnshǎo	v.	decrease; reduce
缺少	quēshǎo	v.	be short of; lack in
少年	shàonián	n.	juvenile
少女	shàonǚ	n.	young girl; maiden
老少	lǎoshào	n.	old and young (people)
男女老少	nán nǚ lǎo shào	id.	man and women, old and young

| 练 习 | **Exercise:** |

下面这几个都是会意字，试猜猜它们的意思：

Try to give the meanings of the following characters:

孬(nāo) _____　　森(sēn) _____

众(zhòng) _____　　仔(zǐ) _____

87

bàn (ㄅㄢ)

5 **half (num.)**

笔　顺 | Stroke order:

丶	丷	丷	兰	半				

字　体 | Scripts:

半	半	半	半	半	半	半
钢笔字	宋体	楷书	隶书	行书	草书	篆书

提　示 | Tips:

把"丷"想像成一块蛋糕上面斜插了两支蜡烛,用刀(丨)从中间切成两半。

Imagine 丷 as a cake with 2 small candles tiltedly stuck in, and it is cut into two halves right in the middle.

部　件 | Component:

半　　　　　　结构图示:半　　　☐

部　首 | Radical:

八 (丷) (bā, eight)

常用词语 | Frequently-used words or phrases:

半岛	bàndǎo	n.	peninsula
半球	bànqiú	n.	hemisphere
半天	bàntiān	n.	half a day; long time
半夜	bànyè	n.	midnight
大半	dàbàn	n. /adv.	more than half / very likely
多半	duōbàn	adv.	mostly
一半	yíbàn	n.	one half
事半功倍	shìbàn-gōngbèi	id.	get twice the result with half the effort
一知半解	yìzhī-bànjiě	id.	have scanty knowledge

练　习 | Exercise:

字谜　Solve the riddle:

你一半,她一半。_____

You (你) take a half, she takes another half.

88

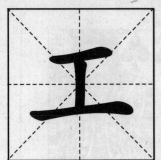

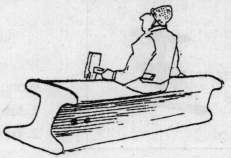

gōng （ㄍㄨㄥ）

3 work; industry （n.）

Stroke order:

一	丁	工						

字　体
Scripts:

工　　工　　工　　工　　工　　三　　工

钢笔字　　宋体　　楷书　　隶书　　行书　　草书　　篆书

提　示
Tips:

工人顶天立地。

The worker is great (like a giant with his head reaching the sky).

部　件
Component:

工　　　　　　结构图示：工

部　首
Radical:

工 （gōng, work）

常用词语
Frequently-used words or phrases:

工厂	gōngchǎng	n.	factory
工夫	gōngfu	n.	time
工会	gōnghuì	n.	labor union
工具	gōngjù	n.	tool
工钱	gōngqián	n.	wages; pay
工人	gōngrén	n.	worker
工业	gōngyè	n.	industry
工资	gōngzī	n.	wages; salary
工作	gōngzuò	n. /v.	work
人工	réngōng	adj. /n.	artificial / man-day
职工	zhígōng	n.	staff and workers
工程师	gōngchéngshī	n.	engineer
工艺品	gōngyìpǐn	n.	handicraft

练　习
Exercise:

观察"工"在各字中的位置,并数笔画:

Locate the 工 radical in each character and count the number of strokes:

左　巧　式　贡　巫　差　江　项

89

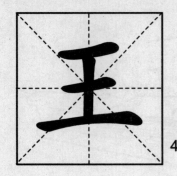

wáng（ㄨㄤ）
1. king（n.）
2. (a surname)（n.）

4

笔 顺 **Stroke order:**

| 一 | 二 | 干 | 王 | | | | |

字 体 **Scripts:**

王　　王　　王　　王　　王　　王　　王

钢笔字　　宋体　　楷书　　隶书　　行书　　草书　　篆书

提 示 **Tips:**

三横代表天、地、人，一竖是王，王统治天、地、人。

The three horizontal strokes represent the heaven, the people and the earth, respectively. The king（｜）rules over heaven, the earth and the people.

部 件 **Component:**

王　　　　　结构图示：王

部 首 **Radical:**

王（wáng, king）

常用词语 **Frequently-used words or phrases:**

王朝	wángcháo	n.	dynasty
王国	wángguó	n.	kingdom
王子	wángzǐ	n.	prince
霸王	bàwáng	n.	hegemony
帝王	dìwáng	n.	emperor
国王	guówáng	n.	king
女王	nǚwáng	n.	queen
亲王	qīnwáng	n.	king's brother
阎王	yánwáng	n.	King of Hell

练 习 **Exercise:**

观察"王"在各字中的位置，并数笔画：

Locate the radical 王 in each character and count the number of strokes:

主　玉　全　弄　玩　皇　班　匡　琴　汪

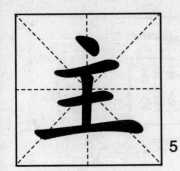

zhǔ (ㄓㄨˇ)
1. host (n.)
2. main (adj.)

5

Stroke order:

丶	主						

字 体 Scripts:

主	主	主	主	主	主	主
钢笔字	宋体	楷书	隶书	行书	草书	篆书

提 示 Tips:

下面是"王",上面多一点,表示主人。

A dot on top of the king (王) indicates the master.

部 件 Components:

丶 + 王　　　　结构图示:主

部 首 Radicals:

丶 (点, diǎn, dot); 王 (wáng, king)

常用词语 Frequently-used words or phrases:

主动	zhǔdòng	adj.	initiative; active
主观	zhǔguān	adj.	subjective
主人	zhǔrén	n.	master; host
主任	zhǔrèn	n.	chairman; department head
主席	zhǔxí	n.	chairman
主要	zhǔyào	adj.	main
主意	zhǔyi	n.	idea
主张	zhǔzhāng	v./n.	advocate / proposition
地主	dìzhǔ	n.	landlord; host
民主	mínzhǔ	n./adj.	democracy / democratic
共产主义	gòngchǎnzhǔyì	n.	Communism
资本主义	zīběnzhǔyì	n.	Capitalism

练 习 Exercise:

填空 Fill in each blank with a proper character according to this series:

一　十　＿＿＿　王　＿＿＿

注

8 zhù (ㄓㄨˋ)
pour; concentrate (v.)

笔 顺 | Stroke order:

| 丶 | 丶 | 氵 | 注 | | | | |

字 体 | Scripts:

注 注 注 注 注 注 涯
钢笔字　宋体　楷书　隶书　行书　草书　篆书

提 示 | Tips:

"主"是声旁,水旁(氵)表示贯注。

With 主 as a hint of the pronunciation, the water radical (氵) indicates concentration.

部 件 | Components:

氵 + 主　　　　结构图示：注 | |

部 首 | Radical:

氵 (三点水, sāndiǎnshuǐ, water)

常用词语 | Frequently-used words or phrases:

注射	zhùshè	v.	inject
注视	zhùshì	v.	stare at
注释	zhùshì	v./n.	annotate / annotation
注意	zhùyì	v.	pay attention
专注	zhuānzhù	adj.	concentrate
全神贯注	quánshén-guànzhù	id.	with full attention

练 习 | Exercise:

试猜下列各形声字的读音,然后在字典里查出它们的读音和意义:

Guess the pronunciations of the following phonetic-compound characters. Check the answers as well as the meanings from a dictionary:

1. 沐 _____ 2. 汰 _____

3. 柏 _____ 4. 佐 _____

5. 授 _____ 6. 按 _____

住 zhù (ㄓㄨˋ)
7 live (v.)

笔 顺 Stroke order:

亻 住

字 体 Scripts:

住　　住　　住　　住　　住　　住　　𥞌

钢笔字　宋体　楷书　隶书　行书　草书　篆书

提 示 Tips:

"主"是声旁,人旁(亻)表示人的行为。

主 is a sound element, and the man radical (亻) indicates one's activities.

部 件 Components:

亻 + 主　　　　结构图示:住

部 首 Radical:

亻 (单人, dānrén, man)

常用词语 Frequently-used words or phrases:

住处	zhùchù	n.	residence
住房	zhùfáng	n.	room; housing
住口	zhùkǒu	v.	Shut up!
住宿	zhùsù	v.	reside
住院	zhùyuàn	v. o.	hospitalize
住宅	zhùzhái	n.	residence
居住	jūzhù	v.	live; reside
站住	zhànzhù	v.	stand still
靠得住	kàodezhù	adj.	dependable; trustworthy
靠不住	kàobuzhù	adj.	undependable
衣食住行	yī shí zhù xíng	id.	clothing, food, residence and transportation

练 习 Exercise:

"又"字加两笔是什么字? 答案有三个　What new character(s) will the character 又
become by adding two more strokes to it?

1. _____　　2. _____　　3. _____

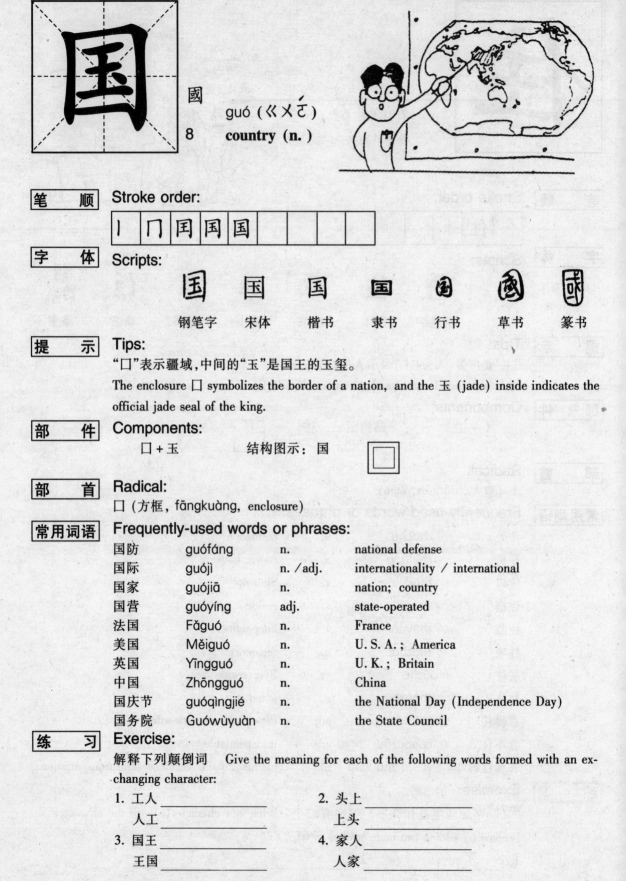

国

國
8

guó (ㄍㄨㄛˊ)
country (n.)

笔 顺 Stroke order:

丨	冂	囯	国	国				

字 体 Scripts:

国　　国　　国　　国　　国　　國　　國

钢笔字　宋体　楷书　隶书　行书　草书　篆书

提 示 Tips:

"囗"表示疆域,中间的"玉"是国王的玉玺。

The enclosure 囗 symbolizes the border of a nation, and the 玉 (jade) inside indicates the official jade seal of the king.

部 件 Components:

囗 + 玉　　　　结构图示:国

部 首 Radical:

囗 (方框, fāngkuàng, enclosure)

常用词语 Frequently-used words or phrases:

国防	guófáng	n.	national defense
国际	guójì	n. /adj.	internationality / international
国家	guójiā	n.	nation; country
国营	guóyíng	adj.	state-operated
法国	Fǎguó	n.	France
美国	Měiguó	n.	U.S.A.; America
英国	Yīngguó	n.	U.K.; Britain
中国	Zhōngguó	n.	China
国庆节	guóqìngjié	n.	the National Day (Independence Day)
国务院	Guówùyuàn	n.	the State Council

练 习 Exercise:

解释下列颠倒词　Give the meaning for each of the following words formed with an exchanging character:

1. 工人 _____
   人工 _____

2. 头上 _____
   上头 _____

3. 国王 _____
   王国 _____

4. 家人 _____
   人家 _____

马 mǎ (ㄇㄚˇ)

3

1. horse (n.)
2. (a surname) (n.)

笔 顺 Stroke order:

| 乛 | 马 | 马 | | | | | | | |

字 体 Scripts:

马　马　马　马　马　马　馬

钢笔字　宋体　楷书　隶书　行书　草书　篆书

提 示 Tips:

古字像一匹马的形状。

The original form 馬 resembles a horse.

部 件 Component:

马　　　　　结构图示：马　[ ]

部 首 Radical:

马 (mǎ, horse)

常用词语 Frequently-used words or phrases:

马车	mǎchē	n.	(horse-drawn) carriage; cart
马虎	mǎhu	adj.	careless; casual
马脚	mǎjiǎo	n.	something that gives the game away
马路	mǎlù	n.	road; street; avenue
马上	mǎshàng	adv.	at once; immediately; right away
骑马	qímǎ	v. o.	ride a horse
人马	rénmǎ	n.	forces; troops
上马	shàngmǎ	v.	get on a horse; start
下马	xiàmǎ	v.	get down from a horse; discontinue
马到成功	mǎdào-chénggōng	id.	gain an immediate victory
一马当先	yìmǎ-dāngxiān	id.	take the lead; be in the forefront

练 习 Exercise:

观察"马"在各字中的位置,并数笔画:

Point out the location of 马 in each of the following characters, and count the strokes:

驻　驾　冯　笃　闯　骂　腾　羁

95

ma/má/mǎ
(ㄇㄚ/ㄇㄚˊ/ㄇㄚˇ)
1. ma: **(question marker) (part.)**
2. má: **what (pron.)**
3. mǎ(-fēi): **morphine (n.)**

嗎

6

| 笔 顺 | Stroke order: |

口	吗							

| 字 体 | Scripts: |

吗	吗	吗	吗	吗	吗	嗎
钢笔字	宋体	楷书	隶书	行书	草书	篆书

| 提 示 | Tips: |

"马"是声旁，"口"表示提问。

马 is the sound element here, while the mouth 口 is a symbol to ask questions.

| 部 件 | Components: |

口 + 马   结构图示：吗

| 部 首 | Radical: |

口 (kǒu, mouth)

| 常用词语 | Frequently-used words or phrases: |

| 干吗 | gàn má | ph. | what to do; why on earth |
| 吗啡 | mǎfēi | n. | morphine |

| 用 法 | Usage: |

1. 用在句末，表示疑问，如：你好吗？明天他去吗？

Used at the end of a sentence, showing interrogation, e. g. How are you? Is he going tomorrow?

2. 用于句中停顿处，引出话题，如：这件事吗，我们会研究的。

Used in a sentence to make a pause and introduce a subject, e. g. As to this matter, we will discuss it later.

| 练 习 | Exercise: |

用"吗"提问，用中文造五个句子。

Make five questions by using the question marker 吗 .

妈
媽
mā (ㄇㄚ)
6
mother (n.)

笔 顺 Stroke order:

女	妈							

字 体 Scripts:

妈　妈　妈　妈　妈　妈　𦩻

钢笔字　宋体　楷书　隶书　行书　草书　篆书

提 示 Tips:

"马"是声旁,"女"表示女性。

马 is the sound element here, while the female radical 女 indicates the female gender of 妈.

部 件 Components:

女 + 马　　　结构图示：妈

部 首 Radical:

女 (nǚ, famale)

常用词语 Frequently-used words or phrases:

妈妈	māma	n.	mum; mummy; mother
大妈	dàmā	n.	aunt (a respectful form for an elderly woman)
姑妈	gūmā	n.	father's sister (married); aunt
后妈	hòumā	n.	stepmother
舅妈	jiùmā	n.	wife of mother's brother; aunt
奶妈	nǎimā	n.	wet nurse
姨妈	yímā	n.	mother's sister (married); aunt
老妈子	lǎomāzi	n.	maidservant
婆婆妈妈	pópomāmā	id.	womanishly fussy

练 习 Exercise:

给下面各字加上一个部首,使它们变成不同的字:

Add a radical to the following to make different characters:

例 Example: ? + 主、本、尔 = _____　　(亻 + 主、本、尔 = 住、体、你)

? + 子、口、马、也 = _____

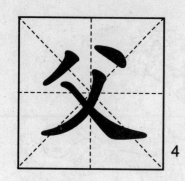

父 fù (ㄈㄨˋ)
4 father (n.)

笔 顺 Stroke order:

| ノ | ハ | 分 | 父 | | | | | |

字 体 Scripts:

父　　父　　父　　父　　父　　父　　月

钢笔字　　宋体　　楷书　　隶书　　行书　　草书　　篆书

提 示 Tips:

父,古字作月,手中拿着棍棒,象征权威。

With a stick in hand, the original form 月 symbolizes the father's authority.

部 件 Component:

　　父　　　　　结构图示:父

部 首 Radical:

父 (fù, father)

常用词语 Frequently-used words or phrases:

父母	fùmǔ	n.	father and mother; parents
父亲	fùqin	n.	father
伯父	bófù	n.	father's elder brother
继父	jìfù	n.	stepfather
舅父	jiùfù	n.	mother's brother
师父	shīfu	n.	a polite form of addressing a monk or nun
义父	yìfù	n.	adoptive father
岳父	yuèfù	n.	wife's father
祖父	zǔfù	n.	father's father; paternal grandfather
外祖父	wàizǔfù	n.	mother's father; maternal grandfather
曾祖父	zēngzǔfù	n.	paternal great-grandfather

练 习 Exercise:

观察"父"在各字中的位置,并数笔画:

Point out the location of 父 in each of the following characters, and count the strokes:

爷　爹　斧　釜

爸 bà (ㄅㄚˋ)

8　**dad; father (n.)**

笔　顺　Stroke order:

| 父 | 父 | 爸 | 爸 | 爸 | | | | |

字　体　Scripts:

爸　　爸　　爸　　爸　　爸　　爸　　爸

钢笔字　　宋体　　楷书　　隶书　　行书　　草书　　篆书

提　示　Tips:

上边是"父"，下边是"巴"(bā)，作声旁。

The upper part 父 means father while the bottom one 巴 (bā) functions as a sound element.

部　件　Components:

父＋巴　　　　结构图示：爸

部　首　Radical:

父 (fù, father)

常用词语　Frequently-used words:

爸爸	bàba	n.	dad, father
后爸	hòubà	n.	stepfather

练　习　Exercise:

英译汉　Translate the following into Chinese:

1. His father is a doctor. _____

2. His mother is a worker. _____

3. His parents are Chinese. _____

4. He loves China. _____

ba (ㄅㄚ)

(a modal particle)

(part.)

7

是这样打吧？

Stroke order:

口	吧							

字 体 Scripts:

吧　吧　吧　吧　吧　吧　吧

钢笔字　宋体　楷书　隶书　行书　草书　篆书

提 示 Tips:

"巴"(bā)是声旁，"口"表示问。

巴(bā) is a sound element while 口 (mouth) indicates making inquiries.

部 件 Components:

　　口 + 巴　　　　结构图示：吧

部 首 Radical:

口 (kǒu, mouth)

用 法 Usage:

1. 在句末,表示商量、提议或肯定,如:我们走吧。

   Used at the end of a sentence, 吧 expresses discussion, suggestion or certainty, e. g. Let's go.

2. 在句末,表示疑问或不肯定,如:他会来吧?

   Used at the end of a question or sentence, 吧 expresses doubt or uncertainty, e. g. He'll come, won't he?

练 习 Exercise:

说说下面两句话的意思有什么不同:

Tell the differences between these two sentences:

1. 她是你的女朋友吗? (朋友, péngyou, friend)

   _____

2. 她是你的女朋友吧?

   _____

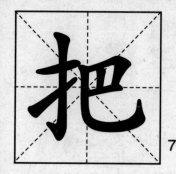

把 **bǎ (ㄅㄚˇ)**

7

1. hold; control (v.)
2. (a preposition) (prep.)
3. (a measure) (m.)

笔　顺 Stroke order:

| 一 | 十 | 扌 | 把 | | | | |

字　体 Scripts:

把　　把　　把　　把　　把　　把　　把

钢笔字　　宋体　　楷书　　隶书　　行书　　草书　　篆书

提　示 Tips:

"扌"(手，hand)表示控制，"巴"(bā)是声旁。

扌 indicates "to control" and 巴 (bā) is a phonetic element.

部　件 Components:

扌+巴　　　　　结构图示：把 □□

部　首 Radical:

扌 (提手，tíshǒu，hand)

常用词语 Frequently-used words or phrases:

把关	bǎguān	v.	guard a pass
把守	bǎshǒu	v.	guard
把手	bǎshou	n.	handle
把握	bǎwò	n./v.	assurance / grasp
一把刀	yì bǎ dāo	ph.	a knife
三把椅子	sān bǎ yǐzi	ph.	three chairs

用　法 Usage:

后面带上名词放在动词前，整个表示处置的意思，如：

把 and its object placed before a verb indicates disposal of the object, e.g.

1. 请把书放在桌上。 Please put the books on the table.

2. 她把衣服洗完了。 She has washed all the clothes.

练　习 Exercise:

填空,使三个偏旁中的任何两个均能合成一字:

Make new characters by combining any two of the three radicals:

女　　宀　　?

101

de / dí / dì
(ㄉㄜ / ㄉㄧˊ / ㄉㄧˋ)
1. de: (a particle) (part.)
2. dí: true, really (adv.)
3. dì: target (n.)

8

你的, 她的, 我的

| 笔 顺 | **Stroke order:** |

白 白 的 的

| 字 体 | **Scripts:** |

的　的　的　的　的　的　昒

钢笔字　宋体　楷书　隶书　行书　草书　篆书

| 提 示 | **Tips:** |

"的"是中文中出现频率最高的字。

的 is the most frequently used Chinese character.

| 部 件 | **Components:** |

白 + 勺　　　结构图示：的

| 部 首 | **Radical:** |

白 (bái, white)

| 常用词语 | **Frequently-used words or phrases:** |

的确	díquè	adv.	certainly
目的	mùdì	n.	objective; goal
是的	shìde	ph.	yes
似的	shìde	part.	similar; like
有的	yǒude	pron.	some

| 用 法 | **Usage:** |

1. 用在词语之间,表示修饰、所属等,如:美丽的国家;我的汉语书。

Used between words to indicate modification or possession, e.g. a beautiful country; my Chinese book.

2. 用在词语后,代替所指的人或物,如:买菜的;这是我的,那是你的。

Used after words to replace what is modified, e.g. the vegetable buyers; This is mine, and that is yours.

| 练 习 | **Exercise:** |

翻译　Translate the following into Chinese:

1. my letter _____　　2. their country _____

3. good fruit _____　　4. beautiful picture _____

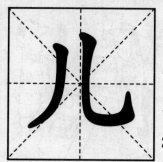

儿

ér（兒）
兒
2
1. child (n.)
2. son (n.)
3. (a suffix) (suf.)

笔　顺 Stroke order:

| 丿 | 儿 | | | | | | | |

字　体 Scripts:

儿　　儿　　儿　　儿　　儿　　兜　　兒

钢笔字　　宋体　　楷书　　隶书　　行书　　草书　　篆书

提　示 Tips:

古字像婴儿的形状,简化字只有两条腿。

This simplified character has deleted a baby's head from the ancient character, leaving only two legs behind.

部　件 Component:

儿　　　　　结构图示：儿　　□

部　首 Radical:

儿 (ér, child)

常用词语 Frequently-used words or phrases:

儿歌	érgē	n.	children's song
儿化	érhuà	n.	the retroflex ending "r"
儿女	érnǚ	n.	sons and daughters; children
儿孙	érsūn	n.	descendants
儿童	értóng	n.	child
儿戏	érxì	n.	trifling matter
儿子	érzi	n.	son
画儿	huàr	n.	picture; painting
门儿	ménr	n.	door; way
玩儿	wánr	v.	play; have fun

练　习 Exercise:

观察"儿"在各字中的位置,并数笔画:

Locate the radical 儿 in each character and count the total number of strokes:

兀　元　兄　先　克　党　竞　尧　兜

103

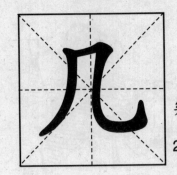

几 jī/jǐ (ㄐㄧ / ㄐㄧˇ)

幾 $^2_3$

2

1. jī: table (n.)
2. jǐ: several (pron.)
3. jǐ: how many (num.)

笔 顺 Stroke order:

丿	几						

字 体 Scripts:

几	几	几	几	几	几	几
钢笔字	宋体	楷书	隶书	行书	草书	篆书

提 示 Tips:

注意"几"和"儿"的区别。

Pay attention to the difference between 几 and 儿.

部 件 Component:

几   结构图示：几   ☐

部 首 Radical:

几 (jǐ, some)

常用词语 Frequently-used words or phrases:

几乎	jīhū	adv.	almost
茶几	chájī	n.	coffee table
几分	jǐfēn	num.	a bit; somewhat
几个	jǐ gè	pron. /num.	several / How many?
几何	jǐhé	n.	geometry
几时	jǐshí	pron.	what time; when
几十	jǐshí	num.	scores of
十几	shíjǐ	num.	between ten and twenty

练 习 Exercise:

观察"几"在各字中的位置,并数笔画:

Locate 几 in each character and count the total number of strokes:

凡　凤　凭　凯　凳

机 機 jī (ㄐㄧ)
6
1. machine (n.)
2. chance (n.)

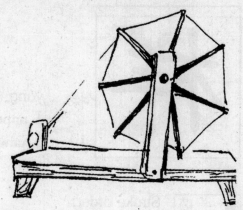

笔 顺 Stroke order:

木	机							

字 体 Scripts:

机　机　机　机　机　様　机機

钢笔字　宋体　楷书　隶书　行书　草书　篆书

提 示 Tips:

"几"为声旁,古代机器多用木做成。

几 is a phonetic element while 木 indicates that most of the machines in ancient times were made of wood.

部 件 Components:

木 + 几　　　结构图示：机 □□

部 首 Radical:

木 (mù, wood)

常用词语 Frequently-used words or phrases:

机场	jīchǎng	n.	airport
机床	jīchuáng	n.	machine tool
机动	jīdòng	adj.	motorized
机构	jīgòu	n.	organization
机关	jīguān	n.	mechanism; government office
机会	jīhuì	n.	chance; opportunity
机器	jīqì	n.	machine
机械	jīxiè	n.	mechanism; machine; machinery
时机	shíjī	n.	opportunity
司机	sījī	n.	driver
录音机	lùyīnjī	n.	tape recorder

练 习 Exercise:

下面这些形声字都以"木"做部首。查字典,找出它们的意义和读音,并与它们的声旁作比较。 Look up the dictionary for the pronunciation and meaning of each character with the 木 radical. Also compare the pronunciation with the phonetic element at the right:

例 Example: 机：machine; 机 jī —— 几 jī

柱 杆 杠 杜 柾 板 柏 材 枯

105

様　yàng (l 尢)
1. appearance (n.)
10 2. sample (n.)

Stroke order:

| 木 | 木 | 样 | 样 | 样 | 样 | 样 | | |

字　体　**Scripts:**

样　　样　　样　　样　　样　　様　　樣

钢笔字　　宋体　　楷书　　隶书　　行书　　草书　　篆书

提　示　**Tips:**

羊(yáng, sheep),古字写作 ，突出羊角。"羊"在这里只是声旁。

羊 in its ancient form is a symbol of a protruding horn of a sheep. In the modern form,
羊 is a phonetic element.

部　件　**Components:**

木 + 羊　　　结构图示：样

部　首　**Radical:**

木 (mù, wood)

常用词语　**Frequently-used words or phrases:**

样板	yàngbǎn	n.	sample; pattern
样本	yàngběn	n.	sample
样品	yàngpǐn	n.	sample product
样式	yàngshì	n.	pattern; style
样样	yàngyàng	pron.	all types
样子	yàngzi	n.	feature; appearance
花样	huāyàng	n.	pattern; style
一样	yíyàng	adj. / adv.	the same
走样	zǒuyàng	v.	go out of form; lose shape
各式各样	gèshì-gèyàng	id.	all kinds of

练　习　**Exercise:**

观察羊(羊、羊)在各字中的位置,并数笔画:

Locate 羊 in each character and count the total number of strokes:

养　美　羹　姜　氧　恙　羞　着　羚　群　赢

106

養　yǎng (丨尢)

9

1. raise (v.)
2. provide for (v.)

| 笔　顺 | **Stroke order:** |

丶　丷　⺊　⺍　兰　羊　关　养　养

| 字　体 | **Scripts:** |

养　养　养　养　养　羊　養

钢笔字　宋体　楷书　隶书　行书　草书　篆书

| 提　示 | **Tips:** |

养什么?养羊。

What do you raise? I raise 羊 (sheep).

| 部　件 | **Components:** |

关 + 儿　　　结构图示：养

| 部　首 | **Radical:** |

羊(⺷) (yáng, sheep)

| 常用词语 | **Frequently-used words or phrases:** |

养病	yǎngbìng	v. o.	recuperate from an illness
养父	yǎngfù	n.	foster father
养老	yǎnglǎo	v.	provide for the aged
养神	yǎngshén	v.	repose
养育	yǎngyù	v.	raise (children)
保养	bǎoyǎng	v.	keep in good health; maintain
教养	jiàoyǎng	v. /n.	teach and discipline / upbringing
培养	péiyǎng	v.	cultivate; train
营养	yíngyǎng	n.	nourishment

| 练　习 | **Exercise:** |

用中文回答问题:

Answer the following questions in Chinese:

1. 二月是大月吗?二月有几天? _____

2. 你有养父养母吗? _____

3. 你爸爸妈妈有几个儿子,几个女儿? _____

4. 你的丈夫是不是中国人? _____

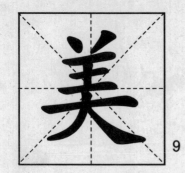

美 9

měi (ㄇㄟˇ)

beautiful/beauty

(adj./n.)

笔 顺 Stroke order:

丶 丷 ⺊ ⺌ ⺶ 羊 兰 羊 美

字 体 Scripts:

美　美　美　美　美　美　羑

钢笔字　宋体　楷书　隶书　行书　草书　篆书

提 示 Tips:

古时候,羊大就是美。

In ancient times, a big lamb 羊 was considered as a symbol of perfection.

部 件 Components:

羊 + 大　　　结构图示：美

部 首 Radical:

羊 (yáng, sheep)

常用词语 Frequently-used words or phrases:

美观	měiguān	adj.	pleasant to the eye
美好	měihǎo	adj.	good; fine
美金	měijīn	n.	U.S. currency
美丽	měilì	adj.	beautiful
美术	měishù	n.	fine arts
美元	měiyuán	n.	U.S. dollar
完美	wánměi	adj./n.	perfect / perfection
优美	yōuměi	adj.	graceful
赞美	zànměi	v.	praise
十全十美	shíquán-shíměi	id.	absolutely perfect

练 习 Exercise:

翻译　Translate the following into Chinese:

1. The U.S. is bigger than Japan._____

2. China has a bigger population than the U.S. _____

3. Are you an American? _____

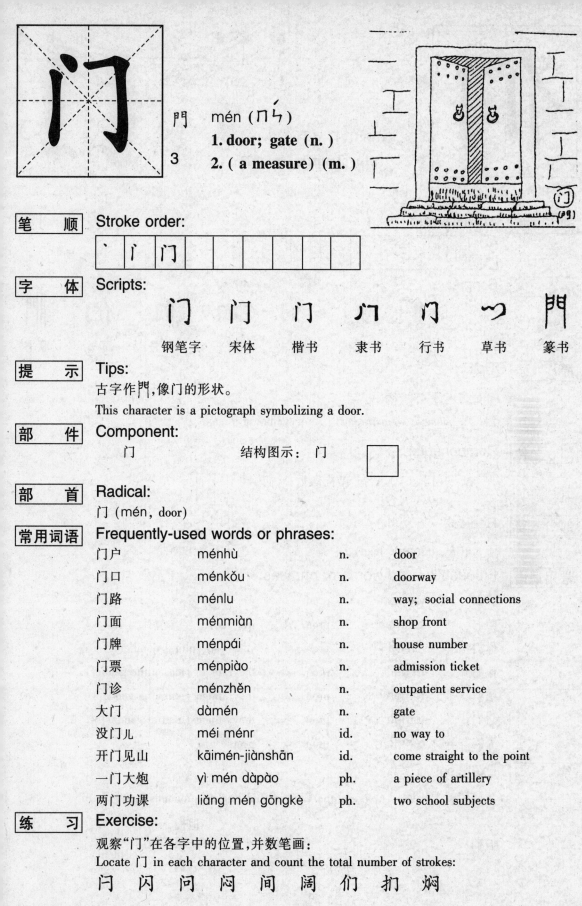

門 mén (ㄇㄣˊ)

3

1. door; gate (n.)
2. (a measure) (m.)

Stroke order:

| 丶 | 丆 | 门 | | | | | | | |

字 体 Scripts:

门　门　门　门　门　㇐　門

钢笔字　宋体　楷书　隶书　行书　草书　篆书

提 示 Tips:

古字作門,像门的形状。

This character is a pictograph symbolizing a door.

部 件 Component:

门　　　　　　结构图示：门　　☐

部 首 Radical:

门 (mén, door)

常用词语 Frequently-used words or phrases:

门户	ménhù	n.	door
门口	ménkǒu	n.	doorway
门路	ménlu	n.	way; social connections
门面	ménmiàn	n.	shop front
门牌	ménpái	n.	house number
门票	ménpiào	n.	admission ticket
门诊	ménzhěn	n.	outpatient service
大门	dàmén	n.	gate
没门儿	méi ménr	id.	no way to
开门见山	kāimén-jiànshān	id.	come straight to the point
一门大炮	yì mén dàpào	ph.	a piece of artillery
两门功课	liǎng mén gōngkè	ph.	two school subjects

练 习 Exercise:

观察"门"在各字中的位置,并数笔画:

Locate 门 in each character and count the total number of strokes:

闩　闪　问　闷　间　阔　们　扪　焖

109

门

門

5

mén (ㄇㄣˊ)

(plural suffix) (suf.)

Stroke order:

亻	们							

字 体 **Scripts:**

们　们　们　亻门　们　们　們

钢笔字　宋体　楷书　隶书　行书　草书　篆书

提 示 **Tips:**

"门"作声旁，"亻"表示人。

门 is a phonetic element and 亻 is a symbol of a man.

部 件 **Components:**

一 亻 ＋ 门　　　结构图示：们

部 首 **Radical:**

亻 (单人, dānrén, man)

常用词语 **Frequently-used words or phrases:**

我们	wǒmen	pron.	we; us
咱们	zánmen	pron.	we; us
你们	nǐmen	pron.	you; you (plural number)
他们	tāmen	pron.	they; them (masculine gender)
她们	tāmen	pron.	they; them (feminine gender)
它们	tāmen	pron.	they; them (neutral gender)
人们	rénmen	pron.	people

练 习 **Exercise:**

比较中英文代词　Compare the Chinese and English pronouns below:

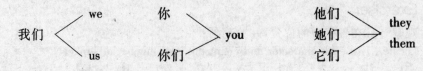

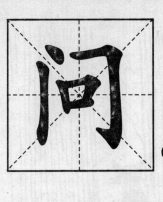

問
wèn (ㄨㄣˋ)
6   ask (v.)

笔 顺 Stroke order:

门	问							

字 体 Scripts:

问　问　问　问　问　问　問

钢笔字　宋体　楷书　隶书　行书　草书　篆书

提 示 Tips:

问人得用口。

One has to use the mouth (口), for making inquiries.

部 件 Components:

门 + 口　　　　结构图示：问 □

部 首 Radical:

门 (mén, door)

常用词语 Frequently-used words or phrases:

问答	wèndá	n.	questions and answers
问好	wènhǎo	v.	give kind regards to
问号	wènhào	n.	question mark
问候	wènhòu	v.	extend greetings to
问世	wènshì	v.	appear; be published; come out
问题	wèntí	n.	question; problem
反问	fǎnwèn	v.	counter questioning; ask in reply
访问	fǎngwèn	v.	visit; interview
请问	qǐngwèn	ph.	excuse me; may I ask
学问	xuéwèn	n.	learning; knowledge
问长问短	wèncháng-wènduǎn	id.	ask in detail

练 习 Exercise:

仿例造句　Make sentences by following the example:

我问——我问她——我问她爱不爱我。

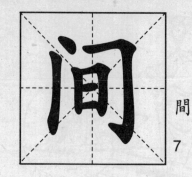

間

7

jiān / jiàn
(ㄐㄧㄢ / ㄐㄧㄢˋ)
1. jiān: **room** (n.)
2. jiān: **(measure for room)** (m.)
3. jiàn: **space in between** (n.)

| 笔 顺 | **Stroke order:** |

门	间							

| 字 体 | **Scripts:** |

间　　间　　间　　间　　间　　刃　　閒

钢笔字　　宋体　　楷书　　隶书　　行书　　草书　　篆书

| 提 示 | **Tips:** |

从门缝中看见太阳(日),表示一定的空间或时间。

As we see the sun（日）through the opening door（门）, the character indicates a definite time and space.

| 部 件 | **Components:** |

门 + 日　　　　　结构图示：间 ▢

| 部 首 | **Radical:** |

门 (mén, door)

| 常用词语 | **Frequently-used words or phrases:** |

房间	fángjiān	n.	room
空间	kōngjiān	n.	(empty) space
民间	mínjiān	n.	among the people
人间	rénjiān	n.	in this world; worldly
时间	shíjiān	n.	time
套间	tàojiān	n.	suite (of a hotel)
中间	zhōngjiān	n.	in the middle; between; among
洗手间	xǐshǒujiān	n.	bathroom; rest room
间谍	jiàndié	n.	spy
间断	jiànduàn	v.	disconnect, interrupt
间接	jiànjiē	adj.	indirect

| 练 习 | **Exercise:** |

找出藏在"重"字中的字 (可找到 14 个以上)。　Find out the characters hidden in the character 重 (You may find more than 14 different characters).

多

duō (ㄉㄨㄛ)
**many, much, more
(adj. / adv.)**

6

ノ	ク	タ	タ	多	多			

字 体 Scripts:

多　　多　　多　　多　　多　　多　　多

钢笔字　　宋体　　楷书　　隶书　　行书　　草书　　篆书

提 示 Tips:
两个月亮(夕)，多了。
Two moons? Too much!

部 件 Components:
夕 + 夕　　　　结构图示：多

部 首 Radical:
夕 (xī, evening)

常用词语 Frequently-used words or phrases:

多半	duōbàn	n.	the greater part; most
多亏	duōkuī	v.	thanks to
多么	duōme	adv.	how; what
多少	duōshǎo	pron.	how much; how many
多数	duōshù	n.	majority
多余	duōyú	adj.	surplus
繁多	fánduō	adj.	numerous
好多	hǎoduō	adj.	many; much
许多	xǔduō	adj.	many; much
至多	zhìduō	adv.	most
众多	zhòngduō	adj.	numerous
大多数	dàduōshù	n.	the great majority

练 习 Exercise:
写反义词　Give the antonym for each character:

1. 大 _____　　2. 多 _____　　3. 好 _____

4. 左 _____　　5. 上 _____　　6. 天上 _____

113

夜

yè (ㄧ ㄝ)
8
night, evening (n.)

| 笔 顺 | Stroke order: |

丶　一　广　广　疒　疒　夜

| 字 体 | Scripts: |

夜　夜　夜　夜　夜　夜　夜

钢笔字　宋体　楷书　隶书　行书　草书　篆书

| 提 示 | Tips: |

屋顶(宀)、人(亻)、月(夂)表示夜晚。

People (人, 亻) rest in their houses （宀） when the evening (夂) comes.

| 部 件 | Components: |

宀 + 亻 + 夂　　结构图示：夜

| 部 首 | Radical: |

亠 (文字头, wénzìtóu, top part of 文)

| 常用词语 | Frequently-used words or phrases: |

夜班	yèbān	n.	evening shift
夜场	yèchǎng	n.	evening showing
夜工	yègōng	n.	night shift
夜间	yèjiān	n.	night; evening
夜景	yèjǐng	n.	night scene
夜里	yèli	n.	evening; at night
夜色	yèsè	n.	evening scene
夜晚	yèwǎn	n.	night
夜校	yèxiào	n.	evening school
半夜	bànyè	n.	midnight
过夜	guòyè	v.	stay overnight
深夜	shēnyè	n.	late at night

| 练 习 | Exercise: |

解释下列词语　Explain the following terms:

| 半夜 | 多半 | 人间 | 美人 | 好样 | 样子 |
| 天机 | 儿时 | 把手 | 马头 | 国家 | 主机 |

114

望

wàng (ㄨㄤˋ)

gaze into the distance (v.)

11

Stroke order:

丶	亠	亡	䎃	望			

字　体 **Scripts:**

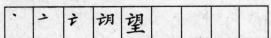

望　　望　　望　　望　　望　　望　　望

钢笔字　　宋体　　楷书　　隶书　　行书　　草书　　篆书

提　示 **Tips:**

看月亮。"亡"和"王"都念 wáng,与"望"只是声调上不同。

The 月 in this character is interpreted as "looking at the moon". 亡 and 王 are both phonetic elements.

部　件 **Components:**

亡 + 月 + 王　　　结构图示：望

部　首 **Radicals:**

月 (yuè, moon); 王 (wáng, king)

常用词语 **Frequently-used words or phrases:**

绝望	juéwàng	adj.	desperate
看望	kànwàng	v.	call on; visit
渴望	kěwàng	v.	wish earnestly
盼望	pànwàng	v.	expect; hope
期望	qīwàng	v./n.	expect; wish / expectation
声望	shēngwàng	n.	prestige; reputation
失望	shīwàng	v.	be disappointed
探望	tànwàng	v.	visit
希望	xīwàng	v./n.	wish; hope
愿望	yuànwàng	n.	wish
望远镜	wàngyuǎnjìng	n.	telescope

练　习 **Exercise:**

每字增加一笔,成为新字:

Create a new character by adding one additional stroke to each of the following:

小＿＿　工＿＿　木＿＿　问＿＿　了＿＿　才＿＿　大＿＿

115

什 甚[1] shén/shí (ㄕㄣˊ/ㄕˊ)

4

1. shén: **what (pron.)**
2. shí: **varied (adj.)**

Stroke order:

亻	什						

字　体　Scripts:

什　什　什　什　什　什　什

钢笔字　宋体　楷书　隶书　行书　草书　篆书

提　示　Tips:

"十"(shí)是声旁。"什"的读音有两个:shén 和 shí。

With 十(shí) as its sound element, 什 has two pronunciations: shén and shí.

部　件　Components:

亻 + 十　　　结构图示：什

部　首　Radical:

亻 (单人, dānrén, man)

常用词语　Frequently-used words or phrases:

什么	shénme	pron.	what
什么的	shénmede	ph.	and so on
干什么	gànshénme	id.	what to do; why on earth
什锦	shíjǐn	adj.	assorted; mixed
什物	shíwù	n.	articles for daily use
家什	jiāshì	n.	utensils, furniture, etc.

练　习　Exercises:

一、指出下列形声字的声旁和读音:

Point out the sound element and give the pronunciation for each character:

例 Example: 什:十, shí

们____ 妈____ 爸____ 注____ 字____ 饭____ 样____ 机____

二、指出下列各字的部首　Point out the radical of each character:

日____ 安____ 体____ 本____ 不____ 还____ 取____ 最____

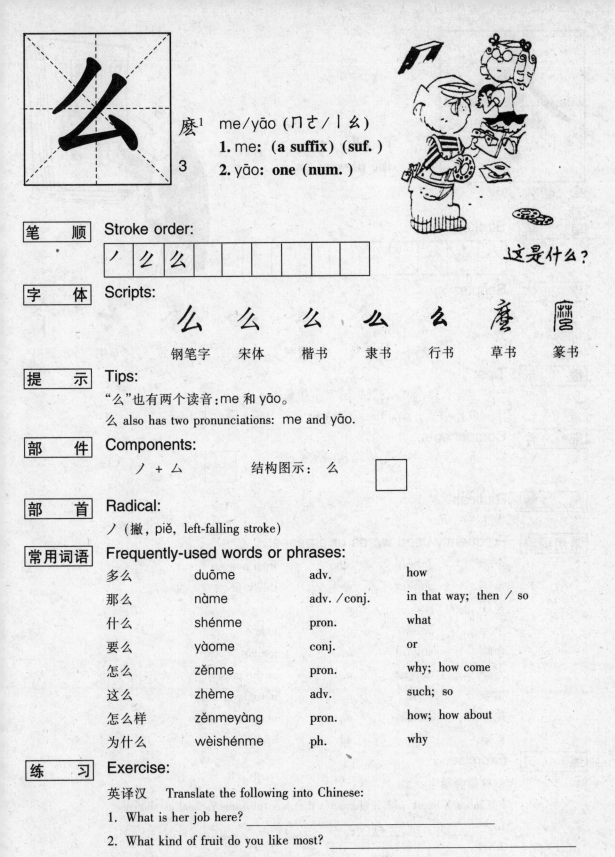

麼[1] me/yāo (ㄇㄜ/一ㄠ)

3

1. me: (a suffix) (suf.)
2. yāo: one (num.)

这是什么？

Stroke order:

丿　幺　幺

Scripts:

幺　　幺　　幺　　幺　　幺　　麼　　麿

钢笔字　　宋体　　楷书　　隶书　　行书　　草书　　篆书

Tips:

"幺"也有两个读音：me 和 yāo。

幺 also has two pronunciations: me and yāo.

Components:

丿 + 厶　　　　结构图示：幺

Radical:

丿 (撇，piě，left-falling stroke)

Frequently-used words or phrases:

多么	duōme	adv.	how
那么	nàme	adv. /conj.	in that way; then / so
什么	shénme	pron.	what
要么	yàome	conj.	or
怎么	zěnme	pron.	why; how come
这么	zhème	adv.	such; so
怎么样	zěnmeyàng	pron.	how; how about
为什么	wèishénme	ph.	why

Exercise:

英译汉　Translate the following into Chinese:

1. What is her job here? _____

2. What kind of fruit do you like most? _____

3. How beautiful she is! _____

117

今

jīn (ㄐㄧㄣ)
4
the present (n.)

Stroke order:

人	亼	今						

字　体 **Scripts:**

今　　今　　今　　今　　今　　亽　　仐

钢笔字　　宋体　　楷书　　隶书　　行书　　草书　　篆书

提　示 **Tips:**

"今"字怎么拼? jīn, 记住"今"字下边像个 j。

How to spell 今: jīn. The lower part of 今 looks like "j" too.

部　件 **Components:**

人 + 乛　　　　结构图示：今

部　首 **Radical:**

人 (rén, man)

常用词语 **Frequently-used words or phrases:**

今后	jīnhòu	adv.	from now on
今年	jīnnián	n.	this year
今日	jīnrì	n.	today
今天	jīntiān	n.	today
今晚	jīnwǎn	n.	tonight
当今	dāngjīn	n.	at the present
如今	rújīn	n.	nowadays; now
现今	xiànjīn	n.	nowadays; now
至今	zhìjīn	adv.	up to now

练　习 **Exercise:**

根据偏旁填字：

Fill in each blank with a character that has the same radical as shown:

1. 宀＿＿＿　宀＿＿＿　宀＿＿＿　宀＿＿＿
2. 日＿＿＿　日＿＿＿　日＿＿＿　日＿＿＿
3. 木＿＿＿　木＿＿＿　木＿＿＿　木＿＿＿
4. 亻＿＿＿　亻＿＿＿　亻＿＿＿　亻＿＿＿　亻＿＿＿　亻＿＿＿

118

昨

9　zuó (ㄗㄨㄛˊ)
yesterday (n.)

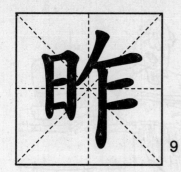

	SUN	MON	TUE	WED	THU	FRI	SAT
3			1	2	3	4	5	6
	7	8	昨天 9	今天 10	明天 11	12	13
	14	15	昨天	今天	明天	19	20
	21	22	23	24	25	26	27
	28	29	30	31			

笔　顺 Stroke order:

日	日′	旷	旷	昨	昨			

字　体 Scripts:

昨　昨　昨　昨　昨　昨　昳

钢笔字　宋体　楷书　隶书　行书　草书　篆书

提　示 Tips:

"日"表示时间;"乍"(zhà)是声旁,表示读音。

The character 日 means day; 乍(zhà) is a sound element.

部　件 Components:

日 + 乍　　　结构图示: 昨

部　首 Radical:

日 (rì, the sun)

常用词语 Frequently-used words or phrases:

昨儿	zuór	n.	yesterday
昨天	zuótiān	n.	yesterday
昨晚	zuówǎn	n.	last night

练　习 Exercise:

英译汉　Translate the following into Chinese:

1. yesterday — today — tomorrow

_____ _____ _____

2. last night — tonight — tomorrow night

_____ _____ _____

3. last month — this month — next month

_____ _____ _____

4. last year — this year — next year

_____ _____ _____

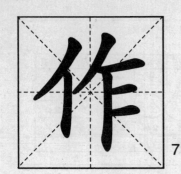

zuò (ㄗㄨㄛˋ)

7 **do, make (v.)**

作家

| 笔 顺 | **Stroke order:** |

亻 亻 亻 竹 作 作

| 字 体 | **Scripts:** |

作　　作　　作　　作　　作　　作　　作

钢笔字　宋体　　楷书　　隶书　　行书　　草书　　篆书

| 提 示 | **Tips:** |

"亻"是形旁,"乍"(zhà)是声旁。

人 is a meaning element while 乍(zhà) is a sound element.

| 部 件 | **Components:** |

亻 + 乍　　　　结构图示: 作

| 部 首 | **Radical:** |

亻 (单人, dānrén, man)

| 常用词语 | **Frequently-used words or phrases:** |

作风	zuòfēng	n.	style; style of work
作家	zuòjiā	n.	author; writer
作品	zuòpǐn	n.	work (of literature and art)
作为	zuòwéi	v. /n.	take as; as / behavior
作文	zuòwén	n.	composition
作业	zuòyè	n.	homework
作用	zuòyòng	n.	usage; function
作者	zuòzhě	n.	author; writer
工作	gōngzuò	v. /n.	work / job
佳作	jiāzuò	n.	an excellent work

| 练 习 | **Exercise:** |

解释颠倒词　Explain the meanings of these words formed with exchanged characters:

女子＿＿＿＿　儿女＿＿＿＿　明天＿＿＿＿　　作用＿＿＿＿

子女＿＿＿＿　女儿＿＿＿＿　天明＿＿＿＿　　用作＿＿＿＿

xīn (ㄒㄧㄣ)

4 **heart (n.)**

Stroke order:

丶	心	心	心					

字 体 **Scripts:**

心　　心　　心　　心　　心　　心　　甼

钢笔字　　宋体　　楷书　　隶书　　行书　　草书　　篆书

提 示 **Tips:**

古字像心的形状。

This is a pictograph resembling a heart.

部 件 **Component:**

心　　　　　　结构图示：心　　□

部 首 **Radical:**

心 (xīn, heart)

古人认为心是管思想的,所以用"心"作部首的字,意义往往与思想、性情有关,如"思、想、怕、情、恭"等。注意"心"作部首时,在左边写作"忄",在下边有时写作"小"。

The ancient people believed that the heart was related to thinking and temperament, such as: 思, 想, 怕, 情, 恭 (think, want, fear, love, respect), etc. Note the 心 radical is written as 忄 when it is at the left of the character, and as 小 when at the bottom.

常用词语 **Frequently-used words or phrases:**

心爱	xīn'ài	adj.	beloved; treasured
心得	xīndé	n.	gain (from reading, study, research, etc.)
心情	xīnqíng	n.	feeling; emotion
心事	xīnshì	n.	matters in one's mind
心意	xīnyì	n.	kindly feelings; intention
粗心	cūxīn	adj.	careless
点心	diǎnxin	n.	refreshments; pastry
小心	xiǎoxīn	adj./v.	careful / take care

练 习 **Exercise:**

指出"心"在各字中的位置,注意"心"作部首时的三种写法:心,忄,小。

Locate the 心 radical in each of the following characters. Pay attention to the three different ways of writing:

必　快　恭　慢　忙　念　意　性　志　忝　总

121

怎

zěn (ㄗㄣˇ)

9 **how; why (pron.)**

| 笔 顺 | **Stroke order:** |

| ノ | 亻 | 乍 | 乍 | 怎 | | | | |

| 字 体 | **Scripts:** |

怎　怎　怎　怎　怎　怎　怎

钢笔字　宋体　楷书　隶书　行书　草书　篆书

| 提 示 | **Tips:** |

"乍"(zhà)是声旁,"怎"念 zěn,不念 zuò。

乍 (zhà) is a phonetic element. However, 怎 is read as "zěn", not "zuò".

| 部 件 | **Components:** |

乍 + 心　　　结构图示：怎

| 部 首 | **Radical:** |

心 (xīn, heart)

| 常用词语 | **Frequently-used words or phrases:** |

怎么	zěnme	pron.	why; how
怎样	zěnyàng	pron.	how
怎么办	zěnmebàn	ph.	What to do? How to handle?
怎么样	zěnmeyàng	pron.	what about; how about
不怎么样	bù zěnmeyàng	ph.	so so; not that good

| 练 习 | **Exercises:** |

一、"从"字左右一样,你还能找出三个这样的字来吗?

Try to give some characters that are identical on both the left and the right sides like the character 从 .

＿＿＿＿＿＿　＿＿＿＿＿＿　＿＿＿＿＿＿

二、给下列各字加上不同的部首,组成不同的字:

Add a radical to each of the following characters to form a new character:

乍：＿＿＿＿＿＿　＿＿＿＿＿＿

不：＿＿＿＿＿＿　＿＿＿＿＿＿

子：＿＿＿＿＿＿　＿＿＿＿＿＿

bì (ㄅㄧˋ)

5

certainly; necessarily
(adv.)

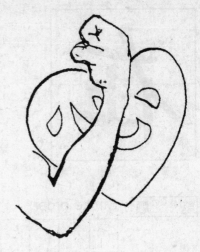

Stroke order:

心	必						

字　体 Scripts:

必　　　必　　　必　　　必　　　必　　　必　　　必

钢笔字　　宋体　　楷书　　隶书　　行书　　草书　　篆书

提　示 Tips:

"心"字加"丿",表示下决心,必须做。

With the slanting stroke 丿 cutting through the heart, it shows that one has made up a resolution and must carry it out.

部　件 Components:

心 + 丿　　　结构图示：必

Radical:

心 (xīn, heart)

常用词语 Frequently-used words or phrases:

必定	bìdìng	adv.	must; certainly
必然	bìrán	adj.	inevitable; bound to; surely
必须	bìxū	adv.	must; have to
必需	bìxū	adj.	essential; indispensable
必要	bìyào	adj.	essential
不必	búbì	adv.	not necessary
何必	hébì	adv.	why must
未必	wèibì	adv.	not necessarily
必修课	bìxiūkè	n.	required course
必需品	bìxūpǐn	n.	daily necessity

练　习 Exercise:

改错　Correct the mistakes below:

驮　呒　国　美　饭　冡　㕕　孜　爸

123

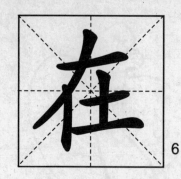

6

zài (ㄗㄞˋ)

1. **exist**（v.）
2. **in; at; on**（prep.）
3. **(indicating action in progress)**（adv.）

Stroke order:

字　体　Scripts:

在　　在　　在　　在　　在　　左　　在

钢笔字　　宋体　　楷书　　隶书　　行书　　草书　　篆书

提　示　Tips:

"土"先生躲在帘子后边。

Mr. 土 hides behind the curtain.

部　件　Components:

丆 + 土　　　结构图示：在

部　首　Radical:

土（tǔ, earth）

常用词语　Frequently-used words or phrases:

在场	zàichǎng	v. o.	on the scene; on the spot
在家	zàijiā	v. o.	at home
在世	zàishì	v.	alive
在望	zàiwàng	v.	in sight; visible
在于	zàiyú	v.	lie on
在座	zàizuò	v.	be present
实在	shízài	adj. / adv.	true; honest / really
现在	xiànzài	n.	now
自在	zìzai	adj.	be at ease
不在乎	bú zàihu	ph.	don't mind; not care

练　习　Exercise:

替换练习　Substitute words for those underlined:

1. 小王昨天不在家。　　小王＿＿＿＿不在家。
2. 小李在中国。　　　　小李在＿＿＿＿＿＿。
3. 小张在父母家吃饭。　小张在＿＿＿＿＿吃饭。

来　lái（ㄌㄞ）
1. come (v.)
7　　**2. (a particle) (part.)**

Stroke order:

| 一 | 一 | 一 | 二 | 平 | 平 | 来 | | |

字　体　Scripts:

来　来　来　来　来　来　来

钢笔字　宋体　楷书　隶书　行书　草书　篆书

提　示　Tips:

"米"(mǐ)字上多一横。

This character is formed by adding one more horizontal stroke on top of the character 米 .

部　件　Components:

　　一 + 米　　　　结构图示：来

部　首　Radical:

一（横，héng，horizontal stroke）

常用词语　Frequently-used words or phrases:

来宾	láibīn	n.	guest
来回	láihuí	v. /n.	go to a place and come back / round-trip
来往	láiwǎng	v. /n.	associate with / dealings; coming and going
来信	láixìn	n. /v. o.	letter from (somebody) / send a letter here
来源	láiyuán	n.	source; origin
……来着	. . . láizhe	part.	(used to express a past action or state)
来自	láizì	v.	from; coming from
从来	cónglái	adv.	ever
将来	jiānglái	n.	future
原来	yuánlái	adv.	originally; actually
自来水	zìláishuǐ	n.	tap water

练　习　Exercise:

英译汉　Translate the following into Chinese:

1. He <u>comes</u> to my house today. _____

2. She is <u>coming</u> to my house tomorrow. _____

3. You <u>came</u> to my house yesterday. _____

4. They have <u>come</u> to my house before. _____

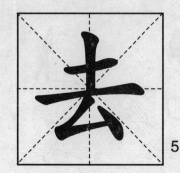

qù （ㄑㄩˋ）
1. go; leave (v.)
2. (a verb suffix)
(suf.)

5

| 笔　順 | **Stroke order:** |

一　十　土　去　去

| 字　体 | **Scripts:** |

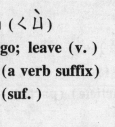

去　　去　　去　　去　　去　　去　　

钢笔字　　宋体　　楷书　　隶书　　行书　　草书　　篆书

| 提　示 | **Tips:** |

上边是"土"，下边是"厶"。

The top part of this character is a 土, while the bottom is a 厶.

| 部　件 | **Components:** |

土 ＋ 厶　　　　结构图示：去

| 部　首 | **Radicals:** |

土 (tǔ, earth); 厶 (私字, sīzì, privacy)

| 常用词语 | **Frequently-used words or phrases:** |

去处	qùchu	n.	place to go to
去路	qùlù	n.	ways to go
去年	qùnián	n.	last year
去声	qùshēng	n.	the fourth tone (of Chinese)
去世	qùshì	v.	pass away; die
去向	qùxiàng	n.	trend; whereabouts
过去	guòqù	n.	in the past
过去	guòqu	v.	die; go over (there)
回去	huíqù	v.	return; go back
进去	jìnqù	v.	go in; enter
上去	shàngqù	v.	go up

| 练　习 | **Exercise:** |

用"去、来、在"各造一句：

Make a sentence with each of the following characters：

1. 去 _____

2. 来 _____

3. 在 _____

却

què（くㄩㄝ）

7

1. step back (v.)
2. but; however (adv.)

| 笔 | 顺 | Stroke order: |

去 | 去 | 却 | | | | | |

| 字 | 体 | Scripts: |

却　却　却　却　却　去　鋗

钢笔字　宋体　楷书　隶书　行书　草书　篆书

| 提 | 示 | Tips: |

"去"是声旁。注意右边"卩"的写法。

去 in this character is a phonetic element. Pay attention to the way the radical 卩 is written.

| 部 | 件 | Components: |

去 + 卩　　　结构图示：却

| 部 | 首 | Radical: |

卩（单耳, dān'ěr, single ear）

| 常用词语 | Frequently-used words or phrases: |

却步	quèbù	v.	stop (going)
冷却	lěngquè	v.	cool off
推却	tuīquè	v.	decline
退却	tuìquè	v.	retreat

| 练 | 习 | Exercises: |

一、观察"卩（卪）"在各字中的位置，并数笔画：

Locate the radical 卩（卪）in each character and count the total number of strokes:

卫　印　危　即　卷　卸　卿

二、解释下列句子中"却"的含义：

Explain the meaning of 却 in the following sentences:

1. 她想(xiǎng, want)来，却来不了。＿＿＿＿＿＿＿＿＿＿

2. 不要在困难(kùnnan, difficulty)面前却步。＿＿＿＿＿＿＿＿

127

8

dào （ㄉㄠˋ）
1. reach; arrive (v.)
2. go to; leave for (v.)
3. up to; until (prep.)

| 笔　顺 | **Stroke order:** |

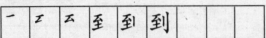

| 字　体 | **Scripts:** |

到　　到　　到　　到　　到　　到　　到

钢笔字　　宋体　　楷书　　隶书　　行书　　草书　　篆书

| 提　示 | **Tips:** |

左边的"至"(zhì)也就是到的意思,右边的"刂"(dāo, knife)跟"到"的读音差不多。

The left part of this character, in its old form, indicates a bird swooping down from the sky and reaching the earth, while the right side 刂 (dāo) is a phonetic element.

| 部　件 | **Components:** |

云 ＋ 土 ＋ 刂　　　　结构图示：到　

| 部　首 | **Radical:** |

刂 (立刀, lìdāo, knife)

| 常用词语 | **Frequently-used words or phrases:** |

到处	dàochù	n.	everywhere
到达	dàodá	v.	reach; arrive
到底	dàodǐ	adv. / v. o.	finally / to the end
到手	dàoshǒu	v.	acquire
到头	dàotóu	v.	to the end; at an end
报到	bàodào	v.	report for duty; register
迟到	chídào	v.	be late (on arrival)
感到	gǎndào	v.	feel; sense
直到	zhídào	prep.	go all the way until. . .
周到	zhōudào	adj.	adequate; considerate
到……为止	dào. . . wéizhǐ	ph.	until; up to

| 练　习 | **Exercise:** |

"刀"作偏旁时有三种写法:"刀、刂、ⁿ",指出它们在下列各字中的位置:

The 刀 radical can be written in three different ways: 刀, 刂, ⁿ. Locate them in the following characters:

刘　刀　创　别　前　刃　分　召　色　剪

倒

10

dǎo/dào (ㄉㄠˇ/ㄉㄠˋ)

1. dǎo: **fall; topple** (v.)
2. dào: **upside down;**
   reverse (adv.)
3. dào: **pour; tip** (v.)

| 笔　顺 | **Stroke order:** |

| 亻 | 倒 | | | | | | | | |

| 字　体 | **Scripts:** |

倒　倒　倒　倒　倒　倒　倒

钢笔字　宋体　楷书　隶书　行书　草书　篆书

| 提　示 | **Tips:** |

"到"作声旁。

到 is a phonetic element.

| 部　件 | **Components:** |

亻 + 至 + 刂　　结构图示：倒

| 部　首 | **Radical:** |

亻 (单人, dānrén, man)

| 常用词语 | **Frequently-used words or phrases:** |

倒闭	dǎobì	v.	close; bankruptcy
倒霉	dǎoméi	adj.	bad luck; unlucky
倒台	dǎotái	v.	down (of a political figure)
摔倒	shuāidǎo	v.	fall down
倒车	dàochē	v.	back up (in driving); reverse
倒数	dàoshǔ	v.	count down
倒退	dàotuì	v.	withdraw
倒影	dàoyǐng	n.	inverted image
倒转	dàozhuǎn	v.	turn (something) upside down; reverse

| 练　习 | **Exercises:** |

一、指出下列各字的部首：

Point out the radicals of the following characters:

从＿＿＿ 国＿＿＿ 百＿＿＿ 千＿＿＿ 爸＿＿＿ 必＿＿＿ 听＿＿＿ 去＿＿＿ 倒＿＿＿

二、猜一猜：

Guess why Chinese families like to paste the character 福 (fú, happiness) upside down on doors for the New Year?

Hint: What character has the same pronunciation as 倒 (upside down)?

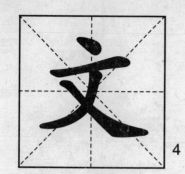

wén (ㄨㄣˊ)

4

script; literature (n.)

| 笔 顺 | **Stroke order:** |

| 丶 | 一 | ㇒ | 文 | | | | |

| 字 体 | **Scripts:** |

文 文 文 文 文 文 文

钢笔字　宋体　楷书　隶书　行书　草书　篆书

| 提 示 | **Tips:** |

注意笔顺,第三笔是"丿",第四笔是"乀"。

Pay attention to the stroke order of this character. The third stroke is 丿, which is followed by 乀.

| 部 件 | **Components:** |

亠 + 乂　　　　结构图示：文　　☐

| 部 首 | **Radical:** |

文 (wén, literature)

| 常用词语 | **Frequently-used words or phrases:** |

文化	wénhuà	n.	culture; civilization
文件	wénjiàn	n.	document
文明	wénmíng	n./adj.	civilization / civilized
文学	wénxué	n.	literature
文艺	wényì	n.	literary; art
文章	wénzhāng	n.	article
文字	wénzì	n.	writing
外文	wàiwén	n.	foreign language
中文	Zhōngwén	n.	Chinese language
文学家	wénxuéjiā	n.	literary writer

| 练 习 | **Exercise:** |

给下列各组汉字注音,把共同的声旁写在( )内:

Give the *pinyin* for the following characters, and put the common sound element for each group inside the parenthesis:

1. 吧___ 把___ 爸___ ( )　　2. 到___ 倒___ ( )

3. 作___ 昨___ 怎___ ( )　　4. 吗___ 妈___ ( )

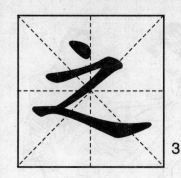

之

zhī (ㄓ)

3

1. him; her; it (pron.)
2. of (part.)

| 笔　顺 | Stroke order: |

丶　㇇　之

| 字　体 | Scripts: |

之　之　之　之　之　之　屮

钢笔字　宋体　楷书　隶书　行书　草书　篆书

| 提　示 | Tips: |

"之"的拼音 zhī，一点（丶）加 Z 就是之。

How to spell 之？Zhī, so it sounds like the alphabet Z, and looks like it too, with an additional dot (丶).

| 部　件 | Component: |

之　　　　结构图示：之　　□

| 部　首 | Radical: |

丶（点，diǎn，dot）

| 常用词语 | Frequently-used words or phrases: |

……之后	. . . zhīhòu	n.	after
……之间	. . . zhījiān	n.	between; among
……之类	. . . zhīlèi	n.	the like; similar
……之内	. . . zhīnèi	n.	within; inside
……之前	. . . zhīqián	n.	before; in front of; prior to
……之外	. . . zhīwài	n.	outside; beyond
……之下	. . . zhīxià	n.	under; beneath
……之一	. . . zhīyī	ph.	one of
……之中	. . . zhīzhōng	n.	among
总之	zǒngzhī	conj.	in conclusion
鱼米之乡	yú mǐ zhī xiāng	ph.	a land of abundance

| 练　习 | Exercise: |

"之"与部首"辶"（advance）的意思和发音都不相同。试指出下面这些字，哪些含有"之"，哪些含有"辶"。　The character 之 is different from the radical 辶 in both pronunciation and meaning. Locate these two in the following characters:

乏　道　泛　边　近　缝　达　芝　过

131

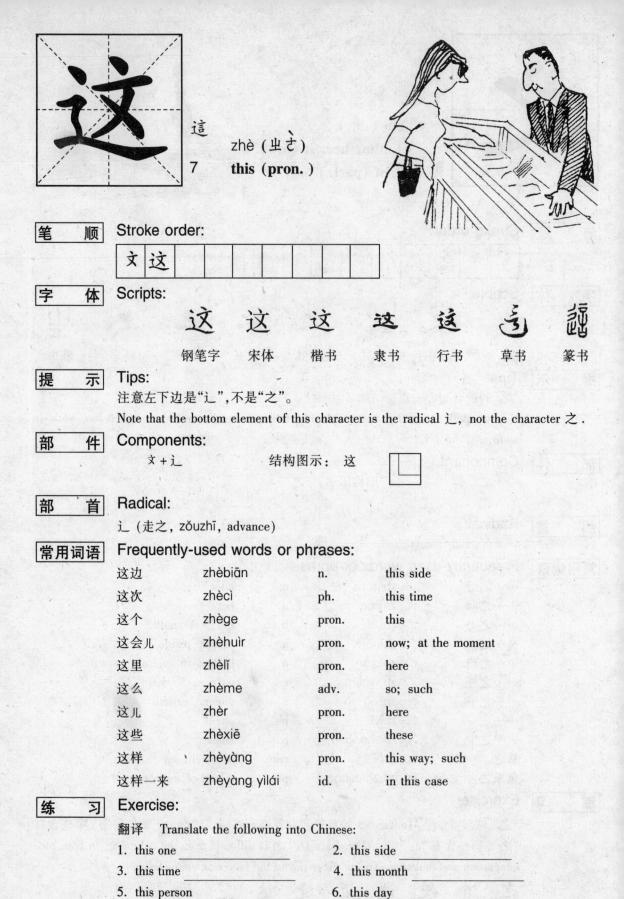

这 這
zhè (ㄓㄜˋ)
7 this (pron.)

文 这

字 体 Scripts:

这 这 这 这 这 这 這
钢笔字 宋体 楷书 隶书 行书 草书 篆书

提 示 Tips:

注意左下边是"辶",不是"之"。

Note that the bottom element of this character is the radical 辶, not the character 之.

部 件 Components:

文 + 辶 　　　 结构图示： 这

部 首 Radical:

辶 (走之, zǒuzhī, advance)

常用词语 Frequently-used words or phrases:

这边	zhèbiān	n.	this side
这次	zhècì	ph.	this time
这个	zhège	pron.	this
这会儿	zhèhuìr	pron.	now; at the moment
这里	zhèlǐ	pron.	here
这么	zhème	adv.	so; such
这儿	zhèr	pron.	here
这些	zhèxiē	pron.	these
这样	zhèyàng	pron.	this way; such
这样一来	zhèyàng yìlái	id.	in this case

练 习 Exercise:

翻译 Translate the following into Chinese:

1. this one _____
2. this side _____
3. this time _____
4. this month _____
5. this person _____
6. this day _____

nà/nèi (ㄋㄚˋ/ㄋㄟˋ)

6 that (pron.)

| 笔 顺 | **Stroke order:** |

| 丁 | 刁 | 刁 | 月 | 那 | 那 | | | |

| 字 体 | **Scripts:** |

那　那　那　那　那　那　那

钢笔字　宋体　楷书　隶书　行书　草书　篆书

| 提 示 | **Tips:** |

注意左边不是"月",也不是"肀";右边不是"阝","阝"像 13。

Note that the left element of this character is neither 月 nor "肀"; the right side is not 阝, either. The right side looks like 13.

| 部 件 | **Components:** |

肀 + 阝　　　结构图示：那 | |

| 部 首 | **Radical:** |

阝(在右)(双耳, shuāng'ěr, double ears)

| 常用词语 | **Frequently-used words or phrases:** |

那边	nà/nèibian	n.	over there; that side
那个	nà/nèige	pron.	that
那会儿	nàhuìr	pron.	at that time
那里	nàli	pron.	there
那么	nàme	adv./conj.	such; in that case / so
那儿	nàr	pron.	there
那些	nà/nèixiē	pron.	those
那样	nà/nèiyàng	pron.	such a way

| 练 习 | **Exercise:** |

造句　Complete the following sentences:

1. 这是 _____
2. 那是 _____
3. 这不是 _____
4. 那不是 _____
5. 那也不是 _____

哪 9

nǎ/na (ㄋㄚˇ/ㄋㄚ)

1. nǎ: which; what (pron.)
2. na: (a particle) (part.)

笔 顺 Stroke order:

口	哪							

字 体 Scripts:

哪 哪 哪 哪 哪 哪 哪

钢笔字　宋体　楷书　隶书　行书　草书　篆书

提 示 Tips:

"那"是声旁，"口"表示提问。

那 is a sound element, and 口 indicates questioning.

部 件 Components:

口 + 用 + 阝　　结构图示：哪

部 首 Radical:

口 (kǒu, mouth)

常用词语 Frequently-used words or phrases:

哪个	nǎ/něige	pron.	which
哪里	nǎli	pron.	where
哪儿	nǎr	pron.	where
哪怕	nǎpà	conj.	even if, no matter how
哪些	nǎ/něixiē	pron.	which (things)
哪样	nǎ/něiyàng	pron.	what kind
谢谢您哪	xièxie nín na	ph.	Thank you.

练 习 Exercise:

英译汉　Translate the following English sentences into Chinese:

1. Where is your mother?

2. Which one do you buy (买)?

3. Even if she doesn't love me, I still love her.

4. Which things are yours?

134

呢

ne (ㄋㄜ)

8　　**(a particle)** (part.)

Stroke order:

| 口 | 口ˊ | 口ᵓ | 吖 | 呢 | 呢 | | | |

字　体　Scripts:

呢　呢　呢　呢　呢　呢　呢

钢笔字　宋体　楷书　隶书　行书　草书　篆书

提　示　Tips:

"口"表示提问,"尼"(ní)是声旁。注意笔顺和"匕"(bǐ)的写法。

口 indicates inquiry, while 尼 (ní) is a sound element. Pay attention to the right stroke order when writing 匕 (bǐ).

部　件　Components:

　　　口 + 尼　　　　结构图示：呢　　| |

部　首　Radical:

　口 (kǒu, mouth)

用　法　Usage:

1. 用在疑问句末,表示疑问　Used as a question marker at the end of a question:

　他在哪儿住呢? Where does he live?

2. 用在陈述句末,表示确定的语气　Used at the end of a declarative sentence to admit a fact:

　人很多,有几百人呢。There are many people, several hundreds of them.

3. 用在句中,表示停顿　Used in a sentence for a pause:

　他呢,去不了;你呢,又不想去。As for him, he can't go. And you, don't want to go.

练　习　Exercise:

说出"呢"在句中的不同含义:

Give the different implications of the character 呢 in the following sentences:

1. 我很好,你呢?　　　2. 他家有十五个人呢。　　　3. 今天呢,还可以。

谁 10

shuí/shéi
(ㄕㄨㄟ/ㄕㄟ)
1. who (pron.)
2. anyone (pron.)

笔 顺 Stroke order:

丶	讠	讠	讠	讠	讠	诈	诈	谁	谁

字 体 Scripts:

谁　　谁　　谁　　谁　　谁　　谁　　雔

钢笔字　宋体　　楷书　　隶书　　行书　　草书　　篆书

提 示 Tips:

中间是个人(亻),谁在中间?

Which person (亻) is in the middle?

部 件 Components:

讠 + 隹　　　　结构图示：谁

部 首 Radical:

讠 (言字旁, yánzìpáng, speech)

用 法 Usage:

1. 表示疑问的人称代词　who:

他是谁?　Who is he?

谁是大夫?　Who is the doctor?

这是谁的意见?　Whose idea is it?

2. 任何人,无论什么人　anyone; someone:

谁的话她都不听。She doesn't listen to anyone.

练 习 Exercise:

造句　Make a sentence with each of the following words:

1. 谁 _____

2. 谁的 _____

3. 什么 _____

4. 怎么样 _____

5. 哪儿 _____

6. 哪个 _____

为　wéi/wèi (ㄨㄟˊ/ㄨㄟˋ)

1. wéi: **do; act (v.)**

4　**2.** wèi: **for (pron.)**

Stroke order:

丶	⺈	办	为				

字　体　Scripts:

为	为	为	为	为	为	𤲃
钢笔字	宋体	楷书	隶书	行书	草书	篆书

提　示　Tips:

注意笔顺，"为"字有两点，以点开始，以点结束。

Pay attention to the stroke order. The character 为 has two dots: one is the initial stroke and the other is the ending stroke.

部　件　Component:

　　为　　　　　结构图示：为 □

部　首　Radical:

丶（点，diǎn，dot）

常用词语　Frequently-used words or phrases:

为难	wéinán	v.	embarrassing; be in a difficult position
为人	wéirén	n.	personality; conduct
作为	zuòwéi	v./n.	take as / conduct; deed
到……为止	dào...wéizhǐ	ph.	up to...
以……为首	yǐ...wéishǒu	ph.	take... as the leader; headed by...
为此	wèicǐ	conj.	for this purpose
为了	wèile	prep.	because of; for the sake of
因为	yīnwèi	conj.	because
为什么	wèishénme	pron.	why; for what

用　法　Usage:

"为"读 wèi 时，主要有两个用法　When read as "wèi", it mainly has two usages:

1. 表示行为的对象，如：他为我开车。　Used for the target of an action, e.g. He drives for me.

2. 表示目的，如：为我们的友谊干杯。　Used for a purpose, e.g. Cheers for our friendship.

练　习　Exercise:

汉译英　Translate the following into English:

1. 你为什么不去她家?　　　　2. 你为谁工作?

137

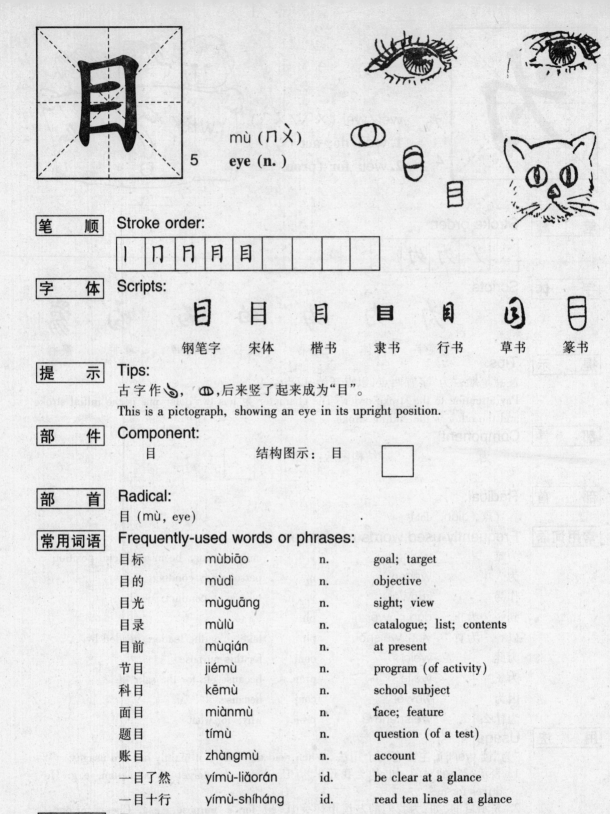

mù (ㄇㄨ丶)

5 eye (n.)

笔 顺 Stroke order:

| 丨 | 冂 | 月 | 月 | 目 | | | | |

字 体 Scripts:

目　　目　　目　　目　　目　　圓　　目

钢笔字　宋体　楷书　隶书　行书　草书　篆书

提 示 Tips:

古字作 🐚，⬭⬭，后来竖了起来成为"目"。

This is a pictograph, showing an eye in its upright position.

部 件 Component:

目　　　　　结构图示：目　　[ ]

部 首 Radical:

目 (mù, eye)

常用词语 Frequently-used words or phrases:

目标	mùbiāo	n.	goal; target
目的	mùdì	n.	objective
目光	mùguāng	n.	sight; view
目录	mùlù	n.	catalogue; list; contents
目前	mùqián	n.	at present
节目	jiémù	n.	program (of activity)
科目	kēmù	n.	school subject
面目	miànmù	n.	face; feature
题目	tímù	n.	question (of a test)
账目	zhàngmù	n.	account
一目了然	yímù-liǎorán	id.	be clear at a glance
一目十行	yímù-shíháng	id.	read ten lines at a glance

练 习 Exercise:

观察"目"在各字中的位置，并数笔画　Point out the location of 目 in each of the following characters, and count the strokes:

泪　睡　省　相　盯　眉　盾　瞿

138

眼

yǎn (| ㄢˇ)

11 eye (n.)

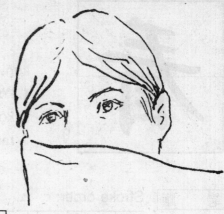

| 笔 顺 | **Stroke order:** |

| 目 | 目⁷ | 目⁷ | 目³ | 眼 | 眼 | 眼 | | |

| 字 体 | **Scripts:** |

眼　眼　眼　眼　眼　眼　眼

钢笔字　宋体　楷书　隶书　行书　草书　篆书

| 提 示 | **Tips:** |

左边"目"代表眼睛,右边"艮"(gèn)是"很"(hěn)字的右边。

The left side is a symbol of an eye, and the right side is a sound element.

| 部 件 | **Components:** |

目 + 艮　　　　结构图示: 眼

| 部 首 | **Radical:** |

目 (mù, eye)

| 常用词语 | **Frequently-used words or phrases:** |

眼光	yǎnguāng	n.	eye sight; sight; view
眼红	yǎnhóng	v.	be jealous; envy
眼花	yǎnhuā	v.	have blurred vision
眼界	yǎnjiè	n.	outlook
眼睛	yǎnjīng	n.	eye
眼镜	yǎnjìng	n.	eye glasses; spectacles
眼泪	yǎnlèi	n.	tears
眼神	yǎnshén	n.	expression in one's eyes; eyesight
亲眼	qīnyǎn	adv.	with one's own eyes
心眼儿	xīnyǎnr	n.	heart; mind; cleverness
转眼	zhuǎnyǎn	n.	in one moment
眼中钉	yǎnzhōngdīng	n.	a thorn in one's eye

| 练 习 | **Exercise:** |

汉译英　Translate the following into English:

1. 眼高手低 _____

2. 眼明手快 _____

3. 眼观六路,耳听八方 _____

4. 情人眼里出西施 _____

　　西施(Xīshī): the name of a famous Chinese beauty.

kàn/kān (ㄎㄢˋ/ㄎㄢ)

1. kàn: **look at; see (v.)**
2. kān: **look after;**
   take care (v.)

9

| 笔 顺 | **Stroke order:** |

| 一 | 二 | 三 | 手 | 看 | | | | |

| 字 体 | **Scripts:** |

看　　看　　看　　看　　看　　秀　　𥄂
钢笔字　宋体　楷书　隶书　行书　草书　篆书

| 提 示 | **Tips:** |

上边是手(手),下边是眼(目, ◍),手遮住阳光以便看得清楚。

Put a hand (手) above the eyes (目), so as to see clearly without the glare of the sunlight.

| 部 件 | **Components:** |

手 + 目　　　　　结构图示：看

| 部 首 | **Radical:** |

目 (mù, eye)

| 常用词语 | **Frequently-used words or phrases:** |

看病	kànbìng	v. o.	visit a doctor
看法	kànfa	n.	point of view
看见	kànjiàn	v.	see
看来	kànlái	v.	it looks as if; it seems
看不起	kànbuqǐ	v.	look down on (a person)
看样子	kàn yàngzi	v.	it appears
看管	kānguǎn	v.	guard
看护	kānhù	v.	nurse
看门	kānmén	v. o.	guard the entrance
看守	kānshǒu	v.	watch; guard

| 练 习 | **Exercise:** |

查字典,指出"看"在下面各词语中的意义:

Look up the dictionary for the meaning of 看 in each of the following terms:

1. 看电视＿＿＿＿　　2. 看电影＿＿＿＿　　3. 看报＿＿＿＿　　4. 看朋友＿＿＿＿

5. 看孩子＿＿＿＿　　6. 看不起＿＿＿＿　　7. 看病＿＿＿＿　　8. 试试看＿＿＿＿

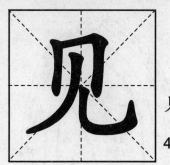

见

見

jiàn (ㄐㄧㄢ)

4   see (v.)

Stroke order:

丨　冂　见　见

Scripts:

见　　见　　见　　见　　见　　见　　見

钢笔字　　宋体　　楷书　　隶书　　行书　　草书　　篆书

Tips:

繁体字"見"上边是眼(目),下边是人(儿),表示看见。

In its unsimplified form the upper part is a symbol of an eye, while the lower part symbolizes a man, thus forming the meaning of "to see".

Components:

冂 + 儿　　　　结构图示：见 ☐

Radical:

见 (jiàn, see)

用"见"作部首的字,意义往往与看有关,如"观、览、觉"等。

Words with the radical 见 are often related to "view", such as 观 (observe), 览 (look), 觉 (sleep, feel), etc.

Frequently-used words or phrases:

见怪	jiànguài	v.	blame; take offence
见解	jiànjiě	n.	point of view; opinion
见面	jiànmiàn	v.	meet
见识	jiànshi	n.	knowledge; experience
见闻	jiànwén	n.	knowledge; what one sees and hears
见效	jiànxiào	adj.	become effective
见证	jiànzhèng	n.	testimony
会见	huìjiàn	v./n.	meet / meeting
接见	jiējiàn	v.	receive (somebody)
再见	zàijiàn	v.	see you again; good-bye

Exercise:

指出"见"在各字中的位置,并数笔画:

Locate the radical 见 in each character and count the total strokes:

观　视　现　觉　览　规　窥

现
xiàn (ㄒㄧㄢˋ)
8   appear (v.)

笔 顺 Stroke order:

王	尹	尹	现	现				

字 体 Scripts:

现　　现　　现　　现　　现　　现　　現

钢笔字　宋体　楷书　隶书　行书　草书　篆书

提 示 Tips:

有人见到国王，国王出现了。

When the king (王) appears, everybody watches (见) him.

部 件 Components:

王 + 见　　　结构图示：现

部 首 Radical:

王 (wáng, king)

常用词语 Frequently-used words or phrases:

现场	xiànchǎng	n.	scene; site; spot
现代	xiàndài	n. /adj.	modern times / current
现金	xiànjīn	n.	cash
现实	xiànshí	n. /adj.	reality / practical
现象	xiànxiàng	n.	phenomenon
现在	xiànzài	n.	now
表现	biǎoxiàn	v. /n.	show / performance
出现	chūxiàn	v.	appear
发现	fāxiàn	v. /n.	discover / discovery
实现	shíxiàn	v.	fulfill
现代化	xiàndàihuà	n.	modernization

练 习 Exercise:

根据拼音写汉字　Write Chinese characters according to the *pinyin*:

1. nǎ( )里　　　2. zuǒ( )右　　　3. zuó( )天　　　4. bēi( )子

5. 早 fàn( )　　6. 一 yàng( )　　7. 水 guǒ( )　　8. 出 xiàn( )

観 guān (ㄍㄨㄢ)

look at; view

6 **(v. / n.)**

笔 顺 Stroke order:

| ㄱ | ㄨ | 观 | | | | | | |

字 体 Scripts:

观　观　观　观　观　觏　觀

钢笔字　宋体　楷书　隶书　行书　草书　篆书

提 示 Tips:

参观要仔细,再(又)看(见)一遍。

One has to look (见) once more (又) in order to have a better view.

部 件 Components:

又 + 见　　　　结构图示： 观 | | |

部 首 Radicals:

又 (yòu, again); 见 (jiàn, see)

常用词语 Frequently-used words or phrases:

观测	guāncè	v.	observe
观察	guānchá	v.	watch; observe
观点	guāndiǎn	n.	point of view
观光	guānguāng	v.	sightseeing
观看	guānkàn	v.	watch
观念	guānniàn	n.	concept
观众	guānzhòng	n.	audience
悲观	bēiguān	adj.	pessimistic
参观	cānguān	v.	visit; look around
乐观	lèguān	adj.	optimistic
坐井观天	zuòjǐng-guāntiān	id.	look at the sky from the bottom of a well: have a very narrow view

练 习 Exercise:

字谜 Solve the riddle for a word:

Shuāng mù bù chéng lín. _____

(Double mù don't make a 林 .)

東

dōng (ㄉㄨㄥ)

5 east (n.)

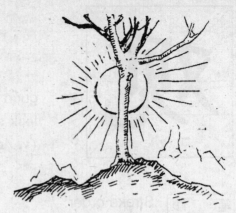

笔 顺 Stroke order:

| 一 | 七 | 亇 | 亐 | 东 | | | | |

字 体 Scripts:

东　东　东　东　东　东　東

钢笔字　宋体　楷书　隶书　行书　草书　篆书

提 示 Tips:

古字作 東 ，"日"在"木"后，表示太阳升起的方向。

As shown in the above scripts, the origin of this character indicates the sun coming up from the woods, i. e. the direction where the sun rises.

部 件 Components:

一 + 乚 + 小　　结构图示：东　☐

部 首 Radical:

一 (横, héng, horizontal stroke)

常用词语 Frequently-used words or phrases:

东北	dōngběi	n.	northeast
东边	dōngbiān	n.	east side
东方	dōngfāng	n.	east; oriental
东面	dōngmiàn	n.	east
东南	dōngnán	n.	southeast
东西	dōngxī	n.	east and west
东西	dōngxi	n.	things
房东	fángdōng	n.	landlord
华东	Huádōng	n.	eastern part of China
中东	Zhōngdōng	n.	the Middle East

练 习 Exercise:

读出三角形中的句子　Read out the sentences that form the triangles:

我
来　到
看　见　她
谁　不　在　家

144

西

xī (ㄒ丨)

6   west (n.)

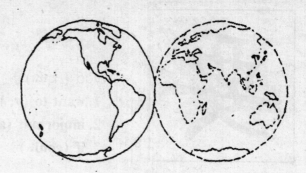

Stroke order:

一　丆　冃　两　西　西

字　体　Scripts:

西　　西　　西　　西　　西　　西　　圅

钢笔字　　宋体　　楷书　　隶书　　行书　　草书　　篆书

提　示　Tips:

想像 西 是一个咖啡壶的形状，西方人爱喝咖啡。

Imagine this as a coffee mug that holds the Westerners' favorite beverage.

部　件　Component:

西　　　　　结构图示：西

部　首　Radical:

西 (xī, west)

常用词语　Frequently-used words or phrases:

西北	xīběi	n.	northwest
西边	xībiān	n.	west side
西部	xībù	n.	western part
西餐	xīcān	n.	Western food
西方	xīfāng	n.	west; the West
西服	xīfú	n.	Western suit
西瓜	xīguā	n.	watermelon
西南	xīnán	n.	southwest
西医	xīyī	n.	doctor practicing Western medicine
西半球	xībànqiú	n.	the Western Hemisphere
声东击西	shēngdōng-jīxī	id.	strike the west while attacking the east as a decoy

练　习　Exercise:

观察"西(覀)"在各字中的位置，并数笔画：

Locate the radical 西 (覀) in each of the following characters and count the total number of strokes:

要　粟　票　潭　栖　洒　晒

145

9

yào（ㄧㄠˋ）
1. want to (v.)
2. important (adj.)
3. if (conj.)

笔 顺 Stroke order:

| 一 | 一 | 一 | 亓 | 西 | 西 | 要 | |

字 体 Scripts:

要　要　要　要　要　要　要

钢笔字　宋体　楷书　隶书　行书　草书　篆书

提 示 Tips:

他要什么?西方女人!

What does he want? A Western（西）woman（女）!

部 件 Components:

西 + 女　　　结构图示：要

部 首 Radicals:

西（西）(xī, west); 女 (nǚ, female)

常用词语 Frequently-used words or phrases:

要不	yàobù	conj.	if not
要点	yàodiǎn	n.	key point
要好	yàohǎo	adj.	be on good terms; be close friends
要紧	yàojǐn	adj.	important
要是	yàoshì	conj.	if
必要	bìyào	adj.	necessary
次要	cìyào	adj.	less important
机要	jīyào	adj.	confidential
将要	jiāngyào	adv.	be going to
重要	zhòngyào	adj.	important
要不然	yàoburán	conj.	otherwise
要不是	yàobushì	conj.	if it were not

练 习 Exercise:

写出同样结构的字:

Write a character with the same arrangements of the components as shown:

要＿＿＿＿　　却＿＿＿＿　　哪＿＿＿＿　　夜＿＿＿＿

南

nán (ㄋㄢˊ)

9 **south (n.)**

Stroke order:

一	十	广	冇	内	冇	南	南

字　体 **Scripts:**

南　南　南　南　南　南　南

钢笔字　宋体　楷书　隶书　行书　草书　篆书

提　示 **Tips:**

把上边的"十"想像成坐标 W→E，南在下边。

Imagine 十 as a direction coordinate: the south is obviously at the bottom.

部　件 **Components:**

十 + 冂 + 𢆉　　结构图示：南

部　首 **Radical:**

十 (shí, ten)

常用词语 **Frequently-used words or phrases:**

南北	nán-běi	n.	north and south
南部	nánbù	n.	southern part
南方	nánfāng	n.	south; southern part; the South
南风	nánfēng	n.	south wind
南瓜	nánguā	n.	pumpkin
南海	Nánhǎi	n.	the South China Sea
南极	nánjí	n.	the South Pole
南京	Nánjīng	n.	Nanjing (Nanking)
江南	Jiāngnán	n.	south of the Yangtze River
南半球	nánbànqiú	n.	southern hemisphere
指南针	zhǐnánzhēn	n.	compass

练　习 **Exercise:**

把英文缩写字母换成汉字：

Give the Chinese counterparts for the abbreviated English words:

E (east) ＿＿＿　　S (south) ＿＿＿　　W (west) ＿＿＿　　N (north) ＿＿＿

U (upper) ＿＿＿　　D (down) ＿＿＿　　L (left) ＿＿＿　　R (right) ＿＿＿

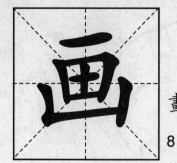

畫
8

huà (ㄏㄨㄚˋ)

1. draw; paint (v.)
2. stroke (n.)

| 笔 顺 | **Stroke order:** |

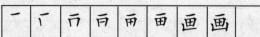

一　厂　亓　尸　丙　面　画　画

| 字 体 | **Scripts:** |

画　画　画　画　画　画　畫

钢笔字　宋体　楷书　隶书　行书　草书　篆书

| 提 示 | **Tips:** |

把中间的"田"想像成一幅画,现在正在装画框(囗)。

Imagine that 田 is a picture being put into a frame (囗).

| 部 件 | **Components:** |

　一 + 田 + 凵　　结构图示:画　

| 部 首 | **Radicals:** |

一 (横, héng, horizontal stroke);凵 (凶字框, xiōngzìkuàng, frame for 凶)

| 常用词语 | **Frequently-used words or phrases:** |

画报	huàbào	n.	pictorial
画笔	huàbǐ	n.	brush for painting
画册	huàcè	n.	painting album
画家	huàjiā	n.	artist; painter
画刊	huàkān	n.	picture magazine
画像	huàxiàng	n.	portrait
画展	huàzhǎn	n.	painting exhibit
国画	guóhuà	n.	Chinese painting
书画	shūhuà	n.	calligraphy and painting
图画	túhuà	n.	picture
油画	yóuhuà	n.	oil painting

| 练 习 | **Exercise:** |

为每行汉字添加一个部首组成新字　Add a radical to each blank so as to form four new characters with the existing components:

1. 本　十　言　门　＿＿＿＿　　2. 木　不　几　羊　＿＿＿＿

3. 尼　斤　那　马　＿＿＿＿　　4. 也　子　马　口　＿＿＿＿

148

名

míng (ㄇㄧㄥˊ)

6   name (n.)

笔 顺 Stroke order:

| ノ | ク | タ | 夕 | 名 | 名 | | | |

字 体 Scripts:

名　　名　　名　　名　　名　　名　　名

钢笔字　　宋体　　楷书　　隶书　　行书　　草书　　篆书

提 示 Tips:

上边是"夕"(xī)，下边是个"口"。

When running into someone in the evening (夕), you ask (口) who he is.

部 件 Components:

夕 + 口　　　　结构图示：名

部 首 Radicals:

夕 (xī, evening)；口 (kǒu, mouth)

常用词语 Frequently-used words or phrases:

名词	míngcí	n.	noun
名次	míngcì	n.	naming in a competition
名家	míngjiā	n.	a person of academic or artistic distinction; famous expert
名利	mínglì	n.	fame and wealth
名片	míngpiàn	n.	name card
名人	míngrén	n.	famous person
名声	míngshēng	n.	fame
名胜	míngshèng	n.	famous scenic spot
名字	míngzi	n.	name (given name or full name)
姓名	xìngmíng	n.	name (full name)
有名	yǒumíng	adj.	famous; well-known

练 习 Exercise:

用下面五个字可以组成多少个词？（最少可以组成 10 个） How many terms can you form with the following five characters? (You can at least form ten terms)

名　人　画　家　作

149

各

gè （ㄍㄜˋ）

6   **each** (pron.)

Stroke order:

ノ	ク	夂	各				

字　体 **Scripts:**

各　　　各　　　各　　　各　　　各　　　各　　　各

钢笔字　　宋体　　　楷书　　　隶书　　　行书　　　草书　　　篆书

提　示 **Tips:**

上边是"夂"，不是"夕"，也不是"文"。注意与"名"比较。

The upper part of this character is 夂, not 夕 or 文 . Compare 各 with 名 .

部　件 **Components:**

夂 + 口　　　　　　结构图示：各

部　首 **Radical:**

口 (kǒu, mouth)

常用词语 **Frequently-used words or phrases:**

各别	gèbié	adj.	distinct; peculiar
各个	gègè	pron.	each
各界	gèjiè	pron.	all fields
各人	gèrén	pron.	everybody
各位	gèwèi	pron.	everybody (honorific term)
各种	gèzhǒng	pron.	all kinds
各自	gèzì	adv.	separately; respectively
自各儿	zìgěr	adv.	separately
各式各样	gèshì-gèyàng	id.	all kinds; all sorts

练　习 **Exercise:**

写出下列各字的同音字来　Write a character in the blank that has the same pronunciation as the character on the left:

例　Example:　他—她—(tā)

各_____　　　作_____　　　友_____　　　它_____

150

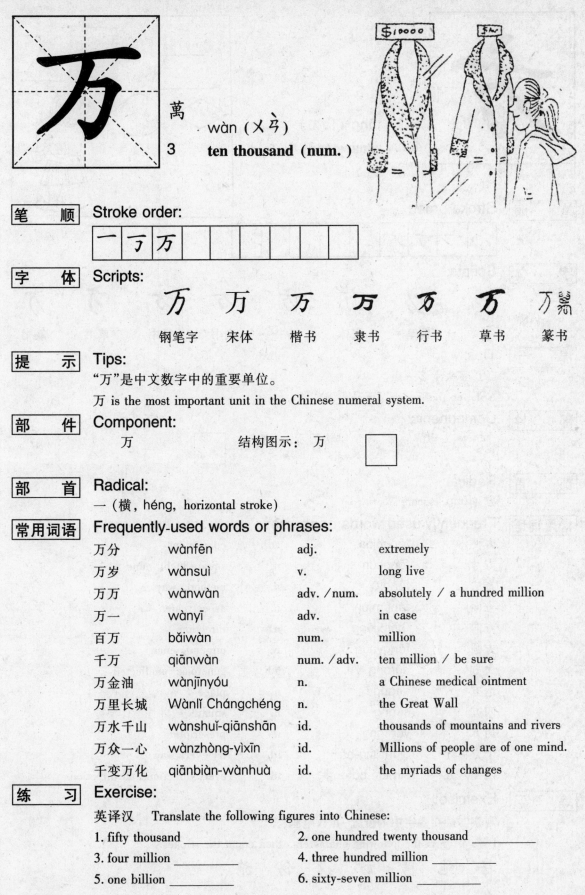

万　萬

wàn （ㄨㄢˋ）

3　　ten thousand (num.)

Stroke order:

一　丁　万

Scripts:

万　　万　　万　　万　　万　　万　　万

钢笔字　　宋体　　楷书　　隶书　　行书　　草书　　篆书

Tips:

"万"是中文数字中的重要单位。

万 is the most important unit in the Chinese numeral system.

Component:

万　　　　　　结构图示：万　　□

Radical:

一（横，héng, horizontal stroke）

Frequently-used words or phrases:

万分	wànfēn	adj.	extremely
万岁	wànsuì	v.	long live
万万	wànwàn	adv. / num.	absolutely / a hundred million
万一	wànyī	adv.	in case
百万	bǎiwàn	num.	million
千万	qiānwàn	num. / adv.	ten million / be sure
万金油	wànjīnyóu	n.	a Chinese medical ointment
万里长城	Wànlǐ Chángchéng	n.	the Great Wall
万水千山	wànshuǐ-qiānshān	id.	thousands of mountains and rivers
万众一心	wànzhòng-yìxīn	id.	Millions of people are of one mind.
千变万化	qiānbiàn-wànhuà	id.	the myriads of changes

Exercise:

英译汉　Translate the following figures into Chinese:

1. fifty thousand _____

2. one hundred twenty thousand _____

3. four million _____

4. three hundred million _____

5. one billion _____

6. sixty-seven million _____

151

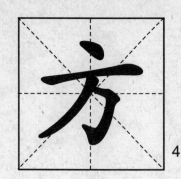

fāng （ㄈㄤ）
4   square (adj.)

Stroke order:

| 丶 | 一 | 亠 | 方 | | | | |

字　体 Scripts:

方　　方　　方　　方　　方　　方　　方

钢笔字　　宋体　　楷书　　隶书　　行书　　草书　　篆书

提　示 Tips:

"万"字头上多一点。

A dot on the top of 万 makes 方 .

部　件 Components:

丶 + 万　　　　　结构图示：方

Radical:

方 (fāng, square)

常用词语 Frequently-used words or phrases:

方便	fāngbiàn	adj.	convenient
方寸	fāngcùn	n.	square inch; mind
方法	fāngfǎ	n.	method; way
方面	fāngmiàn	n.	aspect; area
方向	fāngxiàng	n.	direction
方圆	fāngyuán	n.	circumference
大方	dàfang	adj.	generous; unaffected
地方	dìfang	n.	place
四方	sìfāng	n.	square
药方	yàofāng	n.	prescription
千方百计	qiānfāng-bǎijì	id.	try every way
四面八方	sìmiàn-bāfāng	id.	every direction; all directions

练　习 Exercise:

观察"方"在各字中的位置,并数笔画:

Locate 方 in the following characters, then count the strokes:

房　施　旁　访　旗　仿　旅

152

房

fáng (ㄈㄤˊ)

8   house (n.)

Stroke order:

| 、 | 丶 | 三 | 户 | 房 | | | |

字　体 Scripts:

房　房　房　房　房　房　房

钢笔字　宋体　楷书　隶书　行书　草书　篆书

提　示 Tips:

"方"(fāng)是声旁。

方(fāng) is the sound element; with 户 the character 房 indicates a household.

部　件 Components:

户 + 方　　　　结构图示：房

部　首 Radicals:

户 (hù, door); 方 (fāng, square)

常用词语 Frequently-used words or phrases:

房顶	fángdǐng	n.	roof
房东	fángdōng	n.	landlord; landowner
房间	fángjiān	n.	room
房客	fángkè	n.	tenant
房子	fángzi	n.	house
房租	fángzū	n.	rent
病房	bìngfáng	n.	sick room
厨房	chúfáng	n.	kitchen
书房	shūfáng	n.	study (room)
套房	tàofáng	n.	suite (of rooms)
房地产	fángdìchǎn	n.	real estate

练　习 Exercise:

解释下列各词，并注意各词中"子"的含义　Explain the following words in English, paying attention to the meanings of 子:

房子　女子　养子　杯子　个子　才子　李子　太子　天子　爱子

153

放

fàng (ㄈ尤)

8

let go; release (v.)

Stroke order:

方	放						

字　体 Scripts:

放　放　放　放　放　放　放

钢笔字　宋体　楷书　隶书　行书　草书　篆书

提　示 Tips:

"方"是声旁。

方 is the sound element indicating the sound of the character 放 .

部　件 Components:

方 + 攵　　　结构图示：放 [ ][ ]

部　首 Radicals:

方 (fāng, square); 攵 (反文, fǎnwén, reversed 文)

常用词语 Frequently-used words or phrases:

放大	fàngdà	v.	enlarge
放火	fànghuǒ	v. o.	set fire
放宽	fàngkuān	v.	relax (the restriction)
放手	fàngshǒu	v.	let go
放下	fàngxià	v.	put down
放心	fàngxīn	v. o.	feel relieved
放学	fàngxué	v.	let out from school
放映	fàngyìng	v.	project; show
解放	jiěfàng	v.	liberate
解放军	Jiěfàngjūn	n.	the Liberation Army
放大镜	fàngdàjìng	n.	magnifying glass

练　习 Exercise:

配对　Match the following Chinese words with their English meanings:

1. 放手　2. 放下　3. 解(jiě)放　4. 放大

5. 放羊　6. 放工　7. 百花(huā)齐(qí)放　8. 小心轻(qīng)放

a. enlarge　b. liberation　c. let go　d. a hundred flowers in bloom

e. lay down　f. stop working　g. pasture sheep　h. handle with care

kě (ㄎㄜˇ)

1. may (aux.)

5   **2. but; yet (conj.)**

一	口	可						

字 体   Scripts:

可   可   可   可   可   丂   可

钢笔字   宋体   楷书   隶书   行书   草书   篆书

提 示   Tips:

把"可"字设想成 O.T. 。

Equate the character 可 with O.T. Foreigners always say O.T. instead of O.K.

部 件   Components:

丁 + 口   结构图示：可   [ ]

部 首   Radicals:

一 (横，héng, horizontal stroke); 口 (kǒu, mouth)

常用词语   Frequently-used words or phrases:

可爱	kě'ài	adj.	lovely
可靠	kěkào	adj.	dependable; reliable
可怜	kělián	adj.	pitiable; miserable
可能	kěnéng	conj.	maybe; probably
可怕	kěpà	adj.	terrible; dreadful
可是	kěshì	conj.	but; however
可恶	kěwù	adj.	hateful; disgusting
可惜	kěxī	adj.	regretable; it's a pity
可信	kěxìn	adj.	reliable; trustworthy
可以	kěyǐ	aux.	can
宁可	nìngkě	aux.	would rather; prefer
可口可乐	kěkǒu-kělè	n.	Coca Cola (tasty and enjoyable)
非……不可	fēi...bùkě	prep.	must; have to
非同小可	fēitóngxiǎokě	id.	not to be taken lightly

练 习   Exercise:

填空   Fill in each blank with a suitable word:

1. 我爱她，_____ 她不爱我。   2. 他的女儿很(hěn, very much) _____ 。

哥

gē（《ㄜ）

10 elder brother (n.)

笔　顺	Stroke order:

可 哥 □ □ □ □ □ □ □ □

字　体	Scripts:

哥	哥	哥	哥	哥	哥	哥
钢笔字	宋体	楷书	隶书	行书	草书	篆书

提　示	Tips:

设想小弟弟总叫哥哥为"可可"。

Imagine that the little brother always calls his elder brother kěkě 可可 instead of gēge 哥哥.

部　件	Components:

可 + 可　　　　结构图示：哥

部　首	Radicals:

一（横, héng, horizontal stroke）；口（kǒu, mouth）

常用词语	Frequently-used words or phrases:

哥儿	gēr	n.	brothers; boys
哥哥	gēge	n.	elder brother
哥儿们	gērmen	n.	brothers; pals
八哥	bāge	n.	myna (a kind of bird)
大哥	dàgē	n.	eldest brother
二哥	èrgē	n.	2nd eldest brother
哥伦布	Gēlúnbù	n.	Columbus
公子哥儿	gōngzǐgēr	n.	beaus; dandy

练　习	Exercise:

下列各字是由相同的字上下合成的,注意观察：

Observe the following characters which are formed by stacking up two identical components:

多　出　炎　圭　哥　吕　昌

156

河　hé (ㄏㄜˊ)

8　**river (n.)**

| 笔　顺 | Stroke order: |

氵　河

| 字　体 | Scripts: |

河　河　河　河　河　河　河

钢笔字　宋体　楷书　隶书　行书　草书　篆书

| 提　示 | Tips: |

"氵"就是水,"可"(kě)作声旁。

The radical 氵 indicates water and the character 可 (kě) is a sound element.

| 部　件 | Components: |

氵 + 可　　　　结构图示：河

| 部　首 | Radical: |

氵 (三点水, sāndiǎnshuǐ, water)

| 常用词语 | Frequently-used words or phrases: |

河岸	hé'àn	n.	river bank
河北	Héběi	n.	Hebei Province
河床	héchuáng	n.	river bed
河口	hékǒu	n.	river mouth
河流	héliú	n.	river; stream
河南	Hénán	n.	Henan Province
河山	héshān	n.	rivers and mountains; territory
河水	héshuǐ	n.	river water
黄河	Huánghé	n.	the Yellow River
江河	jiānghé	n.	rivers
运河	yùnhé	n.	canal

| 练　习 | Exercise: |

在中间填一字,使上下左右各成为一个字:

Fill in the center space with a component so that a new character is formed with each of the four surrounding components:

从
艹　不
厶

田
亻　几
子

157

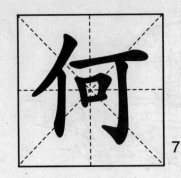

何 7

hé (ㄏㄜˊ)

1. why; what
   (pron.)
2. (a surname)
   (n.)

Stroke order:

亻	何						

字　体 **Scripts:**

何	何	何	何	何	𠄟	阿
钢笔字	宋体	楷书	隶书	行书	草书	篆书

提　示 **Tips:**

"可"(kě)音近"何"，作声旁。

可 (kě) indicates the approximate sound of 何.

部　件 **Components:**

亻 + 可　　　　结构图示：何 | |

部　首 **Radical:**

亻 (单人, dānrén, man)

常用词语 **Frequently-used words or phrases:**

何必	hébì	adv.	why must
何不	hébù	adv.	why not
何尝	hécháng	adv.	ever so...; not that
何等	héděng	adv.	how; what kind
何妨	héfáng	adv.	why not
何苦	hékǔ	adv.	why bother
何况	hékuàng	conj.	let alone
任何	rènhé	pron.	any
如何	rúhé	pron.	how
何乐而不为	hé lè ér bù wéi	ph.	be glad to do it
何去何从	héqù-hécóng	id.	what course to follow
无论如何	wúlùn-rúhé	id.	no matter how

练　习 **Exercise:**

翻译　Translate the following into English:

何人 _____　　　为何 _____　　　如何 _____

何时 _____　　　何必 _____　　　何况 _____

158

dì (ㄉㄧˋ)

7   younger brother (n.)

笔 顺 Stroke order:

丶　丷　丷　丷　兰　弟　弟

字 体 Scripts:

弟　弟　弟　弟　弟　书　秉

钢笔字　宋体　楷书　隶书　行书　草书　篆书

提 示 Tips:

弟弟是个小鬼,头上有两根小辫子,伸出左腿去踢人。

Younger brother is a little devil with two pigtails on his head. He stretches out his left leg to kick you.

部 件 Components:

丷 + 弟　　　结构图示：弟

部 首 Radical:

八 (丷) (bā, eight)

常用词语 Frequently-used words or phrases:

弟弟	dìdi	n.	younger brother
弟媳	dìxí	n.	sister-in-law (wife of the younger brother)
弟兄	dìxiong	n.	brother; comrade
弟子	dìzǐ	n.	disciple
令弟	lìngdì	n.	your brother (polite expression)
徒弟	túdì	n.	disciple; student
小弟	xiǎodì	n.	little brother; I (polite expression)
兄弟	xiōngdì	n.	brothers
称兄道弟	chēngxiōng-dàodì	id.	call each other brothers; be on intimate terms
难兄难弟	nànxiōng-nàndì	id.	two of a kind; fellow sufferers

练 习 Exercise:

注音并翻译 Give the *pinyin* and translate the following into English:

弟 弟 昨 夜 到 他 家 看 见 哥 哥 画 画 儿。

dì (ㄉ丨ˋ)

(ordinal number indicator) (suf.)

11

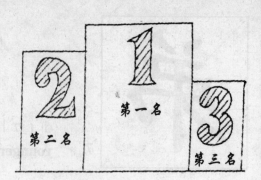

第一名
第二名
第三名

Stroke order:

| ノ | ⺊ | ⺊ | ⺮ | ⺮ | ⺮ | 第 | | |

字　体 **Scripts:**

第　　第　　第　　第　　第　　第　　𥸮

钢笔字　宋体　楷书　隶书　行书　草书　篆书

提　示 **Tips:**

注意"第"与"弟"的区别。

Note that the difference between 第 and 弟 is on the top only.

部　件 **Components:**

⺮ + 弟　　　结构图示：第

部　首 **Radical:**

竹（⺮）(zhú, bamboo)

常用词语 **Frequently-used words or phrases:**

第二	dì-èr	num.	second; next
第几	dì jǐ	ph.	what number in order of sequence
第一	dì-yī	num.	first
次第	cìdì	n.	order of sequence
落第	luòdì	v.	fail a test
门第	méndì	n.	family status
第一手	dì-yī shǒu	ph.	first-hand
第二天	dì-èr tiān	ph.	the next day
第二声	dì-èr shēng	n.	the second tone (of a character)
第三者	dì-sānzhě	n.	a third party
第三世界	dì-sān shìjiè	n.	the third world
第二次世界大战	Dì-Èr Cì Shìjiè Dàzhàn	prep.	World War II

练　习 **Exercise:**

填空　Give the answers as directed:

1. 天下人口第一大国是 _____。(answer in Chinese)

2. 美国第一大河是 _____。(answer in English)

160

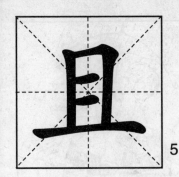

且

qiě （ㄑㄧㄝˇ）

1. and（conj.）
2. just（adj.）

5

笔 顺 Stroke order:

| 丨 | 冂 | 月 | 月 | 且 | | | | |

字 体 Scripts:

且　　且　　且　　且　　且　　且　　目

钢笔字　宋体　楷书　隶书　行书　草书　篆书

提 示 Tips:

像竖在地上的梯子。

This character looks like a ladder standing on the ground.

部 件 Component:

且　　　　　结构图示：且

部 首 Radical:

丨（竖，shù，vertical stroke）

常用词语 Frequently-used words or phrases:

且慢	qiěmàn	ph.	hold it
并且	bìngqiě	conj.	moreover
而且	érqiě	conj.	also; moreover
苟且	gǒuqiě	adv.	drift along; carelessly
姑且	gūqiě	adv.	tentatively
况且	kuàngqiě	conj.	furthermore; not to mention
暂且	zànqiě	adv.	temporary

练 习 Exercise:

观察"且"在各字中的位置,并数笔画:

Locate the character 且 in the following and count the total number of strokes of each character:

咀　租　祖　阻　诅　菹　苴

161

姐

jiě（ㄐ丨ㄝˇ）

8

elder sister (n.)

| 笔　顺 | **Stroke order:** |

女	姐							

| 字　体 | **Scripts:** |

姐	姐	姐	姐	姐	姐	姐
钢笔字	宋体	楷书	隶书	行书	草书	篆书

| 提　示 | **Tips:** |

"且"是声旁，"女"代表女性。

且 is a phonetic element, while 女 indicates 姐 to be female.

| 部　件 | **Components:** |

女 ＋ 且　　　　结构图示：姐 ▢▢

| 部　首 | **Radical:** |

女（nǚ, female）

| 常用词语 | **Frequently-used words or phrases:** |

姐弟	jiědì	n.	brother and sister
姐夫	jiěfu	n.	brother-in-law (elder sister's husband)
姐姐	jiějie	n.	elder sister
姐妹	jiěmèi	n.	sisters
大姐	dàjiě	n.	elder sister; eldest sister
小姐	xiǎojie	n.	miss
花大姐	huādàjiě	n.	ladybird (a beetle)

| 练　习 | **Exercise:** |

翻译下列词语　Translate the following terms into English:

1. 大小字 _____   2. 上下文 _____
3. 左右手 _____   4. 东西方 _____

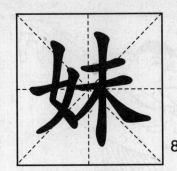

妹

mèi (ㄇㄟˋ)
8
younger sister (n.)

笔 顺 Stroke order:

| 女 | 女 | 女⌒ | 奸 | 妹 | 妹 | | | |

字 体 Scripts:

妹　妹　妹　妹　妹　妹　𣎍

钢笔字　宋体　楷书　隶书　行书　草书　篆书

提 示 Tips:

"女"代表女性；右边"未"(wèi)作声旁，可以想像成穿裙子的形象。

女 indicates female while 未 (wèi) is a phonetic element. This character can also be imagined as a girl wearing a skirt.

部 件 Components:

女 + 未　　　结构图示：妹

部 首 Radical:

女 (nǚ, female)

常用词语 Frequently-used words or phrases:

妹夫	mèifu	n.	brother-in-law (younger sister's husband)
妹妹	mèimei	n.	younger sister
阿妹	āmèi	n.	sister (intimate form)
弟妹	dìmèi	n.	younger bother and sister; wife of younger brother
二妹	èrmèi	n.	second younger sister
姐妹	jiěmèi	n.	sisters
小妹	xiǎomèi	n.	youngest sister
兄妹	xiōngmèi	n.	brother and sister

练 习 Exercise:

写出你所学过的六种家庭成员的称呼：

Write out six ways of addressing your family members:

1. _____　　2. _____　　3. _____

4. _____　　5. _____　　6. _____

163

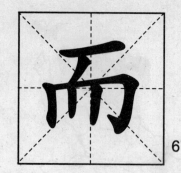

ér（儿）

1. and （conj.）

2. but （conj.）

6

| 笔　顺 | **Stroke order:** |

| 一 | 丆 | 丆 | 丏 | 而 | 而 | | |

| 字　体 | **Scripts:** |

而　　而　　而　　而　　而　　马　　禾

钢笔字　　宋体　　楷书　　隶书　　行书　　草书　　篆书

| 提　示 | **Tips:** |

像一个耙(pá)子。

This character looks like a rake.

| 部　件 | **Component:** |

而　　　　　　结构图示：而　　　□

| 部　首 | **Radical:** |

一（横，héng，horizontal stroke）

| 常用词语 | **Frequently-used words or phrases:** |

而后	érhòu	n.	after that; then
而今	érjīn	n.	now; at the present time
而且	érqiě	conj.	and; but
而已	éryǐ	part.	that is all; nothing but that
从而	cóng'ér	conj.	thus; thereby
反而	fǎn'ér	conj.	on the contrary; instead
然而	rán'ér	conj.	yet; but
时而	shí'ér	adv.	sometimes; from time to time
因而	yīn'ér	conj.	thus; as a result

| 练　习 | **Exercise:** |

写出下列各字的部首　Give the radicals of the following characters:

万____　　方____　　十____　　千____　　姐____　　弟____

养____　　九____　　入____　　坐____　　北____

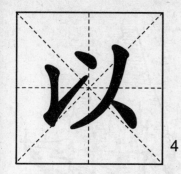

yǐ ( )

1. with; according to (prep.)
2. and; in order to (conj.)

| 笔 顺 | **Stroke order:** |

| 字 体 | **Scripts:** |

以　以　以　以　以　以　以

钢笔字　宋体　楷书　隶书　行书　草书　篆书

| 提 示 | **Tips:** |

注意左边的"乚"是一笔，不是两笔。

Note that the 乚 on the left is one stroke, not two strokes.

| 部 件 | **Components:** |

乚 ＋ 人　　　结构图示： 以

| 部 首 | **Radicals:** |

乙 (乚) (折, zhé, turning stroke); 人 (rén, man)

| 常用词语 | **Frequently-used words or phrases:** |

以便	yǐbiàn	conj.	so as to; in order to; so that
以后	yǐhòu	n.	hereafter; after; later
以及	yǐjí	conj.	and
……以来	… yǐlái	part.	since
以内	yǐnèi	n.	within
以前	yǐqián	n.	before; previous; formerly
以上	yǐshàng	n.	above; over
以外	yǐwài	n.	beyond; outside
以为	yǐwéi	v.	presume; believe
以下	yǐxià	n.	under; below
以至	yǐzhì	conj.	up to; so... that
可以	kěyǐ	aux.	can
所以	suǒyǐ	conj.	therefore; so

| 练 习 | **Exercise:** |

造句　Make sentences with the following words:

1. 可以 _____

2. 以为 _____

165

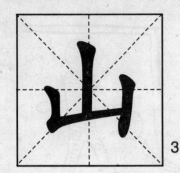

山

shān（ㄕㄢ）

3

mountain; hill（n.）

| 笔　順 | Stroke order: |

| 丨 | 屵 | 山 | | | | | | |

| 字　体 | Scripts: |

山　　山　　山　　山　　山　　山　　山

钢笔字　宋体　楷书　隶书　行书　草书　篆书

| 提　示 | Tips: |

古字作 ,像山的形状。

This is a pictograph which resembles a mountain.

| 部　件 | Component: |

山　　　　　　结构图示： 山 □

| 部　首 | Radical: |

山（shān, hill）

以"山"作部首的字,其意义往往与山有关,如"峰、岳、岩、岛"等。

Characters with the radical 山 are frequently related to mountains, such as: 峰 (peak), 岳 (high mountain), 岩 (cliff), 岛 (island), etc.

| 常用词语 | Frequently-used words or phrases: |

山地	shāndì	n.	hilly area
山峰	shānfēng	n.	mountain peak
山脉	shānmài	n.	ridge
山区	shānqū	n.	mountainous region
河山	héshān	n.	territory
火山	huǒshān	n.	volcano
江山	jiāngshān	n.	land; landscape
孙中山	Sūn Zhōngshān	n.	Sun Yat-sen (founder of the Republic of China)
开门见山	kāimén-jiànshān	id.	frankly; tell the truth

| 练　习 | Exercise: |

观察"山"在各字中的位置,并数笔画：

Observe the position of 山 in each character and count the total number of strokes:

岁　岛　岩　峰　仙　出　岳　幽　嵌

166

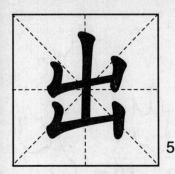

chū (彳ㄨ)

1. go or come out (v.)
2. arise; happen (v.)
3. issue; produce (v.)

笔 顺 Stroke order:

乚	凵	屮	出	出			

字 体 Scripts:

出	出	出	出	出	岀	𦓷
钢笔字	宋体	楷书	隶书	行书	草书	篆书

提 示 Tips:

"出"字两座山，中间一竖到底。

Imagine | as a straight road running through two hills 出 .

部 件 Components:

屮 + 凵   结构图示：出

部 首 Radicals:

凵 (凶字框, xiōngzìkuàng, frame for 凶); | (竖, shù, vertical stroke)

常用词语 Frequently-used words or phrases:

出版	chūbǎn	v.	publish; come out
出发	chūfā	v.	set off; set out
出口	chūkǒu	n./v.	exit; export
出路	chūlù	n.	way out; outlet; exit
出卖	chūmài	v.	offer to sell; betray
出门	chūmén	v.	be out of town; take a trip
出身	chūshēn	v./n.	be out from / family background
出生	chūshēng	v.	be born
出事	chūshì	v. o.	have an accident
出现	chūxiàn	v.	appear; show up
演出	yǎnchū	v./n.	perform / performance
出洋相	chūyángxiàng	id.	make an exhibition of oneself
出租汽车	chūzūqìchē	n.	taxi

练 习 Exercise:

解释词语 Give the meanings of the following terms:

1. 出门＿＿＿＿＿＿ 2. 出家＿＿＿＿＿＿ 3. 出国＿＿＿＿＿＿

4. 出来＿＿＿＿＿＿ 5. 出去＿＿＿＿＿＿ 6. 出入＿＿＿＿＿＿

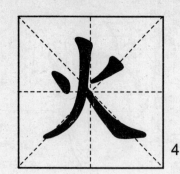

huǒ (ㄏㄨㄛˇ)

4　　**fire (n.)**

Stroke order:

丶　丶′　少　火

字　体　Scripts:

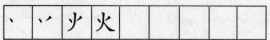

火　　火　　火　　火　　火　　尖　　火

钢笔字　宋体　楷书　隶书　行书　草书　篆书

提　示　Tips:

古字作 兆 ,像火的形状。

This is a pictograph which resembles a fire (兆).

部　件　Component:

火　　　　　　结构图示：　火　　　□

部　首　Radical:

火 (huǒ, fire)

以"火"作部首的字,其意义往往与火、烧有关,如"灯、炎、炉"等。

Characters with the 火 radical are usually related to fire and burning, such as: 灯 (lamp), 炎 (flame), 炉 (stove), etc.

常用词语　Frequently-used words or phrases:

火柴	huǒchái	n.	match
火车	huǒchē	n.	train
火箭	huǒjiàn	n.	rocket
柴火	cháihuo	n.	firewood
发火	fāhuǒ	v.	ignite; get angry
放火	fànghuǒ	v. o.	set fire
救火	jiùhuǒ	v.	fight a fire
开火	kāihuǒ	v.	shoot
停火	tínghuǒ	v.	cease fire

练　习　Exercise:

观察"火"在各字中的位置,并数笔画:

Locate the radical 火 in each character and count the total number of strokes:

灭　灰　灯　灸　炎　炉　烫　荧

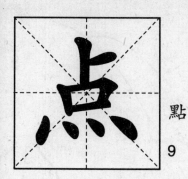

点

點

9

diǎn (ㄉㄧㄢˇ)

1. **drop of liquid (n.)**
2. **a little, a bit (m.)**
3. **light; burn (v.)**

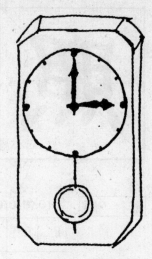

| 笔 顺 | **Stroke order:** |

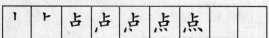

| 字 体 | **Scripts:** |

点　点　点　点　点　点　點

钢笔字　宋体　楷书　隶书　行书　草书　篆书

| 提 示 | **Tips:** |

"点"字下头有四个点。

Isn't it strange that the character 点 (dot) has four dots under it?

| 部 件 | **Components:** |

占 ＋ 灬　　　结构图示：点

| 部 首 | **Radical:** |

灬 (四点底, sìdiǎndǐ, fire)

| 常用词语 | **Frequently-used words or phrases:** |

点菜	diǎncài	v. o.	order food
点灯	diǎndēng	v. o.	light the lamp
点火	diǎnhuǒ	v.	ignite a fire
点名	diǎnmíng	v.	make a roll call
点头	diǎntóu	v.	nod one's head
点心	diǎnxin	n.	pastry; refreshment
点子	diǎnzi	n.	idea; key point
特点	tèdiǎn	n.	special feature
一点儿	yìdiǎnr	n.	a little bit
雨点	yǔdiǎn	n.	rain drop
三点(钟)	sāndiǎn(zhōng)	n.	three o'clock

| 练 习 | **Exercise:** |

英译汉　Translate the following into Chinese:

1. Please come to my house at eight o'clock tomorrow morning.

2. I can speak a little Chinese.

3. What time is it now?

照 zhào (ㄓㄠˋ)

shine; reflect;

13

take a picture (v.)

| 笔 顺 | Stroke order: |

| 日 | 日ˊ | 昭 | 昭 | 照 | 照 | 照 | 照 |

| 字 体 | Scripts: |

照　　照　　照　　照　　照　　照　　照

钢笔字　　宋体　　楷书　　隶书　　行书　　草书　　篆书

| 提 示 | Tips: |

下边四点即"火"字。太阳(日)、火光(灬)用于照明。"昭"(zhāo)为声旁。

Both the sun (日) and the fire (灬) are things used for illumination. 昭 (zhāo) serves as a phonetic element.

| 部 件 | Components: |

日 + 召 + 灬　　　结构图示：照

| 部 首 | Radical: |

灬 (四点底，sìdiǎndǐ, fire)

| 常用词语 | Frequently-used words or phrases: |

照办	zhàobàn	v.	do accordingly
照常	zhàocháng	v.	as usual
照顾	zhàogù	v.	give consideration
照管	zhàoguǎn	v.	look after
照旧	zhàojiù	v.	as before
照明	zhàomíng	v.	illuminate
照片	zhàopiàn	n.	photograph
照相	zhàoxiàng	v.	take a picture
对照	duìzhào	v.	contrast; compare
护照	hùzhào	n.	passport
照镜子	zhào jìngzi	v. o.	look at the mirror
照相机	zhàoxiàngjī	n.	camera

| 练 习 | Exercise: |

"多"字上下两个部件完全一样，试找出三个同样的字来。

The two components of 多 are identical. Can you find three other characters like that?

170

热   rè (日亡)

10   1. hot (adj.)
   2. heat (n.)

笔 顺 | Stroke order:

扌 执 执 热

字 体 | Scripts:

热   热   热   热   热   热   熱

钢笔字   宋体   楷书   隶书   行书   草书   篆书

提 示 | Tips:

"执",用手拿着,拿着(执)火(灬)自然是热。"火"在字的下面,古时一般写作"灬",如"热、然、照、点"等。 Grasping (执) the fire (灬) with a hand is of course hot. In ancient times 火 at the bottom of a character was generally written as 灬, for example, 热，然，照，点 (hot, burn, lighten, light), etc.

部 件 | Components:

扌 + 丸 + 灬   结构图示：热

部 首 | Radical:

灬 (四点底，sìdiǎndǐ，fire)

常用词语 | Frequently-used words or phrases:

热爱	rè'ài	v.	love ardently
热带	rèdài	n.	tropic zone
热烈	rèliè	adj.	enthusiastic; ardent
热门	rèmén	adj.	popular; in great demand
热闹	rènào	adj.	hustle and bustle
热情	rèqíng	n./adj.	zeal; passion / enthusiastic
热心	rèxīn	adj.	enthusiastic
发热	fārè	v.o.	have a fever
不冷不热	bùlěng-búrè	id.	be neither cold nor warm (towards sb.)

练 习 | Exercise:

找英文对应词 Match each English meaning with its Chinese counterpart:

1. 热天   2. 加热   3. 热爱   4. 热门   5. 护照

6. 发热   7. 热心   8. 照相   9. 照常   10. 照相机

A. as usual   B. ardently love   C. hot weather   D. camera   E. popular

F. heat up   G. take a picture   H. enthusiastic   I. passport   J. have a fever

rán （ㄖㄢˊ）

1. so; like that
   (conj. ／pron.)
2. however (conj.)

12

笔　顺　Stroke order:

| ノ | ク | タ | 夕 | 夘 | 夎 | 然 | | |

字　体　Scripts:

然	然	然	然	然	犹	燃
钢笔字	宋体	楷书	隶书	行书	草书	篆书

提　示　Tips:

这个字由"夕、犬、灬"三部分组成,本义是燃烧。

The original meaning of this character is "burning".

部　件　Components:

夕 ＋ 犬 ＋ 灬　　　　结构图示：然

部　首　Radical:

灬 (四点底, sìdiǎndǐ, fire)

常用词语　Frequently-used words or phrases:

然而	rán'ér	conj.	however; but
然后	ránhòu	conj.	then
当然	dāngrán	adv.	of course; surely
忽然	hūrán	adv.	suddenly; all at once
虽然	suīrán	conj.	although
突然	tūrán	adj.	suddenly; unexpectedly
显然	xiǎnrán	adj.	obvious; apparent
自然	zìrán	n. ／adj.	nature ／ certainly; natural
不以为然	bùyǐwéirán	id.	do not think so

练　习　Exercise:

找出每两个相邻字之间的共同点来:

Find out the common component shared by two among the three characters in each group:

例　Example:　校＿ 极＿ 级　(木,及)

热＿ 然＿ 哭　(　　　)　　　昨＿ 怎＿ 思　(　　　)　　　听＿ 近＿ 远　(　　　)

形＿ 须＿ 领　(　　　)　　　房＿ 放＿ 改　(　　　)　　　兴＿ 应＿ 床　(　　　)

172

黑

hēi (ㄏㄟ)

12   black (adj.)

SWIMWEAR

"Do you have the same thing in black? I'm in mourning."

笔　顺　Stroke order:

丶　冂　冎　冎　四　甲　里　黑

字　体　Scripts:

黑　黑　黑　黑　黑　黑　黑

钢笔字　宋体　楷书　隶书　行书　草书　篆书

提　示　Tips:

古字作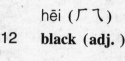，下边本是两个火字，上边是排烟处，黑色。

This is an ideographic character which originally showed two 火 (fire) at the bottom, and on top of them is a vent (　) full of black soots.

部　件　Components:

里 + 灬　　　结构图示：黑

部　首　Radical:

黑 (hēi, black)

常用词语　Frequently-used words or phrases:

黑暗	hēi'àn	adj.	dark
黑白	hēibái	adj.	black and white; right or wrong
黑板	hēibǎn	n.	blackboard
黑帮	hēibāng	n.	gang
黑话	hēihuà	n.	(bandit's) argot; double talk
黑人	hēirén	n.	black people
黑色	hēisè	n.	black color
黑市	hēishì	n.	black market
黑心	hēixīn	adj.	evil
天黑	tiān hēi	ph.	dark; dusk
黑龙江	Hēilóngjiāng	n.	the Heilong River; (name of a province in China)
黑名单	hēimíngdān	n.	black list

练　习　Exercise:

英译汉　Translate the following into Chinese:

1. black-and-white TV _____

2. black market _____

3. (sb.) to be out of town _____

4. volcano _____

shí (尸)

5   **stone; rock (n.)**

Stroke order:

一	丆	石					

字　体　Scripts:

石　　石　　石　　石　　石　　石　　石

钢笔字　宋体　　楷书　　隶书　　行书　　草书　　篆书

提　示　Tips:

一块岩石(口)从山崖(丆)上落下。

This is a pictograph indicating a rock (口) rolling down from the cliff (丆).

部　件　Components:

丆 + 口　　　　　结构图示： 石

部　首　Radical:

石 (shí, stone)

以"石"作部首的字,其意义往往与石头、泥土有关,如"岩、碗、碟、碎"等。

Characters with the radical 石 usually are related to rocks and dirt, such as: 岩 (cliff),

碗 (bowl), 碟 (plate), 碎 (fragment), etc.

常用词语　Frequently-used words or phrases:

石灰	shíhuī	n.	lime
石头	shítou	n.	rock; stone
石油	shíyóu	n.	oil; petroleum
宝石	bǎoshí	n.	gem
化石	huàshí	n.	fossil
矿石	kuàngshí	n.	ore
钻石	zuànshí	n.	diamond
水落石出	shuǐluò-shíchū	id.	The rock appears when the water subsides: the whole thing comes to light.

练　习　Exercise:

观察"石"在各字中的位置,并数笔画   Point out the location of the radical 石 in each of the following characters, and count the strokes:

矿　码　泵　拓　研　破　确　岩　宕

174

种

zhǒng / zhòng
(ㄓㄨㄥˇ/ㄓㄨㄥˋ)

種
9

1. zhǒng: **seed; breed (n.)**
2. zhǒng: **kind; sort (n.)**
3. zhòng: **plant (v.)**

笔 顺 Stroke order:

禾	种							

字 体 Scripts:

种　　种　　种　　种　　种　　種　　穜

钢笔字　　宋体　　楷书　　隶书　　行书　　草书　　篆书

提 示 Tips:

种水稻(禾),"中"(zhōng)是声旁。

中 is the sound element here. The radical 禾 (grain) indicates what is being planted.

部 件 Components:

禾 + 中　　　　结构图示：种 [|]

部 首 Radical:

禾 (hé, standing grain)

常用词语 Frequently-used words or phrases:

种类	zhǒnglèi	n.	kind; type
种种	zhǒngzhǒng	n.	all kinds
种子	zhǒngzi	n.	seed
种族	zhǒngzú	n.	race
播种	bōzhǒng / bōzhòng	v. o. / v.	sow seeds / plant
种地	zhòngdì	v. o.	till land
种花	zhòng huā	v. o.	plant flowers
种田	zhòngtián	v.	farming
种植	zhòngzhí	v.	plant
耕种	gēngzhòng	v.	plow and sow

练 习 Exercise:

给下面各字减一笔,使它们变成不同的字:

Take off one stroke from each of the characters to form a new character:

例　Example:　千 – 丿 = 十

种(　)　禾(　)　百(　)　天(　)　王(　)　方(　)　间(　)

令(　)　少(　)　体(　)　丛(　)　目(　)　必(　)　灭(　)

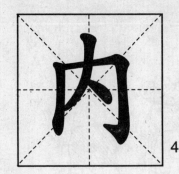

内

nèi (ㄋㄟˋ)

4

inner; inside (n.)

Stroke order:

丨	冂	内	内				

字　体
Scripts:

内　　内　　内　　内　　内　　内　　内

钢笔字　宋体　楷书　隶书　行书　草书　篆书

提　示
Tips:

人(亻)进了房子内(冂)，可是头还在外面。

A person (人) inside the room (冂) sticks his head out.

部　件
Components:

冂 + 人　　　　　结构图示：内

部　首
Radicals:

冂 (同字框，tóngzìkuàng, frame for 同)；丨 (竖，shù, vertical stroke)

常用词语
Frequently-used words or phrases:

内部	nèibù	n.	inside; interior
内地	nèidì	n.	inland
内弟	nèidì	n.	brother-in-law (wife's brother)
内行	nèiháng	n. /adj.	knowledgeable about a field; expert
内科	nèikē	n.	internal medicine
内容	nèiróng	n.	content
内战	nèizhàn	n.	civil war
国内	guónèi	n.	inside the country
海内	hǎinèi	n.	within the four seas
……以内	…yǐnèi	n.	within
走内线	zǒu nèixiàn	id.	use private influence to achieve one's end

练　习
Exercise:

指出下列各字的部首　Point out the radical for each of the characters:

冈(　)　门(　)　同(　)　网(　)　闹(　)　周(　)　用(　)　冉(　)

tóng (ㄊㄨㄥˊ)

6 same (adj.)

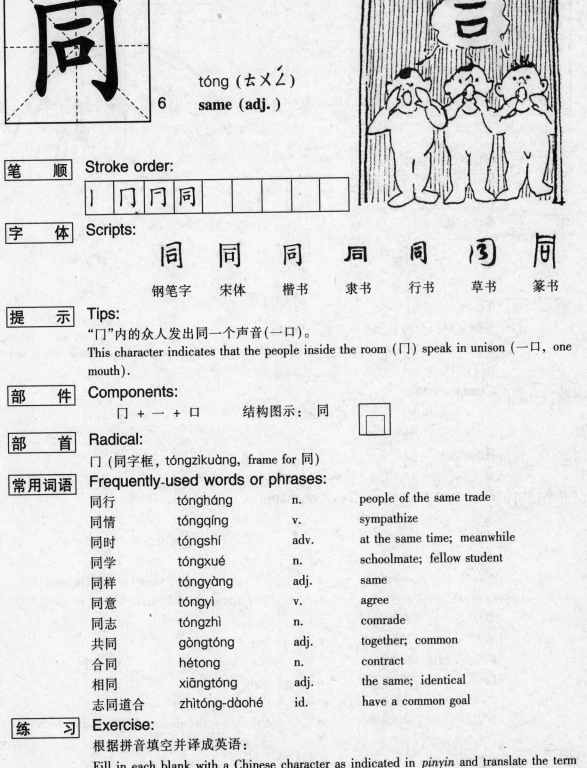

笔　顺 **Stroke order:**

| 丨 | 冂 | 冂 | 同 | | | | |

字　体 **Scripts:**

同　同　同　同　同　同　同

钢笔字　宋体　楷书　隶书　行书　草书　篆书

提　示 **Tips:**

"冂"内的众人发出同一个声音(一口)。

This character indicates that the people inside the room (冂) speak in unison (一口, one mouth).

部　件 **Components:**

冂 + 一 + 口　　结构图示：同

部　首 **Radical:**

冂 (同字框, tóngzìkuàng, frame for 同)

常用词语 **Frequently-used words or phrases:**

同行	tóngháng	n.	people of the same trade
同情	tóngqíng	v.	sympathize
同时	tóngshí	adv.	at the same time; meanwhile
同学	tóngxué	n.	schoolmate; fellow student
同样	tóngyàng	adj.	same
同意	tóngyì	v.	agree
同志	tóngzhì	n.	comrade
共同	gòngtóng	adj.	together; common
合同	hétong	n.	contract
相同	xiāngtóng	adj.	the same; identical
志同道合	zhìtóng-dàohé	id.	have a common goal

练　习 **Exercise:**

根据拼音填空并译成英语：

Fill in each blank with a Chinese character as indicated in *pinyin* and translate the term into English:

同(rì) _____　　　同(shí) _____　　　(bù)同_____

同(xīn) _____　　　同(yàng) _____　　　(yì)同_____

shì (ㄕ)

5

market; city (n.)

笔　顺	Stroke order:

丶	一	亠	亣	市			

字　体	Scripts:

市　市　市　市　市　市　市

钢笔字　宋体　楷书　隶书　行书　草书　篆书

提　示	Tips:

想像市场(冂)加了顶棚(亠)和一根柱子(丨)。

Imagine that the stall (冂) in an open market is built with a pole (丨) standing against the roof (亠).

部　件	Components:

亠 + 巾　　　　结构图示：市

部　首	Radicals:

巾 (jīn, napkin)；亠 (文字头, wénzìtóu, top part of 文)

常用词语	Frequently-used words or phrases:

市场	shìchǎng	n.	market
市尺	shìchǐ	n.	(a Chinese unit of length = 1/3 meter)
市价	shìjià	n.	market price
市斤	shìjīn	n.	(a Chinese unit of weight = 1/2 kilogram)
市亩	shìmǔ	n.	(a Chinese unit of area = 0.0667 hectare)
市长	shìzhǎng	n.	mayor
城市	chéngshì	n.	city
黑市	hēishì	n.	black market
夜市	yèshì	n.	night market
北京市	Běijīng Shì	n.	the city of Beijing
直辖市	zhíxiáshì	n.	city under the direct control of the central government

练　习	Exercise:

解释下列各词的含义　Explain the meanings of the following terms:

夜市 _____　市上 _____　利市 _____　有利 _____　和好 _____

国内 _____　内地 _____　种子 _____　火种 _____　而且 _____

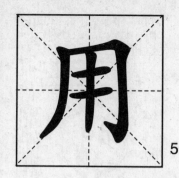

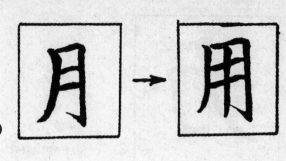

yòng (ㄩㄥˋ)

5

use (v.)

| 笔 顺 | **Stroke order:** |

| 丿 | 刀 | 刀 | 月 | 用 | | | | |

| 字 体 | **Scripts:** |

用　　用　　用　　用　　用　　用　　用

钢笔字　宋体　　楷书　　隶书　　行书　　草书　　篆书

| 提 示 | **Tips:** |

写一个宽宽的"月"字,中间加一竖。

用 is written by adding a vertical stroke (丨) to a wide moon (月).

| 部 件 | **Components:** |

刀 + 丰　　　　结构图示：用　　□

| 部 首 | **Radical:** |

用 (yòng, use)

| 常用词语 | **Frequently-used words or phrases:** |

用处	yòngchù	n.	usage
用功	yònggōng	adj.	diligent
用力	yònglì	v.	exert one's effort; use strength
用途	yòngtú	n.	usage
用心	yòngxīn	v. / adj.	concentrate one's attention / attentive
备用	bèiyòng	v.	reserve
费用	fèiyòng	n.	expenses
军用	jūnyòng	adj.	military (use)
民用	mínyòng	adj.	civilian (use)
作用	zuòyòng	n.	use; function
日用品	rìyòngpǐn	n.	articles of everyday use

| 练 习 | **Exercise:** |

数出下列各字的笔画:

Count the total number of strokes in each of the following characters:

甩　甫　葡　敷　甬　甬

力

lì (ㄌㄧˋ)

2 strength (n.)

| 笔　　顺 | **Stroke order:** |

| フ | 力 | | | | | | | | |

| 字　　体 | **Scripts:** |

| 力 | 力 | 力 | 力 | 力 | 力 | 力 |
| 钢笔字 | 宋体 | 楷书 | 隶书 | 行书 | 草书 | 篆书 |

| 提　　示 | **Tips:** |

想像成握拳屈臂的形象。

Consider this character as a strong man who shows his strength by bending his arm.

| 部　　件 | **Component:** |

力　　　　　结构图示：力 □

| 部　　首 | **Radical:** |

力 (lì, strength)

| 常用词语 | **Frequently-used words or phrases:** |

力量	lìliang	n.	strength; power; force
力气	lìqi	n.	physical strength
力求	lìqiú	v.	make every effort to
吃力	chīlì	adj.	difficult; strenuous
努力	nǔlì	adj.	with great effort
人力	rénlì	n.	manpower
有力	yǒulì	adj.	strong; powerful
势力	shìlì	n.	influence
主力	zhǔlì	n.	main force
巧克力	qiǎokèlì	n.	chocolate
自力更生	zìlì-gēngshēng	id.	self-reliance

| 练　　习 | **Exercise:** |

下面各字都以"力"作部首,从字典里查出它们的读音和意义:

Look up the dictionary for both the pronunciations and meanings of the following characters with the 力 radical:

办　劝　加　劳　务　动　助　努　勇

182

历 歴¹ 厤² 4 lì（ㄌㄧˋ）
1. go through (v.)
2. calendar (n.)

笔 顺 Stroke order:

| 一 | 厂 | 历 | | | | | |

字 体 Scripts:

历　历　历　历　历　歴　歷

钢笔字　宋体　楷书　隶书　行书　草书　篆书

提 示 Tips:

"力"是声旁。

力 is a sound element, while 厂 indicates the time rolling by.

部 件 Components:

厂 + 力　　　结构图示：历

部 首 Radical:

厂 (chǎng, factory)

常用词语 Frequently-used words or phrases:

历程	lìchéng	n.	journey
历次	lìcì	n.	each time
历代	lìdài	n.	every era; every generation
历来	lìlái	adv.	always
历年	lìnián	n.	the past years
历史	lìshǐ	n.	history
来历	láilì	n.	origin; past history
农历	nónglì	n.	lunar calendar
日历	rìlì	n.	calendar
学历	xuélì	n.	educational background; record of education
阳历	yánglì	n.	solar calendar

练 习 Exercise:

写同音字,每组三个:

Write three characters in each group that have the same pronunciation as indicated:

1. lì: ___ ___ ___　　2. hé: ___ ___ ___

3. tā: ___ ___ ___　　4. shí: ___ ___ ___

183

nán （ㄋㄢˊ）

1. male (adj.)

7

2. man; son; boy (n.)

笔　顺	Stroke order:

田	男							

字　体	Scripts:

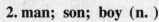

男　　男　　男　　男　　男　　男　　男

钢笔字　　宋体　　楷书　　隶书　　行书　　草书　　篆书

提　示	Tips:

在田地上出力的是男人。

It's the men （男） who do the strenuous （力） work in the rice paddy （田）.

部　件	Components:

田 + 力　　　　　结构图示：男

部　首	Radicals:

田 （tián, field）; 力 （lì, strength）

常用词语	Frequently-used words or phrases:

男儿	nán'ér	n.	man
男方	nánfāng	n.	the bridegroom's or husband's side
男女	nánnǚ	n.	male and female; men and women
男人	nánrén	n.	man; male
男声	nánshēng	n.	male voice
男生	nánshēng	n.	male student
男性	nánxìng	n.	male (sex)
男装	nánzhuāng	n.	men's clothing
男子	nánzǐ	n.	man
男厕所	náncèsuǒ	n.	men's toilet
男朋友	nánpéngyou	n.	boyfriend
男子汉	nánzǐhàn	n.	husky man; manly man

练　习	Exercise:

写反义词　Give the antonym for each of the words below:

1. 男（　）　　2. 火（　）　　3. 父（　）　　4. 姐（　）　　5. 哥（　）

6. 日（　）　　7. 这（　）　　8. 出（　）　　9. 来（　）　　10. 好（　）

動

dòng (ㄉㄨㄥˋ)

6 **move (v.)**

<table>
<tr><td>笔　　顺</td><td></td></tr>
</table>

Stroke order:

一	二	云	云	动				

<table>
<tr><td>字　　体</td><td></td></tr>
</table>

Scripts:

动　　动　　动　　动　　动　　草书动　　篆书动

钢笔字　　宋体　　楷书　　隶书　　行书　　草书　　篆书

<table>
<tr><td>提　　示</td><td></td></tr>
</table>

Tips:

物体运动要靠力。

All things need great force (力) in order to move. 云 is a sound element.

<table>
<tr><td>部　　件</td><td></td></tr>
</table>

Components:

云 + 力　　　　结构图示：动

<table>
<tr><td>部　　首</td><td></td></tr>
</table>

Radical:

力 (lì, strength)

<table>
<tr><td>常用词语</td><td></td></tr>
</table>

Frequently-used words or phrases:

动机	dòngjī	n.	motive
动静	dòngjing	n.	movement; activity
动力	dònglì	n.	moving force
动人	dòngrén	adj.	touching; moving
动身	dòngshēn	v.	set out
动手	dòngshǒu	v.	start working
动物	dòngwù	n.	animal
动摇	dòngyáo	v.	moving; rolling; shaking
动作	dòngzuò	n.	action
活动	huódòng	v./n.	maneuver / activity
运动	yùndòng	v./n.	exercise / movement; exercise
动不动	dòngbudòng	adv.	easily; frequently; at every turn

<table>
<tr><td>练　　习</td><td></td></tr>
</table>

Exercise:

造句　Make a sentence with each of the following terms:

1. 动手＿＿＿＿＿＿＿＿＿＿＿＿＿＿＿＿＿＿＿＿

2. 动人＿＿＿＿＿＿＿＿＿＿＿＿＿＿＿＿＿＿＿＿

3. 动不动＿＿＿＿＿＿＿＿＿＿＿＿＿＿＿＿＿＿＿＿

地 **dì / de** (ㄉㄧˋ / ㄉㄜ)
1. **dì:** earth (n.)
2. **de:** (a particle)
    (part.)

6

笔 顺 Stroke order:

土	地							

字 体 Scripts:

地	地	地	地	地	地	坤
钢笔字	宋体	楷书	隶书	行书	草书	篆书

提 示 Tips:
地,土也。
Earth (地) is soil (土).

部 件 Components:
土 + 也   结构图示：地

部 首 Radical:
土 (tǔ, earth)

常用词语 Frequently-used words or phrases:

地道	dìdào / dìdao	n. / adj.	tunnel / genuine
地方	dìfang	n.	place
地面	dìmiàn	n.	surface of the earth; ground
地球	dìqiú	n.	earth; globe
地区	dìqū	n.	area
地图	dìtú	n.	map
地位	dìwèi	n.	location; position
地震	dìzhèn	n.	earthquake
地址	dìzhǐ	n.	address
土地	tǔdì	n.	earth; land

用 法 Usage:
读 de 时是助词,用在词语之间,前面的词修饰、限制后面的动词、形容词等。如:仔细地看;合理地安排时间;天渐渐地冷了。
Used as a particle when read as de. The word before 地 modifies the verb or adjective after 地, e. g. look carefully; arrange time reasonably; the weather is getting cold.

练 习 Exercise:
英译汉 Translate the following into Chinese:
1. They sit on the floor. _____
2. Where is Beijing in China? _____

买

買

mǎi (ㄇㄞˇ)

6 buy (v.)

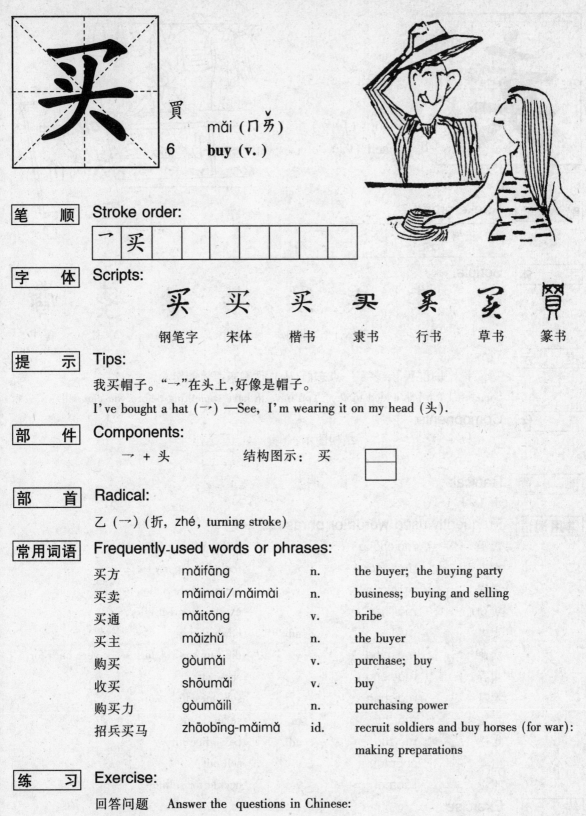

笔 顺 Stroke order:

一	买						

字 体 Scripts:

买 买 买 买 买 买 買

钢笔字　宋体　楷书　隶书　行书　草书　篆书

提 示 Tips:

我买帽子。"亠"在头上,好像是帽子。

I've bought a hat (亠) —See, I'm wearing it on my head (头).

部 件 Components:

亠 + 头　　　结构图示: 买

部 首 Radical:

乙 (一) (折, zhé, turning stroke)

常用词语 Frequently-used words or phrases:

买方	mǎifāng	n.	the buyer; the buying party
买卖	mǎimai/mǎimài	n.	business; buying and selling
买通	mǎitōng	v.	bribe
买主	mǎizhǔ	n.	the buyer
购买	gòumǎi	v.	purchase; buy
收买	shōumǎi	v.	buy
购买力	gòumǎilì	n.	purchasing power
招兵买马	zhāobīng-mǎimǎ	id.	recruit soldiers and buy horses (for war): making preparations

练 习 Exercise:

回答问题　Answer the questions in Chinese:

1. 你买什么? _____

2. 他买什么? _____

3. 你哥哥买什么? _____

卖

mài (ㄇㄞˋ)

8

sell (v.)

ON SALE 大减价

Stroke order:

一	十	卖					

字　体 Scripts:

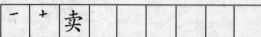

卖　　卖　　卖　　卖　　卖　　卖　　賣

钢笔字　　宋体　　楷书　　隶书　　行书　　草书　　篆书

提　示 Tips:

"卖"字上头比"买"字多了一点东西(十),你有东西才能卖。

Something (十) is added to 买. You have to have something before you can sell.

部　件 Components:

十 + 买　　　　　结构图示：卖

部　首 Radical:

十 (shí, ten)

常用词语 Frequently-used words or phrases:

卖唱	màichàng	v.	make a living by singing
卖方	màifāng	n.	the selling party
卖国	màiguó	v. o.	betray one's nation
卖劲儿	màijìngr	v.	exert with great effort
卖力	màilì	adj.	hardworking
卖命	màimìng	v.	die (unworthy) for; work very hard for
卖弄	màinòng	v.	show off
卖身	màishēn	v.	sell oneself
卖主	màizhǔ	n.	seller
卖座	màizuò	adj.	box-office hit
出卖	chūmài	v.	sell out
叫卖	jiàomài	v.	heckle for selling

练　习 Exercise:

根据拼音写汉字　Transcribe the following into characters:

nǎ——nà　　　　mǎi——mài　　　fǎn——fàn

lǐ——lì　　　　zǐ——zì　　　　yǒu——yòu

对

對

5

duì (ㄉㄨㄟ)
1. right; correct (adj.)
2. towards (prep.)
3. a pair of (m.)

笔　顺 **Stroke order:**

| 又 | 又一 | 对 | 对 | | | | | |

字　体 **Scripts:**

对	对	对	对	对	对	對
钢笔字	宋体	楷书	隶书	行书	草书	篆书

提　示 **Tips:**

我又对了。

I am right（对）again（又）!

部　件 **Components:**

又 ＋ 寸　　　　结构图示：对

部　首 **Radical:**

又 (yòu, again)

常用词语 **Frequently-used words or phrases:**

对儿	duìr	m.	a pair
对比	duìbǐ	v./n.	versus; compare / comparison
对待	duìdài	v.	treat
对方	duìfāng	n.	the other party
对付	duìfu	v.	deal with
对话	duìhuà	n./v.	conversation; dialogue / converse
对立	duìlì	v.	stand against each other
对象	duìxiàng	n.	stand against each other
对于	duìyú	prep.	regarding; in regard to
对不起	duìbuqǐ	ph.	sorry
对得起	duìdeqǐ	ph.	can face; fulfill one's obligation
对……来说	duì...láishuō	ph.	as far as ... is concerned

练　习 **Exercise:**

翻译　Translate the following into English:

我对她说："你说(shuō, say)对了,他们是一对儿。"

189

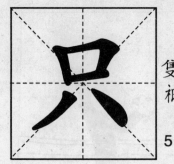

隻¹
祗²

5

zhī/zhǐ (ㄓ/ㄓˇ)
1. zhī: (a measure)
    (m.)
2. zhǐ: only (adv.)

笔 顺 Stroke order:

口	只						

字 体 Scripts:

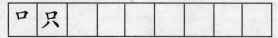

只　　只　　只　　只　　只　　只　　只

钢笔字　宋体　楷书　隶书　行书　草书　篆书

提 示 Tips:

像一只杯子。

Looking like a cup, 只 means "single, one only".

部 件 Components:

口 + 八　　　　结构图示：只

部 首 Radicals:

口 (kǒu, mouth)；八 (bā, eight)

常用词语 Frequently-used words or phrases:

只得	zhǐdé	adv.	can only; no way but only
只管	zhǐguǎn	adv.	not hesitate to; simply
只好	zhǐhǎo	adv.	can only
只是	zhǐshì	adv./conj.	merely; only / however; but
只要	zhǐyào	conj.	only if
只有	zhǐyǒu	conj.	alone; only
不只	bùzhǐ	conj.	not only
只不过	zhǐbuguò	adv.	only; just
两只船	liǎng zhī chuán	ph.	two boats
一只鸡	yì zhī jī	ph.	a chicken
只字不提	zhǐzì-bùtí	id.	not to say a single word (about...)

练 习 Exercise:

翻译　Translate the following into English:

我只(zhǐ)有一只(zhī)手可以写(xiě, write)字，你呢？

识 識

shí (ㄕ)

7　**know (v.)**

笔　顺	**Stroke order:**

识　识

字　体	**Scripts:**

识　识　识　识　识　识　識

钢笔字　宋体　楷书　隶书　行书　草书　篆书

提　示	**Tips:**

右边是"只"(zhǐ),这个字却读 shí。

The right component is 只 (zhǐ), but this character is read as "shí".

部　件	**Components:**

讠 + 只　　　结构图示：识

部　首	**Radical:**

讠 (言字旁, yánzìpáng, speech)

常用词语	**Frequently-used words or phrases:**

识别	shíbié	v.	distinguish
识货	shíhuò	adj.	know the value of the goods
识破	shípò	v.	recognize (the trick or forgery)
识趣	shíqù	adj.	sensible; tactful
识字	shízì	v. o.	recognize the character
常识	chángshí	n.	common sense
认识	rènshi	v.	know; recognize
熟识	shúshi	v.	know well
学识	xuéshí	n.	learning in an academic field
知识	zhīshi	n.	knowledge

练　习	**Exercise:**

在"妈"中间填一个字,使这个字分别与"女"、"马"各构成一个新字。

Fill in a character in the middle of 妈 so as to make a new character separately with the character 女 and 马.

例 Example：清 + 目→泪,睛。

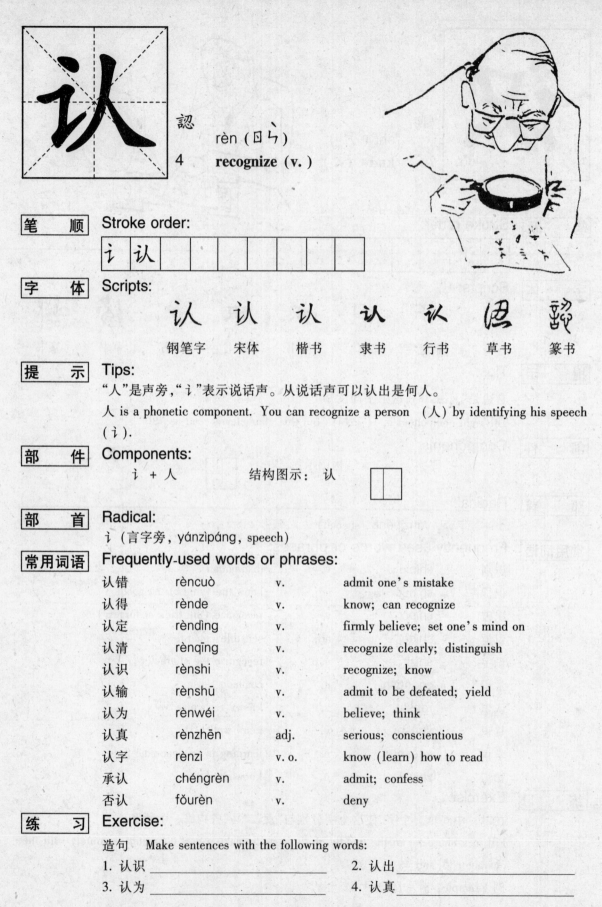

认

認
rèn (ㄖㄣˋ)
4 **recognize (v.)**

笔 顺 Stroke order:

讠	认							

字 体 Scripts:

认	认	认	认	认	思	認
钢笔字	宋体	楷书	隶书	行书	草书	篆书

提 示 Tips:

"人"是声旁,"讠"表示说话声。从说话声可以认出是何人。

人 is a phonetic component. You can recognize a person (人) by identifying his speech
(讠).

部 件 Components:

讠 + 人   结构图示: 认

部 首 Radical:

讠 (言字旁, yánzìpáng, speech)

常用词语 Frequently-used words or phrases:

认错	rèncuò	v.	admit one's mistake
认得	rènde	v.	know; can recognize
认定	rèndìng	v.	firmly believe; set one's mind on
认清	rènqīng	v.	recognize clearly; distinguish
认识	rènshi	v.	recognize; know
认输	rènshū	v.	admit to be defeated; yield
认为	rènwéi	v.	believe; think
认真	rènzhēn	adj.	serious; conscientious
认字	rènzì	v. o.	know (learn) how to read
承认	chéngrèn	v.	admit; confess
否认	fǒurèn	v.	deny

练 习 Exercise:

造句 Make sentences with the following words:

1. 认识 _____   2. 认出 _____

3. 认为 _____   4. 认真 _____

192

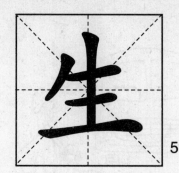

生

5

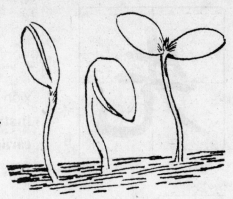

shēng (ㄕㄥ)
1. give birth to (v.)
2. unripe; unfamiliar (adj.)

| 笔 顺 | **Stroke order:** |

ノ	┌	┌	牛	生				

| 字 体 | **Scripts:** |

生　生　生　生　生　生　生

钢笔字　宋体　楷书　隶书　行书　草书　篆书

| 提 示 | **Tips:** |

土里生长出植物。

Plants grow out (生) from the earth 土 .

| 部 件 | **Component:** |

生　　　结构图示：生

| 部 首 | **Radical:** |

丿 (撇，piě，left-falling stroke)

| 常用词语 | **Frequently-used words or phrases:** |

生病	shēngbìng	v.	fall ill
生产	shēngchǎn	v. /n.	produce; give birth / production
生词	shēngcí	n.	new words
生动	shēngdòng	adj.	vivid; lively
生活	shēnghuó	v. /n.	live / life; livelihood; living
生命	shēngmìng	n.	life
生气	shēngqì	v. /n.	become angry / vitality
生日	shēngrì	n.	birthday
生物	shēngwù	n.	living things; biology
生意	shēngyi	n.	business
生长	shēngzhǎng	v.	grow
今生	jīnshēng	n.	this life
学生	xuéshēng	n.	student

| 练 习 | **Exercise:** |

解释词语 Give the meanings for the following terms:

生字　　认生　　生吃　　学生　　生动　　生活　　生来

生手　　生产　　生物　　一生　　生日　　生孩子

193

xiān (ㄒㄧㄢ)

**first; ancestor /
earlier; in advance
(n. /adj.)**

6

笔　顺 Stroke order:

| ノ | ⺊ | ⺧ | 生 | 岁 | 先 | | | |

字　体 Scripts:

先　先　先　先　先　先　先

钢笔字　宋体　楷书　隶书　行书　草书　篆书

提　示 Tips:

下边是"儿"，每个人都得先经过孩子阶段。

The bottom part is 儿 (child). Every human being has to go through the childhood first.

部　件 Components:

⺧ + 儿　　　　结构图示：先

部　首 Radical:

儿 (ér, child)

常用词语 Frequently-used words or phrases:

先锋	xiānfēng	n.	pioneer
先后	xiānhòu	adv. /n.	one after another / priority
先进	xiānjìn	adj. /n.	advanced / the advanced
先前	xiānqián	n.	previous
先人	xiānrén	n.	ancestor; the deceased; those in the past
先生	xiānsheng	n.	mister (Mr.); teacher; husband
先天	xiāntiān	n.	congenital; inborn
先行	xiānxíng	v.	leave earlier; beforehand
首先	shǒuxiān	adv.	first
优先	yōuxiān	adj.	have priority
祖先	zǔxiān	n.	ancestor

练　习 Exercise:

说明"先生"一词在各句中的含义：

Interpret the term 先生 in the following sentences:

1. 王太太说："我先生不在家。"＿＿＿＿＿＿＿＿＿＿＿＿

2. "王先生去哪儿了?"＿＿＿＿＿＿＿＿＿＿＿＿＿

3. "他去他先生家了。"＿＿＿＿＿＿＿＿＿＿＿

后

hòu (ㄏㄡˋ)

後[1]

6

1. back; rear; behind (n.)
2. queen (n.)

笔 顺 Stroke order:

| 一 | 厂 | 尸 | 后 | | | | |

字 体 Scripts:

后　后　后　后　后　后　后後

钢笔字　宋体　楷书　隶书　行书　草书　篆书

提 示 Tips:

看起来有一点儿像 B, behind。

This character looks like the alphabet B, first letter of "behind".

部 件 Components:

尸 + 口　　　　结构图示：后

部 首 Radicals:

口 (kǒu, mouth)；丿 (撇, piě, left-falling stroke)

常用词语 Frequently-used words or phrases:

后代	hòudài	n.	descendent; later generations
后方	hòufāng	n.	rear (of a battle field)
后果	hòuguǒ	n.	result; consequence
后悔	hòuhuǐ	v.	remorse; regret
后来	hòulái	n.	afterward
后面	hòumiàn	n.	behind; rear
后年	hòunián	n.	year after next
后天	hòutiān	n.	day after tomorrow
后头	hòutou	n.	behind; back
后退	hòutuì	v.	retreat
王后	wánghòu	n.	queen
以后	yǐhòu	n.	hereafter; after; later

练 习 Exercise:

英译汉　Translate the following into Chinese:

1. the day after tomorrow _____

2. descendent _____

3. consequence _____

4. back door _____

5. afterwards _____

6. queen _____

195

胜 勝

shèng (ㄕㄥˋ)

9　win; succeed (v.)

Stroke order:

月	胜							

字　体 Scripts:

胜	胜	胜	胜	胜	㸚	朕
钢笔字	宋体	楷书	隶书	行书	草书	篆书

提　示 Tips:

"生"(shēng)作声旁。

生(shēng) is the phonetic component.

部　件 Components:

月 + 生　　　结构图示：胜

部　首 Radical:

月 (yuè, moon)

常用词语 Frequently-used words or phrases:

胜败	shèngbài	n.	win or lose; victory or failure
胜地	shèngdì	n.	famous scenic spots
胜负	shèngfù	n.	win or lose; victory or failure
胜利	shènglì	v. /n.	win / victory
胜任	shèngrèn	v.	be competent
胜仗	shèngzhàng	n.	winning (of a battle)
得胜	déshèng	v.	gain the victory; win
好胜	hàoshèng	adj.	eager to excel in everything
名胜	míngshèng	n.	famous place
战胜	zhànshèng	v.	beat; defeat

练　习 Exercise:

为下列汉字注音　Give the *pinyin* for each of the characters:

先____　识____　卖____　内____　种____

且____　昨____　女____　最____　中____

196

xìng (ㄒㄧㄥˋ)

8

surname (n. / v.)

| 笔 顺 | Stroke order: |

女　姓

| 字 体 | Scripts: |

姓　　姓　　姓　　姓　　姓　　姓　　胜

钢笔字　宋体　楷书　隶书　行书　草书　篆书

| 提 示 | Tips: |

古时群婚,孩子随母姓,因为他们只知道生母(女)。

The ancient people named after their mothers, for they only knew their mothers (女).

| 部 件 | Components: |

女 + 生　　　　结构图示：姓

| 部 首 | Radical: |

女 (nǚ, female)

| 常用词语 | Frequently-used words or phrases: |

姓名	xìngmíng	n.	full name
姓氏	xìngshì	n.	last name, surname
百姓	bǎixìng	n.	hundred names; common people
大姓	dàxìng	n.	surname of an aristocratic family; popular surname
复姓	fùxìng	n.	a Chinese surname with double syllables
贵姓	guìxìng	id.	What's your (honorable) surname?
同姓	tóngxìng	n.	having the same last name
老百姓	lǎobǎixìng	n.	common people

| 练 习 | Exercise: |

模仿造句　Make sentences by following the examples:

1. 我姓李,名叫信安。＿＿＿＿＿＿＿＿＿＿＿＿＿＿＿＿＿

2. 我太太姓王,叫王方。＿＿＿＿＿＿＿＿＿＿＿＿＿＿＿＿

雨

yǔ（ㄩˇ）

8   rain (n.)

Stroke order:

一　𠄌　𠃌　帀　雨　雨　雨　雨

字　体　**Scripts:**

雨　　雨　　雨　　雨　　雨　　雨　　雨

钢笔字　　宋体　　楷书　　隶书　　行书　　草书　　篆书

提　示　**Tips:**

古字作雨。"一",天空;"冂",云;"丨",表示落下;"八",表示雨滴。

It is a pictograph: 一, sky; 冂, clouds; 丨, falling; 八, raindrops.

部　件　**Component:**

雨　　　　　　结构图示：雨

部　首　**Radical:**

雨（yǔ, rain）

常用词语　**Frequently-used words or phrases:**

雨点	yǔdiǎn	n.	raindrop
雨季	yǔjì	n.	rainy season
雨具	yǔjù	n.	rain gear (e. g. umbrella, rain coat)
雨量	yǔliàng	n.	rainfall
雨露	yǔlù	n.	rain and dew
雨帽	yǔmào	n.	rain hat
雨伞	yǔsǎn	n.	umbrella
雨水	yǔshuǐ	n.	rain
雨鞋	yǔxié	n.	rain boot
风雨	fēngyǔ	n.	storm (wind and rain)
下雨	xiàyǔ	v. o.	rain
阵雨	zhènyǔ	n.	shower
暴风雨	bàofēngyǔ	n.	rain storm

练　习　**Exercise:**

观察"雨"在各字中的位置,并数笔画　Point out the location of the radical 雨 in each of the following characters, and count the strokes:

雪　雷　霜　露　震　雹　霞　零

198

学 xué (ㄒㄩㄝ´)
8 **study (v.)**

笔 顺 Stroke order:

| 丶 | ⺌ | ⺌ | ⺌ | 兴 | 学 | | |

字 体 Scripts:

学 学 学 学 学 学 學

钢笔字　宋体　楷书　隶书　行书　草书　篆书

提 示 Tips:

上边是"⺍"，不是"⺌"。

The upper part is ⺍, not ⺌.

部 件 Components:

⺍ + 子　　　结构图示：学

部 首 Radical:

子 (zǐ, child)

常用词语 Frequently-used words or phrases:

学费	xuéfèi	n.	tuition
学科	xuékē	n.	school subject
学年	xuénián	n.	school year
学期	xuéqī	n.	semester
学生	xuésheng	n.	student; pupil
学问	xuéwen	n.	learning in an academic field; knowledge
学习	xuéxí	v.	learn; study
学校	xuéxiào	n.	school
学院	xuéyuàn	n.	college; academic institute
大学	dàxué	n.	university; college
上学	shàngxué	v.	attend school; go to school
小学	xiǎoxué	n.	elementary school
中学	zhōngxué	n.	middle school

练 习 Exercise:

解释词语　Translate the following into English:

学生 _____ 　学问 _____ 　学历 _____ 　学识 _____

学画 _____ 　学好 _____ 　学坏 _____ 　学中文 _____

上学 _____ 　大学 _____ 　小学 _____ 　中学 _____

199

觉 jué/jiào
(ㄐㄩㄝ/ㄐㄧㄠ)
9
1. jué: **feel (v.)**
2. jiào: **sleep (v.)**

我觉得热。他觉得冷。

笔　顺 Stroke order:

⺍	觉							

字　体 Scripts:

觉	觉	觉	觉	觉	覚	覺
钢笔字	宋体	楷书	隶书	行书	草书	篆书

提　示 Tips:

"⺍"是声旁，"见"是义符。

⺍ functions as a sound element, while 见 (see) indicates the meaning.

部　件 Components:

⺍ + 见　　　　结构图示： 觉

部　首 Radical:

见 (jiàn, see)

常用词语 Frequently-used words or phrases:

觉得	juéde	v.	feel
觉悟	juéwù	v. /n.	become aware of / awareness
觉醒	juéxǐng	v.	awake
察觉	chájué	v.	be aware of; realize
发觉	fājué	v.	discover; find out
感觉	gǎnjué	n. /v.	feeling; sense / feel
知觉	zhījué	n.	consciousness
自觉	zìjué	adj.	conscious
睡觉	shuìjiào	v.	sleep
午觉	wǔjiào	n.	afternoon nap

练　习 Exercise:

根据读音组词　Form a new term with each *pinyin*:

1. 觉　jué: ＿＿＿＿　　2. 只　zhī: ＿＿＿＿　　3. 种　zhǒng: ＿＿＿＿
　　　　jiào: ＿＿＿＿　　　　　zhǐ: ＿＿＿＿　　　　　　zhòng: ＿＿＿＿

200

习

習

xí（ㄒㄧˊ）

3   learn; practice (v.)

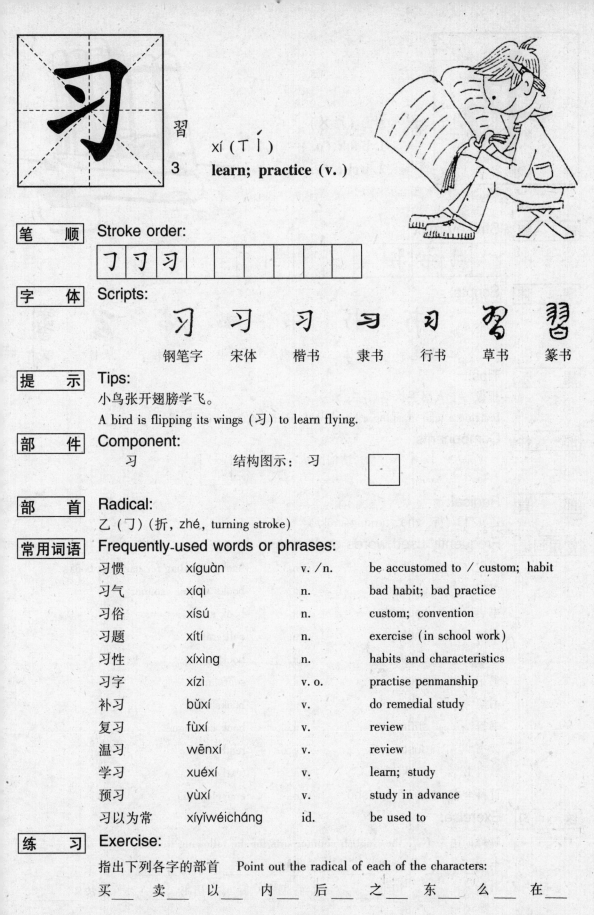

笔 顺 Stroke order:

刁	刁	习					

字 体 Scripts:

习   习   习   习   习   習   習

钢笔字   宋体   楷书   隶书   行书   草书   篆书

提 示 Tips:

小鸟张开翅膀学飞。

A bird is flipping its wings (习) to learn flying.

部 件 Component:

习   结构图示：习

部 首 Radical:

乙（乛）(折, zhé, turning stroke)

常用词语 Frequently-used words or phrases:

习惯	xíguàn	v. /n.	be accustomed to / custom; habit
习气	xíqì	n.	bad habit; bad practice
习俗	xísú	n.	custom; convention
习题	xítí	n.	exercise (in school work)
习性	xíxìng	n.	habits and characteristics
习字	xízì	v. o.	practise penmanship
补习	bǔxí	v.	do remedial study
复习	fùxí	v.	review
温习	wēnxí	v.	review
学习	xuéxí	v.	learn; study
预习	yùxí	v.	study in advance
习以为常	xíyǐwéicháng	id.	be used to

练 习 Exercise:

指出下列各字的部首 Point out the radical of each of the characters:

买___ 卖___ 以___ 内___ 后___ 之___ 东___ 么___ 在___

201

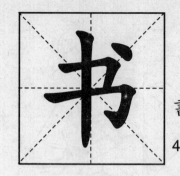

書

4

shū (ㄕㄨ)

1. book (n.)
2. write (v.)

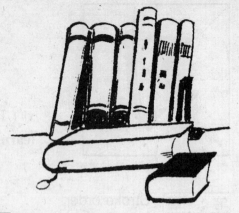

笔　顺　Stroke order:

乛	乛	书	书					

字　体　Scripts:

书　　书　　书　　书　　书　　书　　書

钢笔字　宋体　楷书　隶书　行书　草书　篆书

提　示　Tips:

想像一个人用手执笔写字。

Imagine a man grasping a brush with his hand to write a book.

部　件　Components:

彐 + 丨 + 丶　　结构图示：书 □

部　首　Radical:

乙（乛）(折, zhé, turning stroke)

常用词语　Frequently-used words or phrases:

书包	shūbāo	n.	backpack; bag for carrying books
书报	shūbào	n.	books and newspapers
书店	shūdiàn	n.	book store
书法	shūfǎ	n.	calligraphy
书籍	shūjí	n.	book
书记	shūjì	n.	secretary
书架	shūjià	n.	bookshelf
书目	shūmù	n.	book catalogue
读书	dúshū	v. o.	read books
教科书	jiàokēshū	n.	textbook
百科全书	bǎikēquánshū	n.	encyclopedia

练　习　Exercise:

解释词语　Give the English counterparts for the following words:

书信_____　　家书_____　　书名_____　　书本_____　　书生_____

书体_____　　国书_____　　古书_____　　历书_____　　书法_____

202

汉 hàn (ㄏㄢˋ)

漢

5

1. man (n.)
2. Han, Chinese (n.)

Stroke order:

氵	汉							

字　体 **Scripts:**

汉　汉　汉　汉　汉　漢　漢

钢笔字　宋体　楷书　隶书　行书　草书　篆书

提　示 **Tips:**

"汉"本来是一条河的名字,所以有三点水。

汉 was originally the name of a river, that's why it has a water radical (氵).

部　件 **Components:**

氵 + 又　　　结构图示：汉

部　首 **Radical:**

氵 (三点水, sāndiǎnshuǐ, water)

常用词语 **Frequently-used words or phrases:**

汉朝	Hàn Cháo	n.	the Han Dynasty
汉人	Hànrén	n.	the Hans; the Han people
汉语	Hànyǔ	n.	the Chinese language
汉字	Hànzì	n.	Chinese character
汉子	hànzi	n.	man; fellow
汉族	Hànzú	n.	the Han nationality
好汉	hǎohàn	n.	brave man; true man; hero
懒汉	lǎnhàn	n.	sluggard
老汉	lǎohàn	n.	old man
硬汉	yìnghàn	n.	man of iron
醉汉	zuìhàn	n.	drunkard
单身汉	dānshēnhàn	n.	bachelor
男子汉	nánzǐhàn	n.	man; manly man

练　习 **Exercise:**

写出学过的带有"又"的字。

Write down some characters you have learned that have the 又 component.

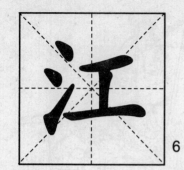

江

jiāng (ㄐㄧㄤ)
1. river (n.)
2. (a surname) (n.)

6

| 笔　顺 | **Stroke order:** |

| 氵 | 江 | | | | | | | |

| 字　体 | **Scripts:** |

江　江　江　江　江　*江*　爪

钢笔字　　宋体　　楷书　　隶书　　行书　　草书　　篆书

| 提　示 | **Tips:** |

右边的"工"(gōng)是声旁,也可以想像成一条河,中间一竖是桥。

The radical 氵 indicates water, while 工 (gōng) indicates the sound. You can also imagine 工 as a river with a bridge (丨) crossing through.

| 部　件 | **Components:** |

氵 + 工　　　　结构图示：江　| | |

| 部　首 | **Radical:** |

氵 (三点水, sāndiǎnshuǐ, water)

| 常用词语 | **Frequently-used words or phrases:** |

江河	jiānghé	n.	rivers
江湖	jiānghú	n.	rivers and lakes; all corners of the country
江南	Jiāngnán	n.	south of the Yangtze River
江山	jiāngshān	n.	rivers and mountains; land
长江	Chángjiāng	n.	the Yangtze River
半壁江山	bànbì-jiāngshān	n.	half of the territory

| 练　习 | **Exercise:** |

解释词语　Give the English meaning of each of the terms:

汉人 _____　　男子汉 _____　　东汉 _____　　好汉 _____

江南 _____　　江水 _____　　江河日下 _____

语 yǔ (ㄩˇ)
9 language (n.)

笔 顺 Stroke order:

讠	诬	语						

字 体 Scripts:

语　　语　　语　　语　　语　　语　　語

钢笔字　　宋体　　楷书　　隶书　　行书　　草书　　篆书

提 示 Tips:

可用"言五口"来帮助记忆。

This character can be remembered as "five mouths (五口) talking (讠) together".

部 件 Components:

讠 + 五 + 口　　结构图示：语

部 首 Radical:

讠 (言字旁, yánzìpáng, speech)

常用词语 Frequently-used words or phrases:

语病	yǔbìng	n.	faulty wording or formulation
语词	yǔcí	n.	words and phrases
语法	yǔfǎ	n.	grammar
语文	yǔwén	n.	language and literature
语言	yǔyán	n.	language
语音	yǔyīn	n.	pronunciation
汉语	Hànyǔ	n.	the Chinese language
口语	kǒuyǔ	n.	spoken language
书面语	shūmiànyǔ	n.	written language; literary language

练 习 Exercise:

句子扩展　　Read aloud the expanding sentences:

语
汉语
学汉语
爱学汉语
最爱学汉语

说 shuō (ㄕㄨㄛ)
9 speak (v.)

笔 顺 **Stroke order:**

讠 讠 讠 说 说

字 体 **Scripts:**

说 说 说 说 说 说 説

钢笔字　宋体　楷书　隶书　行书　草书　篆书

提 示 **Tips:**

"讠"旁表示说话,想像右边"兑"(duì)是一台电视机,上有天线,下有支架。

Imagine that a television set (口) is set on a stand with an indoor antenna on top, and the person inside the TV is talking (讠).

部 件 **Components:**

讠 + 兑　　　结构图示：说

部 首 **Radical:**

讠 (言字旁, yánzìpáng, speech)

常用词语 **Frequently-used words or phrases:**

说法	shuōfa	n.	way of saying
说服	shuōfú	v.	persuade
说明	shuōmíng	v. /n.	explain; illustrate / explanation
说话	shuōhuà	v.	speak; talk
说谎	shuōhuǎng	v. o.	tell a lie
说笑	shuōxiào	v.	chatting and laughing
听说	tīngshuō	v.	hear about
小说	xiǎoshuō	n.	novel; fiction
说不定	shuōbudìng	adv.	perhaps; can't say for sure

练 习 **Exercise:**

句子扩展　Read the expanding sentences loudly:

你
你们
你们说
你们说他
你们说他对
你们说他对吗?

话

话 huà (ㄏㄨㄚˋ)

8   **words; talk (n. /v.)**

笔 顺   **Stroke order:**

讠   讠   讠   讠   话

字 体   **Scripts:**

话   话   话   话   话   话   話

钢笔字   宋体   楷书   隶书   行书   草书   篆书

提 示   **Tips:**

"讠"旁表示说话。舌头是说话的工具。

A person has to manipulate his tongue (舌) in his mouth(口) in order to give a talk (话).

部 件   **Components:**

讠 + 舌   结构图示：话

部 首   **Radical:**

讠 (言字旁，yánzìpáng，speech)

常用词语   **Frequently-used words or phrases:**

话别	huàbié	v.	say good-bye
话剧	huàjù	n.	modern drama; stage play
话题	huàtí	n.	subject (of talking or a speech)
电话	diànhuà	n.	telephone
俗话	súhuà	n.	common saying
听话	tīnghuà	adj.	heed what an elder or superior says
话务员	huàwùyuán	n.	operator (telephone)
普通话	pǔtōnghuà	n.	common speech; (Chinese) Mandarin
说大话	shuō dàhuà	id.	brag; boast; big talk
话里有话	huàlǐ-yǒuhuà	id.	the words mean more than they say

练 习   **Exercise:**

解释词语   Translate the following terms:

1. 说大话

2. 话里有话

3. 说中国话—话说中国

huó (ㄏㄨㄛˊ)
1. live (v.)
2. alive (adj.)
3. work (n.)

9

| 笔 顺 | **Stroke order:** |

氵 活 | | | | | | |

| 字 体 | **Scripts:** |

活　活　活　活　活　活　活

钢笔字　宋体　楷书　隶书　行书　草书　篆书

| 提 示 | **Tips:** |

人需要喝水(氵),吃东西(舌)才能活。

A person sticking out his tongue (舌) for water (氵) in order to keep alive.

| 部 件 | **Components:** |

氵 + 舌　　　结构图示：活

| 部 首 | **Radical:** |

氵(三点水, sāndiǎnshuǐ, water)

| 常用词语 | **Frequently-used words or phrases:** |

活儿	huór	n.	work
活动	huódòng	v./n.	move about; exercise / activity
活该	huógāi	adj.	serve sb. right
活力	huólì	n.	vigor; vitality; energy
活泼	huópo	adj.	lively; vivid
活跃	huóyuè	v./adj.	enliven; animate / active
干活	gànhuó	v.	work
快活	kuàihuo	adj.	joyous; happy
生活	shēnghuó	n./v.	life; living / live
活生生	huóshēngsheng	adj.	real; living
私生活	sīshēnghuó	n.	private life
你死我活	nǐsǐ-wǒhuó	id.	life-and-death; mortal

| 练 习 | **Exercise:** |

翻译　Translate the following into English:

1. 活火山　　　　　　2. 活动一下

3. 不干活,白吃饭　　4. 说活话

208

讲 jiǎng (ㄐㄧㄤˇ)

6   speak (v.)

笔 顺	**Stroke order:**

讠 讧 讠 讲 讲

字 体	**Scripts:**

讲　讲　讲　讲　讲　濘　講

钢笔字　宋体　楷书　隶书　行书　草书　篆书

提 示	**Tips:**

右边的"井"(jǐng)作声旁。

The speech radical (讠) indicates talking, while 井 (jǐng) is the approximate pronunciation.

部 件	**Components:**

讠 + 井　　　结构图示：讲

部 首	**Radical:**

讠 (言字旁, yánzìpáng, speech)

常用词语	**Frequently-used words or phrases:**

讲稿	jiǎnggǎo	n.	speech draft
讲和	jiǎnghé	v.	make peace
讲话	jiǎnghuà	v.	talk; speak
讲解	jiǎngjiě	v.	explain
讲究	jiǎngjiu	v. /adj.	be particular about / tasteful
讲课	jiǎngkè	v.	teach; lecture
讲理	jiǎnglǐ	v. /adj.	reason / reasonable
讲师	jiǎngshī	n.	lecturer
讲学	jiǎngxué	v.	teach; lecture
讲演	jiǎngyǎn	v. /n.	make a speech; give a lecture / speech
讲座	jiǎngzuò	n.	a course of lecture
听讲	tīngjiǎng	v.	listen to a lecture or speech
演讲	yǎnjiǎng	v. /n.	give a speech / speech

练 习	**Exercise:**

写近义字　Write words that are similar in meaning to the words given:

讲—　　江—　　话—　　习—

进 進

jìn (ㄐㄧㄣˋ)

7   advance; enter (v.)

ENTRANCE

入 场 处

| 笔 顺 | **Stroke order:** |

| 井 | 进 | | | | | | | |

| 字 体 | **Scripts:** |

进 进 进 进 进 迄 進

钢笔字　宋体　楷书　隶书　行书　草书　篆书

| 提 示 | **Tips:** |

"井"(jǐng)是声旁，"辶"像是一只船在前进。

井(jǐng) is a phonetic element, and 辶 shows a boat advancing.

| 部 件 | **Components:** |

井 + 辶　　　结构图示：进

| 部 首 | **Radical:** |

辶 (走之, zǒuzhī, advance)

| 常用词语 | **Frequently-used words or phrases:** |

进步	jìnbù	v. /n.	progress; improve / improvement
进城	jìnchéng	v. o.	go into the city
进出	jìnchū	v.	come in and go out
进攻	jìngōng	v.	attack
进口	jìnkǒu	v. /n.	import / entrance
进来	jìnlái	v.	come in
进去	jìnqù	v.	go in
进行	jìnxíng	v.	carry out; engage in
改进	gǎijìn	v.	improve
前进	qiánjìn	v.	move forward
上进	shàngjìn	adj.	go forward; make progress
先进	xiānjìn	adj. /n.	advanced / the advanced

| 练 习 | **Exercise:** |

在中间填一字,使之与上下左右各成一字:

Fill in the center square with a character so as to form a new character with each of the four surrounding components:

　　　　ナ　　　　　　　　十
氵　　寸　　　　禾　　斤
　　　土　　　　　　　　木

210

讀　dú (ㄉㄨˊ)
10　**read; attend school (v.)**

Stroke order:

讠	读								

字　体　**Scripts:**

读	读	读	读	读	读	讀
钢笔字	宋体	楷书	隶书	行书	草书	篆书

提　示　**Tips:**

有东西要"卖"，得大声读出（讠）价钱。

If you have something you want to sell (卖), you have to read out (讠) the price.

部　件　**Components:**

讠 + 卖　　　结构图示：读

部　首　**Radical:**

讠 (言字旁, yánzìpáng, speech)

常用词语　**Frequently-used words or phrases:**

读本	dúběn	n.	reader; textbook
读书	dúshū	v.	study; read a book
读物	dúwù	n.	reading material
读音	dúyīn	n.	pronunciation
读者	dúzhě	n.	reader
攻读	gōngdú	v.	study
朗读	lǎngdú	v.	read aloud
默读	mòdú	v.	read silently
宣读	xuāndú	v.	read out in public
阅读	yuèdú	v./n.	read / reading

练　习　**Exercise:**

说出各组对应词的细微区别：

Identify the slight difference between each of the following pairs of words:

读书——看书　　汉语——中文　　说话——讲话　　进来——进去

哭

kū (ㄎㄨ)

10 cry; weep (v.)

笔 顺 Stroke order:

口	吅	哭	哭				

字 体 Scripts:

哭　　哭　　哭　　哭　　哭　　哭　　哭

钢笔字　　宋体　　楷书　　隶书　　行书　　草书　　篆书

提 示 Tips:

想像一个大人(大)在哭,"口口"是哭肿的双眼,"丶"是眼泪。

It's a shame that a big (大) man cries, with tears coming out from two eyes (口口).

部 件 Components:

口 + 口 + 犬　　　结构图示：哭

部 首 Radical:

口 (kǒu, mouth)

常用词语 Frequently-used words or phrases:

哭泣	kūqì	v.	cry; weep
哭诉	kūsù	v.	cry and complain
痛哭	tòngkū	v.	wail
哭鼻子	kūbízi	id.	snivel (colloquial)
哭哭啼啼	kūkū-títí	id.	weep and wail
哭笑不得	kūxiào-bùdé	id.	find ... both funny and annoying
哭丧着脸	kūsāngzhe liǎn	ph.	put on a long face
放声大哭	fàngshēng dàkū	ph.	cry out loudly

练 习 Exercise:

写出所学过的言字旁(讠)的字：

Write all the characters you have learned that have the radical 讠:

例 Examples: 讲 说

212

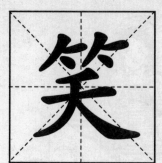

笑

xiào (ㄒㄧㄠˋ)

10   smile; laugh (v.)

| 笔 顺 | Stroke order: |

| ⺮ | 𥫗 | 竺 | 竿 | 笑 | | | . | |

| 字 体 | Scripts: |

笑　　笑　　笑　　笑　　笑　　㗛　　𥬇

钢笔字　　宋体　　楷书　　隶书　　行书　　草书　　篆书

| 提 示 | Tips: |

注意下边不是"天"(tiān)，而是"夭"(yāo)。

Compare this character with 哭. Isn't there any resemblance? Note that the lower part is not 天 (tiān), but 夭 (yāo).

| 部 件 | Components: |

⺮ + 夭　　　　结构图示：笑

| 部 首 | Radical: |

竹 (⺮) (zhú, bamboo)

| 常用词语 | Frequently-used words or phrases: |

笑话	xiàohua	n. / v.	joke
笑脸	xiàoliǎn	n.	smiling face
笑料	xiàoliào	n.	laughing-stock
笑骂	xiàomà	v.	deride and taunt
笑容	xiàoróng	n.	smiling expression; smile
笑谈	xiàotán	n.	laughing-stock; joke
好笑	hǎoxiào	adj.	funny
苦笑	kǔxiào	v.	bitter smile
说笑	shuōxiào	v.	chatting and laughing
取笑	qǔxiào	v.	make fun of
开玩笑	kāiwánxiào	v. o.	tell a joke; make fun of

| 练 习 | Exercise: |

观察竹(⺮)字头的字　Study the following characters bearing the 竹(⺮) radical:

竹　竿　笔　笨　符　等　简　筷　答

213

qì (ㄑㄧˋ)
1. utensil; ware (n.)
2. organ (n.)

16

Stroke order:

叩	哭	器						

字　体　Scripts:

器　器　器　器　器　器　器

钢笔字　宋体　楷书　隶书　行书　草书　篆书

提　示　Tips:

想像这是一台机器的形状，它不能发动，气得你直哭。

Imagine this as a machine. The failure to get it started makes you so angry that you want to cry (哭).

部　件　Components:

口口 + 犬 + 口口　　结构图示：器

部　首　Radical:

口 (kǒu, mouth)

常用词语　Frequently-used words or phrases:

器材	qìcái	n.	equipment
器官	qìguān	n.	organ (of a body)
器重	qìzhòng	v.	think highly of
兵器	bīngqì	n.	weapon
瓷器	cíqì	n.	china; porcelain
电器	diànqì	n.	electrical appliance or equipment
机器	jīqì	n.	machine
容器	róngqì	n.	container
陶器	táoqì	n.	pottery
武器	wǔqì	n.	weapon; arms
乐器	yuèqì	n.	musical instrument
生殖器	shēngzhíqì	n.	genitals

练　习　Exercise:

写出反义词　Give the antonyms for the following words:

1. 买 _____　　2. 进 _____　　3. 先 _____　　4. 笑 _____

朋 péng (ㄆㄥ)

8

friend (n.)

Stroke order:

月	朋							

字 体 **Scripts:**

朋	朋	朋	朋	朋	朋	朋
钢笔字	宋体	楷书	隶书	行书	草书	篆书

提 示 **Tips:**

想像成两个朋友并肩站立。

Imagine two friends standing side-by-side.

部 件 **Components:**

月 + 月 结构图示：朋

部 首 **Radical:**

月 (yuè, moon)

常用词语 **Frequently-used words or phrases:**

朋党	péngdǎng	n.	clique
朋友	péngyou	n.	friend
良朋	liángpéng	n.	good friend
男朋友	nánpéngyou	n.	boyfriend
女朋友	nǚpéngyou	n.	girlfriend
小朋友	xiǎopéngyou	n.	children, child
朋比为奸	péngbǐ-wéijiān	id.	gang up; collude
宾朋满座	bīnpéng-mǎnzuò	id.	full of guests and friends
亲朋好友	qīnpéng-hǎoyǒu	id.	close friends; kith and kin
酒肉朋友	jiǔròu-péngyou	id.	wine-and-meat (fair-weather) friend

练 习 **Exercise:**

英译汉   Translate the following into Chinese:

1. boy friend _____ 5. Chinese friend _____

2. girl friend _____ 6. American friend_____

3. good friend _____ 7. your father's friend _____

4. little friend _____ 8. my younger brother's friend _____

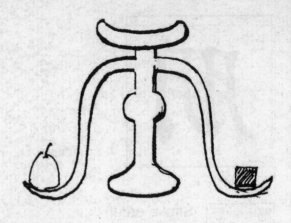

zài (ㄗㄞˋ)

6 again (adv.)

Stroke order:

| 一 | 厂 | 万 | 丙 | 丙 | 再 | | | |

字 体 Scripts:

再　　再　　再　　再　　再　　弄　　再

钢笔字　宋体　楷书　隶书　行书　草书　篆书

提 示 Tips:

再 是天平,"二"表示称一次,再称一次。

再 is a scale and 二 indicates weighing the object once again.

部 件 Components:

一 + 冉　　　结构图示:再　　[ ]

部 首 Radical:

一 (横, héng, horizontal stroke)

常用词语 Frequently-used words or phrases:

再版	zàibǎn	n. / v.	second edition / reprint
再次	zàicì	adv.	again
再会	zàihuì	v.	see you again; so long
再婚	zàihūn	v.	remarry
再嫁	zàijià	v.	remarry (of a woman)
再见	zàijiàn	v.	good-bye; see you again
再三	zàisān	adv.	repeatedly
再说	zàishuō	conj. / v.	moreover / say it again
一再	yízài	adv.	once again
再接再厉	zàijiē-zàilì	id.	make persistent efforts
东山再起	dōngshān-zàiqǐ	id.	come to power again

练 习 Exercise:

用"再"加动词组成十个词语 Form a term by combining 再 and a verb:

例 Example: 再来

_____　　_____　　_____　　_____　　_____

_____　　_____　　_____　　_____　　_____

216

向 6

xiàng (ㄒㄧㄤˋ)
1. direction (n.)
2. facing; towards
   (prep.)

笔 顺 Stroke order:

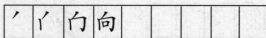

| ′ | ′丨 | 冂 | 向 | | | | |

字 体 Scripts:

向　　向　　向　　向　　向　　向　　向

钢笔字　宋体　楷书　隶书　行书　草书　篆书

提 示 Tips:

屋内的窗子,朝向北方。

The window under the roof faces the north.

部 件 Components:

门 + 口　　结构图示：向

部 首 Radicals:

丿 (撇, piě, left-falling stroke); 口 (kǒu, mouth)

常用词语 Frequently-used words or phrases:

向导	xiàngdǎo	n.	guide
向来	xiànglái	adv.	always
向前	xiàngqián	adv.	toward the front
向上	xiàngshàng	adv.	face upward
向着	xiàngzhe	prep.	face; toward
动向	dòngxiàng	n.	direction of movement
方向	fāngxiàng	n.	direction
风向	fēngxiàng	n.	direction of the wind
去向	qùxiàng	n.	whereabouts
一向	yíxiàng	adv.	always
所向无敌	suǒxiàng-wúdí	id.	invincible; advance irresistibly

练 习 Exercise:

注意区别下列形近字:

Pay attention to the following pairs of characters that look similar:

向——问　买——卖　哭——笑　弟——第　话——活　左——右

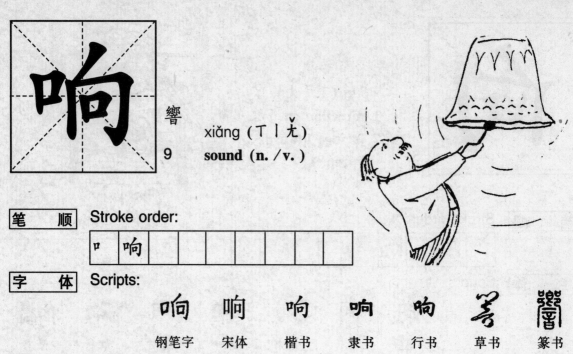

响 響
9
xiǎng (ㄒㄧㄤˇ)
sound (n. /v.)

笔 顺 Stroke order:

口	响								

字 体 Scripts:

响　　响　　响　　响　　响　　䳂　　𧩙

钢笔字　宋体　楷书　隶书　行书　草书　篆书

提 示 Tips:

口里发出响声，"向"是声旁。

A person talks loudly with his mouth（口）. 向（xiàng）is a sound element.

部 件 Components:

口 + 向　　　　结构图示：响

部 首 Radical:

口 （kǒu，mouth）

常用词语 Frequently-used words or phrases:

响亮	xiǎngliàng	adj.	loud
响声	xiǎngshēng	n.	loud sound
响应	xiǎngyìng	v.	respond
反响	fǎnxiǎng	n.	repercussion
回响	huíxiǎng	n.	echo
音响	yīnxiǎng	n.	sound effect
影响	yǐngxiǎng	v. /n.	influence / effect
响尾蛇	xiǎngwěishé	n.	rattle snake
交响乐	jiāoxiǎngyuè	n.	symphony
不同凡响	bùtóng-fánxiǎng	id.	unusual; extraordinary

练 习 Exercise:

写出分别含有一个口、两个口、三个口、四个口、五个口、八个口、十个口和千个口的字来。　Give the characters that have respectively one, two, three, four, five, eight, ten and one thousand mouths（口）.

218

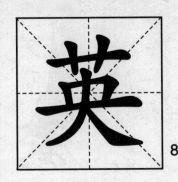

yīng (丨乙)

1. flower (n.)
2. Britain; English (n.)
3. hero (n.)

8

| 笔 顺 | Stroke order: |

| 一 | 十 | 艹 | 艻 | 苎 | 苎 | 苵 | 英 |

| 字 体 | Scripts: |

英　英　英　英　英　美　茉

钢笔字　宋体　楷书　隶书　行书　草书　篆书

| 提 示 | Tips: |

下边"央"(yāng)是声旁,上边是"草"(艹)。"英"的本意是"花"。

The lower part of this character 央 (yāng) is a phonetic element. With the grass radical (艹), the original meaning of 英 is flower.

| 部 件 | Components: |

艹 + 央　　　结构图示：英

| 部 首 | Radical: |

艹 (草字头, cǎozìtóu, grass)

| 常用词语 | Frequently-used words or phrases: |

英尺	yīngchǐ	n.	foot (measurement)
英寸	yīngcùn	n.	inch
英国	Yīngguó	n.	England
英俊	yīngjùn	adj.	handsome
英里	yīnglǐ	n.	mile
英文	Yīngwén	n.	the English (language)
英雄	yīngxióng	n.	hero
英勇	yīngyǒng	adj.	brave
精英	jīngyīng	n.	essence; cream

| 练 习 | Exercise: |

找出汉英对应词　Match each Chinese term with its English counterpart:

1. 英雄　　　2. 响亮　　　3. 向往　　　4. 向日葵
5. 英明　　　6. 再生　　　7. 器具　　　8. 笑柄

a. utensil　　　b. yearn for　　　c. hero　　　d. laughing-stock
e. loud and clear　　f. revive　　　g. sunflowers　　h. wise

fǎ（ㄈㄚˇ）

8

1. method; way (n.)
2. France; French (n.)

| 笔　顺 | **Stroke order:** |

| 氵 | 法 | | | | | | |

| 字　体 | **Scripts:** |

法　　法　　法　　法　　法　　法　　篆篆

钢笔字　　宋体　　楷书　　隶书　　行书　　草书　　篆书

| 提　示 | **Tips:** |

由水（氵）路去（去）法国。

Going（去）to France（法）by water（氵）.

| 部　件 | **Components:** |

氵 + 去　　　　结构图示：法

| 部　首 | **Radical:** |

氵（三点水，sāndiǎnshuǐ，water）

| 常用词语 | **Frequently-used words or phrases:** |

法官	fǎguān	n.	judge
法国	Fǎguó	n.	France
法郎	Fǎláng	n.	franc
法令	fǎlìng	n.	decree
法律	fǎlǜ	n.	law
法文(语)	Fǎwén(yǔ)	n.	French (language)
法子	fǎzi	n.	method; way
办(方)法	bàn(fāng)fǎ	n.	method; way
犯法	fànfǎ	v. o.	break the law
语法	yǔfǎ	n.	grammar

| 练　习 | **Exercise:** |

用中文填表　　Complete the following form in Chinese:

	国家名	人民	语言
China	_____	_____	_____
Japan	_____	_____	_____
U. S. A.	_____	_____	_____
England	_____	_____	_____
France	_____	_____	_____

chī (彳)

6　**eat (v.)**

Stroke order:

| 口 | 口′ | 口″ | 吃 | | | | | | |

字　体　Scripts:

吃　吃　吃　吃　吃　吃　吃

钢笔字　宋体　楷书　隶书　行书　草书　篆书

提　示　Tips:

想像成一个人(亻)吃(口)鸭子(乙)。

Imagine a man (亻) is taking a bite (口) of the Beijing duck (乙).

部　件　Components:

口 + 乞　　　结构图示：吃

部　首　Radical:

口 (kǒu, mouth)

常用词语　Frequently-used words or phrases:

吃醋	chīcù	v.	become jealous
吃饭	chīfàn	v. o.	eat rice;　eat
吃惊	chījīng	adj.	be astonished
吃苦	chīkǔ	v.	bear the hardship
吃亏	chīkuī	v.	suffer losses
吃力	chīlì	adj.	strenuous;　difficult
吃香	chīxiāng	adj.	be popular
口吃	kǒuchī	v.	stuttering
小吃	xiǎochī	n.	snack
吃得开	chīdekāi	id.	be popular
大吃大喝	dàchī-dàhē	id.	eat and drink to one's fill

练　习　Exercise:

英译汉　Translate the following into Chinese:

I eat——I eat meal——I eat Chinese meal——I love to eat Chinese meal.

年

nián（ㄋㄧㄢˊ）

6　**year (n.)**

| 笔　顺 | **Stroke order:** |

| ノ | ⺊ | ⺮ | ⺘ | 乍 | 年 | | | |

| 字　体 | **Scripts:** |

年　　年　　年　　年　　年　　年　　南

钢笔字　宋体　楷书　隶书　行书　草书　篆书

| 提　示 | **Tips:** |

中间是一个反过来的"五"字。

The middle part of this character is the mirror-reading of 五．

| 部　件 | **Component:** |

年　　　　结构图示：年

| 部　首 | **Radical:** |

丿（撇，piě，left-falling stroke）

| 常用词语 | **Frequently-used words or phrases:** |

年代	niándài	n.	era; years
年底	niándǐ	n.	end of the year
年级	niánjí	n.	grade (in school)
年纪	niánjì	n.	age
年青(轻)	niánqīng	adj.	young
成年	chéngnián	n.	adult
老年	lǎonián	n.	old age
青年	qīngnián	n.	youth
少年	shàonián	n.	teenager; juvenile
童年	tóngnián	n.	childhood
晚年	wǎnnián	n.	one's later years
中年	zhōngnián	n.	middle age

| 练　习 | **Exercise:** |

用中文写出下列时间　Write the following dates in Chinese:

1. March 15, 1992 _____

2. December 29, 1995 _____

3. 8: 30am(上午), September 26, 1997 _____

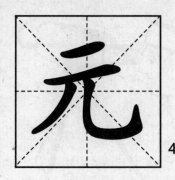

元

4

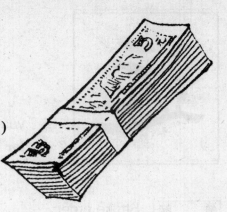

yuán (ㄩㄢ)

1. first; primary (adj.)
2. Chinese dollar (n.)

笔 顺 Stroke order:

一	二	亍	元				

字 体 Scripts:

元　元　元　元　龙　之　示

钢笔字　宋体　楷书　隶书　行书　草书　篆书

提 示 Tips:

二(二)儿子(儿)的名字叫"元"。

The name of the second (二) son (儿) is Yuan.

部 件 Components:

二 + 儿　　　结构图示：元

部 首 Radicals:

一 (横, héng, horizontal stroke); 二 (èr, two); 儿 (ér, child)

常用词语 Frequently-used words or phrases:

元旦	yuándàn	n.	the New Year's Day
元老	yuánlǎo	n.	senior statesman; founding member
元气	yuánqì	n.	vitality
元首	yuánshǒu	n.	head of a nation
元帅	yuánshuài	n.	marshal
元宵	yuánxiāo	n.	the Lantern Festival (January 15 of the lunar calendar); sweet glutinous dumplings
元音	yuányīn	n.	vowel
单元	dānyuán	n.	unit
公元	gōngyuán	n.	the Christian era
美元	měiyuán	n.	U.S. dollar

练 习 Exercise:

观察"元"在各字中的位置,并注意读音　Observe the position of 元 in each character and pay attention to the pronunciation of the character:

yuan: 元　远　园　院

wan: 完　玩　顽　莞

223

遠

yuǎn (ㄩㄢˇ)

7 far (adj.)

笔 顺	**Stroke order:**

元	远							

字 体	**Scripts:**

远　　远　　远　　远　　远　　遠　　遠

钢笔字　　宋体　　楷书　　隶书　　行书　　草书　　篆书

提 示	**Tips:**

"元"是声旁。

元 is a phonetic element, while 辶 indicates a boat that has been rowed far away.

部 件	**Components:**

元 + 辶　　　结构图示：远

部 首	**Radical:**

辶 (走之, zǒuzhī, advance)

常用词语	**Frequently-used words or phrases:**

远大	yuǎndà	adj.	long-range; ambitious
远东	Yuǎndōng	n.	the Far East
远方	yuǎnfāng	n.	far-away place
远近	yuǎnjìn	n.	far and near; distance
远亲	yuǎnqīn	n.	distant relative
远行	yuǎnxíng	v.	make a long trip
远洋	yuǎnyáng	n.	distant ocean
长远	chángyuǎn	adj.	long-range
深远	shēnyuǎn	adj.	far-reaching
跳远	tiàoyuǎn	v. /n.	broad jump
永远	yǒngyuǎn	adv.	forever
任重道远	rènzhòng-dàoyuǎn	id.	The burden is heavy and the road is far.

练 习	**Exercise:**

解释下列词语　Translate the following terms:

远方　　　远见　　　远门　　　长远　　　远山　　　远古

224

jìn (ㄐㄧㄣˋ)

7

near; close (adj.)

| 笔 顺 | Stroke order: |

| ´ | 厂 | 斤 | 斤 | 近 | | | | |

| 字 体 | Scripts: |

近　　近　　近　　近　　近　　兦　　訢

钢笔字　　宋体　　楷书　　隶书　　行书　　草书　　篆书

| 提 示 | Tips: |

"斤"(jīn)是声旁,"辶"表示走近。

斤 (jīn) is the phonetic element, while (辶) indicates distance.

| 部 件 | Components: |

斤 + 辶　　　结构图示：近

| 部 首 | Radical: |

辶 (走之, zǒuzhī, advance)

| 常用词语 | Frequently-used words or phrases: |

近代	jìndài	n.	modern era; recent years
近东	Jìndōng	n.	the Near East
近况	jìnkuàng	n.	recent condition
近来	jìnlái	n.	recently
近期	jìnqī	n.	recent; in the near future
近视	jìnshì	n.	near-sightedness
近似	jìnsì	v.	similar to
附近	fùjìn	n.	nearby; vicinity
接近	jiējìn	v.	near; approach
亲近	qīnjìn	v.	be close to
不近人情	bújìn-rénqíng	id.	insensible; unreasonable

| 练 习 | Exercise: |

观察"斤"在各字中的位置,并在字典中查出各字的读音 Observe the location of 斤 in each character and look up the pronunciation for the character:

斤　斩　斧　斯　新　近　欣　哲

225

毛

máo (ㄇㄠ)

4 　hair; feather (n.)

| 笔　顺 | **Stroke order:** |

| ノ | ⺈ | 三 | 毛 | | | | | |

| 字　体 | **Scripts:** |

毛　　毛　　毛　　毛　　毛　　毛　　𣬛

钢笔字　　宋体　　楷书　　隶书　　行书　　草书　　篆书

| 提　示 | **Tips:** |

像毛发、羽毛的形状。

It's a pictograph which resembles a hair or feather.

| 部　件 | **Component:** |

毛　　　　　　结构图示：毛

| 部　首 | **Radical:** |

毛 (máo，hair)

| 常用词语 | **Frequently-used words or phrases:** |

毛笔	máobǐ	n.	brush (pen)
毛病	màobìng	n.	trouble; illness
毛巾	máojīn	n.	towel
毛料	máoliào	n.	wool material
毛线	máoxiàn	n.	wool
毛衣	máoyī	n.	sweater
眉毛	méimáo	n.	eye-brow
皮毛	pímáo	n.	skin; fur
毛毛雨	máomáoyǔ	n.	drizzle
毛泽东	Máo Zédōng	n.	Mao Zedong
九牛一毛	jiǔniú-yìmáo	id.	a drop in the ocean

| 练　习 | **Exercise:** |

观察"毛"在各字中的位置,并在字典中查出各字的读音:

Observe the location of 毛 in each character and look up the pronunciation of the characters in the dictionary:

尾　毯　毽　毡　毫　麾　髦

fēn/fèn (ㄈㄣ/ㄈㄣˋ)
1. fēn: **divide (v.)**
2. fēn: **(a unit of weight, money, etc.) (n.)**
3. fèn: **component (n.)**

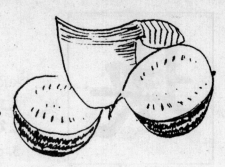

4

笔 顺 Stroke order:

ノ	八	今	分				

字 体 Scripts:

分　　分　　分　　分　　分　　分　　分

钢笔字　　宋体　　楷书　　隶书　　行书　　草书　　篆书

提 示 Tips:

用刀(刀)分开(八)。

Using a knife (刀) to divide (八) something into two parts.

部 件 Components:

八 + 刀　　　　结构图示：分

部 首 Radicals:

八 (bā, eight); 刀 (dāo, knife)

常用词语 Frequently-used words or phrases:

分别	fēnbié	v./adv.	part; differentiate / separately
分界	fēnjiè	n.	boundary
分明	fēnmíng	adj.	evident
分散	fēnsàn	v./adj.	scatter / scattered; dispersed
分子	fēnzǐ/fènzǐ	n.	molecule / element
分量	fènliàng	n.	proportion; weight
分内	fènnèi	n.	within one's duty
成分	chéngfèn	n.	component
过分	guòfèn	adj.	excessive
三分钱	sān fēn qián	ph.	three cents
百分之……	bǎifēnzhī...	ph.	...per cent
一分为二	yìfēnwéi'èr	id.	divide one into two

练 习 Exercise:

说出下列百分数　Read out the following percentages:

1. 50%_____　2. 14%_____　3. 100%_____　4. 150%_____

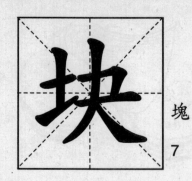

块

kuài (ㄎㄨㄞˋ)

塊

1. lump; piece (n.)
2. Chinese dollar (n.)
3. piece, chunk (m.)

7

笔 顺 Stroke order:

| 土 | 圢 | 圢 | 坢 | 块 | | | | |

字 体 Scripts:

块　　块　　块　　块　　块　　块　　塊

钢笔字　　宋体　　楷书　　隶书　　行书　　草书　　篆书

提 示 Tips:

左边是"土"，土块；右边的"夬"(guài)是声旁。

The left component indicates a lump of dirt (土), while the right component is a phonetic element 夬 (guài).

部 件 Components:

土 + 夬　　　结构图示：块　　

部 首 Radical:

土 (tǔ, earth)

常用词语 Frequently-used words or phrases:

一块儿	yíkuàir	adv./n.	together / a piece
大块头	dàkuàitóu	n.	a tall and bulky fellow
方块字	fāngkuàizì	n.	square character (Chinese character)
两块地	liǎng kuài dì	ph.	two pieces of land
三块钱	sān kuài qián	ph.	three dollars
一块面包	yí kuài miànbāo	ph.	a piece of bread
两块手表	liǎng kuài shǒubiǎo	ph.	two watches

练 习 Exercise:

说出下列金额　Read out the following amount of money:

¥45 _____　　¥84.50 _____

¥3.65 _____　　¥27.49 _____

¥138.99 _____　　¥84.50 _____

¥1129.90 _____　　¥16273.81 _____

kuài (ㄎㄨㄞˋ)
1. fast (adj.)
2. happy (adj.)
3. sharp (adj.)

7

| 笔　顺 | **Stroke order:** |

| ヽ | ゝ | 忄 | 快 | | | | |

| 字　体 | **Scripts:** |

快　　快　　快　　快　　快　　快　　𢖷

钢笔字　宋体　楷书　隶书　行书　草书　篆书

| 提　示 | **Tips:** |

"夬"(guài)是声旁,"忄"(心)表示心里愉快。

夬 (guài) is a phonetic element, while 忄(心) indicates happiness in heart.

| 部　件 | **Components:** |

忄 + 夬　　　　结构图示：块 　 | | |

| 部　首 | **Radical:** |

忄 (竖心, shùxīn, heart)

| 常用词语 | **Frequently-used words or phrases:** |

快车	kuàichē	n.	express (train, bus)
快刀	kuàidāo	n.	sharp knife
快活	kuàihuo	adj.	happy; merry
快件	kuàijiàn	n.	express mail (letter and parcel)
快乐	kuàilè	adj.	happy; joyful
快慢	kuàimàn	n.	speed
快信	kuàixìn	n.	express mail (letter)
飞快	fēikuài	adj.	fast; speedy
赶快	gǎnkuài	adv.	fast; in a hurry
尽快	jǐnkuài	adv.	as fast as possible
痛快	tòngkuài	adj.	happy; straightforward
心直口快	xīnzhí-kǒukuài	id.	frank and straight

| 练　习 | **Exercise:** |

解释各句中"快"的含义　Explain the meaning of 快 in each sentence:

1. 我坐快车。_____　　2. 你快来。_____　　3. 我生日快到了。_____

4. 她快乐,我不快乐。_____　　5. 我的小刀不快。_____

229

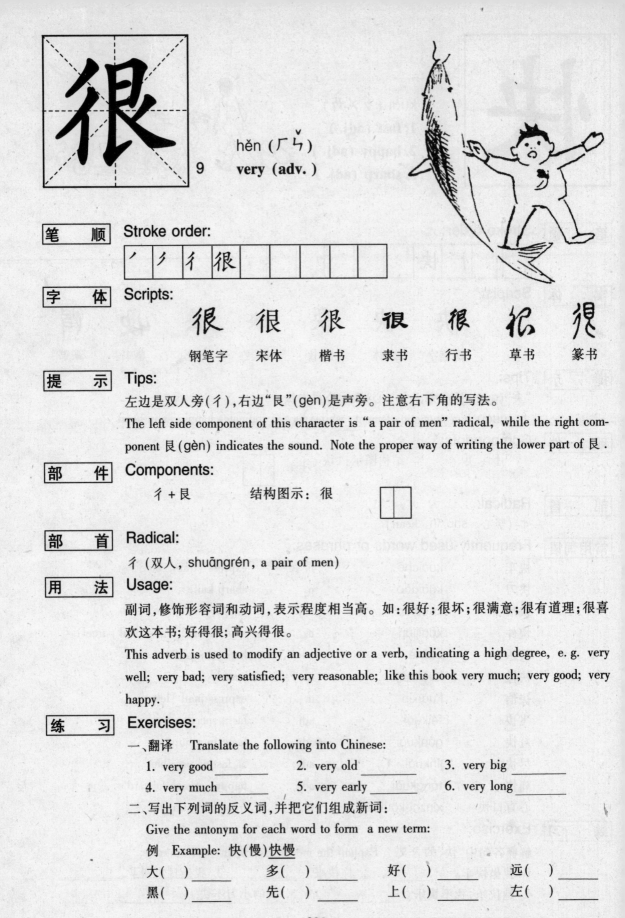

很

hěn (ㄏㄣˇ)

9 very (adv.)

Stroke order:

ノ　ク　彳　很

Scripts:

很　很　很　很　很　𫘤　很

钢笔字　宋体　楷书　隶书　行书　草书　篆书

Tips:

左边是双人旁(彳)，右边"艮"(gèn)是声旁。注意右下角的写法。

The left side component of this character is "a pair of men" radical, while the right component 艮 (gèn) indicates the sound. Note the proper way of writing the lower part of 艮.

Components:

彳 + 艮　　　结构图示：很　⬚

Radical:

彳 (双人, shuāngrén, a pair of men)

Usage:

副词，修饰形容词和动词，表示程度相当高。如：很好；很坏；很满意；很有道理；很喜欢这本书；好得很；高兴得很。

This adverb is used to modify an adjective or a verb, indicating a high degree, e.g. very well; very bad; very satisfied; very reasonable; like this book very much; very good; very happy.

Exercises:

一、翻译　Translate the following into Chinese:

1. very good_____　2. very old_____　3. very big_____

4. very much_____　5. very early_____　6. very long_____

二、写出下列词的反义词，并把它们组成新词：

Give the antonym for each word to form a new term:

例　Example: 快(慢)快慢

大(　)_____　　多(　)_____　　好(　)_____　　远(　)_____

黑(　)_____　　先(　)_____　　上(　)_____　　左(　)_____

230

跟

gēn (《ㄣ)
1. follow (v.)
2. and (conj.)

13

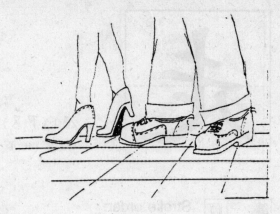

笔 顺 Stroke order:

| 口 | 口 | 足 | 足 | 足 | 跟 | | | |

字 体 Scripts:

跟　　跟　　跟　　跟　　跟　　跟　　跟跟

钢笔字　　宋体　　楷书　　隶书　　行书　　草书　　篆书

提 示 Tips:

左边的足旁表示脚,右边的"艮"(gèn)是声旁。

The left component is the 足 (foot) radical indicating walking, while the right component is a phonetic element 艮 (gèn).

部 件 Components:

足 + 艮　　　　结构图示：跟 | |

部 首 Radical:

足 (足) (zú, foot)

常用词语 Frequently-used words or phrases:

跟前	gēnqián	n.	in front of; close to
跟上	gēnshang	v.	catch up; follow
跟随	gēnsuí	v.	follow after
跟头	gēntou	n.	somersault; fall
跟着	gēnzhe	v.	follow after
跟踪	gēnzōng	v.	trace
翻跟头	fān gēntou	v. o.	make a somersault
高跟鞋	gāogēnxié	n.	high-heel shoes
脚后跟	jiǎohòugēn	n.	heel (of a foot)

练 习 Exercise:

模仿造句　Make sentences by following the examples:

1. 明天我跟他去看电影。_____

2. 他家的房子跟我家的房子一样大。_____

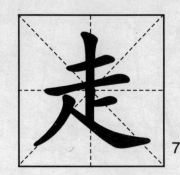

走

zǒu (ㄗㄡˇ)

7   walk (v.)

笔 顺 Stroke order:

| 一 | 十 | 土 | 十 | 卡 | 走 | 走 | | |

字 体 Scripts:

走　　走　　走　　走　　走　　走　　走

钢笔字　　宋体　　楷书　　隶书　　行书　　草书　　篆书

提 示 Tips:

上边"去"字头(土)，下边的"人"迈开大步。

The upper part of this character is 去 (go), while the lower part indicates a man (人) walking with big strides.

部 件 Components:

土 + 止　　　　结构图示：走

部 首 Radical:

走 (zǒu, walk)

常用词语 Frequently-used words or phrases:

走狗	zǒugǒu	n.	running dog; lackey
走私	zǒusī	v.	smuggle
走运	zǒuyùn	v.	be in luck
出走	chūzǒu	v.	run away (from home)
赶走	gǎnzǒu	v.	chase out
逃走	táozǒu	v.	escape
行走	xíngzǒu	v.	walk
走后门	zǒuhòumén	id.	secure advantage through influence or bribery
走马看花	zǒumǎ-kànhuā	id.	see through something in haste

练 习 Exercise:

汉译英　Translate the following into English:

1. 他的儿子会走了。＿＿＿＿＿＿＿＿＿＿＿＿＿＿＿＿

2. 我明天要走了。＿＿＿＿＿＿＿＿＿＿＿＿＿＿＿＿

3. 我的手表怎么不走了？＿＿＿＿＿＿＿＿＿＿＿＿

4. 你可以走这个门出去。＿＿＿＿＿＿＿＿＿＿＿＿

路

lù (ㄌㄨˋ)

13   **road; way (n.)**

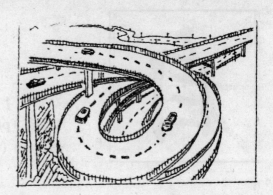

| 笔 顺 | **Stroke order:** |

𧾷	路								

| 字 体 | **Scripts:** |

路   路   路   路   路   *路*   𧻜

钢笔字   宋体   楷书   隶书   行书   草书   篆书

| 提 示 | **Tips:** |

左边是脚(𧾷),右边是"各",各走各的路!

The left component (足) indicates walking, while the right component is 各 (each); thus, each is going his own way.

| 部 件 | **Components:** |

𧾷 + 各   结构图示：路

| 部 首 | **Radical:** |

足 (𧾷) (zú, foot)

| 常用词语 | **Frequently-used words or phrases:** |

路程	lùchéng	n.	distance; journey
路过	lùguò	v.	pass through
路口	lùkǒu	n.	intersection; block
路线	lùxiàn	n.	route
路子	lùzi	n.	way; approach
出路	chūlù	n.	a way out; outlet
后路	hòulù	n.	route of retreat
马路	mǎlù	n.	street; road
门路	ménlu	n.	knack; social connections
上路	shànglù	v.	set out; begin the journey
弯路	wānlù	n.	crooked road; detour
十字路口	shízì lùkǒu	n.	crossroads

| 练 习 | **Exercise:** |

解释词语   Explain the following terms:

1. 路很远 _____   2. 八千里路 _____

3. 同路人 _____   4. 有门路 _____

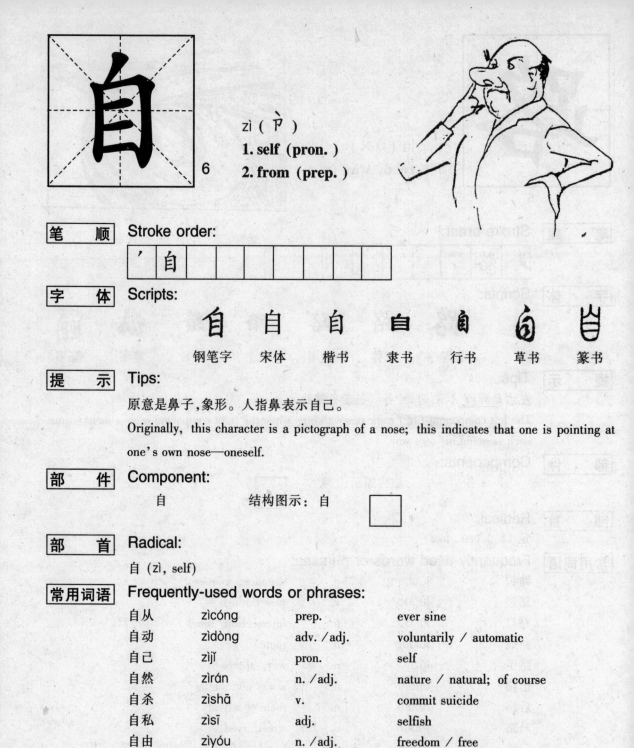

自

zì（卩）
1. self (pron.)
2. from (prep.)

6

笔 顺 Stroke order:

| ' | 自 | | | | | | |

字 体 Scripts:

自　　自　　自　　自　　自　　自　　自

钢笔字　　宋体　　楷书　　隶书　　行书　　草书　　篆书

提 示 Tips:

原意是鼻子，象形。人指鼻表示自己。

Originally, this character is a pictograph of a nose; this indicates that one is pointing at one's own nose—oneself.

部 件 Component:

自　　　　　结构图示：自

部 首 Radical:

自 (zì, self)

常用词语 Frequently-used words or phrases:

自从	zìcóng	prep.	ever sine
自动	zìdòng	adv. / adj.	voluntarily / automatic
自己	zìjǐ	pron.	self
自然	zìrán	n. / adj.	nature / natural; of course
自杀	zìshā	v.	commit suicide
自私	zìsī	adj.	selfish
自由	zìyóu	n. / adj.	freedom / free
各自	gèzì	pron.	individually; separately
亲自	qīnzì	adv.	personally; in person

练 习 Exercise:

查词典，为下列成语注音并解释含义　Look up the dictionary for the meaning of each phrase; also mark the *pinyin* beside it:

1. 自觉自愿 _____　　2. 自私自利 _____　　3. 自高自大 _____

4. 自言自语 _____　　5. 情不自禁 _____　　6. 自力更生 _____

己

jǐ (ㄐㄧˇ)

3   self (pron.)

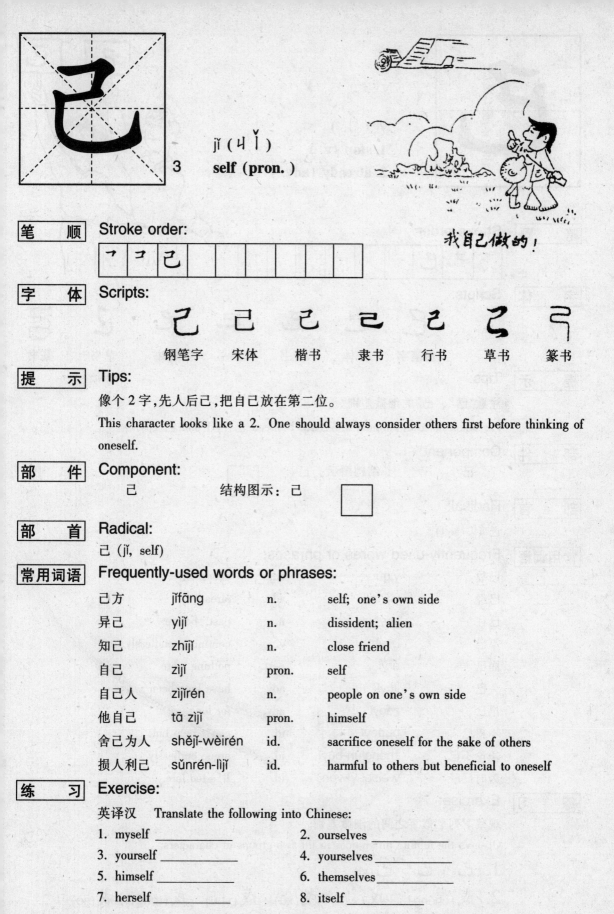

我自己做的!

笔　顺　Stroke order:

ㄱ	ㄋ	己					

字　体　Scripts:

己　　　己　　　己　　　己　　　己　　　己　　　弖

钢笔字　　宋体　　楷书　　隶书　　行书　　草书　　篆书

提　示　Tips:

像个 2 字, 先人后己, 把自己放在第二位。

This character looks like a 2. One should always consider others first before thinking of oneself.

部　件　Component:

己　　　　　结构图示：己　　　□

部　首　Radical:

己 (jǐ, self)

常用词语　Frequently-used words or phrases:

己方	jǐfāng	n.	self; one's own side
异己	yìjǐ	n.	dissident; alien
知己	zhījǐ	n.	close friend
自己	zìjǐ	pron.	self
自己人	zìjǐrén	n.	people on one's own side
他自己	tā zìjǐ	pron.	himself
舍己为人	shějǐ-wèirén	id.	sacrifice oneself for the sake of others
损人利己	sǔnrén-lìjǐ	id.	harmful to others but beneficial to oneself

练　习　Exercise:

英译汉　Translate the following into Chinese:

1. myself _____   2. ourselves _____

3. yourself _____   4. yourselves _____

5. himself _____   6. themselves_____

7. herself _____   8. itself _____

235

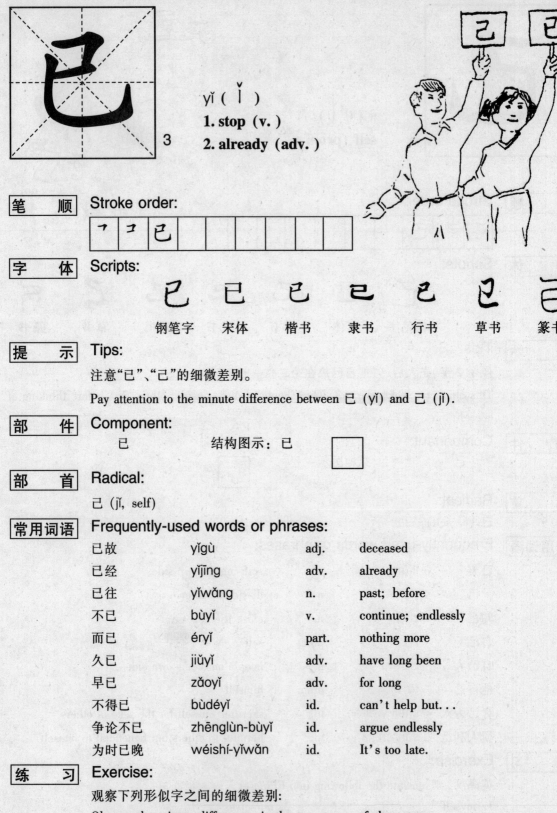

已

yǐ (ǐ)
3
1. stop (v.)
2. already (adv.)

笔 顺 Stroke order:

| フ | コ | 已 | | | | | | |

字 体 Scripts:

已　　已　　已　　已　　已　　已　　已

钢笔字　　宋体　　楷书　　隶书　　行书　　草书　　篆书

提 示 Tips:

注意"已"、"己"的细微差别。

Pay attention to the minute difference between 已 (yǐ) and 己 (jǐ).

部 件 Component:

已　　　　结构图示：已

部 首 Radical:

己 (jǐ, self)

常用词语 Frequently-used words or phrases:

已故	yǐgù	adj.	deceased
已经	yǐjīng	adv.	already
已往	yǐwǎng	n.	past; before
不已	bùyǐ	v.	continue; endlessly
而已	éryǐ	part.	nothing more
久已	jiǔyǐ	adv.	have long been
早已	zǎoyǐ	adv.	for long
不得已	bùdéyǐ	id.	can't help but...
争论不已	zhēnglùn-bùyǐ	id.	argue endlessly
为时已晚	wéishí-yǐwǎn	id.	It's too late.

练 习 Exercise:

观察下列形似字之间的细微差别:

Observe the minute differences in the two groups of characters:

1. 己(jǐ) 已 巳(sì)

2. 成(chéng) 戊(wù) 戌(xū) 戍(shù) 戎(róng) 戒(jiè)

236

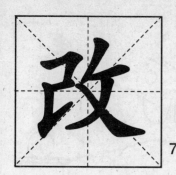

gǎi (ㄍㄞˇ)

7   change; correct (v.)

Stroke order:

己	改						

字　体 **Scripts:**

改　　改　　改　　改　　改　　及　　改

钢笔字　　宋体　　楷书　　隶书　　行书　　草书　　篆书

提　示 **Tips:**

左边是个"己"(己)字,有了错误自己改。

The left component of this character is 己 (self), and the right side is 攵 (tap). You should correct (改) your mistakes when the teacher taps on you.

部　件 **Components:**

己 + 攵　　　结构图示：改

部　首 **Radical:**

攵 (反文, fǎnwén, reversed 文)

常用词语 **Frequently-used words or phrases:**

改变	gǎibiàn	v.	change; alter
改革	gǎigé	v.	reform
改过	gǎiguò	v.	change (one's mistake)
改进	gǎijìn	v.	improve
改日	gǎirì	adv.	another day
改善	gǎishàn	v.	improve
改正	gǎizhèng	v.	correct
修改	xiūgǎi	v.	revise

练　习 **Exercise:**

找出汉英对应词　Match each Chinese term with its English counterpart:

1. 改写　2. 分清　3. 分发　4. 已婚　5. 自主

6. 自信　7. 跟前　8. 快手　9. 快车　10. 走马灯

A. distribute　　B. in front of　　C. rewrite　　　　D. express train

E. distinguish　F. be married　　G. quick worker　H. self-confident

I. act on one's own　　J. trotting horse lamp

237

qǐ （ㄑ丨ˇ）

10　rise (v.)

| 笔　顺 | **Stroke order:** |

| 走 | 起 | | | | | | | |

| 字　体 | **Scripts:** |

起　　起　　起　　起　　起　　起　　起

钢笔字　宋体　楷书　隶书　行书　草书　篆书

| 提　示 | **Tips:** |

自己起来走，"己"(jǐ)作声旁。

While the left component indicates "get up and walk（走）", the right component（己）serves as a phonetic element.

| 部　件 | **Components:** |

走 + 己　　　　结构图示：起

| 部　首 | **Radical:** |

走 (zǒu, walk)

| 常用词语 | **Frequently-used words or phrases:** |

起初	qǐchū	n.	at the beginning; initially
起床	qǐchuáng	v.	get up (from bed)
起飞	qǐfēi	v.	take off (of an airplane)
起来	qǐlái	v.	get up; stand up
起来	qǐlai	v.	start to; upwards
起立	qǐlì	v.	stand up
起码	qǐmǎ	adv.	at least
起头	qǐtóu	v. ／adv.	start ／ at the beginning
起义	qǐyì	v.／n.	uprise (for the right course) ／ uprising
发起	fāqǐ	v.	start; launch
引起	yǐnqǐ	v.	cause; lead to
对不起	duìbuqǐ	v.	sorry; excuse me
了不起	liǎobuqǐ	adj.	terrific; amazing

| 练　习 | **Exercise:** |

解释词语并造句：

Try to understand the meaning of each term and make a sentence with it:

1. 听起来　　2. 说起来　　3. 干起来　　4. 哭起来　　5. 笑起来

238

记 jì (ㄐㄧˋ)
5
remember; write down (v.)

讠	记							

字　体 **Scripts:**

记　　记　　记　　记　　记　　讥　　訮

钢笔字　　宋体　　楷书　　隶书　　行书　　草书　　篆书

提　示 **Tips:**

"己"是声旁,言字旁(讠)表示把说的话记下来。

己 is a phonetic element, and 言 (讠) indicates the memorization of my (己) words.

部　件 **Components :**

讠 + 己　　　　结构图示：记 ⬚

部　首 **Radical:**

讠 (言字旁, yánzìpáng, speech)

常用词语 **Frequently-used words or phrases:**

记得	jìde	v.	can remember
记性	jìxìng	n.	memory
记忆	jìyì	v. /n.	remember / memory
记账	jìzhàng	v. o.	charge on the account
记者	jìzhě	n.	reporter
记住	jìzhù	v.	remember firmly
笔记	bǐjì	n.	notes
登记	dēngjì	v.	register
日记	rìjì	n.	diary
书记	shūjì	n.	secretary
忘记	wàngjì	v.	forget

练　习 **Exercise:**

观察下列含有"己"字的读音:

Pay attention to the pronunciation of each character formed with the component 己:

记(jì) 纪(jì) 忌(jì) 觊(jì); 起(qǐ) 杞(qǐ) 岂(qǐ); 凯(kǎi) 铠(kǎi)

没

7

méi/mò (ㄇㄟˊ/ㄇㄛˋ)
1. méi: **not have (v.)**
2. mò: **sink (v.)**

| 笔 顺 | **Stroke order:** |

| 氵 | 氵 | 氵⁻ | 没 | | | | |

| 字 体 | **Scripts:** |

没　没　没　没　没　没　没

钢笔字　宋体　楷书　隶书　行书　草书　篆书

| 提 示 | **Tips:** |

右上角有一个"几"，好像英文的 n(not)。

The upper right-hand corner of 没 looks like "n", implying "not".

| 部 件 | **Components:** |

氵 + 几 + 又　　结构图示：没

| 部 首 | **Radical:** |

氵 (三点水, sāndiǎnshuǐ, water)

| 常用词语 | **Frequently-used words or phrases:** |

没命	méimìng	ph.	dead
没事	méishì	v. o.	have nothing to do; never mind
没有	méiyǒu	v.	do not have; did not
没落	mòluò	v.	decline
没收	mòshōu	v.	confiscate
沉没	chénmò	v.	sink
埋没	máimò	v.	bury
没关系	méi guānxi	id.	It doesn't matter; It's nothing.
没什么	méi shénme	id.	nothing much; nothing particular
没完没了	méiwán-méiliǎo	id.	without end

| 练 习 | **Exercise:** |

比较"没"和"不"这两个否定词，并把下列词组译成英语　Compare the two negative
adverbs 没 and 不, and translate the following terms into English:

没去——不去　　　没看——不看　　　没买——不买

没要——不要　　　没说——不说　　　没走——不走

240

设

設
6

shè (ㄕㄜˋ)

set up; establish（v.）

<table>
<tr><td>笔　顺</td><td>

Stroke order:

讠	设							

</td></tr>
</table>

字　体 **Scripts:**

设	设	设	设	设	𝟄	𝖋
钢笔字	宋体	楷书	隶书	行书	草书	篆书

提　示 **Tips:**

"设"是讠旁，"没"是氵旁，两字很相像，要注意区别。

This character has the radical 讠, instead of the radical 氵 as in 没. Be sure to pay attention to this difference.

部　件 **Components:**

讠 + 几 + 又　　　结构图示：设

部　首 **Radical:**

讠（言字旁，yánzìpáng，speech）

常用词语 **Frequently-used words or phrases:**

设备	shèbèi	n.	set-up; facilities
设法	shèfǎ	adv.	try every way to...
设计	shèjì	v./n.	design
设立	shèlì	v.	establish
设想	shèxiǎng	v./n.	consider; imagine / tentative plan
设置	shèzhì	v./n.	set up; equip with / installation
陈设	chénshè	v./n.	display
附设	fùshè	v.	have as an attached institution
假设	jiǎshè	v./n.	suppose / supposition; presumption
建设	jiànshè	v./n.	build; construct / construction project
设身处地	shèshēn-chǔdì	id.	imagine oneself in the same situation

练　习 **Exercise:**

根据偏旁写汉字　Form a character with each of the radicals provided:

在左：走 ___　　足(𧾷) ___　　月 ___　　禾 ___

在右：刂 ___　　文(攵) ___　　月 ___　　阝 ___

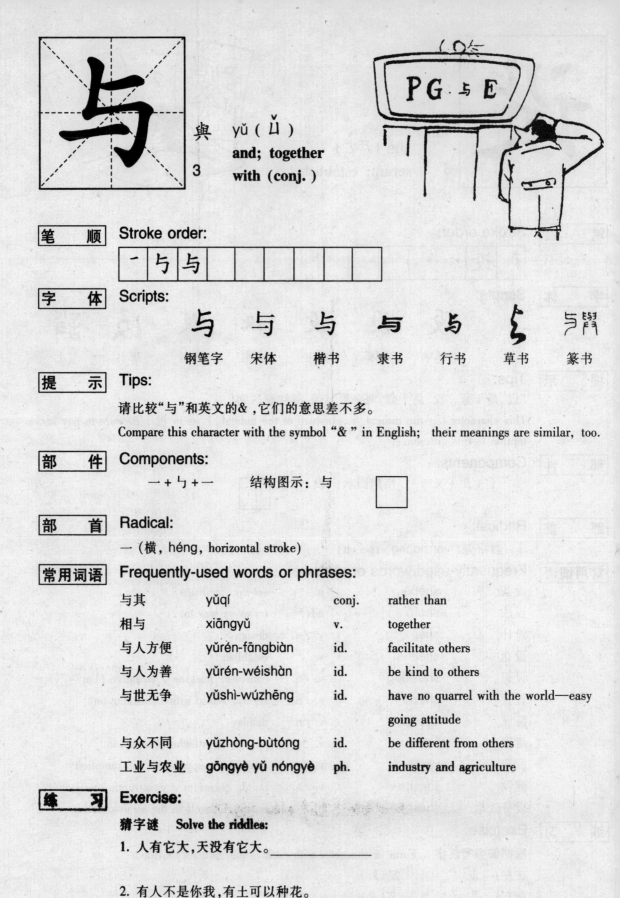

与　與　yǔ（ㄩˇ）
3
and; together with (conj.)

PG 与 E

笔　顺 **Stroke order:**

一　与　与

字　体　**Scripts:**

与　与　与　与　与　与　与

钢笔字　宋体　楷书　隶书　行书　草书　篆书

提　示　**Tips:**

请比较"与"和英文的&，它们的意思差不多。

Compare this character with the symbol "&" in English; their meanings are similar, too.

部　件　**Components:**

一 + 勹 + 一　　结构图示：与　　□

部　首　**Radical:**

一（横，héng, horizontal stroke）

常用词语　**Frequently-used words or phrases:**

与其	yǔqí	conj.	rather than
相与	xiāngyǔ	v.	together
与人方便	yǔrén-fāngbiàn	id.	facilitate others
与人为善	yǔrén-wéishàn	id.	be kind to others
与世无争	yǔshì-wúzhēng	id.	have no quarrel with the world—easy going attitude
与众不同	yǔzhòng-bùtóng	id.	be different from others
工业与农业	gōngyè yǔ nóngyè	ph.	industry and agriculture

练　习　**Exercise:**

猜字谜　Solve the riddles:

1. 人有它大，天没有它大。＿＿＿＿＿＿＿

2. 有人不是你我，有土可以种花。＿＿＿＿＿＿＿

写 寫

xiě (ㄒ丨ㄝˇ)

5

write (v.)

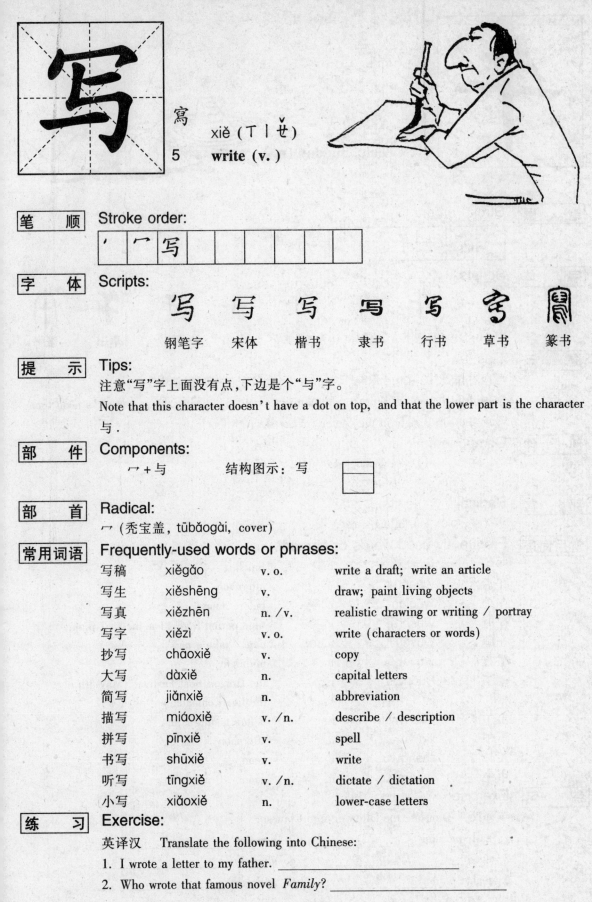

笔　顺 Stroke order:

丶　　宀　　写

字　体 Scripts:

写　　写　　写　　写　　写　　寫　　寫

钢笔字　宋体　楷书　隶书　行书　草书　篆书

提　示 Tips:

注意"写"字上面没有点,下边是个"与"字。

Note that this character doesn't have a dot on top, and that the lower part is the character 与 .

部　件 Components:

宀 + 与　　　　结构图示：写

部　首 Radical:

宀 (秃宝盖, tūbǎogài, cover)

常用词语 Frequently-used words or phrases:

写稿	xiěgǎo	v. o.	write a draft; write an article
写生	xiěshēng	v.	draw; paint living objects
写真	xiězhēn	n. /v.	realistic drawing or writing / portray
写字	xiězì	v. o.	write (characters or words)
抄写	chāoxiě	v.	copy
大写	dàxiě	n.	capital letters
简写	jiǎnxiě	n.	abbreviation
描写	miáoxiě	v. /n.	describe / description
拼写	pīnxiě	v.	spell
书写	shūxiě	v.	write
听写	tīngxiě	v. /n.	dictate / dictation
小写	xiǎoxiě	n.	lower-case letters

练　习 Exercise:

英译汉　Translate the following into Chinese:

1. I wrote a letter to my father. _____

2. Who wrote that famous novel *Family*? _____

243

wǔ (ㄨˇ)

4   **noon; midday (n.)**

Stroke order:

| 丿 | 𠂉 | 二 | 午 | | | | |

字　体 Scripts:

午　　午　　午　　午　　午　　午　　申

钢笔字　　宋体　　楷书　　隶书　　行书　　草书　　篆书

提　示 Tips:

可以看作是"𠂉"加"十","十"表示中央,太阳在正中时就是中午。

Regard this character as a 𠂉 adding to 十, and 十 indicates the center. It's noon time when the sun is right in the center (of the sky).

部　件 Component:

午　　　　　结构图示：午　　[ ]

部　首 Radical:

丿 (撇, piě, left-falling stroke)

常用词语 Frequently-used words or phrases:

午饭	wǔfàn	n.	lunch
午后	wǔhòu	n.	afternoon
午前	wǔqián	n.	before noon
午时	wǔshí	n.	time period from 11 a. m. to 1 p. m.
午睡	wǔshuì	n. /v.	nap / take a nap
午夜	wǔyè	n.	midnight
端午	Duānwǔ	n.	the Dragon Boat Festival (May 5th of the lunar calendar)
上午	shàngwǔ	n.	before noon; a. m.
下午	xiàwǔ	n.	afternoon; p. m.
正午	zhèngwǔ	n.	noon
中午	zhōngwǔ	n.	noon

练　习 Exercise:

英译汉　Translate the following into Chinese:

1. early morning _____   2. morning _____

3. noon _____   4. afternoon _____

5. night _____   6. midnight _____

許 xǔ (ㄒㄩˇ)

6

1. allow (v.)
2. maybe (adv.)

| 笔 顺 | **Stroke order:** |

讠 许 | | | | | | |

| 字 体 | **Scripts:** |

许　许　许　许　许　讦　許

钢笔字　宋体　楷书　隶书　行书　草书　篆书

| 提 示 | **Tips:** |

注意右边是"午"(wǔ),但读音是 xǔ。

Note that the right element of this character is 午 (wǔ).

| 部 件 | **Components:** |

讠 + 午　　　　结构图示：许 ☐☐

| 部 首 | **Radical:** |

讠 (言字旁, yánzìpáng, speech)

| 常用词语 | **Frequently-used words or phrases:** |

许多	xǔduō	adj.	many; much
许久	xǔjiǔ	adv.	long time
许可	xǔkě	v.	permit; allow
许愿	xǔyuàn	v.	make a wish
不许	bùxǔ	v.	not allow
或许	huòxǔ	adv.	perhaps; maybe
容许	róngxǔ	v.	allow; tolerate
少许	shǎoxǔ	n.	a little; a small number
也许	yěxǔ	adv.	perhaps; maybe
允许	yǔnxǔ	v.	permit
准许	zhǔnxǔ	v.	permit

| 练 习 | **Exercise:** |

猜字谜　Solve the riddles:

1. 半朋半友 _____　　2. 不要大人 _____

245

得

11

dé/de/děi
(ㄉㄜˊ/ㄉㄜ/ㄉㄟˇ)
1. dé: get; gain (v.)
2. de: (v. & adj. suffix)
   (part.)
3. děi: must (aux.)

笔 顺 Stroke order:

彳　彳　彳　彳　得　得

字 体 Scripts:

得	得	得	得	得	㝵	㝵
钢笔字	宋体	楷书	隶书	行书	草书	篆书

提 示 Tips:

注意左边双人旁(彳)，右下角是"寸"，不是"寸"。

Note that the left element is a pair of men radical 彳, and the lower right element is 寸, not 寸.

部 件 Components:

彳 + 日 + 寸　　结构图示：得

部 首 Radical:

彳 (双人，shuāngrén, a pair of men)

常用词语 Frequently-used words or phrases:

得到	dédào	v.	gain; receive
得胜	déshèng	v.	victory
得失	déshī	n.	gain or loss
得意	déyì	adj.	proud
得罪	dézuì	v.	offend
难得	nándé	adj.	hard to come by; rare
懂得	dǒngde	v.	know; understand
觉得	juéde	v.	feel
值得	zhíde	v./adj.	deserve / worthy
总得	zǒngděi	adv.	must
办得到	bàndedào	ph.	can be done
写得很好	xiěde hěn hǎo	ph.	well written

练 习 Exercise:

观察以下带有双人旁(彳)的字，并数笔画：

Observe each character with the 彳 radical, and count its total number of strokes:

行　彻　衍　微　德　衡　履

246

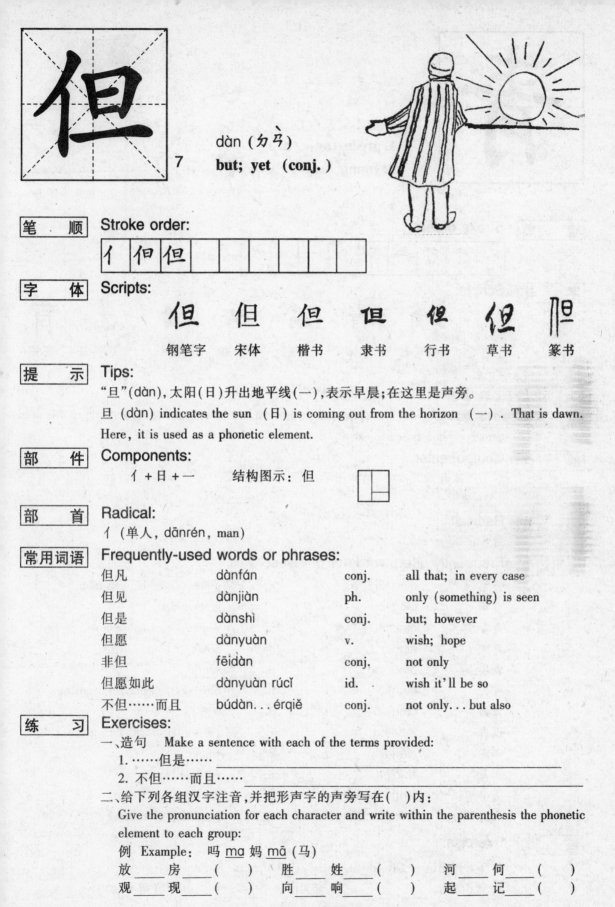

笔　顺	Stroke order:

亻　但　但

字　体	Scripts:

但　　但　　但　　但　　但　　但　　㫖

钢笔字　　宋体　　楷书　　隶书　　行书　　草书　　篆书

dàn (ㄉㄢˋ)

7　**but; yet（conj.）**

提　示	Tips:

"旦"（dàn），太阳（日）升出地平线（一），表示早晨;在这里是声旁。

旦（dàn）indicates the sun （日）is coming out from the horizon （一）. That is dawn.
Here, it is used as a phonetic element.

部　件	Components:

亻 + 日 + 一　　　结构图示：但

部　首	Radical:

亻（单人，dānrén，man）

常用词语	Frequently-used words or phrases:

但凡	dànfán	conj.	all that; in every case
但见	dànjiàn	ph.	only (something) is seen
但是	dànshì	conj.	but; however
但愿	dànyuàn	v.	wish; hope
非但	fēidàn	conj.	not only
但愿如此	dànyuàn rúcǐ	id.	wish it'll be so
不但……而且	búdàn...érqiě	conj.	not only...but also

练　习	Exercises:

一、造句　Make a sentence with each of the terms provided:

　　1. ……但是…… _____

　　2. 不但……而且…… _____

二、给下列各组汉字注音,并把形声字的声旁写在（　）内:

　　Give the pronunciation for each character and write within the parenthesis the phonetic element to each group:

　　例 Example：吗 <u>ma</u> 妈 <u>mā</u> (马)

　　放____ 房____ (　) 　胜____ 姓____ (　) 　河____ 何____ (　)

　　观____ 现____ (　) 　向____ 响____ (　) 　起____ 记____ (　)

qīng (ㄑ丨ㄥ)
1. green (adj. / n.)
2. young (adj.)

8

笔　顺 **Stroke order:**

| 一 | 二 | 丰 | 圭 | 青 | | | | |

字　体 **Scripts:**

青　青　青　青　青　青　青

钢笔字　宋体　楷书　隶书　行书　草书　篆书

提　示 **Tips:**

上边 ⽣ 即"生"(shēng)字，作声旁。

In the original form, the upper part of this character is the same as 生(shēng); it is used here as a phonetic component.

部　件 **Components:**

青 + 月　　结构图示：青

部　首 **Radical:**

青 (qīng, green)

常用词语 **Frequently-used words or phrases:**

青菜	qīngcài	n.	green vegetable; vegetable
青草	qīngcǎo	n.	green grass
青春	qīngchūn	n.	young age; youthfulness
青绿	qīnglǜ	adj.	green
青年	qīngnián	n.	youth
青天	qīngtiān	n.	blue sky; an upright magistrate
青蛙	qīngwā	n.	frog
返青	fǎnqīng	v.	(of winter crops) turn green
年青	niánqīng	adj.	young
知青	zhīqīng	n.	educated youth
青少年	qīngshàonián	n.	juvenile
万古长青	wàngǔ-chángqīng	id.	long life; everlasting

练　习 **Exercise:**

解释下列词语　*Give the meaning of each phrase in English:*

1. 青山绿水＿＿＿＿　　2. 青天白日 ＿＿＿＿　　3. 青黄不接 ＿＿＿＿

清

11

qīng（ㄑㄧㄥ）
1. clear（adj.）
2. the Qing Dynasty
（n.）

笔 顺 Stroke order:

氵	清						

字 体 Scripts:

清　清　清　清　清　清　清

钢笔字　宋体　楷书　隶书　行书　草书　篆书

提 示 Tips:

"青"作声旁，"青"也含有美好的意思。水（氵）之美（青）者为清。

青 here indicates both the sound and the idea. The water（氵）that is green（青）is clear or perfect：清.

部 件 Components:

氵 + 龶 + 月　　　结构图示：清

部 首 Radical:

氵（三点水，sāndiǎnshuǐ，water）

常用词语 Frequently-used words or phrases:

清楚	qīngchu	adj.	clear
清点	qīngdiǎn	v.	count clearly
清高	qīnggāo	adj.	aloof from politics and material pursuits
清洁	qīngjié	adj. / v.	clean / make clean
清静	qīngjìng	adj.	quiet
清理	qīnglǐ	v.	clean up
清凉	qīngliáng	adj.	cool
清新	qīngxīn	adj.	clean and fresh
清醒	qīngxǐng	adj.	sober
分清	fēnqīng	v.	distinguish
冷清	lěngqīng	adj.	desolate; cold and cheerless

练 习 Exercise:

解释下列各句中"清"的含义　Explain the meaning of 清 in the sentences:

1. 这个问题我说不清。＿＿＿＿＿＿＿＿＿＿＿＿＿

2. 这条河的水很清。＿＿＿＿＿＿＿＿＿＿＿＿＿

3. 他把借的书还清了。＿＿＿＿＿＿＿＿＿＿＿＿＿

qíng （ㄑㄧㄥˊ）

11

1. feeling; love (n.)
2. situation (n.)

Stroke order:

忄	情							

字　体 **Scripts:**

情　　情　　情　　情　　情　　情　　情

钢笔字　　宋体　　楷书　　隶书　　行书　　草书　　篆书

提　示 **Tips:**

"青"是声旁，心(忄)之美(青)者为情。

青 here indicates both the sound and the meaning. Love is the evergreen (青) condition of one's heart (忄).

部　件 **Components:**

忄 + 龶 + 月　　　结构图示：情

部　首 **Radical:**

忄 (竖心，shùxīn，heart)

常用词语 **Frequently-used words or phrases:**

情报	qíngbào	n.	intelligence; information
情夫	qíngfū	n.	lover (of a married woman)
情妇	qíngfù	n.	lover; mistress (of a married man)
情歌	qínggē	n.	love song
情景	qíngjǐng	n.	condition; situation
情理	qínglǐ	n.	reason
情面	qíngmiàn	n.	feelings
情人	qíngrén	n.	lover
情绪	qíngxù	n.	emotion
情义	qíngyì	n.	friendship
爱情	àiqíng	n.	love
感情	**gǎnqíng**	**n.**	**feeling; emotion**
热情	rèqíng	n. /adj.	enthusiasm / enthusiastic

练　习 **Exercise:**

汉译英　Translate the following expressions into English:

人情＿＿＿＿＿　　感情＿＿＿＿＿　　热情＿＿＿＿＿　　军情＿＿＿＿＿

情人＿＿＿＿＿　　情书＿＿＿＿＿　　情报＿＿＿＿＿　　情面＿＿＿＿＿

请 qǐng（ㄑㄧㄥˇ）

10

1. request; invite（v.）

2. please（v.）

笔 顺 Stroke order:

| 讠 | 请 | | | | | | | | |

字 体 Scripts:

请　请　请　请　请　请　請

钢笔字　宋体　楷书　隶书　行书　草书　篆书

提 示 Tips:

"青"为声旁，言（讠）之美（青）者为请。

The perfection（青）of one's speaking（讠）is 请（please）.

部 件 Components:

讠 + 龶 + 月　　　结构图示：请

部 首 Radical:

讠（言字旁，yánzìpáng，speech）

常用词语 Frequently-used words or phrases:

请便	qǐngbiàn	v.	suit yourself; help yourself
请假	qǐngjià	v.	request for a leave
请教	qǐngjiào	v.	have somebody's advice
请进	qǐngjìn	v.	Please come in.
请客	qǐngkè	v.	give a party; stand treat
请求	qǐngqiú	v.	request
请示	qǐngshì	v./n.	ask (for instruction)
请问	qǐngwèn	v.	Excuse me.
申请	shēnqǐng	v./n.	apply for / application
邀请	yāoqǐng	v.	invite
有请	yǒuqǐng	v.	please; request the presence of sb.

练 习 Exercise:

找对应词　Match each Chinese term with its English counterpart:

1. 请安　2. 请教　3. 情侣　4. 情怀　5. 清除　6. 青蛙　7. 青菜

A. frog　　B. sweethearts　　C. clear away　　D. ask for advice

E. feelings　F. green vegetables　G. wish sb. good health

jīng (ㄐㄧㄥ)
1. refined (adj.)
2. perfect (adj.)
14
3. spirit (n.)

笔 顺 Stroke order:

丶　丷　丷　꙼　半　米　精　　

字 体 Scripts:

精　精　精　精　精　精　精

钢笔字　宋体　楷书　隶书　行书　草书　篆书

提 示 Tips:

"青"是声旁，米(米)之美(青)者为精。

青 is a phonetic component. The perfect rice is 精 (refined).

部 件 Components:

米 + 青 + 月　　　结构图示：精

部 首 Radical:

米 (mǐ, grain)

常用词语 Frequently-used words or phrases:

精彩	jīngcǎi	adj.	excellent; splendid
精干	jīnggàn	adj.	keen-witted and capable; crack
精华	jīnghuá	n.	essence; the best part
精简	jīngjiǎn	v./adj.	simplify / brief
精力	jīnglì	n.	energy
精练	jīngliàn	adj.	refined
精美	jīngměi	adj.	perfect
精神	jīngshén	n./adj.	spirit; energy / energetic
精通	jīngtōng	v.	be proficient in
精心	jīngxīn	adv.	meticulously
精神病	jīngshénbìng	n.	mental illness
精益求精	jīngyìqiújīng	id.	demand for the absolute perfection

练 习 Exercise:

观察"米"在各字中的位置　Observe the radical 米 in the characters below:

类　粉　粗　粥　粪　迷　粜

néng (ㄋㄥ)
1. ability (n.)
2. can; be able to
   (aux.)
3. energy (n.)

| 笔 顺 | **Stroke order:** |

| ㄥ | ㄥ | 自 | 自 | 能 | 能 | 能 | | |

| 字 体 | **Scripts:** |

能　　能　　能　　能　　能　　能　　能

钢笔字　宋体　楷书　隶书　行书　草书　篆书

| 提 示 | **Tips:** |

能不能，比比看。

Who is the ablest? Let's compete (比比).

| 部 件 | **Components:** |

ㄥ + 月 + 匕 + 匕　　结构图示：能

| 部 首 | **Radicals:** |

月 (yuè, moon); ㄥ (私字, sīzì, privacy)

| 常用词语 | **Frequently-used words or phrases:** |

能干	nénggàn	adj.	capable
能够	nénggòu	aux.	can; be able to
能力	nénglì	n.	ability; capability
能量	néngliàng	n.	energy
能耐	néngnai	n.	ability; capability
能人	néngrén	n.	capable person
能手	néngshǒu	n.	expert
能源	néngyuán	n.	energy resource
才能	cáinéng	n.	talent
功能	gōngnéng	n.	function
可能	kěnéng	aux.	probably; may
无能	wúnéng	adj.	incapable; unable to
太阳能	tàiyángnéng	n.	solar energy
原子能	yuánzǐnéng	n.	atomic energy

| 练 习 | **Exercise:** |

解释下列成语　Translate the following idioms into English:

1. 能说会道_____　　2. 能上能下_____　　3. 能文能武_____

开
kāi (ㄎㄞ)
4 open; start (v.)

笔 顺 Stroke order:

| 一 | 二 | 开 | 开 | | | | |

字 体 Scripts:

开　开　开　开　开　开　開
钢笔字　宋体　楷书　隶书　行书　草书　篆书

提 示 Tips:

"开"字像一个野餐桌,咱们开始野餐。

This character looks like a picnic table. Let's begin our picnic.

部 件 Components:

一 + 廾　　　结构图示：开　□

部 首 Radical:

一（横, héng, horizontal stroke）

常用词语 Frequently-used words or phrases:

开办	kāibàn	v.	open (for operation)
开除	kāichú	v.	dismiss; fire
开动	kāidòng	v.	start; begin
开发	kāifā	v.	develop
开放	kāifàng	v.	open (to the public)
开会	kāihuì	v. o.	hold a meeting
开始	kāishǐ	v. / n.	begin / beginning
开学	kāixué	v.	school begins
开展	kāizhǎn	v.	develop; open
打开	dǎkāi	v.	open
公开	gōngkāi	v.	open to the public
开夜车	kāiyèchē	ph.	burn the mid-night oil

练 习 Exercise:

解释"开"在各词中的含义　Explain the meaning of 开 in each term:

1. 开门 ＿＿＿＿＿＿＿　　2. 开灯 ＿＿＿＿＿＿＿

3. 开会 ＿＿＿＿＿＿＿　　4. 开汽车＿＿＿＿＿＿＿

5. 开始 ＿＿＿＿＿＿＿　　6. 开工厂 ＿＿＿＿＿＿＿

7. 开水 ＿＿＿＿＿＿＿　　8. 开药方 ＿＿＿＿＿＿＿

9. 开火 ＿＿＿＿＿＿＿　　10. 开玩笑 ＿＿＿＿＿＿＿

並 bìng (ㄅㄧㄥˋ)

1. combine (v.)

6

2. and (conj.)

Stroke order:

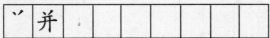

字　体　Scripts:

并　并　并　并　并　**莩**　**羿**

钢笔字　宋体　楷书　隶书　行书　草书　篆书

提　示　Tips:

表示把食物合在一起,放在野餐桌上。

Put all the foods together on the picnic table.

部　件　Components:

丷 + 开　　结构图示：并

部　首　Radical:

八（丷）(bā, eight)

常用词语　Frequently-used words or phrases:

并肩	bìngjiān	adv.	side-by-side
并联	bìnglián	n.	parallel connection
并列	bìngliè	v.	place side by side
并排	bìngpái	adv.	side-by-side
并且	bìngqiě	conj.	moreover
并入	bìngrù	v.	merge into
并吞	bìngtūn	v.	annex; take over
归并	guībìng	v.	combine into
合并	hébìng	v.	merge
两者并重	liǎngzhě bìngzhòng	id.	both are equally important

练　习　Exercise:

在中间填一字,使它与上下左右各成一字：

Fill in a character in the middle so as to form a new character with each of the characters on the four sides:

```
       田                        夕
   云   口                   禾       马
       辶                        八
```

255

关

關
6

guān (ㄍㄨㄢ)

1. close; turn off (v.)
2. customs house;
   barriers (n.)

| 笔 顺 | Stroke order: |

| ヅ | 关 | | | | | | | |

| 字 体 | Scripts: |

关 关 关 关 关 芙 關

钢笔字　宋体　楷书　隶书　行书　草书　篆书

| 提 示 | Tips: |

古字表示把两扇门合拢、关闭。

This is a pictograph indicating the close of two doors.

| 部 件 | Components: |

丷 + 天　　　结构图示：关

| 部 首 | Radical: |

八 (丷) (bā, eight)

| 常用词语 | Frequently-used words or phrases: |

关闭	guānbì	v.	close
关键	guānjiàn	n. /adj.	key / key; essential
关节	guānjié	n.	joint
关口	guānkǒu	n.	strategic pass
关联	guānlián	v.	be related
关门	guānmén	v. o.	close door
关系	guānxi	v. /n.	affect / relationship
关心	guānxīn	v.	care
关于	guānyú	prep.	regarding; concerning; about
海关	hǎiguān	n.	customs house; customs
开关	kāiguān	n.	switch
难关	nánguān	n.	difficulty; crisis
紧要关头	jǐnyào guāntóu	ph.	critical moment

| 练 习 | Exercise: |

解释词语　Translate the following terms:

1. 关上开关＿＿＿＿＿＿＿＿　　2. 开开开关＿＿＿＿＿＿＿＿

送

9

sòng (ㄙㄨㄥˋ)
1. **deliver** (v.)
2. **give as a gift** (v.)
3. **see sb. off** (v.)

笔 顺	**Stroke order:**

´´	关	送						

字 体	**Scripts:**

送	送	送	送	送	芝	謎
钢笔字	宋体	楷书	隶书	行书	草书	篆书

提 示	**Tips:**

送走(辶)客人,关上(关)大门。

Close (关) the door after seeing the guest off (辶).

部 件	**Components:**

关 + 辶   结构图示:送

部 首	**Radical:**

辶 (走之, zǒuzhī, advance)

常用词语	**Frequently-used words or phrases:**

送别	sòngbié	v.	say good-bye to
送给	sònggěi	v.	give; deliver; hand over
送货	sònghuò	v. o.	deliver (goods)
送客	sòngkè	v.	see the guest off
送礼	sònglǐ	v. o.	present (a gift)
送命	sòngmìng	v.	get killed
送死	sòngsǐ	v.	court death
送行	sòngxíng	v.	see sb. off
接送	jiēsòng	v.	pick up and deliver; meet and see (sb.) off
运送	yùnsòng	v.	transport
赠送	zèngsòng	v.	bestow; present (as a gift)
送人情	sòng rénqíng	v. o.	give a gift

练 习	**Exercise:**

模仿造句 Make sentences by following the examples:

1. 妈妈今天送给我一本好书。＿＿＿＿＿＿＿＿＿＿＿＿＿＿＿＿＿

2. 我送她回家。＿＿＿＿＿＿＿＿＿＿＿＿＿＿＿＿＿＿＿

车

車

chē (彳ㄜ)

4　vehicle (n.)

一　七　车　车

字　体　Scripts:

车　车　车　车　车　车　車

钢笔字　宋体　楷书　隶书　行书　草书　篆书

提　示　Tips:

古字像车的形状。注意比较"车"与"东"。

This is a pictograph showing a cart. Pay attention to the difference between 车 and 东.

部　件　Component:

车　　　　　结构图示：车　　□

部　首　Radical:

车 (chē, vehicle)

常用词语　Frequently-used words or phrases:

车队	chēduì	n.	car convoy
车费	chēfèi	n.	(passengers') fare
车祸	chēhuò	n.	car accident
车间	chējiān	n.	workshop
车辆	chēliàng	n.	cars; vehicles
车轮	chēlún	n.	wheel
车票	chēpiào	n.	(train, bus, streetcar) ticket
车站	chēzhàn	n.	bus station; bus stop; train station
火车	huǒchē	n.	train
卡车	kǎchē	n.	truck
开车	kāichē	v. o.	drive (a car)
汽车	qìchē	n.	automobile
摩托车	mótuōchē	n.	motorcycle
自行车	zìxíngchē	n.	bicycle

练　习　Exercise:

观察"车"在各字中的位置，并数笔画　Point out the location of 车 in each of the following characters, and count the stroke numbers:

军　连　库　轻　载　暂　惭　轨　轰

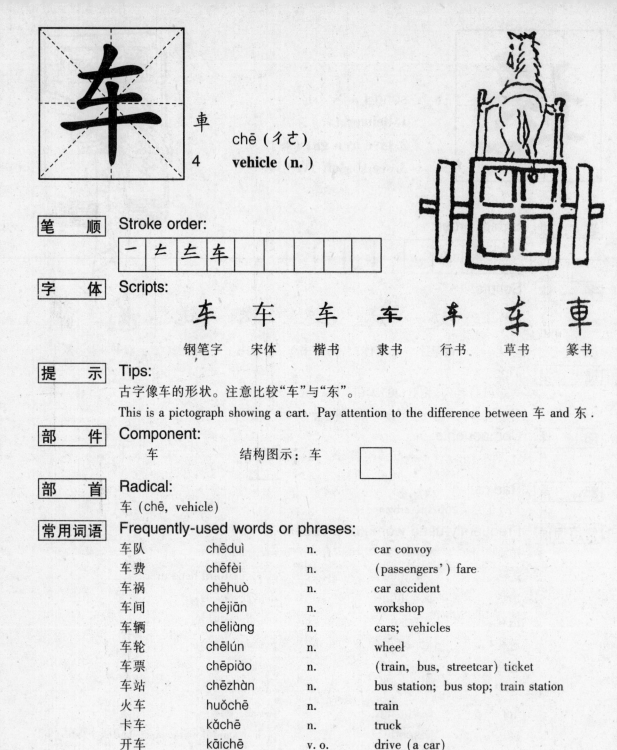

连 lián (ㄌㄧㄢˊ)

1. link; join (v.)
2. even (adv.)
3. company (military
   unit) (n.)

连 7

笔 顺 Stroke order:

车	连							

字 体 Scripts:

连　连　连　连　连　连　連

钢笔字　宋体　楷书　隶书　行书　草书　篆书

提 示 Tips:

想像军车相连的情景。

Imagine military vehicles (车) coming in a row (连).

部 件 Components:

车 + 辶　　　结构图示：连 ⌐

部 首 Radical:

辶 (走之, zǒuzhī, advance)

常用词语 Frequently-used words or phrases:

连词	liáncí	n.	conjunction
连队	liánduì	n.	company (in the army)
连接	liánjiē	v.	join; connect
连连	liánlián	adv.	continuously
连忙	liánmáng	adv.	quickly
连年	liánnián	adv.	for years
连任	liánrèn	v.	reappointed or reelected consecutively
连日	liánrì	adv.	for days
连续	liánxù	adv.	continuously
接连	jiēlián	adv.	in succession; on end
一连	yìlián	adv.	in a row; in succession

练 习 Exercise:

找对应词　Match the following Chinese words with their English counterparts:

1. 火车　　　2. 汽车　　　3. 卡车　　　4. 连队　　　5. 自行车

6. 连词　　　7. 连忙　　　8. 连年　　　9. 连任　　　10. 摩托车

A. truck　　　B. train　　　C. company　　　D. at once　　　E. renew one's term of office

F. bicycle　　　G. conjunction　　　H. car　　　I. motorcycle　　　J. in successive years

军

军

jūn（ㄐㄩㄣ）

6　**armed forces (n.)**

Stroke order:

冖	军						

字　体
Scripts:

军　军　军　军　军　军　軍

钢笔字　宋体　楷书　隶书　行书　草书　篆书

提　示
Tips:

"冖",防护装甲;"车",表示军车,合起来表示军队。

A car (车) covered (冖) with armor plates, thus indicating things military.

部　件
Components:

车 + 冖　　　结构图示：军

部　首
Radical:

冖 (秃宝盖, tūbǎogài, cover)

常用词语
Frequently-used words or phrases:

军队	jūnduì	n.	troops; army
军费	jūnfèi	n.	military expenditure
军服	jūnfú	n.	military uniform
军官	jūnguān	n.	military officer
军火	jūnhuǒ	n.	arms and ammunition
军人	jūnrén	n.	serviceman
军事	jūnshì	n.	military affairs
军用	jūnyòng	adj.	for military use
海军	hǎijūn	n.	navy
空军	kōngjūn	n.	air force
陆军	lùjūn	n.	army
中国人民	Zhōngguó Rénmín	n.	the Chinese People's Liberation Army
解放军	Jiěfàngjūn		

练　习
Exercise:

写出以下各字上边的偏旁　Write out the radical of each character:

买____　军____　写____　字____　家____　学____

常____　穷____　帘____　营____　劳____

260

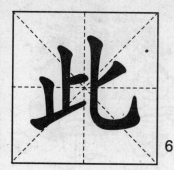

此 cǐ (ㄘˇ)

6 this (pron.)

Stroke order:

丨	𠄌	𠄌	止	止	此			

字　体 Scripts:

此　此　此　此　此　此　此

钢笔字　宋体　楷书　隶书　行书　草书　篆书

提　示 Tips:

注意比较"此"与"比"(bǐ)的不同。

Note 比(bǐ) is different from 此.

部　件 Components:

止 + 匕　　　结构图示：此

部　首 Radical:

止 (zhǐ, stop)

常用词语 Frequently-used words or phrases:

此地	cǐdì	n.	this place; here
此后	cǐhòu	adv.	hereafter
此间	cǐjiān	n.	around here
此刻	cǐkè	n.	this moment
此外	cǐwài	conj.	besides
此致	cǐzhì	ph.	respectfully wish (closing of a letter)
彼此	bǐcǐ	pron.	each other
从此	cóngcǐ	adv.	from now on
如此	rúcǐ	adv./v.	so; such; in this way
因此	yīncǐ	conj.	therefore
此路不通	cǐ lù bù tōng	id.	not a through road

练　习 Exercise:

观察含"止"偏旁的字　Observe the component 止 in the characters:

正　此　步　武　肯　歪　耻　歧

xiē（ㄒㄧㄝ）

8　some (pron.)

笔　顺 Stroke order:

此	此	些					

字　体 Scripts:

些	些	些	些	些	坐	些
钢笔字	宋体	楷书	隶书	行书	草书	篆书

提　示 Tips:

上边是"此"，这儿；下边的"二"表示一些。

The upper part of this character is 此, and the lower part is 二. It indicates that there is only a little here.

部　件 Components:

止 + 匕 + 二　　结构图示：些

部　首 Radicals:

止 (zhǐ, stop)；二 (èr, two)

常用词语 Frequently-used words or phrases:

些微	xiēwēi	adj.	little; few
大些	dàxiē	ph.	bigger; a little bigger
多些	duōxiē	ph.	more
好些	hǎoxiē	adj.	quite a few; many
哪些	nǎxiē	pron.	which (plural)?
那些	nà/nèixiē	pron.	those
险些	xiǎnxiē	adv.	almost; nearly
一些	yìxiē	adj.	some
有些	yǒuxiē	adj.	some
这些	zhèxiē	pron.	these

练　习 Exercise:

翻译　Translate the following expressions:

这些 _____　　一些 _____

那些 _____　　多些 _____

哪些 _____　　大些 _____

262

老

lǎo (ㄌㄠˇ)

1. old (adj.)
2. always (adv.)

6

笔 顺 | Stroke order:

一 十 土 耂 耂 老

字 体 | Scripts:

老 老 老 耂 老 耂 耆

钢笔字　宋体　楷书　隶书　行书　草书　篆书

提 示 | Tips:

把那长撇（丿）想像成一根拐杖。

Imagine the long slant stroke as a stick that an old man holds on to.

部 件 | Components:

土 + 丿 + 匕　结构图示：老

部 首 | Radical:

老 (lǎo, old)

常用词语 | Frequently-used words or phrases:

老板	lǎobǎn	n.	boss
老大	lǎodà	n.	oldest son or daughter
老汉	lǎohàn	n.	old man
老虎	lǎohǔ	n.	tiger
老家	lǎojiā	n.	hometown
老师	lǎoshī	n.	teacher
老鼠	lǎoshǔ	n.	mouse; rat
老子	Lǎozǐ	n.	Lao Zi (a Chinese philosopher)
古老	gǔlǎo	adj.	old; ancient
养老	yǎnglǎo	v.	provide for the aged
老百姓	lǎobǎixìng	n.	commoners; civilians
老大娘	lǎodàniáng	n.	old lady; aunt (polite address)
老大爷	lǎodàyé	n.	grandpa (polite address)

练 习 | Exercise:

翻译　Translate the following into English:

老年人 _____　　老百姓 _____　　老虎 _____

老朋友 _____　　老头儿 _____　　老太太 _____

263

考

kǎo (万ㄠ)

6

test; exam (n. / v.)

Stroke order:

少	耂	考					

字 体 Scripts:

考	考	考	考	考	考	考
钢笔字	宋体	楷书	隶书	行书	草书	篆书

提 示 Tips:

注意下边是"万",不是"与"。

Note that the lower part of this character is 万, not 与.

部 件 Components:

耂 + 万   结构图示：考

部 首 Radical:

老 (lǎo, old)

常用词语 Frequently-used words or phrases:

考察	kǎochá	v.	observe
考古	kǎogǔ	n. / v.	archaeology / engage in archaeological studies
考虑	kǎolǜ	v.	consider
考生	kǎoshēng	n.	examinee
考试	kǎoshì	n. / v.	test; examination / take a test
考题	kǎotí	n.	test questions
考验	kǎoyàn	n. / v.	test / examine
参考	cānkǎo	n. / v.	reference / refer
大考	dàkǎo	n.	final examination
思考	sīkǎo	v.	ponder; consider
参考书	cānkǎoshū	n.	reference books

练 习 Exercise:

根据拼音写汉字组词 Transcribe the *pinyin* into characters so as to form words with the existing characters:

1. yǒu：朋___   2. zuò：请___   3. zài：现___   4. zì：汉___
　　　　没___　　　　　　工___　　　　　　　___见　　　　　___己

264

者

zhě (ㄓㄜˇ)

8   person; thing (pron.)

记者

耂	者							

字　体　Scripts:

者	者	者	者	者	耂	暑
钢笔字	宋体	楷书	隶书	行书	草书	篆书

提　示　Tips:

注意下边是"曰"(yuē)，不是"日"(rì)。

Note the lower part of 者 is 曰 (yuē), not 日 (rì).

部　件　Components:

　　耂 + 曰　　　　结构图示：者

Radical:

曰 (yuē, say)

常用词语　Frequently-used words or phrases:

笔者	bǐzhě	n.	writer
编者	biānzhě	n.	editor
读者	dúzhě	n.	reader
后者	hòuzhě	n.	the latter
或者	huòzhě	conj.	perhaps
记者	jìzhě	n.	reporter; journalist
老者	lǎozhě	n.	elder
前者	qiánzhě	n.	the former
学者	xuézhě	n.	scholar
作者	zuòzhě	n.	author; writer
劳动者	láodòngzhě	n.	laborer

练　习　Exercise:

为各组形近字组词：

Give the *pinyin* for each character and add a character to form a term:

{老_____　{没_____　{清_____　{快_____
{考_____　{设_____　{请_____　{块_____

jiāo / jiào
(ㄐㄧㄠ / ㄐㄧㄠ)
1. jiāo / jiào: **teach;**
   instruct (v.)
2. jiào: **religion (n.)**

11

| 笔　顺 | Stroke order: |

| 𠂉 | 孝 | 教 | | | | | | | |

| 字　体 | Scripts: |

教　教　教　教　教　教　教

钢笔字　宋体　楷书　隶书　行书　草书　篆书

| 提　示 | Tips: |

左下角是"子",老师教儿子学文化。注意"教"在动词中有两个读音。

The left lower element is a 子, while the right side is a reversed 文 (writing) radical. This ideograph indicates that a teacher teaches the child. Note that this character has two different pronunciations to express the meaning of "teach".

| 部　件 | Components: |

孝 + 攵　　　结构图示：教

| 部　首 | Radical: |

攵 (反文, fǎnwén, reversed 文)

| 常用词语 | Frequently-used words or phrases: |

教书	jiāoshū	v. o.	teach (books)
教材	jiàocái	n.	teaching material
教导	jiàodǎo	v. / n.	teach; instruct / guidance
教会	jiàohuì	n.	church (organization)
教练	jiàoliàn	n. / v.	coach (of sports) / instruct
教师	jiàoshī	n.	teacher
教室	jiàoshì	n.	classroom
教授	jiàoshòu	n. / v.	professor / teach
教堂	jiàotáng	n.	church (building)
基督教	Jīdūjiào	n.	Christianity
天主教	Tiānzhǔjiào	n.	Catholicism

| 练　习 | Exercise: |

确定"教"在下列各词中的读音　Give the proper pronunciations of 教：

教堂＿＿＿＿　　教书＿＿＿＿　　教练＿＿＿＿　　教师＿＿＿＿　　教材＿＿＿＿

教育＿＿＿＿　　教弟弟＿＿＿＿　　教汉语＿＿＿＿　　教学＿＿＿＿　　教授＿＿＿＿

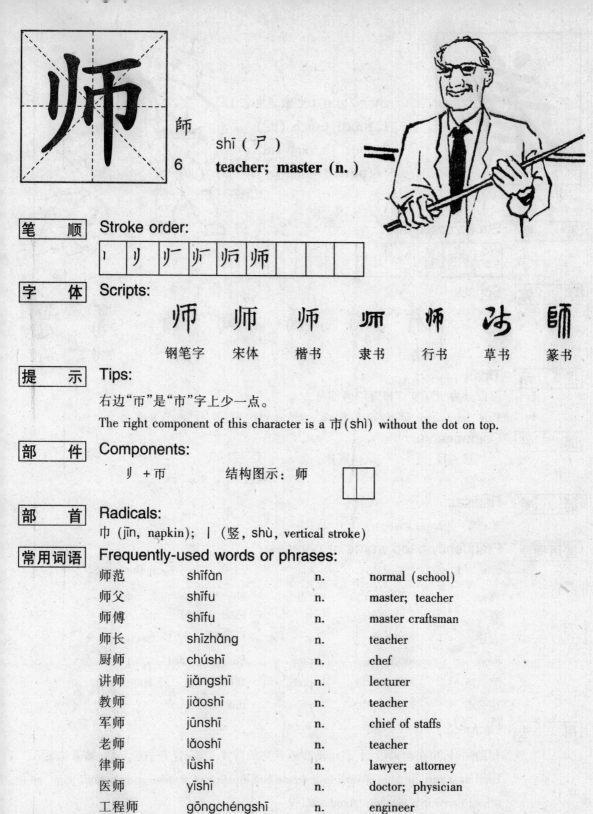

师

师
6
shī (ㄕ)
teacher; master (n.)

Stroke order:

| 一 | 丿 | 丿一 | 丿丿 | 丿币 | 师 | | | |

字　体 **Scripts:**

师　师　师　师　师　师　師

钢笔字　宋体　楷书　隶书　行书　草书　篆书

提　示 **Tips:**

右边"币"是"市"字上少一点。

The right component of this character is a 币 (shì) without the dot on top.

部　件 **Components:**

丿 ＋ 币　　　结构图示：师 ⊞

部　首 **Radicals:**

巾 (jīn, napkin)；丨 (竖, shù, vertical stroke)

常用词语 **Frequently-used words or phrases:**

师范	shīfàn	n.	normal (school)
师父	shīfu	n.	master; teacher
师傅	shīfu	n.	master craftsman
师长	shīzhǎng	n.	teacher
厨师	chúshī	n.	chef
讲师	jiǎngshī	n.	lecturer
教师	jiàoshī	n.	teacher
军师	jūnshī	n.	chief of staffs
老师	lǎoshī	n.	teacher
律师	lǜshī	n.	lawyer; attorney
医师	yīshī	n.	doctor; physician
工程师	gōngchéngshī	n.	engineer
会计师	kuàijìshī	n.	accountant

练　习 **Exercise:**

根据拼音写汉字　Transcribe the following into Chinese characters:

shī(　　)　　shí(　　)　　shǐ(　　)　　shì(　　)

267

11

zháo/zhe (ㄓㄠ/ㄓㄜ)
1. zháo: **touch** (v.)
2. zhe: **(a verb suffix)**
   (part.)

笔　顺 Stroke order:

⺌	羊	着						

字　体 Scripts:

着　着　着　着　着　着　着

钢笔字　宋体　楷书　隶书　行书　草书　篆书

提　示 Tips:

可以分为"⺶(羊)"和"目"两部分。

This character is composed of two components: ⺶(羊, sheep) and 目.

部　件 Components:

⺶ + 目　　　结构图示：着

部　首 Radical:

羊(⺶) (yáng, sheep)

常用词语 Frequently-used words or phrases:

着火	zháohuǒ	v.	catch a fire; be ignited
着急	zháojí	adj.	anxious
着凉	zháoliáng	v.	catch a cold
着迷	zháomí	v.	be charmed; be fascinated
向着	xiàngzhe	prep.	facing; toward
怎么着	zěnmezhe	pron.	What about...? How about...?
这么着	zhèmezhe	pron.	this way; so

用　法 Usage:

作助词时,用在动词后面,表示动作或状态的持续。如:背着书包上学;站着说话。

Used as a particle after a verb to indicate continuation of a state or an action, e.g. go to school carrying a satchel; stand talking.

练　习 Exercise:

翻译　Translate the following into English:

1. 她笑着对我说:"明天见!" _____

2. 他看着他的女朋友。_____

268

会

會

6

huì (ㄏㄨㄟˋ)
1. meet (v.)
2. meeting; association (n.)
3. be able to (aux.)
4. be likely to (aux.)

笔 顺 Stroke order:

| 人 | 스 | 仝 | 会 | 会 | | | |

字 体 Scripts:

会　　会　　会　　会　　会　　会　　會

钢笔字　宋体　楷书　隶书　行书　草书　篆书

提 示 Tips:

会字由"人、云(说)"组成,开会就是人云,大家说话。

This character is composed of 人 (people) and 云 (speak). Many people talk at a meeting.

部 件 Components:

人 + 云　　　　结构图示:会

部 首 Radical:

人 (rén, man)

常用词语 Frequently-used words or phrases:

会场	huìchǎng	n.	site of the meeting
会话	huìhuà	n.	conversation
会见	huìjiàn	v.	interview; meet
会谈	huìtán	v.	talk
会议	huìyì	n.	meeting; conference
工会	gōnghuì	n.	labor union
机会	jīhuì	n.	opportunity
开会	kāihuì	v. o.	hold a meeting
社会	shèhuì	n.	society
运动会	yùndònghuì	n.	sports meet

练 习 Exercise:

比较"会"与"能"的细微区别,并译成英语　Compare the slight diffence between 会 and 能, and translate the sentences into English:

1. 他会说汉语了。_____

2. 他很能喝酒。_____

3. 他病好了,能下床了。_____

两

两 liǎng (ㄌ丨ㄤˇ)

7
1. two; both (num.)
2. (a unit of weight) (m.)

Stroke order:

| 一 | 厂 | 厅 | 丙 | 丙 | 两 | 两 | | |

字　体 **Scripts:**

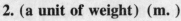

两　　　两　　　两　　　两　　　両　　　圥　　　兩

钢笔字　　宋体　　楷书　　隶书　　行书　　草书　　篆书

提　示 **Tips:**

中间有两个人。

Two persons are in the middle.

部　件 **Components:**

一 + 冂 + 人 + 人　　结构图示：两　　☐

部　首 **Radical:**

一（横, héng, horizontal stroke）

常用词语 **Frequently-used words or phrases:**

两本	liǎng běn	ph.	two (books, notebooks)
两次	liǎng cì	ph.	twice
两极	liǎngjí	n.	two poles
两面	liǎngmiàn	n.	two sides
两旁	liǎngpáng	n.	two sides
两手	liǎngshǒu	n.	dual tactics
两条	liǎng tiáo	ph.	two (things in strip shape—road, fish, belt, towel, etc.)
两头	liǎngtóu	n.	both sides; both ends
两样	liǎngyàng	adj.	different
市两	shìliǎng	n.	(a unit of weight = 50 grams)
两口子	liǎngkǒuzi	n.	the couple; husband and wife
两面三刀	liǎngmiàn-sāndāo	id.	double-dealing

练　习 **Exercise:**

选择"两"或"二"填空　Fill in the blanks with either 两 or 二：

三分之____　　　____百____十____本书　　　买了____斤李子

____本汉语书　　请你____天以来再来　　　第____天

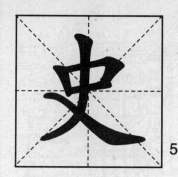

史 shǐ（ㄕˇ）
5 history (n.)

笔 顺 Stroke order:

口	史	史						

字 体 Scripts:

史   史   史   史   史   史   史
钢笔字   宋体   楷书   隶书   行书   草书   篆书

提 示 Tips:

注意下边是"乀"，不是"人"。

Note the part that goes through the mouth is not 人, but 乀.

部 件 Component:

史   结构图示：史

部 首 Radicals:

口 (kǒu, mouth)；丨 (竖, shù, vertical stroke)

常用词语 Frequently-used words or phrases:

史册	shǐcè	n.	history; annals
史料	shǐliào	n.	historical material
史诗	shǐshī	n.	epic
史实	shǐshí	n.	historical fact
史书	shǐshū	n.	history books; annals
历史	lìshǐ	n.	history
野史	yěshǐ	n.	unofficial history
正史	zhèngshǐ	n.	official history
古代史	gǔdàishǐ	n.	ancient history
现代史	xiàndàishǐ	n.	modern history
史无前例	shǐwú-qiánlì	id.	unprecedented in history

练 习 Exercise:

找出成对的形似字来 Pair up the characters that have the similar form:

毕   更   设   今   司   华   爱   觉   爷   块
史   令   雨   爸   学   快   没   受   两   习

shǐ (ㄕ)

1. make; cause (v.)
2. envoy; messenger (n.)

8

笔 顺 | Stroke order:

亻	使						

字 体 | Scripts:

使　使　使　使　使　达　𫟪

钢笔字　宋体　楷书　隶书　行书　草书　篆书

提 示 | Tips:

"使"与"史"读音相同,但"使"的右边是"吏"(lì),不是"史"。

使 is pronounced the same as 史, but the right component is 吏 (lì), not 史.

部 件 | Components:

亻 + 吏　　　结构图示：使

部 首 | Radical:

亻 (单人, dānrén, man)

常用词语 | Frequently-used words or phrases:

使得	shǐde	v.	can be used; make; cause
使馆	shǐguǎn	n.	embassy
使节	shǐjié	n.	diplomat
使劲	shǐjìn	v.	try hard
使命	shǐmìng	n.	mission
使用	shǐyòng	v.	use
大使	dàshǐ	n.	ambassador
即使	jíshǐ	conj.	even if
假使	jiǎshǐ	conj.	suppose
行使	xíngshǐ	v.	utilize; execute
大使馆	dàshǐguǎn	n.	embassy

练 习 | Exercise:

同音字组词　Each pair of the following characters has the same pronunciation but different meanings. Add a character to each character and form a new term:

{ 史 ＿＿　{ 南 ＿＿　{ 在 ＿＿　{ 青 ＿＿　{ 有 ＿＿　{ 自 ＿＿
{ 使 ＿＿　{ 男 ＿＿　{ 再 ＿＿　{ 清 ＿＿　{ 友 ＿＿　{ 字 ＿＿

272

gēng/gèng (《ㄥ/《ㄥ)
1. gēng: **change (v.)**
2. gēng: **(a night-time unit) (n.)**
3. gèng: **more; still more (adv.)**

7

| 笔 顺 | Stroke order: |

一	百	更	更				

| 字 体 | Scripts: |

更　　更　　更　　更　　更　　更　　雪

钢笔字　宋体　楷书　隶书　行书　草书　篆书

| 提 示 | Tips: |

注意比较"史"(shǐ)、"吏"(lì)、"更"(gèng)三字。

Pay attention to the differences among 史 (shǐ), 吏(lì), and 更(gèng).

| 部 件 | Components: |

一 + 曰 + 乂　　　结构图示：　更 ☐

| 部 首 | Radical: |

一（横，héng，horizontal stroke）

| 常用词语 | Frequently-used words or phrases: |

更改	gēnggǎi	v.	change; alter
更换	gēnghuàn	v.	change; replace
更衣	gēngyī	v.	change clothes
更正	gēngzhèng	v.	correct; make correction
变更	biàngēng	v.	change
五更	wǔgēng	ph.	just before dawn
更大	gèngdà	ph.	even bigger; bigger
更好	gènghǎo	ph.	even better
更加	gèngjiā	adv.	further; even more
半夜三更	bànyè-sāngēng	id.	midnight
更上一层楼	gèng shàng yì céng lóu	id.	go for a higher level

| 练 习 | Exercise: |

注音并翻译　Give the *pinyin* for the following sentences and translate them into English:

1. 更改校名＿＿＿＿＿＿　　2. 更加好看＿＿＿＿＿＿

3. 三更半夜＿＿＿＿＿＿　　4. 更好更美的明天＿＿＿＿＿＿

biàn / pián

(ㄅㄧㄢ / ㄆㄧㄢ)

1. biàn: **convenient;**
   informal (adj.)
2. biàn: **then (conj.)**
3. pián(-yi): **cheap (adj.)**

| 笔 顺 | **Stroke order:** |

亻 便

| 字 体 | **Scripts:** |

便　便　便　便　便　便　便

钢笔字　宋体　楷书　隶书　行书　草书　篆书

| 提 示 | **Tips:** |

右边是"更"(gèng)，但"便"的读音是 biàn 和 pián。

The right side is 更 (gèng), but the pronunciation for 便 is biàn or pián.

| 部 件 | **Components:** |

亻+更　　　　结构图示：便

| 部 首 | **Radical:** |

亻 (单人，dānrén，man)

| 常用词语 | **Frequently-used words or phrases:** |

便当	biàndang	adj.	handy; convenient
便服	biànfú	n.	plain clothes
便利	biànlì	adj.	convenient
便条	biàntiáo	n.	informal note
便衣	biànyī	n.	plain clothes
便于	biànyú	v.	facilitate
大便	dàbiàn	n.	defecation
小便	xiǎobiàn	n.	urine
方便	fāngbiàn	adj.	convenient
随便	suíbiàn	adj.	casual; slipshod; do as one pleases
便宜	piányi	adj.	inexpensive; cheap

| 练 习 | **Exercise:** |

注音并翻译　Give the *pinyin* for the terms and translate them into English:

1. 方便_____　　2. 便饭_____　　3. 便服_____

4. 便衣_____　　5. 大便_____　　6. 顺便_____

274

jiāo (ㄐㄧㄠ)
1. hand-in (v.)
2. cross (v.)
3. make friend (v.)
4. mutual (adv.)

6

Stroke order:

丶	一	亠	六	㐅	交			

字 体 Scripts:

交 交 交 交 交 交 交

钢笔字　宋体　楷书　隶书　行书　草书　篆书

提 示 Tips:

上边是个盖(亠)，下边是父亲(父)，有东西要交给父亲。

The top of this character is a cover (亠), the lower component is "father" (父). The thing covered in the box is to be handed over (交) to father.

部 件 Components:

亠 + 八 + 乂　　　　结构图示：交 [ ]

部 首 Radical:

亠 (文字头, wénzìtóu, top part of 文)

常用词语 Frequently-used words or phrases:

交叉	jiāochā	v.	crisscross; intersect
交点	jiāodiǎn	n.	point of intersection
交还	jiāohuán	v.	return to
交换	jiāohuàn	v.	exchange; change
交流	jiāoliú	v.	exchange
交情	jiāoqing	n.	friendship
交通	jiāotōng	n.	communication; traffic
社交	shèjiāo	n.	social intercourse
提交	tíjiāo	v.	submit (a problem) to
杂交	zájiāo	v.	cross; hybridize
交朋友	jiāo péngyou	v. o.	make friends with

练 习 Exercise:

归纳各组词中"交"的含义　Interpret the meaning of 交 in each group:

1. 交出　交给　交还　交作业　(　　　　　　)
2. 交叉　相交　交点　交界　交通　(　　　　　　)
3. 交情　结交　交朋友　(　　　　　　)
4. 交换　交谈　交易　(　　　　　　)

275

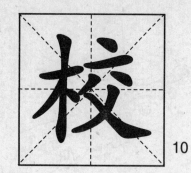

xiào / jiào
(ㄒㄧㄠ／ㄐㄧㄠ)

10

1. xiào: **school (n.)**
2. jiào: **check (v.)**

| 笔　顺 | **Stroke order:** |

木　校

| 字　体 | **Scripts:** |

校　校　校　校　校　校　校

钢笔字　宋体　楷书　隶书　行书　草书　篆书

| 提　示 | **Tips:** |

"交"是声旁，学校有树(木)，可以交朋友。

交 is the phonetic element. 木 indicates trees. One exchanges knowledge with his friend under the trees at the school.

| 部　件 | **Components:** |

木 + 交　　　　结构图示：校

| 部　首 | **Radical:** |

木 (mù, wood)

| 常用词语 | **Frequently-used words or phrases:** |

校车	xiàochē	n.	school bus
校规	xiàoguī	n.	school rules and regulations
校庆	xiàoqìng	n.	anniversary of the founding of a school
校史	xiàoshǐ	n.	school history
校友	xiàoyǒu	n.	schoolmate; alumnus
校园	xiàoyuán	n.	school campus
校长	xiàozhǎng	n.	principal; president (of a university)
母校	mǔxiào	n.	Alma Mater
学校	xuéxiào	n.	school
校订	jiàodìng	v.	check against an authoritative text
校对	jiàoduì	v.	proofread

| 练　习 | **Exercise:** |

翻译　Translate the following into Chinese:

1. elementary school＿＿＿　　2. night school＿＿＿　　3. school bus＿＿＿

4. principal＿＿＿　　5. military school＿＿＿　　6. school doctor

较

較

10

jiào (ㄐㄧㄠ)
1. compare (v.)
2. comparatively;
   quite (adv.)

Stroke order:

一　七　车　车　较

Scripts:

较　较　较　较　较　较　較

钢笔字　　宋体　　楷书　　隶书　　行书　　草书　　篆书

Tips:

"交"是声旁,左边是"车"。比较一下,谁的车好?

交 is the phonetic element, while the left side is a car (车). Compare our cars, and see whose is better?

Components:

车 + 交　　　　结构图示:较

Radical:

车 (chē, cart)

Frequently-used words or phrases:

较差	jiàochà	ph.	comparatively worse
较大	jiàodà	ph.	comparatively larger (bigger, greater)
较好	jiàohǎo	ph.	comparatively better
较前	jiàoqián	ph.	comparatively forward
较量	jiàoliàng	v.	compete
较为	jiàowéi	adv.	relatively; fairly; rather
比较	bǐjiào	v. /adv.	compare / comparatively
计较	jìjiào	v.	haggle over; argue

Exercise:

填上各字所缺的中间部分:

Fill in the missing part in the middle of each character:

计　呵　刋　攴　忢　南　圆　品

277

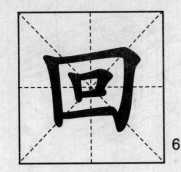

huí (ㄏㄨㄟˊ)

1. circle; wind (n.)

6

2. return (v.)

| 笔 顺 | **Stroke order:** |

| 冂 | 回 | 回 | | | | | | |

| 字 体 | **Scripts:** |

回	回	回	回	回	回	回
钢笔字	宋体	楷书	隶书	行书	草书	篆书

| 提 示 | **Tips:** |

古字像水流回转的形状。

This is a pictograph showing the water whirling around.

| 部 件 | **Components:** |

口 + 口　　　　　结构图示：回

| 部 首 | **Radical:** |

口 (方框, fāngkuàng, enclosure)

| 常用词语 | **Frequently-used words or phrases:** |

回答	huídá	v./n.	reply / response
回顾	huígù	v.	look back
回国	huíguó	v.o.	return to one's own country
回绝	huíjué	v.	reject
回来	huílái	v.	return; come back
回路	huílù	n.	return circuit; return route
回去	huíqù	v.	return; go back
回信	huíxìn	v.o.	reply (one's letter)
回忆	huíyì	v./n.	recall / recollection
来回	láihuí	n.	round trip
收回	shōuhuí	v.	take back
两回事	liǎng huí shì	ph.	two different matters

| 练 习 | **Exercise:** |

汉译英　Translate the following into English:

1. 来回_____　　2. 回信_____　　3. 回去_____　　4. 回国_____

5. 回来_____　　6. 回见_____　　7. 回头_____　　8. 回答_____

6

hé（ㄏㄜˊ）
1. close; shut (v.)
2. join; combine (v.)
3. suit; fit (v.)

笔　顺 Stroke order:

| 人 | 仒 | 合 | | | | | |

字　体 Scripts:

合　　合　　合　　合　　合　　合　　合
钢笔字　宋体　楷书　隶书　行书　草书　篆书

提　示 Tips:

下边是"一口"，表示意见一致，联合，合在一起。

The lower component of this character is formed with 一口 (one mouth), thus indicating all persons (人) are in unison.

部　件 Components:

人 + 一 + 口　　　结构图示：合

部　首 Radical:

人 (rén, man)

常用词语 Frequently-used words or phrases:

合并	hébìng	v.	merge
合唱	héchàng	v.	sing in unison; chorus
合法	héfǎ	adj.	legal
合理	hélǐ	adj.	reasonable
合适	héshì	adj.	suitable; appropriate
合同	hétong	n.	contract
合作	hézuò	v.	cooperate
场合	chǎnghé	n.	occasion
集合	jíhé	v./n.	gather; assemble
结合	jiéhé	v.	combine; link

练　习 Exercise:

读小故事　Read the following short story:

　　小王买了一盒糖，他在盒子上从上往下写了"一合糖"。他出门以后，他的几个朋友来了。小李说："你们看，'一人一口糖'，咱们吃吧。"大家说："好极了!"于是，你一口，我一口，很快就把糖吃完了。

279

拿

ná (ㄋㄚˊ)

10   hold; take (v.)

合	拿							

字　体　Scripts:

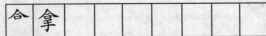

| 钢笔字 | 宋体 | 楷书 | 隶书 | 行书 | 草书 | 篆书 |

提　示　Tips:

手与东西合在一起，表示拿。

With the hand and the object united together, this ideograph indicates "holding" something.

部　件　Components:

合 + 手　　　结构图示：拿

部　首　Radicals:

人 (rén, man)；手 (shǒu, hand)

常用词语　Frequently-used words or phrases:

拿笔	ná bǐ	ph.	hold a pen
拿来	nálái	v.	bring (it) here
拿枪	ná qiāng	ph.	hold a gun
拿去	náqù	v.	take it (there)
拿手	náshǒu	adj.	best; good at; adept
拿着	názhe	v.	hold
拿住	názhù	v.	hold firmly
推拿	tuīná	v.	massage
捉拿	zhuōná	v.	arrest; catch
拿主意	ná zhǔyi	v. o.	make the decision
十拿九稳	shíná-jiǔwěn	id.	ninety percent sure; very sure

练　习　Exercise:

猜字谜　Solve the puzzles:

1. 大口吃小口 ____　　　2. 口上有一人 ____　　　3. shake hands ____

280

给 9

gěi/jǐ （ㄍㄟˇ/ㄐㄧˇ）
1. gěi: **give; grant （v.）**
2. gěi: **for （prep.）**
3. gěi: **by （prep.）**
4. jǐ: **supply （v.）**

笔　顺 Stroke order:

㇇	㇜	纟	给				

字　体 Scripts:

给　给　给　给　给　給　給

钢笔字　宋体　楷书　隶书　行书　草书　篆书

提　示 Tips:

"纟"（系），丝；"合"，合在一起，交付。送丝作礼物。

The left component 纟 of this character means silk, and the right component is 合, meaning the meeting of two hands; thus 给 forms the meaning of giving silk as a gift.

部　件 Components:

纟+合　　　结构图示：给

部　首 Radical:

纟（绞丝，jiǎosī, silk）

常用词语 Frequently-used words or phrases:

给予	jǐyǔ	v.	give; render
供给	gōngjǐ	v.	supply
交给	jiāogěi	v.	hand over
送给	sònggěi	v.	give to (as a present)
给面子	gěi miànzi	id.	duely respect sb.'s feelings

用　法 Usage:

作介词时，读 gěi。When used as a preposition, it is pronounced as "gěi".

1. 表示行为的对象，如：我给朋友打电话。

Used for the target of an action, e.g. I called my friend.

2. 表示被动、处置等，如：书给我弄坏了。

Used to show passive voice, e.g. The book was damaged by me.

练　习 Exercise:

观察"纟"部的字　Observe the characters that have the radical 纟：

红　绿　约　纪　练　纲　线　组　经　丝　辫

dā/dá (ㄉㄚ/ㄉㄚˊ)

12　answer; reply (v.)

笔　顺　Stroke order:

⺮	𥫗	𥫘	答				

字　体　Scripts:

答　　答　　答　　答　　答　　答　　答

钢笔字　　宋体　　楷书　　隶书　　行书　　草书　　篆书

提　示　Tips:

下边是"合"字，答案要与问题相合。

The lower part of this character is 合. This gives the meaning that the answer has to correspond to the question.

部　件　Components:

⺮ + 合　　　　　结构图示：答

部　首　Radical:

竹 (⺮) (zhú, bamboo)

常用词语　Frequently-used words or phrases:

答理	dālǐ	v.	answer; respond
答应	dāying	v.	promise
答案	dá'àn	n.	answer
答复	dáfu	v.	reply
答话	dáhuà	n.	answer
答礼	dálǐ	v. o.	return one's courtesy
答谢	dáxiè	v.	express appreciation; acknowledge
报答	bàodá	v.	repay
回答	huídá	v.	answer; reply
解答	jiědá	v.	solve
问答	wèndá	n.	question and answer
答非所问	dáfēisuǒwèn	id.	answer irrelevantly to the question

练　习　Exercise:

字谜　Solve the riddle:

半问半答 _____

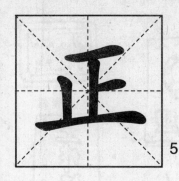

5

zhēng/zhèng (ㄓㄥ/ㄓㄥˋ)

1. zhèng: **straight; upright (adj.)**

2. zhèng: **correct (adj.)**

3. zhēng: **the first lunar month (n.)**

笔　顺 Stroke order:

一	丁	下	正	正				

字　体 Scripts:

正　　正　　正　　正　　正　　正　　正

钢笔字　　宋体　　楷书　　隶书　　行书　　草书　　篆书

提　示 Tips:

中国人写"正"字计数。"正"字五划，两个"正"字就是十。

Chinese people use the character 正 as a mathematical symbol for "five" because it has five strokes. Two 正 represent "ten".

部　件 Components:

一 + 止　　　　　结构图示：　正　　[　]

部　首 Radical:

一 (横, héng, horizontal stroke)

常用词语 Frequently-used words or phrases:

正月	zhēngyuè	n.	January of the Chinese calendar
正常	zhèngcháng	adj.	normal
正当	zhèngdàng	adj.	appropriate
正点	zhèngdiǎn	v. /adv.	on schedule; punctually
正好	zhènghǎo	adv.	just right
正门	zhèngmén	n.	front door
正确	zhèngquè	adj.	accurate
正式	zhèngshì	adj.	formal
正在	zhèngzài	adv.	right at the moment of
反正	fǎnzhèng	adv.	anyway; anyhow
改正	gǎizhèng	v.	correct; amend

练　习 Exercise:

找英汉对应词　Match each Chinese term with its English counterpart:

1. 正东　2. 正门　3. 公正　4. 正数　5. 正常

6. 正点　7. 正好　8. 正文　9. 正式　10. 正比

A. main body, text　B. front door　C. due east　D. on schedule　E. direct ratio

F. just, fair　　　G. formal　　H. just right　I. positive number　J. normal

283

證
zhèng （ㄓㄥˋ）
7　**prove／evidence (v.／n.)**

笔　顺	Stroke order:

讠	证							

字　体	Scripts:

证　　证　　证　　证　　证　　讠正　　韻禮
钢笔字　宋体　楷书　隶书　行书　草书　篆书

提　示	Tips:

"正"(zhèng)为读音，"讠(言)"为证词。
正(zhèng) is the phonetic element, and 言 is the testimony.

部　件	Components:

讠＋正　　　　　　结构图示：证　　□□

部　首	Radical:

讠（言字旁，yánzìpáng，speech）

常用词语	Frequently-used words or phrases:

证件	zhèngjiàn	n.	credentials; identification
证据	zhèngjù	n.	evidence
证明	zhèngmíng	v.／n.	prove／proof
证人	zhèngrén	n.	witness
证实	zhèngshí	v.	confirm
证书	zhèngshū	n.	certificate
保证	bǎozhèng	v.／n.	warrant／guaranty
公证	gōngzhèng	v.	notarize
人证	rénzhèng	n.	human evidence; witness
物证	wùzhèng	n.	material evidence
身份证	shēnfènzhèng	n.	I. D. paper; identity card

练　习	Exercise:

根据拼音写汉字组词

Fill in the blanks with Chinese characters as indicated by *pinyin*:

shǐ:　历＿＿＿　　xiào: 大＿＿＿　　zhèng: ＿＿＿中　　nán: ＿＿＿方

　　　　大＿＿＿　　　　 学＿＿＿　　　　　＿＿＿明　　　　＿＿＿方人

284

政

zhèng (ㄓㄥˋ)

9

politics; government (n.)

| 笔 顺 | Stroke order: |

| 正 | 政 | | | | | | | |

| 字 体 | Scripts: |

政　　政　　政　　政　　政　　政　　政

钢笔字　宋体　楷书　隶书　行书　草书　篆书

| 提 示 | Tips: |

"正"为读音，"文（攵）"，文化。政治是一种文化。

正 (zhèng) is the sound, and 文(攵) indicates "culture". Politics is a type of culture.

| 部 件 | Components: |

正 + 攵　　　结构图示： 政

| 部 首 | Radical: |

攵 (反文, fǎnwén, reversed 文)

| 常用词语 | Frequently-used words or phrases: |

政变	zhèngbiàn	n.	coup
政策	zhèngcè	n.	policy
政党	zhèngdǎng	n.	political party
政府	zhèngfǔ	n.	government
政权	zhèngquán	n.	political power; regime
政治	zhèngzhì	n.	politics
财政	cáizhèng	n.	finance
内政	nèizhèng	n.	interior administration
行政	xíngzhèng	n.	administration
邮政	yóuzhèng	n.	postal service
行政区	xíngzhèngqū	n.	administrative area

| 练 习 | Exercise: |

根据部首写出汉字：

Write down the characters according to the radicals given:

1. 反文(攵)： ___ ___ ___ ___

2. 走之(辶)： ___ ___ ___ ___

285

整

zhěng (ㄓㄥˇ)

16   whole; entire (n.)

笔 顺 Stroke order:

| 一 | 𠃍 | 申 | 朿 | 束 | 敕 | 整 | | |

字 体 Scripts:

整   整   整   整   整   壴   𦔻

钢笔字   宋体   楷书   隶书   行书   草书   篆书

提 示 Tips:

"正"(zhèng)为读音。注意左上角"束"的写法,与"朿"不同。

正 (zhèng) is the phonetic element. Note also that the upper left component of this character is 束, not 朿 .

部 件 Components:

束 + 攵 + 正   结构图示：整

部 首 Radicals:

一（横，héng，horizontal stroke）；攵 (反文，fǎnwén，reversed 文)

常用词语 Frequently-used words or phrases:

整顿	zhěngdùn	v.	reorganize; shake-up
整个	zhěnggè	adj.	whole
整理	zhěnglǐ	v.	straighten out; put in order
整齐	zhěngqí	adj.	neat
整体	zhěngtǐ	n.	whole; entire
整天	zhěngtiān	n.	whole day
整整	zhěngzhěng	adv.	entire; exactly
整夜	zhěngyè	n.	whole night
完整	wánzhěng	adj.	complete; intact
一年整	yì nián zhěng	ph.	one whole year

练 习 Exercise:

填上合适的部件，构成新字 Fill in the squares with proper components so as to form three new characters in each geometrical pattern:

286

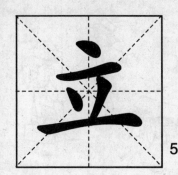

立 5

lì (ㄌㄧˋ)

1. stand (v.)
2. establish (v.)

笔顺 Stroke order:

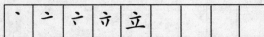

| 丶 | 二 | 亠 | 立 | 立 | | | |

字体 Scripts:

立　　立　　立　　立　　立　　立　　𝕀

钢笔字　宋体　楷书　隶书　行书　草书　篆书

提示 Tips:

一个人站在地上的意思。

This is a pictograph showing a man standing on the ground.

部件 Component:

立　　　　　结构图示：立 □

部首 Radical:

立 (lì, stand)

常用词语 Frequently-used words or phrases:

立场	lìchǎng	n.	standpoint
立功	lìgōng	v.	make a merit
立即	lìjí	adv.	immediately
立刻	lìkè	adv.	immediately
立体	lìtǐ	adj.	three dimensional
立志	lìzhì	v.	set one's goal
成立	chénglì	v.	establish
独立	dúlì	v.	be independent
公立	gōnglì	adj.	public
起立	qǐlì	v.	stand up
设立	shèlì	v.	set up
私立	sīlì	adj.	private
立足点	lìzúdiǎn	n.	the standpoint of self-reliance

练习 Exercise:

翻译成英文　Translate the following into English:

1. 起立＿＿＿＿　2. 立场＿＿＿＿　3. 立体＿＿＿＿　4. 立功＿＿＿＿

5. 立即＿＿＿＿　6. 公立＿＿＿＿　7. 独立＿＿＿＿　8. 立志＿＿＿＿

287

位

wèi (ㄨㄟ)
1. place; location (n.)
2. (used for people politely) (m.)

笔 顺 Stroke order:

亻	位							

字 体 Scripts:

位　　位　　位　　位　　位　　位　　位

钢笔字　　宋体　　楷书　　隶书　　行书　　草书　　篆书

提 示 Tips:

一个人站立的位置。

The location or position (位) where a man (亻) stands (立).

部 件 Components:

亻 + 立　　　　结构图示：位

部 首 Radical:

亻 (单人, dānrén, man)

常用词语 Frequently-used words or phrases:

位于	wèiyú	v.	locate at
位置	wèizhì	n.	location; position
位子	wèizi	n.	seat; position
各位	gèwèi	ph.	everybody; all
即位	jíwèi	v.	ascend the throne
空位	kòngwèi	n.	empty seat
名位	míngwèi	n.	fame and position
座位	zuòwèi	n.	seat
小数位	xiǎoshùwèi	n.	decimal point
三位老师	sān wèi lǎoshī	ph.	three teachers

练 习 Exercise:

猜字谜 Solve the riddles:

1. 李字去了木 _____　　　　2. 拿不出手 _____

3. 有人才为大 _____　　　　4. 加一笔就写正了 _____

yīn （丨ㄣ）

9　**sound (n.)**

Stroke order:

立　音

字　体　**Scripts:**

音　音　音　音　音　音　音

钢笔字　　宋体　　楷书　　隶书　　行书　　草书　　篆书

提　示　**Tips:**

古字为"言"字多一笔，表示声音。后演变为"立、曰"。

The ancient form of this character was the character 言 with an additional stroke, indicating the sound of speech. The present form has been slightly altered to become 立 and 曰 .

部　件　**Components:**

立 + 曰　　　　　结构图示：音　　[　　　]

部　首　**Radical:**

音 (yīn, sound)

常用词语　**Frequently-used words or phrases:**

音标	yīnbiāo	n.	phonetic symbol
音节	yīnjié	n.	syllable
音量	yīnliàng	n.	sound volume
音响	yīnxiǎng	n.	stereo system
音乐	yīnyuè	n.	music
播音	bōyīn	v.	broadcast
发音	fāyīn	v. /n.	pronounce / pronunciation
口音	kǒuyīn	n.	accent
声音	shēngyīn	n.	sound; voice

练　习　**Exercise:**

找英汉对应词，再根据汉字字形解释含义　Match each English word with its Chinese counterpart, then try to explain the character based on its form:

1. 囚 (qiú)　　　　2. 晶 (jīng)　　　　3. 娶 (qǔ)　　　　4. 灭 (miè)

A. extinguish　　B. marry a woman as wife　　C. prisoner　　D. glittering

289

意

yì（ㄧˋ）

13   meaning; idea (n.)

笔 顺 Stroke order:

立	音	意					

字 体 Scripts:

意　意　意　意　意　意　意

钢笔字　　宋体　　楷书　　隶书　　行书　　草书　　篆书

提 示 Tips:

心的声音为意。

The sound（音）in the heart（心）means "idea", "meaning", "wish" and "intention".

部 件 Components:

立 + 曰 + 心　　　　结构图示：　意

部 首 Radicals:

立（lì, stand）；心（xīn, heart）

常用词语 Frequently-used words or phrases:

意见	yìjiàn	n.	opinion
意思	yìsi	n.	meaning
意外	yìwài	n. / adj.	accident / unexpected
意义	yìyì	n.	significance
意志	yìzhì	n.	will; determination
大意	dàyì	n.	general idea
大意	dàyi	adj.	careless
故意	gùyì	adv.	intentional; wilful
好意	hǎoyì	n.	kind intention
满意	mǎnyì	v. / adj.	satisfy / satisfactory; satisfied
生意	shēngyi	n.	business
同意	tóngyì	v.	agree
主意	zhǔyi	n.	idea
注意	zhùyì	v.	pay attention to

练 习 Exercise:

把汉字分别填入合适的结构图中：

Fill in each structural diagram with a proper Chinese character:

意　整　设　倒　给　拿　新　夜

290

找

zhǎo（ㄓㄠˇ）
1. look for (v.)
2. give change
   (money) (v.)

7

笔 顺 Stroke order:

| 扌 | 扌 | 扎 | 找 | 找 | | | | |

字 体 Scripts:

找　　找　　找　　找　　找　　找　　找

钢笔字　　宋体　　楷书　　隶书　　行书　　草书　　篆书

提 示 Tips:

比较"我"(wǒ)和"找"两字的结构。

Compare the difference in composition between 我 (wǒ) and 找 . 找 is composed of 扌 and 戈 .

部 件 Components:

扌 + 戈　　　　　结构图示：找

部 首 Radical:

扌 (提手, tíshǒu, hand)

常用词语 Frequently-used words or phrases:

找钱	zhǎoqián	v.	give change
找人	zhǎorén	v. o.	look for a person
找事	zhǎoshì	v. o.	look for a job; pick a quarrel
查找	cházhǎo	v.	search for, seek
寻找	xúnzhǎo	v.	look for; search for
找对象	zhǎo duìxiàng	v. o.	look for a marriage partner
找工作	zhǎo gōngzuò	v. o.	look for a job
找麻烦	zhǎo máfan	v. o.	ask for trouble; cause sb. trouble

练 习 Exercise:

找汉英对应词　Match each Chinese term with its English counterpart:

1. 意义　　　2. 地位　　　3. 找钱　　　4. 音信　　　5. 政权

6. 意大利　　7. 位子　　　8. 音乐　　　9. 完整　　　10. 意见

A. give change　　B. mail, message　C. music　D. meaning　E. Italy　F. idea, opinion

G. seat, place　　H. position　　　I. whole; complete　　J. regime; political power

gōng (ㄍㄨㄥ)

1. public; common (adj.)
2. male animal (n.)
3. husband's father (n.)
4. metric system (n.)

4

笔 顺 Stroke order:

八	公	公						

字 体 Scripts:

公	公	公	公	公	公	公
钢笔字	宋体	楷书	隶书	行书	草书	篆书

提 示 Tips:

某事物属于"八"(很多)人所有;公共。

Something (厶) shared by eight (八) or many people is a public domain.

部 件 Components:

八 + 厶   结构图示：公

部 首 Radical:

八 (bā, eight)

常用词语 Frequently-used words or phrases:

公安	gōng'ān	n.	public security
公公	gōnggong	n.	grandpa; father-in-law
公斤	gōngjīn	n.	kilogram
公开	gōngkāi	v./adj.	make public / openly; open
公里	gōnglǐ	n.	kilometer
公路	gōnglù	n.	highway
公认	gōngrèn	v.	generally acknowledge
公文	gōngwén	n.	document; official paper
办公	bàngōng	v.	handle official business
主人公	zhǔréngōng	n.	protagonist; hero (heroine)
大公无私	dàgōng-wúsī	id.	impartial; just and unselfish

练 习 Exercise:

把上面的常用词按"公"字不同意义分类:

Categorize the above frequently-used words into groups based on the different meanings of the character 公.

1. _____   2. _____   3. _____   4. _____

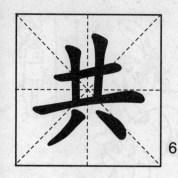

gòng (ㄍㄨㄥˋ)

1. common (adj.)
2. altogether (adv.)
3. the Communist Party (n.)

6

| 笔 顺 | **Stroke order:** |

| 一 | 十 | 艹 | 世 | 井 | 共 | | | |

| 字 体 | **Scripts:** |

共　　共　　共　　共　　共　　芐　　芇

钢笔字　　宋体　　楷书　　隶书　　行书　　草书　　篆书

| 提 示 | **Tips:** |

八人共举"艹";共同。

Eight (八) people hold up something (艹) together.

| 部 件 | **Components:** |

艹 + 八　　　　　结构图示：共

| 部 首 | **Radical:** |

八 (bā, eight)

| 常用词语 | **Frequently-used words or phrases:** |

共度	gòngdù	v.	spend (time) together
共和	gònghé	n.	republicanism
共鸣	gòngmíng	n.	resonance; sympathetic response
共事	gòngshì	v.	work together
共通	gòngtōng	adj.	mutually applicable
共同	gòngtóng	adj.	together, common
共性	gòngxìng	n.	common character
公共	gōnggòng	adj.	public
一共	yígòng	adj.	in all; total
总共	zǒnggòng	adv.	altogether
共产党	gòngchǎndǎng	n.	the Communist Party

| 练 习 | **Exercise:** |

利用所给的八个字拼出至少十二个字来,每个字可以重复使用:

Form at least 12 new characters by combining any two of the eight characters given. Any character can be used more than once:

人(亻) 口 木 一 女 子 也 十

dǎ/dá (ㄉㄚˇ/ㄉㄚˊ)

1. dǎ: **hit; strike; play; make** (v.)

2. dá: **dozen** (m.)

▲ 他先打我的。

| 笔 顺 | **Stroke order:** |

| 扌 | 扌 | 打 | | | | | |

| 字 体 | **Scripts:** |

打　　打　　打　　打　　打　　打　　扵

钢笔字　　宋体　　楷书　　隶书　　行书　　草书　　篆书

| 提 示 | **Tips:** |

左边是手(扌)，右边是"丁"(dīng)。把"丁"打入。

With a 扌 (hand) and a 丁 (nail), this character indicates the action of striking a nail.

| 部 件 | **Components:** |

扌 + 丁　　　　　结构图示：打　□□

| 部 首 | **Radical:** |

扌 (提手，tíshǒu, hand)

| 常用词语 | **Frequently-used words or phrases:** |

打开	dǎkāi	v.	open
打破	dǎpò	v.	break
打气	dǎqì	v.	pump (in air)
打球	dǎqiú	v. o.	play ball
打算	dǎsuàn	v.	plan
打听	dǎtīng	v.	inquire
打仗	dǎzhàng	v. o.	fight (a battle)
单打	dāndǎ	n.	singles
双打	shuāngdǎ	n.	doubles
武打	wǔdǎ	n.	acrobatic fighting
打电话	dǎ diànhuà	ph.	make a telephone call
打招呼	dǎ zhāohu	v. o.	greet
一打	yìdá	ph.	one dozen

| 练 习 | **Exercise:** |

解释各词语中"打"的含义：

Explain the meaning of 打 in each of the following terms:

打人　　打球　　打仗　　一打　　打听　　打气　　打开

打破　　打火机　　打算　　打招呼　　打电话　　打官司

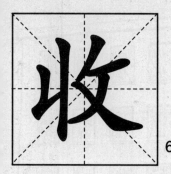

shōu (ㄕ ㄡ)
1. receive; accept (v.)
2. income (n.)

6

| 笔　順 | Stroke order: |

| レ | ⺑ | 收 | | | | | |

| 字　体 | Scripts: |

收　收　收　收　收　收　㸚

钢笔字　宋体　楷书　隶书　行书　草书　篆书

| 提　示 | Tips: |

"丩"读音是 jiū，借作近似古音的声旁。

丩, pronounced "jiū", is used as a sound element in the ancient pronunciation.

| 部　件 | Components: |

丩 + 攵　　　　结构图示：收

| | |

| 部　首 | Radical: |

攵 (反文, fǎnwén, reversed 文)

| 常用词语 | Frequently-used words or phrases: |

收到	shōudào	v.	receive
收工	shōugōng	v.	stop (a day's) work
收回	shōuhuí	v.	retrieve; get back
收买	shōumǎi	v.	buy
收入	shōurù	v./n.	take in / income
收拾	shōushi	v.	tidy up
收听	shōutīng	v.	receive and listen to (broadcast)
收条	shōutiáo	n.	receipt
丰收	fēngshōu	n.	abundant harvest
税收	shuìshōu	n.	revenue
收音机	shōuyīnjī	n.	radio (set)

| 练　习 | Exercise: |

按拼音写字填空　Fill in each blank with a character as instructed:

1. 收＿＿(dào. receive, get)　　2. 收＿＿(gōng. get off from work)

3. 收＿＿(mǎi. purchase, buy in)　4. 收＿＿(rù. income, revenue)

5. 收＿机(yīn. radio)　　6. 收＿＿(tīng. receive and listen to broadcast)

都 10

dōu/dū (ㄉㄡ/ㄉㄨ)
1. dōu: all (v.)
2. dū: capital;
   big city (n.)

笔 顺 Stroke order:

者	者	都					

字 体 Scripts:

都　都　都　都　都　者　髣

钢笔字　宋体　楷书　隶书　行书　草书　篆书

提 示 Tips:

左边是"者",右边是"阝"。凡有右"阝"的字多表示地名、城市。本意是国都(dū),借作表示总括的"都"而念 dōu。

The original meaning of this character is "capital" (pronounced "dū"). A character with the 阝 radical at the right side usually indicates the name of city or place. By borrowing its meaning "the general capital of all", the meaning "all" (pronounced "dōu") is developed.

部 件 Components:

者 + 阝　　　结构图示：都

部 首 Radical:

阝（在右）（双耳, shuāng'ěr, double ears)

常用词语 Frequently-used words or phrases:

都城	dūchéng	n.	capital city
都会	dūhuì	n.	metropolitan
都市	dūshì	n.	city
首都	shǒudū	n.	national capital
大都会	dàdūhuì	n.	metropolitan

用 法 Usage:

作副词时读 dōu,主要表示总括的意思,所总括的内容一般在前。如:大家都会;他对任何事都有兴趣。

When used as an adverb, it is pronounced as "dōu", indicating a generalization. What is generalized is usually put before "dōu", e. g. Everybody can do it. He's interested in everything.

练 习 Exercise:

确定下列词语中"都"的读音及意义:

Determine the pronunciation and meaning of 都 in each word and phrase:

都市 _____　　我们都去 _____　　大都会 _____

大家都会 _____　　首都 _____　　人人都笑了 _____

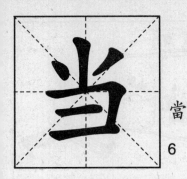

当

當 6

dāng/dàng (ㄉㄤ/ㄉㄤˋ)

1. dāng: **work as (v.)**

2. dāng: **ought to (aux.)**

3. dāng: **just at (a time, place) (prep.)**

4. dàng: **proper; right (adj.)**

笔 顺 Stroke order:

丨	丨丶	⺌	当	当	当			

字 体 Scripts:

当	当	当	当	当	当	當
钢笔字	宋体	楷书	隶书	行书	草书	篆书

提 示 Tips:

注意上部是"⺌",不是"小",也不是"⺍"。

Note that the upper part is ⺌, not 小, nor ⺍.

部 件 Components:

⺌ + 彐　　　结构图示：当

部 首 Radical:

小 (⺌) (xiǎo, small)

常用词语 Frequently-used words or phrases:

当场	dāngchǎng	adv.	at the scene; on the spot
当初	dāngchū	n.	at the beginning
当代	dāngdài	n.	the contemporary era
当地	dāngdì	n.	local
当面	dāngmiàn	adv.	personally to someone's face
当然	dāngrán	adv.	of course
当时	dāngshí	n.	at that time
相当	xiāngdāng	v./adv.	equal / fairly; rather
应当	yīngdāng	aux.	should
当年	dàngnián/dāngnián	n.	that very year / in those years
当天	dàngtiān	n.	that very day
当真	dàngzhēn	v.	really; take seriously
上当	shàngdàng	v.	be tricked; be fooled
正当	zhèngdàng	adj.	decent; proper

练 习 Exercise:

造句　Make a sentence with each given word:

1. 当中　　2. 当然　　3. 当心

cháng (彳尢)
**ordinary; often
(adv.)**

11

笔 顺 Stroke order:

丶 丷 ⺌ ⺌ 屮 常 常 常 常

字 体 Scripts:

常　常　常　常　常　常　常

钢笔字　宋体　楷书　隶书　行书　草书　篆书

提 示 Tips:

注意"常"字与"当"字的字头都一样。但与"觉"字头不同。

Note that both 常 and 当 have the same top (⺌) which is different from that of 觉 (⺍).

部 件 Components:

⺌ + 口 + 巾　　结构图示：常

部 首 Radical:

小 (⺌) (xiǎo, small)

常用词语 Frequently-used words or phrases:

常常	chángcháng	adv.	frequently; often
常见	chángjiàn	adj.	often-seen
常年	chángnián	adv.	year around
常青	chángqīng	adj.	evergreen
常情	chángqíng	n.	common sense
常识	chángshí	n.	common knowledge
反常	fǎncháng	adj.	abnormal
通常	tōngcháng	adv.	normally
往常	wǎngcháng	n.	usually; habitually
正常	zhèngcháng	adj.	normal

练 习 Exercise:

注意含有"小"(⺌)字头的读音，找出规律来　Generalize the rule of pronunciation for the following characters having the 小 (⺌) component:

尚　当　光　尝　党　棠　掌　裳

氣 qì (くì)
4
1. air; gas (n.)
2. make angry (v.)

笔 顺	**Stroke order:**

丿 丶 ⺈ 气

字 体	**Scripts:**

气　气　气　气　气　气　气氣

钢笔字　宋体　楷书　隶书　行书　草书　篆书

提 示	**Tips:**

气体,象形。

This is a pictograph symbolizing air.

部 件	**Component:**

气　　　　　结构图示：气　□

部 首	**Radical:**

气 (qì, air)

常用词语	**Frequently-used words or phrases:**

气氛	qìfēn	n.	atmosphere
气候	qìhòu	n.	climate
气话	qìhuà	n.	angry words
气体	qìtǐ	n.	gas
气味	qìwèi	n.	odor; smell
气温	qìwēn	n.	temperature
毒气	dúqì	n.	poisonous gas
空气	kōngqì	n.	air; atmosphere
神气	shénqì	n. /adj.	expression / vigorous; cocky
受气	shòuqì	v. o.	be blamed on; be bullied
书生气	shūshēngqì	n.	the characteristics of a scholar
气他一下	qì tā yíxià	ph.	make him angry

练 习	**Exercise:**

观察下列含有"气"部的字,并查字典找出各字意义的共同点:

Observe the following characters having the radical 气, and find out from the dictionary one common point shared by all these characters:

气 氦 氙 氛 氧 氢 氮

299

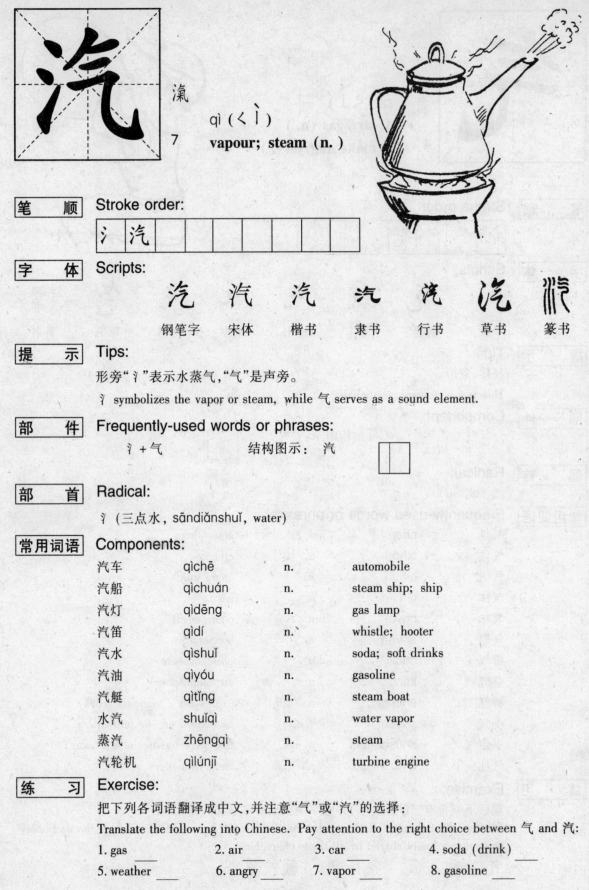

汽　瀿

qì (ㄑㄧˋ)

7

vapour; steam (n.)

笔　顺 Stroke order:

| 氵 | 汽 | | | | | | | |

字　体 Scripts:

汽　汽　汽　汽　汽　汽　瀿

钢笔字　宋体　楷书　隶书　行书　草书　篆书

提　示 Tips:

形旁"氵"表示水蒸气，"气"是声旁。

氵 symbolizes the vapor or steam, while 气 serves as a sound element.

部　件 Frequently-used words or phrases:

氵 + 气　　　　结构图示：汽 | |

部　首 Radical:

氵 (三点水, sāndiǎnshuǐ, water)

常用词语 Components:

汽车	qìchē	n.	automobile
汽船	qìchuán	n.	steam ship; ship
汽灯	qìdēng	n.	gas lamp
汽笛	qìdí	n.	whistle; hooter
汽水	qìshuǐ	n.	soda; soft drinks
汽油	qìyóu	n.	gasoline
汽艇	qìtǐng	n.	steam boat
水汽	shuǐqì	n.	water vapor
蒸汽	zhēngqì	n.	steam
汽轮机	qìlúnjī	n.	turbine engine

练　习 Exercise:

把下列各词语翻译成中文，并注意"气"或"汽"的选择：

Translate the following into Chinese. Pay attention to the right choice between 气 and 汽:

1. gas ＿＿＿　　　2. air ＿＿＿　　　3. car ＿＿＿　　　4. soda (drink) ＿＿＿

5. weather ＿＿＿　　6. angry ＿＿＿　　7. vapor ＿＿＿　　8. gasoline ＿＿＿

过

過
6

guò (ㄍㄨㄛˋ)
1. **pass; cross** (v.)
2. **(indicating past action)** (part.)

| 笔 顺 | **Stroke order:** |

| 一 | 十 | 寸 | 过 | | | | | |

| 字 体 | **Scripts:** |

过　　过　　过　　过　　过　　辺　　調

钢笔字　　宋体　　楷书　　隶书　　行书　　草书　　篆书

| 提 示 | **Tips:** |

"寸"表示尺度,走之(辶)表示超越、经过。

寸 indicates measurement, and 辶 means "walking", thus forming the idea of "surpassing" or "passing" the limit.

| 部 件 | **Components:** |

寸 + 辶　　　　　结构图示：过

| 部 首 | **Radical:** |

辶 (走之, zǒuzhī, advance)

| 常用词语 | **Frequently-used words or phrases:** |

过程	guòchéng	n.	course; process
过错	guòcuò	n.	fault; mistake
过多	guòduō	adv.	excessively; more than enough
过分	guòfèn	adj.	excessive; over
过年	guònián	v.	celebrate the New Year
过去	guòqù/guòqu	n. /v.	(in the) past / go over; pass by
过时	guòshí	adj.	out-of-date
不过	búguò	v. /conj.	not exceed / however; but
经过	jīngguò	v.	through; pass by
难过	nánguò	adj.	sad; sorry
通过	tōngguò	v.	pass; go through
过日子	guò rìzi	v. o.	live; get along

| 练 习 | **Exercise:** |

汉译英　Translate the following into English:

1. 他今年回中国过年。　　　2. 那种说法已经过时了。

3. 今年的雨水过多。　　　　4. 他们俩很会过日子。

chéng（彳ㄥ）

1. accomplish/
   achievement（v./n.）
2. fully developed（adj.）

6

笔 顺	**Stroke order:**

| 一 | 厂 | 厉 | 成 | 成 | 成 | | | |

字 体	**Scripts:**

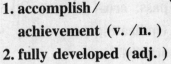

成　　成　　成　　成　　成　　成　　成

钢笔字　　宋体　　楷书　　隶书　　行书　　草书　　篆书

提 示	**Tips:**

当一个人能挥动武器(戌)的时候，他就长大成人了。

When a person comes to the age of using a weapon（戌），he is an adult.

部 件	**Components:**

丿 + 戈　　　　　结构图示：成 ⬜

部 首	**Radical:**

戈（gē, spear）

常用词语	**Frequently-used words or phrases:**

成功	chénggōng	v./n.	succeed / success
成家	chéngjiā	v.	(of a man) get married
成见	chéngjiàn	n.	prejudice
成就	chéngjiù	n.	achievement; accomplishment
成立	chénglì	v.	establish
成为	chéngwéi	v.	become
成语	chéngyǔ	n.	set phrase; idiom
成长	chéngzhǎng	v.	grow up; grow to maturity
收成	shōucheng	n.	harvest
完成	wánchéng	v.	complete
成年人	chéngniánrén	n.	adult

练 习	**Exercise:**

翻译　Translate the following into English:

1. 成立 _____
2. 成就 _____
3. 成年人 _____
4. 成见 _____
5. 成为 _____
6. 成家 _____
7. 完成 _____
8. 成语 _____
9. 成长 _____

別 7

bié (ㄅㄧㄝ)
1. leave; part (v.)
2. other; another (pron.)
3. don't (adv.)

笔 顺 Stroke order:

| 口 | 另 | 别 | 别 | | | | |

字 体 Scripts:

別　別　别　別　别　另　刖

钢笔字　宋体　楷书　隶书　行书　草书　篆书

提 示 Tips:

右边是"刀(刂)",表示分开;左边是"另"(lìng),另外。

The right component of this character is a knife (刂), and the left part 另(lìng) means "another", thus developing the idea of separating one from another.

部 件 Components:

另 + 刂　　　结构图示：别

部 首 Radical:

刂 (立刀, lìdāo, knife)

常用词语 Frequently-used words or phrases:

别处	biéchù	n.	another place; somewhere else
别忙	biémáng	ph.	take your time
别人	biérén	n.	another person; other people
别字	biézì	n.	character misused or mispronounced
差别	chābié	n.	difference
分别	fēnbié	v. /adv.	part / separately
告别	gàobié	v.	bid farewell to
个别	gèbié	adj.	individual
区别	qūbié	n. /v.	difference / differentiate
性别	xìngbié	n.	sex; gender
永别	yǒngbié	v.	adieu; part forever

练 习 Exercise:

把下列汉字补充完整 Complete the following Chinese characters:

刂　室　禺　教　釜　沣　帚　误　忐

xiāng/xiàng

(ㄒㄧㄤ/ㄒㄧㄤ)

1. xiāng: **each other**
   (adv.)

2. xiàng: **looks;**
   appearance(n.)

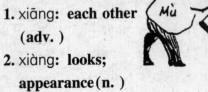

笔 顺	Stroke order:

木 相

字 体	Scripts:

相　相　相　相　相　相　相

钢笔字　宋体　楷书　隶书　行书　草书　篆书

提 示	Tips:

左边是 mù(木),右边也是 mù(目);表示互相。

Both the left and the right are mù (木) (目), thus indicating "similar to each other".

部 件	Components:

木 + 目　　　　　结构图示：相

部 首	Radical:

木 (mù, wood)

常用词语	Frequently-used words or phrases:

相差	xiāngchà	v.	differ
相当	xiāngdāng	v./adv.	be equal to / considerably
相反	xiāngfǎn	adj./conj.	opposite / on the contrary
相似	xiāngsì	v.	be similar
相信	xiāngxìn	v.	believe
互相	hùxiāng	adv.	mutually
相声	xiàngsheng	n.	comic dialogue; cross talk
首相	shǒuxiàng	n.	prime minister
真相	zhēnxiàng	n.	truth
出洋相	chūyángxiàng	v.o.	make an exhibition of oneself
照相机	zhàoxiàngjī	n.	camera

练 习	Exercise:

根据拼音写汉字　Transcribe the following into Chinese characters:

1. xiāng(　)　　dōng(　)　　fāng(　)　　gē(　)

   xiàng(　)　　dòng(　)　　fàng(　)　　gè(　)

2. jī(　)　　jiān(　)　　shōu(　)　　qī(　)

   jì(　)　　jiàn(　)　　shòu(　)　　qì(　)

13

xiǎng（ㄒㄧㄤˇ）
1. think（v.）
2. miss（v.）
3. want to（v.）

| 笔　顺 | **Stroke order:** |

| 木 | 相 | 想 | | | | | | |

| 字　体 | **Scripts:** |

想　　想　　想　　想　　想　　想　　想

钢笔字　宋体　楷书　隶书　行书　草书　篆书

| 提　示 | **Tips:** |

"相"作声旁，"心"表示思想感情。

相 is the phonetic element, and 心 indicates "thought" and "emotion".

| 部　件 | **Components:** |

木 + 目 + 心　　　结构图示：想

| 部　首 | **Radical:** |

心（xīn, heart）

| 常用词语 | **Frequently-used words or phrases:** |

想到	xiǎngdào	v.	think of
想法	xiǎngfǎ	n.	way of thinking
想念	xiǎngniàn	v.	long for; miss
想起	xiǎngqǐ	v.	think up; come up to one's mind
想像	xiǎngxiàng	v. /n.	imagine / imagination
幻想	huànxiǎng	v. /n.	dream / illusion; fantasy
理想	lǐxiǎng	n.	ideal
梦想	mèngxiǎng	v. /n.	dream
思想	sīxiǎng	n.	thought; thinking
着想	zhuóxiǎng	v.	consider
思想家	sīxiǎngjiā	n.	thinker; philosopher

| 练　习 | **Exercise:** |

根据拼音写汉字　Transcribe the following into Chinese characters:

1. jī（　　）　　jí（　　）　　jǐ（　　）　　jì（　　）
2. xiāng（　　）　xiáng（　　）　xiǎng（　　）　xiàng（　　）

305

9

sī（ㄙ）

1. think (v.)
2. thought (n.)

| 笔　顺 | Stroke order: |

| 丶 | 冂 | 冃 | 田 | 田 | 思 | | | |

| 字　体 | Scripts: |

思　　思　　思　　思　　思　　畏　　畏

钢笔字　宋体　楷书　隶书　行书　草书　篆书

| 提　示 | Tips: |

想像"田"是一部电脑,电脑与"心"结合表示思想。

Imagine 田 as a computer, and the use of the computer requires one's thought or thinking (心).

| 部　件 | Components: |

田 + 心　　　　　结构图示：思

| 部　首 | Radical: |

心 (xīn, heart)

| 常用词语 | Frequently-used words or phrases: |

思考	sīkǎo	v.	ponder over
思念	sīniàn	v.	long for; miss
思索	sīsuǒ	v.	ponder
思想	sīxiǎng	n.	thought
心思	xīnsi	n.	thinking
意思	yìsi	n.	meaning; idea
小意思	xiǎoyìsi	n.	It's nothing; small gift; mere trifle
有意思	yǒuyìsi	adj.	interesting; meaningful
不好意思	bùhǎoyìsi	id.	embarrassing; sorry

| 练　习 | Exercise: |

注音并翻译各对形近字：

Give the *pinyin* and English meanings for the following pairs of Chinese characters that are similar in form:

{ 己 ＿＿＿（　　　　）　{ 快 ＿＿＿（　　　　）　{ 史 ＿＿＿（　　　　）
{ 已 ＿＿＿（　　　　）　{ 块 ＿＿＿（　　　　）　{ 更 ＿＿＿（　　　　）

zhì (业)

1. will; aspiration (n.)
2. keep in mind ∕ mark;
   sign (v. ∕n.)

7

| 笔 顺 | Stroke order: |

| 一 | 十 | 士 | 志 | | | | |

| 字 体 | Scripts: |

志　　志　　志　　志　　志　　志　　志

钢笔字　宋体　楷书　隶书　行书　草书　篆书

| 提 示 | Tips: |

上面声旁是"士"(shì),不是"土"(tǔ)。

Note that the top element of this character is 士 (shì), not 土 (tǔ).

| 部 件 | Components: |

士 + 心　　　　结构图示：志

| 部 首 | Radicals: |

士 (shì, warrior); 心 (xīn, heart)

| 常用词语 | Frequently-used words or phrases: |

志气	zhìqì	n.	ambition; great will
志向	zhìxiàng	n.	aspiration; ambition
志愿	zhìyuàn	n. ∕v.	preference ∕ volunteer
标志	biāozhì	v. ∕n.	mark
立志	lìzhì	v.	resolve; set up one's goal
同志	tóngzhì	n.	comrade
意志	yìzhì	n.	will; determination
杂志	zázhì	n.	magazine
众志成城	zhòngzhì-chéngchéng	id.	Unity is strength.

| 练 习 | Exercise: |

翻译　Translate the following words or terms into English:

想不开 _____　　相思 _____　　意志 _____

同志 _____　　想起 _____　　思考 _____

感 gǎn (ㄍㄢˇ)

1. feel / feeling
   (v. / n.)

13

2. be grateful (v.)

| 一 | 厂 | 厂 | 后 | 咸 | 感 | | | |

字 体 Scripts:

感　感　感　感　感　戴　感

钢笔字　宋体　楷书　隶书　行书　草书　篆书

提 示 Tips:

"感"字内部是"一口心",心口要一致。

The inner part of this character is composed of 一口心, which indicates that one expresses what one thinks in one's heart.

部 件 Components:

咸 + 心　　　结构图示：感

部 首 Radical:

心 (xīn, heart)

常用词语 Frequently-used words or phrases:

感动	gǎndòng	v. / adj.	move / touching
感恩	gǎn'ēn	v.	thank for the grace
感觉	gǎnjué	v. / n.	feel / feeling
感冒	gǎnmào	v.	catch a cold
感情	gǎnqíng	n.	feeling; emotion
感人	gǎnrén	adj.	touching; moving
感受	gǎnshòu	v. / n.	be affected by / perception; feeling
感谢	gǎnxiè	v.	thank
反感	fǎngǎn	v.	be disgusted with / dislike
性感	xìnggǎn	adj.	sexy

练 习 Exercise:

找对应词　Match the Chinese terms with their English counterparts:

1. 感恩　2. 感觉　3. 感受　4. 感人　5. 安全感
6. 感谢　7. 感冒　8. 感情　9. 感性　10. 性感

A. sexy　　　B. thank　　　C. common cold　　　D. feel grateful
E. feeling, emotion　　　F. perceptual　　　G. feel
H. feeling of security　　　I. touch one in the heart　　　J. sense perception

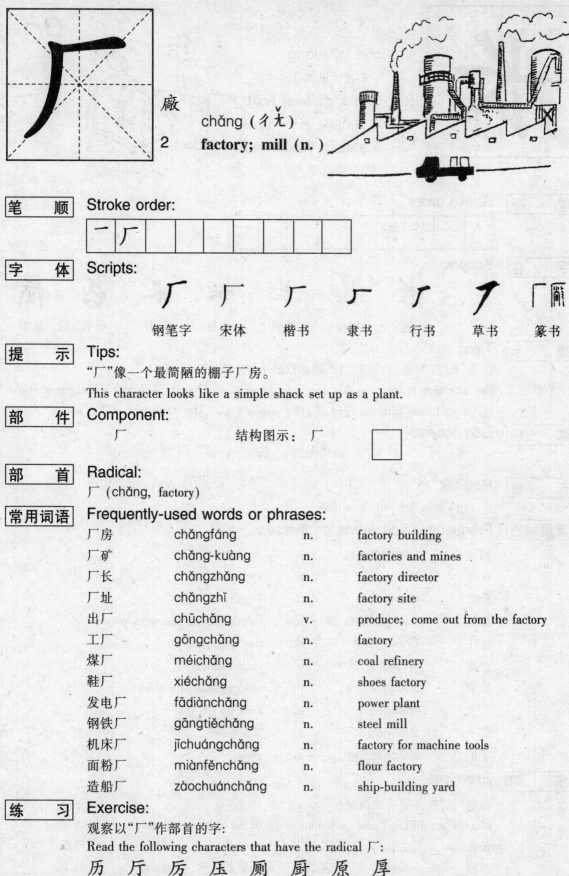

厂 廠

chǎng (ㄔㄤˇ)
2　**factory; mill (n.)**

笔　顺　Stroke order:

一	厂							

字　体　Scripts:

厂　　厂　　厂　　厂　　厂　　丿　　厂廠

钢笔字　　宋体　　楷书　　隶书　　行书　　草书　　篆书

提　示　Tips:

"厂"像一个最简陋的棚子厂房。

This character looks like a simple shack set up as a plant.

部　件　Component:

厂　　　　　　结构图示：厂　　　☐

部　首　Radical:

厂 (chǎng, factory)

常用词语　Frequently-used words or phrases:

厂房	chǎngfáng	n.	factory building
厂矿	chǎng-kuàng	n.	factories and mines
厂长	chǎngzhǎng	n.	factory director
厂址	chǎngzhǐ	n.	factory site
出厂	chūchǎng	v.	produce; come out from the factory
工厂	gōngchǎng	n.	factory
煤厂	méichǎng	n.	coal refinery
鞋厂	xiéchǎng	n.	shoes factory
发电厂	fādiànchǎng	n.	power plant
钢铁厂	gāngtiěchǎng	n.	steel mill
机床厂	jīchuángchǎng	n.	factory for machine tools
面粉厂	miànfěnchǎng	n.	flour factory
造船厂	zàochuánchǎng	n.	ship-building yard

练　习　Exercise:

观察以"厂"作部首的字：

Read the following characters that have the radical 厂：

历　厅　厉　压　厕　厨　原　厚

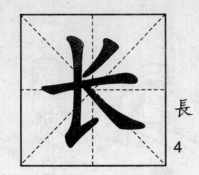

cháng / zhǎng
(彳尢 / 业尢)

長

4

1. cháng: **long (adj.)**
2. zhǎng: **grow (v.)**
3. zhǎng: **leader (n.)**

笔 顺 Stroke order:

ノ	一	长	长				

字 体 Scripts:

长　　长　　长　　长　　长　　长　　长

钢笔字　　宋体　　楷书　　隶书　　行书　　草书　　篆书

提 示 Tips:

注意"长"字写法，由撇(ノ)开始，到捺(乀)结束，下边不是"衣"。

Pay attention to the way this character is written. It starts with the left slanting stroke (ノ), and ends with the right slanting stroke (乀). The lower part of it is not 衣.

部 件 Component:

长　　　　　结构图示：长　　☐

部 首 Radical:

ノ (撇, piě, left-falling stroke)

常用词语 Frequently-used words or phrases:

长城	Chángchéng	n.	the Great Wall
长处	chángchù	n.	strong point
长度	chángdù	n.	length
长短	chángduǎn	n.	length; strong and weak points
长江	Chángjiāng	n.	the Yangtze River
长途	chángtú	n.	long-distance
长辈	zhǎngbèi	n.	older generation; elder
长大	zhǎngdà	v.	grow up
长子	zhǎngzǐ	n.	oldest son
生长	shēngzhǎng	n.	grow

练 习 Exercise:

确定"长"在各字中的读音：

Identify the different pronunciations of 长 in the following words:

长处 ＿＿＿　　生长 ＿＿＿　　长高 ＿＿＿　　长久 ＿＿＿　　长年 ＿＿＿　　厂长 ＿＿＿

长远 ＿＿＿　　长途 ＿＿＿　　年长 ＿＿＿　　校长 ＿＿＿　　长城 ＿＿＿　　长子 ＿＿＿

jiè (ㄐㄧㄝˋ)

10   borrow; lend (v.)

笔 顺	**Stroke order:**

亻　亻　仁　卝　㕮　借　　　　

字 体	**Scripts:**

借　　借　　借　　借　　借　　借　　借

钢笔字　宋体　楷书　隶书　行书　草书　篆书

提 示	**Tips:**

有人（亻）来借钱，限二十一日（昔）还。

The money that a person（亻）borrowed has to be returned within twenty one days（昔 or 卄一日）.

部 件	**Components:**

亻+卄+日　　　　　结构图示：借

部 首	**Radical:**

亻（单人，dānrén，man）

常用词语	**Frequently-used words or phrases:**

借光	jièguāng	id.	Excuse me.
借口	jièkǒu	n. /v.	excuse / use as a pretext
借钱	jièqián	v. o.	borrow or loan money
借条	jiètiáo	n.	receipt for a loan
借债	jièzhài	v. o.	owe a debt; make a loan
租借	zūjiè	v.	lease; rent
借书证	jièshūzhèng	n.	library card
借刀杀人	jièdāo-shārén	id.	make use of a scapegoat for murder

练 习	**Exercise:**

"借"既可指借出，也可指借入。试翻译下列各句，注意"借"的不同含义：

Since there is "borrowing", there must be "lend" or "loan". Translate the following and identify the meaning of 借 in the sentences:

1. 我跟他借了一本书。_____

2. 我借了一本书给他。_____

3. 我要向他借钱。_____

4. 他不想借钱给我。_____

311

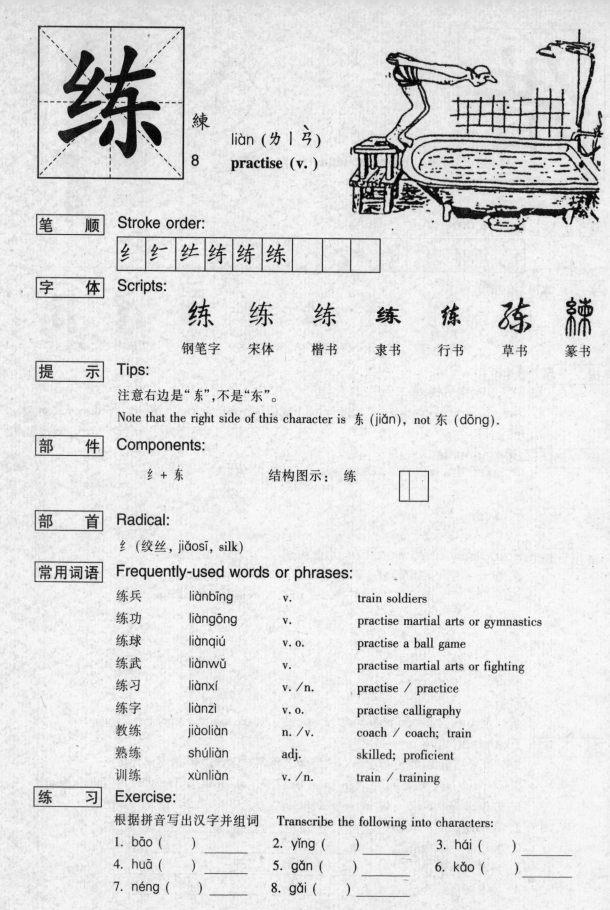

练 練
liàn (ㄌㄧㄢˋ)
8
practise (v.)

笔 顺 Stroke order:

| 纟 | 纟 | 纟 | 练 | 练 | 练 | | | |

字 体 Scripts:

练　练　练　练　练　练　练

钢笔字　宋体　楷书　隶书　行书　草书　篆书

提 示 Tips:

注意右边是"东",不是"东"。

Note that the right side of this character is 东 (jiǎn), not 东 (dōng).

部 件 Components:

纟 + 东　　　结构图示：练

部 首 Radical:

纟 (绞丝, jiǎosī, silk)

常用词语 Frequently-used words or phrases:

练兵	liànbīng	v.	train soldiers
练功	liàngōng	v.	practise martial arts or gymnastics
练球	liànqiú	v. o.	practise a ball game
练武	liànwǔ	v.	practise martial arts or fighting
练习	liànxí	v. /n.	practise / practice
练字	liànzì	v. o.	practise calligraphy
教练	jiàoliàn	n. /v.	coach / coach; train
熟练	shúliàn	adj.	skilled; proficient
训练	xùnliàn	v. /n.	train / training

练 习 Exercise:

根据拼音写出汉字并组词　Transcribe the following into characters:

1. bāo (　　) _____　　2. yǐng (　　) _____　　3. hái (　　) _____

4. huā (　　) _____　　5. gǎn (　　) _____　　6. kǎo (　　) _____

7. néng (　　) _____　　8. gǎi (　　) _____

312

晚

11

wǎn (ㄨㄢˇ)

1. evening; night
   (n.)
2. late (adj.)

Stroke order:

| 日 | 日ˊ | 日ˊˊ | 日ˊˊ | 日ˊ | 日ˊ | 晔 | 晚 | |

Scripts:

晚 晚 晚 晚 晚 晚 晚

钢笔字　　宋体　　楷书　　隶书　　行书　　草书　　篆书

Tips:

右边中部像一个横着的太阳(日)，表示晚上。

The middle part of the right side of this character looks like a lying sun (日), thus indicating "evening".

Components:

日 + 免　　　　　结构图示：晚

Radical:

日 (rì, sun)

Frequently-used words or phrases:

晚安	wǎn'ān	ph.	good night
晚报	wǎnbào	n.	evening (news) paper
晚餐	wǎncān	n.	dinner; supper
晚点	wǎndiǎn	n./v.	night snack / behind schedule
晚会	wǎnhuì	n.	evening gathering
晚间	wǎnjiān	n.	night; evening
晚景	wǎnjǐng	n.	night scene; one's condition in the late years
晚年	wǎnnián	n.	old age; one's later years
晚上	wǎnshàng	n.	at night; evening
今晚	jīnwǎn	n.	tonight
夜晚	yèwǎn	n.	night
早晚	zǎowǎn	n./adv.	morning and evening / sooner or later
一天到晚	yìtiāndàowǎn	id.	all day long

Exercise:

汉译英　Translate the following into English:

1. 今晚 _____　2. 晚报 _____　3. 晚安 _____　4. 晚点 _____

5. 早晚 _____　6. 晚会 _____　7. 晚年 _____　8. 太晚 _____

其

8

qí (ㄑㄧˊ)
1. his; her; its; their (pron.)
2. he; she; it; they (pron.)
3. that; such (pron.)

笔 顺	**Stroke order:**

一	十	艹	艹	甘	其	其	其

字 体	**Scripts:**

其　　其　　其　　其　　其　　其　　其

钢笔字　　宋体　　楷书　　隶书　　行书　　草书　　篆书

提 示	**Tips:**

记住这个字谜:"共多两横。"

Try to memorize this riddle: "There are two additional horizontal strokes in the character 共 (total)."

部 件	**Components:**

其 + 八　　　　　结构图示：其

部 首	**Radicals:**

其 (qí, its); 八 (bā, eight); 一 (横, héng, horizontal stroke)

常用词语	**Frequently-used words or phrases:**

其次	qícì	adv.	next
其实	qíshí	adv.	in fact; actually
其他	qítā	pron.	other
其余	qíyú	pron.	the remaining; the rest
其中	qízhōng	pron.	among them
极其	jíqí	adv.	extremely
尤其	yóuqí	adv.	particularly; especially
不计其数	bújì-qíshù	id.	innumerable; uncountable
莫名其妙	mòmíng-qímiào	id.	be baffled
与其……不如……	yǔqí…bùrú…	conj.	rather … than …

练 习	**Exercise:**

改正错字　Correct the errors in the characters:

志　练　长　常　记　吃　实　考　邨　更　学

期

qī（ㄑㄧ）

12　**a period of time (n.)**

笔　顺　Stroke order:

| 其 | 期 | | | | | | | |

字　体　Scripts:

期　　期　　期　　期　　期　　期　　期

钢笔字　宋体　楷书　隶书　行书　草书　篆书

提　示　Tips:

"其"是声旁，"月"表示时间范围。

其 is the sound element, while 月 indicates a period of time.

部　件　Components:

其 + 月　　　　　　结构图示：期　[|]

部　首　Radicals:

其 (qí, its)；月 (yuè, moon)

常用词语　Frequently-used words or phrases:

期间	qījiān	n.	period; time
期望	qīwàng	v./n.	expect / expectation
期限	qīxiàn	n.	expiration date; time limit
期中	qīzhōng	n.	mid-term
初期	chūqī	n.	early period
到期	dàoqī	v.	expire
假期	jiàqī	n.	holiday
日期	rìqī	n.	date
时期	shíqī	n.	period of time; era
星期	xīngqī	n.	week
学期	xuéqī	n.	semester

练　习　Exercise:

填空　Fill in the blanks with a character as indicated in English:

＿＿期 (school term)　　　　＿＿期 (time period)

＿＿期 (week)　　　　　　　＿＿期 (mid-term)

＿＿期 (date)　　　　　　　＿＿期 (hope; expectation)

＿＿期 (period)　　　　　　＿＿期 (final examination)

315

化

4

huà (ㄏㄨㄚˋ)

1. change; convert (v.)
2. (a suffix of noun and verb) (suf.)

| 笔 顺 | **Stroke order:** |

亻 亿 化

| 字 体 | **Scripts:** |

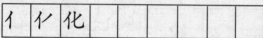

化　　化　　化　　化　　化　　化　　化

钢笔字　　宋体　　楷书　　隶书　　行书　　草书　　篆书

| 提 示 | **Tips:** |

注意右边不是"匕",也不是"七",而是"七"。

Note that the right component is neither 匕 nor 七, but 七.

| 部 件 | **Components:** |

亻 + 七　　　　结构图示：化

| 部 首 | **Radical:** |

亻 (单人, dānrén, man)

| 常用词语 | **Frequently-used words or phrases:** |

化工	huàgōng	n.	chemical engineering
化肥	huàféi	n.	chemical fertilizer
化名	huàmíng	n./v.	assumed name; alias / assume a new name
化身	huàshēn	n.	incarnation; embodiment
化石	huàshí	n.	fossil
化学	huàxué	n.	chemistry
化妆	huàzhuāng	v.	put on makeup; make up
化装	huàzhuāng	v.	disguise
分化	fēnhuà	v.	break up; dissolve
火化	huǒhuà	v.	cremate; cremation
绿化	lǜhuà	v.	make a place green by planting trees, etc.
四化	sì-huà	n.	four modernization movements
现代化	xiàndàihuà	n./v.	modernization / modernize

| 练 习 | **Exercise:** |

汉译英　Translate the following into English:

1. 火化　　　2. 化石　　　3. 化工　　　4. 四化

5. 分化　　　6. 化名　　　7. 化身　　　8. 绿化

316

花

huā (ㄏㄨㄚ)

1. flower (n.)
7   2. spend; expend (v.)

| 笔　顺 | **Stroke order:** |

艹	苁	花					

| 字　体 | **Scripts:** |

花　　花　　花　　花　　花　　花　　嵕

钢笔字　　宋体　　楷书　　隶书　　行书　　草书　　篆书

| 提　示 | **Tips:** |

"化"是声旁，"艹"表示植物。

化 is the sound element here, while the grass radical 艹 indicates plants.

| 部　件 | **Components:** |

艹 + 化　　　　　结构图示：花

| 部　首 | **Radical:** |

艹（草字头，cǎozìtóu，grass）

| 常用词语 | **Frequently-used words or phrases:** |

花布	huābù	n.	colored cotton fabrics
花草	huācǎo	n.	flowers and plants
花费	huāfèi	v./n.	waste; spend / expenditure
花钱	huāqián	v.o.	spend money
花生	huāshēng	n.	peanut
花样	huāyàng	n.	pattern; style
花园	huāyuán	n.	flower garden
兰花	lánhuā	n.	orchid
雪花	xuěhuā	n.	snow flake
眼花	yǎnhuā	v.	have blurred vision

| 练　习 | **Exercise:** |

找对应词　Match the Chinese terms with their English counterparts:

1. 雪花　　2. 花狗　　3. 花房　　4. 花费　　5. 花名册

6. 花生　　7. 花样　　8. 眼花　　9. 兰花　　10. 花花公子

A. orchid　　B. spend　　C. snowflakes　　D. pattern　　E. playboy　　F. peanut

G. blurry　　H. spotted dog　　I. greenhouse　　J. register (of names)

317

華

6

huá (ㄏㄨㄚˊ)

1. China; Chinese (n.)
2. magnificent; splendid (adj.)

笔 顺 Stroke order:

イ	化	华					

字 体 Scripts:

华　华　华　华　华　華　蕚

钢笔字　宋体　楷书　隶书　行书　草书　篆书

提 示 Tips:

"化"作声旁。"十",中国有十亿以上人口。

化 is the sound element, and 十 can be interpreted as the total population of China, which is over ten 亿 (hundred million).

部 件 Components:

化 + 十　　　　结构图示：华

部 首 Radical:

十 (shí, ten)

常用词语 Frequently-used words or phrases:

华北	Huáběi	n.	northern China
华东	Huádōng	n.	eastern China
华丽	huálì	adj.	luxurious
华侨	huáqiáo	n.	overseas Chinese
华裔	huáyì	n.	(person) of Chinese origin
中华	Zhōnghuá	n.	China; Chinese
中华民族	Zhōnghuá Mínzú	n.	the Chinese nation
中华人民共和国	Zhōnghuá Rénmín Gònghéguó	n.	the People's Republic of China

练 习 Exercise:

根据拼音写汉字　Write characters according to the *pinyin*:

huā____　　　qī____　　　shī____

huá____　　　qí____　　　shí____

huà____　　　qǐ____　　　shǐ____

　　　　　　　qì____　　　shì____

318

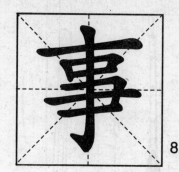

事

shì (尸)

8   **affair; thing (n.)**

Stroke order:

| 一 | 口 | 彐 | 彐 | 彐 | 事 | | |

字　体　Scripts:

事　事　事　事　事　事　事

钢笔字　　宋体　　楷书　　隶书　　行书　　草书　　篆书

提　示　Tips:

可分为"十，口，彐"。办事要用口，用手。"十"(shí)为声旁。

This character can be divided into three parts: 十, 口 and 彐. In handling your matters, you have to use both the mouth and hands. 十 (shí) in here serves as a sound element.

部　件　Components:

一 + 口 + 彐 + 亅　　结构图示：事　□

部　首　Radical:

一 (横，héng，horizontal stroke)

常用词语　Frequently-used words or phrases:

事变	shìbiàn	n.	incident
事故	shìgù	n.	accident; event
事后	shìhòu	n.	after sth. has been done; afterward
事前	shìqián	n.	before sth. is done; beforehand
事情	shìqing	n.	matter; business; affair
事实	shìshí	n.	fact; truth
事业	shìyè	n.	career
本事	běnshi	n.	capability; ability
故事	gùshi	n.	story
领事	lǐngshì	n.	consul
时事	shíshì	n.	current events; current affairs
同事	tóngshì	n.	colleague

练　习　Exercise:

英译汉　Translate the following into Chinese:

1. There is a matter I would like to ask you about. _____

2. We need the factual proof. _____

319

笔 bǐ (ㄅㄧˇ)

1. pen (n.)

10　2. (a measure for money) (m.)

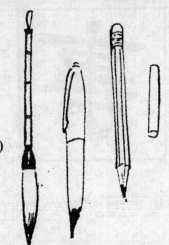

| 笔　顺 | Stroke order: |

⺮　笔 | | | | | | |

| 字　体 | Scripts: |

笔　笔　笔　笔　笔　筆　箫

钢笔字　宋体　楷书　隶书　行书　草书　篆书

| 提　示 | Tips: |

上边是竹子头(⺮)，下边是"毛"(máo)。中国毛笔是用竹子和兽毛做的。

A bamboo (tube) (⺮) on top with hair (毛, máo) at the bottom, the Chinese brush is made of bamboo and animal hair.

| 部　件 | Components: |

⺮ + 毛　　　结构图示：笔

| 部　首 | Radical: |

竹 (⺮) (zhú, bamboo)

| 常用词语 | Frequently-used words or phrases: |

笔划	bǐhuà	n.	stroke of a character
笔记	bǐjì	n.	note
笔名	bǐmíng	n.	pen name
笔直	bǐzhí	adj.	perfectly straight
钢笔	gāngbǐ	n.	fountain pen
毛笔	máobǐ	n.	brush (pen)
铅笔	qiānbǐ	n.	pencil
一笔钱	yì bǐ qián	ph.	a sum of money
圆珠笔	yuánzhūbǐ	n.	ballpoint pen

| 练　习 | Exercise: |

找对应词　Match each Chinese term with its English counterpart:

1. 文笔　　2. 钢笔　　3. 笔名　　4. 笔记　　5. 笔直

6. 事实　　7. 事前　　8. 事件　　9. 故事　　10. 事故

A. story　　B. fountain pen　　C. fact　　D. incident　　E. style of writing

F. pen name　　G. perfectly straight　　H. accident　　I. note　　J. in advance

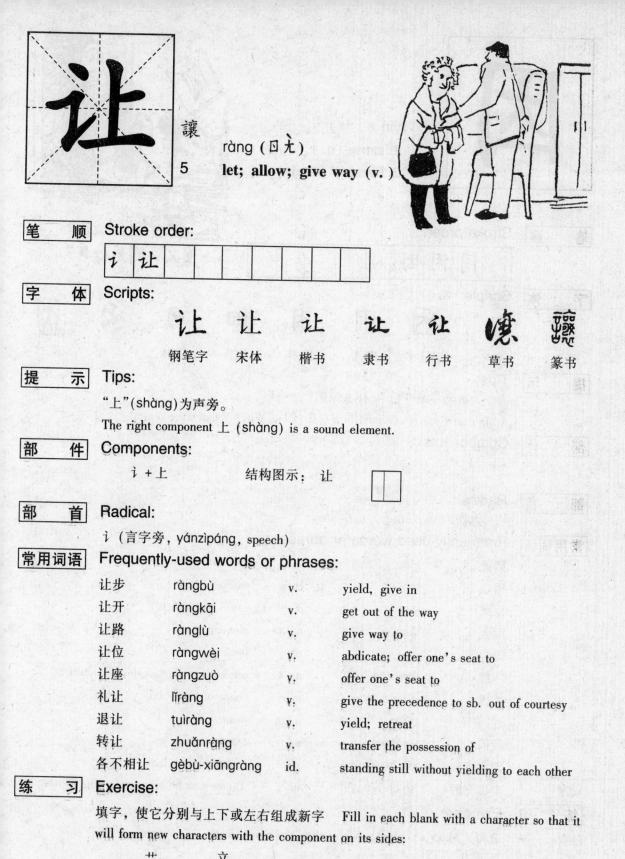

让 讓

ràng (ㄖㄤ)

5

let; allow; give way (v.)

笔 顺 Stroke order:

讠	让						

字 体 Scripts:

让　　让　　让　　让　　让　　让　　讓

钢笔字　　宋体　　楷书　　隶书　　行书　　草书　　篆书

提 示 Tips:

"上"(shàng) 为声旁。

The right component 上 (shàng) is a sound element.

部 件 Components:

讠 + 上　　　　结构图示：让

部 首 Radical:

讠（言字旁, yánzìpáng, speech）

常用词语 Frequently-used words or phrases:

让步	ràngbù	v.	yield, give in
让开	ràngkāi	v.	get out of the way
让路	rànglù	v.	give way to
让位	ràngwèi	v.	abdicate; offer one's seat to
让座	ràngzuò	v.	offer one's seat to
礼让	lǐràng	v.	give the precedence to sb. out of courtesy
退让	tuìràng	v.	yield; retreat
转让	zhuǎnràng	v.	transfer the possession of
各不相让	gèbù-xiāngràng	id.	standing still without yielding to each other

练 习 Exercise:

填字，使它分别与上下或左右组成新字　Fill in each blank with a character so that it will form new characters with the component on its sides:

艹　　　　立　　　　　　　　　　讠

□　　　　□　　　禾□巴　　　□夂

十　　　　疋

321

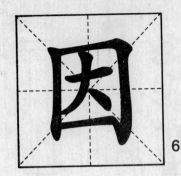

因 6

yīn （ㄧㄣ）
1. cause （n.）
2. because （conj.）

客人，因为什么？

笔 顺 Stroke order:

| 一 | 冂 | 冈 | 因 | | | | |

字 体 Scripts:

因　　因　　因　　因　　因　　因　　因

钢笔字　宋体　楷书　隶书　行书　草书　篆书

提 示 Tips:

一个人被关在狱(口)中,什么原因?

A big man （大） is confined in a cell （口）. Why? What's the reason （因）?

部 件 Components:

口 + 大　　　　结构图示：因　　□

部 首 Radical:

口 （方框，fāngkuàng，enclosure）

常用词语 Frequently-used words or phrases:

因此	yīncǐ	conj.	therefore
因而	yīn'ér	conj.	so that; thus
因果	yīnguǒ	n.	cause and effect
因素	yīnsù	n.	element; factor
因为	yīnwèi	conj.	because
因缘	yīnyuán	n.	predestined relationship （Buddhism）
成因	chéngyīn	n.	cause of formation
起因	qǐyīn	n.	cause; reason
原因	yuányīn	n.	reason; cause
因病请假	yīn bìng qǐngjià	ph.	request a sick leave
事出有因	shìchūyǒuyīn	id.	There must be a cause for this matter.

练 习 Exercise:

造句　Make a sentence with each of the words given:

1. 因此 _____.

2. 让步 _____

3. 因而 _____

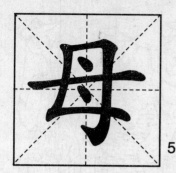

5

mǔ (ㄇㄨˇ)

mother (n.)

笔 顺	Stroke order:

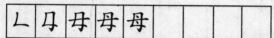

字 体	Scripts:

母 母 母 母 母 ꙮ 𡨚

钢笔字　宋体　楷书　隶书　行书　草书　篆书

提 示	Tips:

古字为"女"加两短画 𡨚；中间两点表示乳房。

This is a pictograph that shows a woman （女）with two breasts indicated by two short strokes "丶".

部 件	Component:

母　　　　　结构图示：母　☐

部 首	Radical:

母 (mǔ, mother)

常用词语	Frequently-used words or phrases:

母爱	mǔ'ài	n.	motherly love; tender love
母狗	mǔgǒu	n.	bitch
母鸡	mǔjī	n.	hen
母亲	mǔqin	n.	mother
母校	mǔxiào	n.	Alma Mater
母语	mǔyǔ	n.	mother tongue
伯母	bómǔ	n.	aunt
父母	fùmǔ	n.	parents
姑母	gūmǔ	n.	aunt (father's older sister)
继母	jìmǔ	n.	step mother
祖母	zǔmǔ	n.	grandmother (paternal)
母老虎	mǔlǎohǔ	n.	tigress; shrew

练 习	Exercise:

找对应词 Match each Chinese word with its English counterpart:

1. 父母　　2. 母牛　　3. 祖母　　4. 母鸡　　5. 继母

6. 母语　　7. 母爱　　8. 母校　　9. 母狗

A. cow　　B. motherly love　　C. bitch　　D. parents　　E. Alma Mater

F. grandmother　　G. hen　　　　H. step mother　　　　I. mother tongue

323

每

měi (ㄇㄟˇ)

7　each; per (pron.)

笔　顺　Stroke order:

㇒	每						

字　体　Scripts:

每　　每　　每　　每　　每　　每　　每

钢笔字　　宋体　　楷书　　隶书　　行书　　草书　　篆书

提　示　Tips:

上边"㇒"是"人"，下边的"母"是声旁。

The ㇒ on top is the character 人 (person), and the 母 at the bottom is a sound element, thus forming the meaning of "each, every (person)".

部　件　Components:

㇒ + 母　　　　　结构图示：每

部　首　Radicals:

丿 (撇, piě, left-falling stroke); 母 (mǔ, mother)

常用词语　Frequently-used words or phrases:

每当	měidāng	prep.	whenever
每每	měiměi	adv.	often
每年	měinián	n.	every year
每人	měirén	n.	everybody
每天	měitiān	n.	every day
每夜	měiyè	n.	every night
每月	měiyuè	n.	every month
每本书	měi běn shū	ph.	every book
每件事	měi jiàn shì	ph.	everything

练　习　Exercise:

英译汉　Translate the following into Chinese:

1. everybody　　　2. everyday　　　3. every year　　　4. every book

5. every country　6. every friend　7. every student　8. every teacher

9. every semester　10. everything

324

海

hǎi (ㄏㄞˇ)

10 sea (n.)

笔 顺 Stroke order:

| 氵 | 海 | | | | | | |

字 体 Scripts:

海　海　海　海　海　海　海

钢笔字　宋体　楷书　隶书　行书　草书　篆书

提 示 Tips:

海是众水之母,且根据人由鱼进化而来的说法,海也是人类之母。

Ocean is the mother （母）(resource) of all waters, and it is also the mother of human beings （人）according to the Chinese folk lore.

部 件 Components:

氵 + 宀 + 母　　结构图示：海

部 首 Radical:

氵 (三点水, sāndiǎnshuǐ, water)

常用词语 Frequently-used words or phrases:

海滨	hǎibīn	n.	seaside; seashore
海产	hǎichǎn	n.	marine product
海岛	hǎidǎo	n.	island
海港	hǎigǎng	n.	harbor
海关	hǎiguān	n.	customs house; customs
海军	hǎijūn	n.	navy
海路	hǎilù	n.	sea route
海上	hǎishàng	n.	in the sea
海外	hǎiwài	n.	overseas; abroad
海洋	hǎiyáng	n.	ocean
大海	dàhǎi	n.	sea
下海	xiàhǎi	v.	go to sea; engage in trade
五湖四海	wǔhú-sìhǎi	id.	every part of the world
人山人海	rénshān-rénhǎi	id.	crowds of people

练 习 Exercise:

"海"字还能被分解两次,得到两个新字。请你再找出两个同样的字例来:

The character 海 can be dissected twice and each time changes into a new character. Can you give two more sample characters?

例 Example: 海—每—母

325

高

gāo（ㄍㄠ）

10   tall; high (adj.)

笔　顺　Stroke order:

亠　　古　　亯　　高

字　体　Scripts:

高　　高　　高　　高　　高　　髙　　髙

钢笔字　　宋体　　楷书　　隶书　　行书　　草书　　篆书

提　示　Tips:

象形字，像一个高亭或塔。

This is a pictograph which resembles a high pavilion or tower.

部　件　Components:

亠＋口＋冂＋口　　　　结构图示：高

部　首　Radical:

亠（文字头，wénzìtóu，top part of 文）

常用词语　Frequently-used words or phrases:

高矮	gāo'ǎi	n.	height
高潮	gāocháo	n.	high tide; peak; highlight
高大	gāodà	adj.	tall and husky
高低	gāodī	n.	height; high and low
高度	gāodù	n.	height
高贵	gāoguì	adj.	noble; lofty
高级	gāojí	adj.	high class
高见	gāojiàn	n.	your brilliant idea (courtesy)
高兴	gāoxìng	adj.	delighted; happy
高中	gāozhōng	n.	high school
提高	tígāo	v.	raise; lift; improve
跳高	tiàogāo	n./v.	high jump
高帽子	gāomàozi	id.	top hat; flattery

练　习　Exercise:

为下列词语注音并翻译含义：

Give the *pinyin* as well as the meaning for each of the following words:

1. 高手＿＿＿＿　　2. 高见＿＿＿＿　　3. 高兴＿＿＿＿　　4. 女高音＿＿＿＿

5. 清高＿＿＿＿　　6. 高中＿＿＿＿　　7. 高地＿＿＿＿　　8. 高帽子＿＿＿＿

jīng (ㄐㄧㄥ)

8

capital of a country (n.)

Stroke order:

一	亠	京					

字　体 Scripts:

京	京	京	京	京	束	京
钢笔字	宋体	楷书	隶书	行书	草书	篆书

提　示 Tips:

上边是"高"字头。首都地位最高,在其下的城都小。

The upper element of this character is the top part of the character 高. It implies that the capital holds the highest position among all; all cities under it are small (小).

部　件 Components:

亠 + 口 + 小　　　结构图示：京

部　首 Radical:

亠（文字头，wénzìtóu, top part of 文）

常用词语 Frequently-used words or phrases:

京城	jīngchéng	n.	capital city
京都	jīngdū	n.	capital
京华	jīnghuá	n.	capital
京剧	jīngjù	n.	Beijing opera
京师	jīngshī	n.	capital
北京	Běijīng	n.	Beijing (Peking)
东京	Dōngjīng	n.	Tokyo
进京	jìnjīng	v. o.	go to the capital
南京	Nánjīng	n.	Nanjing (Nanking)
北京烤鸭	Běijīng kǎoyā	ph.	Beijing roast duck
北京时间	Běijīng shíjiān	n.	Beijing time

练　习 Exercise:

写出下列城市的英文名　Give the English names for the following cities:

北京_____　　　东京_____　　　南京_____

影

yǐng（ㄧㄥˇ）

1. shadow (n.)

15 2. photograph (n.)

| 笔 顺 | **Stroke order:** |

| 日 | 景 | 影 | | | | | | |

| 字 体 | **Scripts:** |

影　　影　　影　　影　　影　　影　　景

钢笔字　　宋体　　楷书　　隶书　　行书　　草书　　篆书

| 提 示 | **Tips:** |

"京"表声；"日"指阳光，"彡"表示阴影。

京 in this character is a phonetic compound. 日 indicates the sunlight,   and 彡 the shadow.

| 部 件 | **Components:** |

日 + 京 + 彡　　　结构图示：影

| 部 首 | **Radical:** |

彡（三撇，sānpiě, three left-falling strokes）

| 常用词语 | **Frequently-used words or phrases:** |

影迷	yǐngmí	n.	movie fan
影片	yǐngpiàn	n.	film; movie
影响	yǐngxiǎng	n. /v.	influence / affect
影印	yǐngyìn	v.	zerox copy
影子	yǐngzi	n.	shadow
电影	diànyǐng	n.	movie
合影	héyǐng	n. /v.	group photo / take a picture together
人影	rényǐng	n.	shadow of a figure
摄影	shèyǐng	v. /n.	take a photo / photography
缩影	suōyǐng	v. /n.	make an epitome / miniature
电影院	diànyǐngyuàn	n.	cinema

| 练 习 | **Exercise:** |

字谜　Solve the riddle:

一点(diǎn, dot)一横(héng, horizontal stroke)长，

口字在中央(zhōngyāng, center)，

大口张着嘴(zhāngzhe zuǐ, open the mouth)，

小口里面(lǐmiàn, inside)藏(cáng, hide)。

328

电 電 diàn (ㄉㄧㄢˋ)

5

1. electricity (n.)
2. telegram; cable (n.)

| 笔 顺 | Stroke order: |

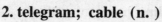

| 日 | 电 | | | | | | |

| 字 体 | Scripts: |

电　电　电　电　电　電　靐

钢笔字　宋体　楷书　隶书　行书　草书　篆书

| 提 示 | Tips: |

"日"是太阳，"乚"表示从太阳放出的电波。

日 is the sun, and 乚 is the electric waves coming out from the sun.

| 部 件 | Components: |

日 + 乚　　　结构图示：电　□ .

| 部 首 | Radical: |

乙（乚）(折, zhé, turning stroke)

| 常用词语 | Frequently-used words or phrases: |

电报	diànbào	n.	telegraph; telegram
电灯	diàndēng	n.	electric light
电话	diànhuà	n.	telephone
电脑	diànnǎo	n.	computer
电器	diànqì	n.	electrical items; electric appliance
电视	diànshì	n.	television
电台	diàntái	n.	broadcast station
电梯	diàntī	n.	elevator; lift
电线	diànxiàn	n.	electric wire
闪电	shǎndiàn	n.	lightning
邮电	yóudiàn	n.	post and telecommunication
电冰箱	diànbīngxiāng	n.	refrigerator
邮电局	yóudiànjú	n.	postal, telephone and telegraph office
无线电	wúxiàndiàn	n.	wireless; radio

| 练 习 | Exercise: |

翻译　Translate the following into English:

1. 电话　　2. 电脑　　3. 电视　　4. 电线　　5. 电工　　6. 电冰箱

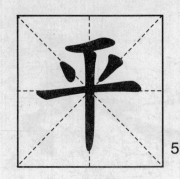

平

5

píng (ㄆ丨ㄥ)

1. flat, even (adj)
2. put down; suppress (v.)
3. calm; peaceful (adj.)

笔　顺 Stroke order:

一	一	一	二	平				

字　体 Scripts:

平　　平　　平　　平　　平　　乎　　乎

钢笔字　宋体　楷书　隶书　行书　草书　篆书

提　示 Tips:

像一座天平，上放二物而平衡。

It looks like a scale with two objects balancing on it.

部　件 Component:

平　　　　结构图示：平

部　首 Radical:

一（横，héng，horizontal stroke）

常用词语 Frequently-used words or phrases:

平安	píng'ān	adj.	peaceful
平常	píngcháng	adj.	usual; ordinary
平等	píngděng	adj.	equal
平静	píngjìng	adj.	calm
平均	píngjūn	adj.	average
平民	píngmín	n.	civilian; common people
平时	píngshí	n.	usually
公平	gōngpíng	adj.	fair
和平	hépíng	n.	peace
水平	shuǐpíng	n.	level; standard
太平	tàipíng	adj.	peaceful

练　习 Exercise:

找对应词　Match the Chinese words with their English counterparts:

1. 公平　　2. 平安　　3. 平常　　4. 水平　　5. 和平

6. 平民　　7. 平时　　8. 平信　　9. 平均　　10. 平原

A. plain　　B. level　　C. ordinary　　D. average　　E. safe　　F. peace

G. regular mail　　H. common people　　I. fair　　J. usually

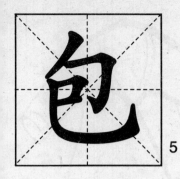

bāo (ㄅㄠ)
1. wrap (v.)
2. package (n.)
3. (a measure) (m.)

5

笔 顺 Stroke order:

ノ｜ 勹｜ 匀｜ 包｜｜｜｜｜

字 体 Scripts:

包 | 包 | 包 | 包 | 包 | 乞 | 圓

钢笔字　宋体　楷书　隶书　行书　草书　篆书

提 示 Tips:

"巳"是一条蛇，"勹"是一块包袱布，包住了蛇头。

巳 is a snake, and its head is wrapped up by a cloth-wrapper (勹).

部 件 Components:

勹 + 巳　　　　结构图示：包

部 首 Radical:

勹（包字头, bāozìtóu, top part of 包）

常用词语 Frequently-used words or phrases:

包袱	bāofu	n.	cloth-wrapper; burden
包裹	bāoguǒ	n.	bundle
包括	bāokuò	v.	include
包围	bāowéi	v.	surround; encircle
包扎	bāozā	v.	pack and tie
包装	bāozhuāng	v. / n.	pack / package
背包	bèibāo	n.	back pack
面包	miànbāo	n.	bread
皮包	píbāo	n.	purse
书包	shūbāo	n.	a bag for carrying books
腰包	yāobāo	n.	wallet
手提包	shǒutíbāo	n.	handbag

练 习 Exercise:

猜字谜　Solve the riddle for a character:

你没有他有，天没有地有。

331

衣

yī (丨)

6   clothes (n.)

笔 顺	**Stroke order:**

丶	一	亠	产	衣	衣			

字 体	**Scripts:**

衣　　衣　　衣　　衣　　衣　　衣　　衣

钢笔字　　宋体　　楷书　　隶书　　行书　　草书　　篆书

提 示	**Tips:**

由 衣 演变而来。古字像形。

The original form of this character looks like a garment.

部 件	**Component:**

衣　　　　　　结构图示：衣

部 首	**Radical:**

衣 (yī, clothes)

常用词语	**Frequently-used words or phrases:**

衣服	yīfu	n.	clothes; garment
衣柜	yīguì	n.	wardrobe
衣架	yījià	n.	clothes hanger; coat hanger
衣裳	yīshang	n.	clothes
衣物	yīwù	n.	garment; clothing
衣箱	yīxiāng	n.	suitcase
便衣	biànyī	n.	plain clothes; casual dress
大衣	dàyī	n.	overcoat
毛衣	máoyī	n.	sweater
内衣	nèiyī	n.	underwear
上衣	shàngyī	n.	jacket
外衣	wàiyī	n.	outer garment
雨衣	yǔyī	n.	rain coat

练 习	**Exercise:**

根据偏旁写汉字　Write a character based on each radical provided:

偏旁在左：王＿＿＿　米＿＿＿　⻊＿＿＿　月＿＿＿　纟＿＿＿

偏旁在右：＿＿＿刂　＿＿＿乡　＿＿＿卩　＿＿＿攵　＿＿＿阝

332

bèi (ㄅㄟˋ)
1. quilt (n.)
2. by (in passive voice) (prep.)

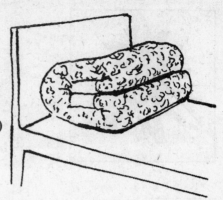

笔 顺 Stroke order:

丶 ㇇ 衤 衤 衤 衤 衤 衤 被

字 体 Scripts:

被　被　被　被　被　被　襖

钢笔字　宋体　楷书　隶书　行书　草书　篆书

提 示 Tips:

"皮"(pí)是声旁,形旁(衤)表示衣物。

皮(pí) is the sound element, and 衤 is the character 衣 used as a radical.

部 件 Components:

衤 + 皮　　　结构图示：被

部 首 Radical:

衤 (衣字旁, yīzìpáng, clothes)

常用词语 Frequently-used words or phrases:

被捕	bèibǔ	v.	be arrested
被单	bèidān	n.	sheet
被动	bèidòng	adj.	passive
被告	bèigào	n.	defendant
被害	bèihài	v.	be victimized
被子	bèizi	n.	quilt
棉被	miánbèi	n.	cotton quilt

用 法 Usage:

作介词时,用在被动句中,引出发出动作的人或事(常常省略)。如:书被(人)借走了;他被汽车撞了一下;她被选为代表。

When used as a preposition, it appears in passive sentences, bringing out the person or thing that takes the action (often omitted). Examples: The book has been borrowed. He was hit by a car. She was elected as a representative.

练 习 Exercise:

指出哪些字以"衣(衤)"为部首,哪些以"示(衤)"为部首　Point out which characters have the 衤 (divine) radical and which have the 衤 (clothing) radical:

社　初　祝　衫　神　袖　视　褂　福　装　衷　裳

333

zhuāng (ㄓㄨㄤ)

装 1. clothing; outfit (n.)

12 2. act; dress up (v.)

3. load; pack (v.)

您是真的被我打伤了，还是故意装出来使我高兴?

笔 顺	**Stroke order:**

| 丬 | 壮 | 装 | | | | | | |

字 体	**Scripts:**

装　装　装　裝　装　裝　裝

钢笔字　宋体　楷书　隶书　行书　草书　篆书

提 示	**Tips:**

"壮"(zhuàng)是声旁，"衣"表示服装。

壮 (zhuàng) is the sound element, and 衣 indicates clothing.

部 件	**Components:**

壮 + 衣　　结构图示：衣

部 首	**Radical:**

衣 (yī, clothes)

常用词语	**Frequently-used words or phrases:**

装扮	zhuāngbàn	v. /n.	dress up; disguise / attire
装备	zhuāngbèi	v. /n.	equip / equipment
装订	zhuāngdìng	v.	bind
装束	zhuāngshù	n.	attire; dress
装修	zhuāngxiū	v.	remodel; fit up
安装	ānzhuāng	v.	install
包装	bāozhuāng	v. /n.	pack / packing
服装	fúzhuāng	n.	clothing; dress
假装	jiǎzhuāng	v.	pretend
时装	shízhuāng	n.	the latest fashion
装门面	zhuāngménmiàn	id.	put up a front

练 习	**Exercise:**

汉译英　Translate the following into English:

1. 这家服装店正在装修。

2. 看她的装扮就知道她是一个时装模特儿(mótèr, model)。

9

gù （《ㄨˋ）
1. former; old (adj.)
2. incident (n.)
3. reason (n.)

| 笔 顺 | Stroke order: |

古 虫 虫 故 故

| 字 体 | Scripts: |

故　故　故　故　故　古　鼓

钢笔字　宋体　楷书　隶书　行书　草书　篆书

| 提 示 | Tips: |

"古"(gǔ)表示过去，"攵"指文化。过去的文化。

古 (gǔ) indicates both the sound and the meaning (ancient, old). 攵 means culture. So, 故 carries the meaning of "culture of the past".

| 部 件 | Components: |

古 + 攵　　　结构图示：故

| 部 首 | Radical: |

攵 (反文, fǎnwén, reversed 文)

| 常用词语 | Frequently-used words or phrases: |

故地	gùdì	n.	old place
故都	gùdū	n.	ancient capital
故宫	Gùgōng	n.	the Palace Museum; the Forbidden City
故居	gùjū	n.	previous residence
故人	gùrén	n.	old friend; people in the past
故事	gùshi	n.	story
故乡	gùxiāng	n.	hometown
故意	gùyì	adv.	intentional; purposely
借故	jiègù	v.	make an excuse
事故	shìgù	n.	accident
无故	wúgù	adv.	without reason
缘故	yuángù	n.	reason; cause
一见如故	yíjiàn-rúgù	id.	feel like old friends at the first meeting

| 练 习 | Exercise: |

造句　Make sentences with the words provided:

1. 故事＿＿＿＿＿＿＿＿＿＿＿＿＿＿＿＿＿＿＿＿＿

2. 事故＿＿＿＿＿＿＿＿＿＿＿＿＿＿＿＿＿＿＿＿＿

zuò (ㄗㄨㄛˋ)

11 do; make; act (v.)

| 笔 顺 | **Stroke order:** |

亻 做

| 字 体 | **Scripts:** |

做　　做　　做　　做　　做　　做　　做

钢笔字　　宋体　　楷书　　隶书　　行书　　草书　　篆书

| 提 示 | **Tips:** |

"故"表示过去,原故;"亻(人)"和原故结合,指人为什么这样做。

This character is composed of 亻 and 故, thus forming the meaning "the reason for people to do so".

| 部 件 | **Components:** |

亻 + 古 + 攵　　　结构图示: 做

| 部 首 | **Radical:** |

亻 (单人, dānrén, man)

| 常用词语 | **Frequently-used words or phrases:** |

做菜	zuòcài	v. o.	cook
做到	zuòdào	v.	able to do
做法	zuòfǎ	n.	way of doing
做饭	zuòfàn	v. o.	cook
做工	zuògōng	v.	work
做官	zuòguān	v.	be an official
做梦	zuòmèng	v.	have a dream; dream
做人	zuòrén	v.	conduct oneself; behave
做事	zuòshì	v.	work
做作	zuòzuo	adj.	artificial; affected
做生意	zuò shēngyi	v. o.	do business
做文章	zuò wénzhāng	v. o.	write an essay

| 练 习 | **Exercise:** |

猜字谜　Solve the riddle for a character:

这半看去是古文,那半看去是古人;

把中心抽掉(chōu diào—take away),就成了文人。

飛
fēi (匚乁)
3   **fly (v.)**

| 笔　顺 | **Stroke order:** |

| 乁 | 飞 | 飞 | | | | | | |

| 字　体 | **Scripts:** |

飞　　飞　　飞　　飞　　飞　　飞　　飛

钢笔字　宋体　楷书　隶书　行书　草书　篆书

| 提　示 | **Tips:** |

把飞想像成一只张开翅膀飞行的大雁。

Imagine this as a wild goose flipping its wings in flying.

| 部　件 | **Component:** |

飞　　　　结构图示：飞

| 部　首 | **Radical:** |

乙（折，zhé，turning stroke）

| 常用词语 | **Frequently-used words or phrases:** |

飞奔	fēibēn	v.	run fast
飞船	fēichuán	n.	blimp
飞弹	fēidàn	n.	missile
飞机	fēijī	n.	airplane
飞快	fēikuài	adj.	swift; quick
飞跑	fēipǎo	v.	run fast
飞艇	fēitǐng	n.	blimp
飞行	fēixíng	v.	fly; flight
起飞	qǐfēi	v.	take off
直飞	zhífēi	v.	directly fly to
飞机场	fēijīchǎng	n.	airport

| 练　习 | **Exercise:** |

解释颠倒词：

Explain the following words formed with two transverse characters:

北京——京北　　　　事故——故事　　　　中华——华中

上海——海上　　　　笔名——名笔　　　　人生观——观人生

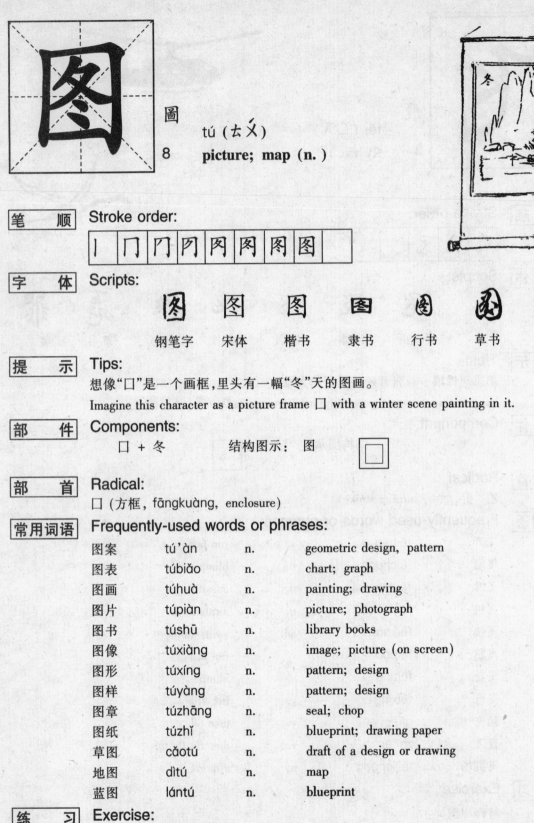

图

图

tú (ㄊㄨˊ)

8

picture; map (n.)

笔 顺	**Stroke order:**

丨 冂 冂 冈 冈 冈 图 图

字 体	**Scripts:**

图　　图　　图　　图　　图　　图　　圖

钢笔字　宋体　楷书　隶书　行书　草书　篆书

提 示	**Tips:**

想像"囗"是一个画框,里头有一幅"冬"天的图画。

Imagine this character as a picture frame 囗 with a winter scene painting in it.

部 件	**Components:**

囗 + 冬　　　　结构图示：图

部 首	**Radical:**

囗 (方框, fāngkuàng, enclosure)

常用词语	**Frequently-used words or phrases:**

图案	tú'àn	n.	geometric design, pattern
图表	túbiǎo	n.	chart; graph
图画	túhuà	n.	painting; drawing
图片	túpiàn	n.	picture; photograph
图书	túshū	n.	library books
图像	túxiàng	n.	image; picture (on screen)
图形	túxíng	n.	pattern; design
图样	túyàng	n.	pattern; design
图章	túzhāng	n.	seal; chop
图纸	túzhǐ	n.	blueprint; drawing paper
草图	cǎotú	n.	draft of a design or drawing
地图	dìtú	n.	map
蓝图	lántú	n.	blueprint

练 习	**Exercise:**

根据所给部首或部件填字：

Complete each character according to the radical or the component given:

1. 囗 __ __　　　2. 心 __ __　　　3. 夊 __ __　　　4. 耂 __ __

338

運 yùn (ㄩㄣˋ)
7 **carry; transport**
(v.)

Stroke order:

| 一 | 云 | 运 | | | | | |

字　体 Scripts:

运　运　运　运　运　运　運

钢笔字　宋体　楷书　隶书　行书　草书　篆书

提　示 Tips:

"辶"表示行走移动，"云"(yún)是声旁。

辶 indicates "walking" or "movement", and 云 (yún) is the sound component.

部　件 Components:

云 + 辶　　　　结构图示：运

部　首 Radical:

辶 (走之, zǒuzhī, advance)

常用词语 Frequently-used words or phrases:

运动	yùndòng	v. ／n.	exercise / movement; sports
运费	yùnfèi	n.	transportation expenses; freight
运输	yùnshū	v. ／n.	transport; shipping
运用	yùnyòng	v.	apply
好运	hǎoyùn	n.	fortune; good luck
运动场	yùndòngchǎng	n.	sports field
运动会	yùndònghuì	n.	sports meet
运动员	yùndòngyuán	n.	athlete; sportsman
奥运会	Àoyùnhuì	n.	the Olympic Games
亚运会	Yàyùnhuì	n.	the Asian Games

练　习 Exercise:

找对应词　Match the Chinese words with their English counterparts:

1. 运河　　2. 运动员　　3. 运动会　　4. 好运　　5. 运送

6. 图画　　7. 画图　　8. 图纸　　9. 草图　　10. 意图

A. sketch, draft　B. good luck　C. canal　D. intention　E. sportsman　F. blueprint

G. picture, drawing　　H. draw, print　I. sports meet　J. transport, ship

jiā (ㄐㄧㄚ)

5 **add; plus (v.)**

| 笔 顺 | Stroke order: |

| 力 | 加 | | | | | | | |

| 字 体 | Scripts:

加　　加　　加　　加　　加　　力　　加

钢笔字　　宋体　　楷书　　隶书　　行书　　草书　　篆书

| 提 示 | Tips:

语言(口)必须加上行动(力)，不能光说不做。

Actions (力) have to be added to the speech (口). It's no use talking without any action.

| 部 件 | Components:

力 + 口　　　　结构图示：加

| 部 首 | Radicals:

力 (lì, strength); 口 (kǒu, mouth)

| 常用词语 | Frequently-used words or phrases:

加班	jiābān	v.	work over-time
加倍	jiābèi	adv.	double
加法	jiāfǎ	n.	addition (mathematics)
加工	jiāgōng	v.	process
加快	jiākuài	adv.	accelerate
加强	jiāqiáng	v.	reinforced
加入	jiārù	v.	participate in; join
加速	jiāsù	v.	accelerate
加油	jiāyóu	v.	Go! Go! Go! (cheering in sports)
参加	cānjiā	v.	join; take part in
附加	fùjiā	v.	attached to; add to
更加	gèngjiā	adv.	to a higher degree; even more
增加	zēngjiā	v.	increase
加拿大	Jiānádà	n.	Canada

| 练 习 | Exercise:

猜字谜　Solve each riddle for a word:

1. 一加一，不是二。_____

2. 一减一，不是零。_____

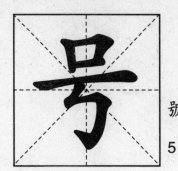

號
5

háo / hào （ㄏㄠˊ/ㄏㄠˋ）
1. háo: **howl; yell** (v.)
2. hào: **name; date; number** (n.)

笔　顺 Stroke order:

| 口 | 口 | 号 | | | | | |

字　体 Scripts:

号　号　号　号　号　福　号

钢笔字　宋体　楷书　隶书　行书　草书　篆书

提　示 Tips:

上边是"口",下边"丂"是声音。口号、号令全都从口发出。

The top part of this character is a mouth （口）, and the lower part 丂 is a symbol of speech sound. All slogans （口号） and orders （号令） must be made by the mouth.

部　件 Components:

口 + 丂　　　结构图示：号

部　首 Radical:

口 （kǒu, mouth）

常用词语 Frequently-used words or phrases:

号叫	háojiào	v.	howl; yell
号哭	háokū	v.	cry loudly
号码	hàomǎ	n.	number
号数	hàoshù	n.	number
号外	hàowài	n.	extra (news)
号召	hàozhào	v. / n.	summon / appeal; call
大号	dàhào	n.	large size
口号	kǒuhào	n.	slogan
外号	wàihào	n.	alias
五号大楼	wǔ hào dàlóu	n.	Building No. 5
十月一号	shíyuè yīhào	n.	October 1

练　习 Exercise:

把下列句子翻译成中文　Translate the following into Chinese:

1. What's the date today?

2. What is your telephone number?

3. Do you want the large size or the small size?

件

jiàn (ㄐㄧㄢˋ)

1. letter; document (n.)
2. (a measure) (m.)

6

每件 10元

笔 顺	**Stroke order:**

亻 件 ☐ ☐ ☐ ☐ ☐ ☐ ☐ ☐

字 体	**Scripts:**

件　　件　　件　　件　　件　　牛　　件

钢笔字　宋体　楷书　隶书　行书　草书　篆书

提 示	**Tips:**

用于许多事物的量词,由"亻(人)"和"牛"组成,却不用于计算人和牛。

This character is composed of 亻 (man) and 牛 (cow), and is used as a measure word for items of things, but not for 人 and 牛.

部 件	**Components:**

亻 + 牛　　结构图示：件　☐

部 首	**Radical:**

亻 (单人, dānrén, man)

常用词语	**Frequently-used words or phrases:**

事件	shìjiàn	n.	incident; event
条件	tiáojiàn	n.	condition
文件	wénjiàn	n.	document
物件	wùjiàn	n.	article; items of things
信件	xìnjiàn	n.	mail
邮件	yóujiàn	n.	mail
证件	zhèngjiàn	n.	identification; certificate

用 法	**Usage:**

作量词时,用于某些个体事物,如:一件事;两件礼物;三件衬衫。

As a measure word, it is used for something specific, e.g. a matter; two gifts; three shirts.

练 习	**Exercise:**

汉译英　Translate the following into English:

1. 这件衬衫是我太太给我买的。

2. 这件工作可真不容易。

3. 她送给我两件生日礼物。

令

5

lìng （ㄌ丨ㄥˋ）
1. command; order (n.)
2. make; cause (v.)

FIRE

笔　顺 **Stroke order:**

ノ	八	亼	令	令				

字　体 **Scripts:**

 令　令　令　令　令　　

钢笔字　宋体　楷书　隶书　行书　草书　篆书

提　示 **Tips:**

"令"字多一点，命令必须在今天执行。

令 is 今 with an extra dot: the order (令) must be carried out today (今).

部　件 **Components:**

今 + 丶　　　结构图示：令 [ ]

部　首 **Radical:**

人 (rén, man)

常用词语 **Frequently-used words or phrases:**

令爱	lìng'ài	n.	your (honorable) daughter
令郎	lìngláng	n.	your (honorable) son
令堂	lìngtáng	n.	your (honorable) mother
令尊	lìngzūn	n.	your (honorable) father
法令	fǎlìng	n.	law; regulation
号令	hàolìng	n.	verbal command; order
军令	jūnlìng	n.	military order
命令	mìnglìng	n./v.	order
下令	xiàlìng	v.o.	give an order
夏令时	xiàlìngshí	n.	daylight saving time
令人满意	lìng rén mǎnyì	ph.	satisfactory

练　习 **Exercise:**

下面各字各加一点成为什么字？

With one dot added to each of the following characters, what characters will they become?

1. 今＿＿＿　　2. 万＿＿＿　　3. 大＿＿＿　　4. 木＿＿＿　　5. 厂＿＿＿

领　lǐng（ㄌㄧㄥˇ）

11

1. collar (n.)
2. lead; usher (v.)

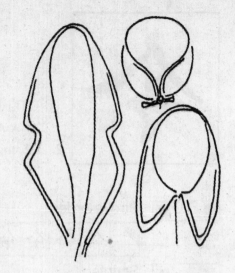

笔　顺 Stroke order:

令	领								

字　体 Scripts:

领	领	领	领	领	领	領
钢笔字	宋体	楷书	隶书	行书	草书	篆书

提　示 Tips:

"页"表示头或人，发出命令的人即为领导。"令"也作声旁。

页 indicates "head"; the person who gives orders is the leader. 令 also serves as the phonetic element.

部　件 Components:

令 + 页　　　　结构图示：领

部　首 Radical:

页 (yè, page; head)

常用词语 Frequently-used words or phrases:

领导	lǐngdǎo	n./v.	leader / lead; guide
领会	lǐnghuì	v.	comprehend
领教	lǐngjiào	v.	receive somebody's advise
领空	lǐngkōng	n.	air space (of a country)
领取	lǐngqǔ	v.	receive; get
领事	lǐngshì	n.	consul
领土	lǐngtǔ	n.	territory
领先	lǐngxiān	v.	lead
领袖	lǐngxiù	n.	leader; head
带领	dàilǐng	v.	lead; guide
首领	shǒulǐng	n.	leader; head
衣领	yīlǐng	n.	collar
领事馆	lǐngshìguǎn	n.	consulate

练　习 Exercise:

改错字　Correct the wrongly-written characters:

领　哭　头　为　书　实　写　历　窜

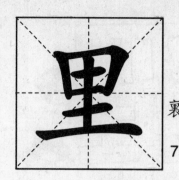

里 lǐ (ㄌㄧˇ)

裏 [1]

1. lining; inside; in (n.)
2. (a Chinese unit of length = 500 meters) (n.)

7

| 笔 顺 | **Stroke order:** |

曰	甲	甲	里				

| 字 体 | **Scripts:** |

里　　里　　里　　里　　里　　里　　里裏

钢笔字　　宋体　　楷书　　隶书　　行书　　草书　　篆书

| 提 示 | **Tips:** |

"土"的一竖钻到"日"里面去了。

The vertical stroke of 土 gets into 日.

| 部 件 | **Component:** |

里　　　　　结构图示：里

| 部 首 | **Radical:** |

里 (lǐ, mile)

| 常用词语 | **Frequently-used words or phrases:** |

里边	lǐbiān	n.	inside
里程	lǐchéng	n.	mileage; course
里面	lǐmiàn	n.	inside
哪里	nǎlǐ	pron.	Where?
哪里	nǎli	id.	Not at all. Don't mention it.
那里	nàlǐ	pron.	there
公里	gōnglǐ	n.	kilometer
英里	yīnglǐ	n.	mile
这里	zhèlǐ	pron.	here
里里外外	lǐlǐ-wàiwài	id.	inside and outside

| 练 习 | **Exercise:** |

翻译,参见插图　Translate the expressions into Chinese:

1. in front of the box (盒, hé)　　2. behind the box

3. on top of the box　　4. under the box

5. to the left of the box　　6. to the right of the box

7. inside the box　　8. outside the box

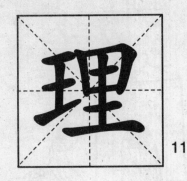

理

lǐ (ㄌㄧˇ)
1. reason; logic (n.)
2. natural science (n.)
11 3. manage; run (v.)

笔 顺 | **Stroke order:**

王	理						

字 体 | **Scripts:**

理　理　理　理　理　理　理

钢笔字　宋体　楷书　隶书　行书　草书　篆书

提 示 | **Tips:**

"里",声旁。"王"即玉。玉加工表示整理。

里 is a phonetic element; 王 is the same as 玉. The processing of a jade indicates "straightening".

部 件 | **Components:**

王 + 里　　结构图示：理

部 首 | **Radical:**

王 (wáng, king)

常用词语 | **Frequently-used words or phrases:**

理发	lǐfà	v.	have a haircut
理解	lǐjiě	v.	understand
理科	lǐkē	n.	science (subject)
理论	lǐlùn	n.	theory
理由	lǐyóu	n.	reason
处理	chǔlǐ	v.	handle; manage
道理	dàolǐ	n.	reason; theory
管理	guǎnlǐ	v.	manage
有理	yǒulǐ	v.	sensible; reasonable

练 习 | **Exercise:**

阅读小故事,解释"哪里,哪里"的含义:

Read the following story, and explain the meaning of 哪里, 哪里:

　　Tom 是美国学生,他学了两年中文了。有一天他去参加一个中国朋友的婚礼(hūnlǐ, wedding)。他对中国朋友说:"你太太很好看。"中国朋友说:"哪里,哪里。"Tom 说:"眼睛(yǎnjīng, eyes),耳朵(ěrduo, ears),还有头发(tóufa, hair)都好看。"说得大家都大笑起来了。

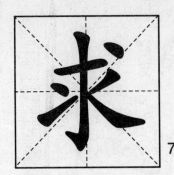

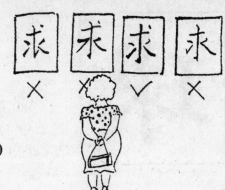

qiú (ㄑㄧㄡˊ)

7

1. beg (v.)

2. seek; strike for (v.)

笔 顺 Stroke order:

一　丁　丁　寸　寸　求　求　　　

字 体 Scripts:

求　　求　　求　　求　　求　　求　　求

钢笔字　宋体　楷书　隶书　行书　草书　篆书

提 示 Tips:

注意下边不是"水"。

Note that the bottom part of this character is not 水.

部 件 Components:

一 + 水 + 丶　　　　结构图示：求　□

部 首 Radicals:

一 (横, héng, horizontal stroke); 水 (氺) (shuǐ, water); 丶 (点, diǎn, dot)

常用词语 Frequently-used words or phrases:

求爱	qiú'ài	v.	court (a girl)
求婚	qiúhūn	v.	propose marriage
求教	qiújiào	v.	ask for advice
求救	qiújiù	v.	ask for help
求亲	qiúqīn	v.	propose marriage
求情	qiúqíng	v.	ask for mercy; ask for a favor
求人	qiúrén	v. o.	ask for help
求学	qiúxué	v.	study; attend school
请求	qǐngqiú	v./n.	ask / request
需求	xūqiú	v./n.	need / needs
要求	yāoqiú	v./n.	demand; ask
追求	zhuīqiú	v.	seek; aspire, pursue
实事求是	shíshì-qiúshì	id.	seek truth from facts

练 习 Exercise:

根据拼音写汉字　Write down the characters according to their *pinyin*:

1. qǐngqiú ____　　2. qiú'ài ____　　3. yāoqiú ____　　4. qiúxué ____

347

球

qiú （ㄑㄧㄡˊ）

**sphere; globe;
ball (n.)**

11

| 笔 顺 | **Stroke order:** |

| 王 | 球 | | | | | | | |

| 字 体 | **Scripts:** |

球	球	球	球	球	球	球
钢笔字	宋体	楷书	隶书	行书	草书	篆书

| 提 示 | **Tips:** |

"求"作声旁，本来是玉球。

求 serves as the phonetic element, and 王 originally indicated a jade ball.

| 部 件 | **Components:** |

王 ＋求 　　　　结构图示： 球

| 部 首 | **Radical:** |

王 (wáng, king)

| 常用词语 | **Frequently-used words or phrases:** |

球场	qiúchǎng	n.	ball field; ball court
球队	qiúduì	n.	ball team
球赛	qiúsài	n.	ball match
棒球	bàngqiú	n.	baseball
打球	dǎqiú	v. o.	play a ball game
地球	dìqiú	n.	earth; globe
篮球	lánqiú	n.	basketball
排球	páiqiú	n.	volleyball
网球	wǎngqiú	n.	tennis
月球	yuèqiú	n.	moon
足球	zúqiú	n.	soccer; football
乒乓球	pīngpāngqiú	n.	table tennis (pingpong)
羽毛球	yǔmáoqiú	n.	badminton

| 练 习 | **Exercise:** |

圈出下列各字中的声旁　Circle the phonetic components of the characters:

球　　领　　期　　想　　整　　精　　起　　响

哥　　倒　　运　　卖　　爸　　故　　华　　让

348

谢
xiè (ㄒㄧㄝˋ)
12   thank (v.)

Stroke order:

讠	诮	谢					

字　体 Scripts:

谢　　谢　　谢　　谢　　谢　　谢　　謝

钢笔字　　宋体　　楷书　　隶书　　行书　　草书　　篆书

提　示 Tips:

"射"(shè)为声旁。记住"谢"字由"讠(言)、身、寸"三部分构成。

射 indicates the approximate sound. Remember this character is made up of three components, 讠(言), 身 and 寸 .

部　件 Components:

讠 + 身 + 寸　　结构图示：谢

部　首 Radical:

讠 (言字旁, yánzìpáng, speech)

常用词语 Frequently-used words or phrases:

谢绝	xièjué	v.	decline
谢谢	xièxie	v.	thank
谢意	xièyì	n.	thank; gratitude
谢罪	xièzuì	v.	offer an apology
答谢	dáxiè	v.	return somebody's courtesy
道谢	dàoxiè	v.	express thanks
多谢	duōxiè	v.	thanks a lot
感谢	gǎnxiè	v.	thank
致谢	zhìxiè	v.	extend thanks to
谢天谢地	xiètiān-xièdì	id.	Thank goodness!

练　习 Exercise:

根据拼音写汉字　Transcribe the following into characters:

1. xiē ____　　　　2. shōu ____　　　　3. zhī ____

　 xié ____　　　　　 shóu ____　　　　　 zhí ____

　 xiè ____　　　　　 shǒu ____　　　　　 zhǐ ____

　　　　　　　　　　 shòu ____　　　　　 zhì ____

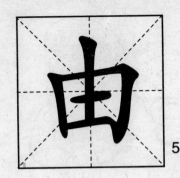

由

5

yóu（ㄧㄡˊ）
1. cause; reason (n.)
2. from (prep.)

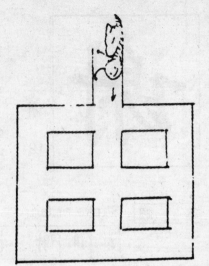

笔　顺 Stroke order:

| 丨 | 冂 | 曰 | 甶 | 由 | | | | | |

字　体 Scripts:

由　　由　　由　　由　　由　　由　　由

钢笔字　宋体　楷书　隶书　行书　草书　篆书

提　示 Tips:

一棵植物（丨）从田里长出来。

A seedling（丨）grows out from the rice paddy（田）.

部　件 Component:

由　　　　　结构图示：由 ☐

部　首 Radical:

丨（竖, shù, vertical stroke）

常用词语 Frequently-used words or phrases:

由此	yóucǐ	adv.	hence; from this
由来	yóulái	v. /n.	originate from / origin
由于	yóuyú	conj.	because; due to
来由	láiyóu	n.	origin
理由	lǐyóu	n.	reason
情由	qíngyóu	n.	reason
原由	yuányóu	n.	cause
自由	zìyóu	adj. /n.	free / freedom
不由得	bùyóude	ph.	can't help but; not up to oneself
听天由命	tīngtiān-yóumìng	id.	leave in the hand of God
由浅入深	yóuqiǎn-rùshēn	id.	proceed from easy to difficult

练　习 Exercise:

下面一行中文字中每两个相邻的字可以组成一词, 请解释各词词义:

Form a new term by combining each of the following characters with its neighboring character. Give the meaning of each new term:

早　上　午　饭　前　门　口　号　令

道

12

dào（ㄉㄠˋ）
1. road; way (n.)
2. speak; say (v.)

Stroke order:

丶	丷	丷	丷	首	道		

字　体 **Scripts:**

道　　道　　道　　道　　道　　道　　譜

钢笔字　　宋体　　楷书　　隶书　　行书　　草书　　篆书

提　示 **Tips:**

上边是头(首)，下边是行走(辶)，所以表示"原则、道路、方法"等。

This character is interpreted as: "The way (辶, walk) one is heading (首) to"; hence it means "way, principle, method".

部　件 **Components:**

首 + 辶　　　　结构图示：道

部　首 **Radical:**

辶（走之，zǒuzhī，advance）

常用词语 **Frequently-used words or phrases:**

道德	dàodé	n.	moral
道教	Dàojiào	n.	Taoism
道理	dàolǐ	n.	reason; principle
道路	dàolù	n.	road; way
道谢	dàoxiè	v.	say thanks to
大道	dàdào	n.	main road; avenue
街道	jiēdào	n.	street
铁道	tiědào	n.	railway
打交道	dǎjiāodào	id.	associate with; have dealings with
人行道	rénxíngdào	n.	pedestrian walk
胡说八道	húshuōbādào	id.	talk nonsense

练　习 **Exercise:**

写同音字，每组至少两个：

Write at least two homonyms for each of the following *pinyin*:

1. dào　　　2. qī　　　3. dì　　　4. de　　　5. míng

6. nán　　　7. huà　　　8. zhèng　　　9. xiào　　　10. zhī

边 邊

biān (ㄅㄧㄢ)

5 side; border (n.)

笔 顺 Stroke order:

力	边						

字 体 Scripts:

边 边 边 边 边 边 邊

钢笔字　宋体　楷书　隶书　行书　草书　篆书

提 示 Tips:

一边走(辶)，一边展示肌肉和力量。

Someone is showing off his muscle and strength (力) while walking (辶).

部 件 Components:

力 + 辶　　　结构图示：边

部 首 Radical:

辶 (走之, zǒuzhī, advance)

常用词语 Frequently-used words or phrases:

边界	biānjiè	n.	border; boundary
边境	biānjìng	n.	boundary
半边	bànbiān	n.	half
北边	běibiān	n.	northern side
两边	liǎngbiān	n.	two sides
身边	shēnbiān	n.	next to oneself
四边	sìbiān	n.	four sides
无边	wúbiān	v.	without boundary
边……边……	biān...biān...	ph.	doing two things concurrently
四边形	sìbiānxíng	n.	quadrilateral

练 习 Exercise:

在方块中填上适当的字使之与上下左右各成一字：

Fill in an appropriate character in each center so that it will form a new character with each of the surrounding characters:

```
      十                 田
    矢 □ 乞            云 □ 口
      八                 辶
```

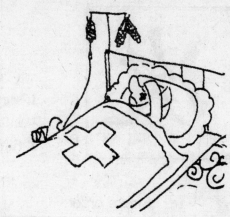

病

bìng (ㄅㄧㄥˋ)

10 sick; sickness (n.)

Stroke order:

| 丶 | 一 | 广 | 广 | 疒 | 疒 | 疒 | 病 | 病 | 病 |

字 体 Scripts:

病 病 病 病 病 病 病

钢笔字　宋体　楷书　隶书　行书　草书　篆书

提 示 Tips:

凡病字旁(疒)的字都与疾病有关。"丙"(bǐng),声旁。

All characters with the sick radical (疒) are related to illness. 丙 (bǐng) is a sound element here.

部 件 Components:

疒 + 丙　　　结构图示：病

部 首 Radical:

疒 (病字旁, bìngzìpáng, sick)

常用词语 Frequently-used words or phrases:

病床	bìngchuáng	n.	hospital bed
病房	bìngfáng	n.	hospital room; ward
病故	bìnggù	v.	die of an illness
病假	bìngjià	n.	sick leave
病情	bìngqíng	n.	condition of illness
病人	bìngrén	n.	patient
病痛	bìngtòng	n.	illness, ailment
病因	bìngyīn	n.	cause of illness
看病	kànbìng	v. o.	see a doctor
毛病	máobìng	n.	trouble; minor problem
生病	shēngbìng	v.	fall ill
传染病	chuánrǎnbìng	n.	contagious illness
急性病	jíxìngbìng	n.	acute illness
慢性病	mànxìngbìng	n.	chronic illness

练 习 Exercise:

观察带有"疒"部首的字　Observe the characters with the 疒 radical:

疥 疗 疼 痛 疲 痴 瘦 痒 痕

355

cì (ㄘ)

1. second-rate;
   inferior (adj.)
2. time (m.)

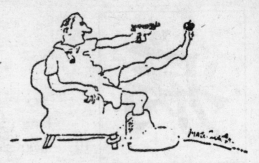

这次一定要打中它！

| 笔 顺 | **Stroke order:** |

| 丶 | 冫 | 冫 | 冫 | 次 | 次 | | | |

| 字 体 | **Scripts:** |

次　　次　　次　　次　　次　　次　　次

钢笔字　　宋体　　楷书　　隶书　　行书　　草书　　篆书

| 提 示 | **Tips:** |

右边是"欠"(qiàn, lack of)，左边是"冫"(ice)。冬天欠水，可退而求其次，取冰代替。又借用作量词。

When short of (欠 qiàn) water in winter, we use ice (冫) as the next substitution, thus developing the meaning of "next". It is borrowed as a measure word.

| 部 件 | **Components:** |

冫 + 欠　　　　结构图示：次

| 部 首 | **Radical:** |

冫 (两点水，liǎngdiǎnshuǐ, ice)

| 常用词语 | **Frequently-used words or phrases:** |

次等	cìděng	adj.	second-rate; inferior
次货	cìhuò	n.	inferior goods
次品	cìpǐn	n.	inferior product
次数	cìshù	n.	frequency; number of times
次要	cìyào	adj.	next in importance
班次	bāncì	n.	number of flight
名次	míngcì	n.	place in a competition
其次	qícì	adv.	next
三次	sān cì	ph.	three times
首次	shǒucì	n.	first time
依次	yīcì	adv.	in order of

| 练 习 | **Exercise:** |

观察"冫"部首的字　Observe the charactes with the 冫 radical:

冲　次　冷　准　况　冰　凉

356

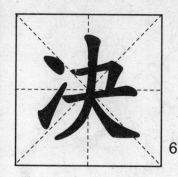

jué (ㄐㄩㄝ)

6 decide; determine (v.)

Stroke order:

冫　冯　冮　决　决

Scripts:

决　决　决　决　决　决　决

钢笔字　宋体　楷书　隶书　行书　草书　篆书

Tips:

"冫",冰;"夬"表示破缺,也作声旁。房顶被冰打破,决心修好。

冫 means "ice" and 夬 indicates "crack". When the roof is cracked by the ice, one will be determined to repair it.

Components:

冫 + 夬　　　结构图示：决

Radical:

冫 (两点水, liǎngdiǎnshuǐ, ice)

Frequently-used words or phrases:

决不	juébù	adv.	absolutely not
决定	juédìng	v. ／n.	decide / decision
决赛	juésài	n.	final in a match
决心	juéxīn	adv. ／n.	determined / determination
决意	juéyì	adv.	make up one's mind
表决	biǎojué	v.	put into vote; vote
处决	chǔjué	v.	execute; put to death
否决	fǒujué	v.	veto
坚决	jiānjué	adj.	firm; determined
解决	jiějué	v.	solve

Exercise:

找对应词　Match each Chinese word with its English counterpart:

1. 决定　　2. 决不　　3. 决心　　4. 决口　　5. 决意
6. 决斗　　7. 次等　　8. 次要　　9. 次数　　10. 车次

A. number of times　　B. decide　　C. duel　　　　D. train number
E. next in importance　F. never　　G. burst, breach　H. second class
I. determination　　　J. make up one's mind

357

冷

lěng (ㄌㄥˇ)

7   cold (adj.)

Stroke order:

冫	冷							

字　体 Scripts:

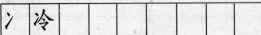

冷　　冷　　冷　　冷　　冷　　冷　　冷

钢笔字　宋体　楷书　隶书　行书　草书　篆书

提　示 Tips:

"冫"是冰，表示寒冷；"令"(lìng)是声旁。

冫 indicates "icy cold" and 令 (lìng) is the sound element.

部　件 Components:

冫 + 令　　　结构图示：冷 □□

部　首 Radical:

冫 (两点水，liǎngdiǎnshuǐ, ice)

常用词语 Frequently-used words or phrases:

冷汗	lěnghàn	n.	cold sweat
冷静	lěngjìng	adj.	calm; quiet
冷门	lěngmén	n.	a rare-chosen field
冷气	lěngqì	n.	cold air; air-conditioning
冷水	lěngshuǐ	n.	cold water
冷天	lěngtiān	n.	cold days; winter
冷笑	lěngxiào	v. / n.	laugh sarcastically / sneer
冰冷	bīnglěng	adj.	icy-cold
寒冷	hánlěng	adj.	freezing cold
冷不防	lěngbufáng	adv.	unexpectedly
冷冷清清	lěnglěngqīngqīng	adj.	desolate; deserted

练　习 Exercise:

根据左偏旁写汉字：

Make characters with the left-side radicals provided:

1. 冫　　　2. 氵　　　3. 木　　　4. 禾

5. 亻　　　6. 彳　　　7. 口　　　8. 日

358

准 淮 洼 准
✗ ✗ ✗

zhǔn (ㄓㄨㄣˇ)

準

10

1. allow (v.)
2. standard (n.)
3. accurate (adj.)

笔 顺 Stroke order:

冫	准						

字 体 Scripts:

准　准　准　准　准　准　濰

钢笔字　宋体　楷书　隶书　行书　草书　篆书

提 示 Tips:

"隹"(zhuī),鸟;"冫",冰雪。"准"指鸟在冲向雪地(冫)上的食物时必须准确。

隹 (zhuī) is a bird in its original form. 冫 is ice. Hence, 准 means a bird has to be accurate when diving for food on ice (冫).

部 件 Components:

冫 + 隹　　　结构图示：准

部 首 Radical:

冫 (两点水, liǎngdiǎnshuǐ, ice)

常用词语 Frequently-used words or phrases:

准备	zhǔnbèi	v.	prepare
准确	zhǔnquè	adj.	accurate
准时	zhǔnshí	adj.	punctual
准许	zhǔnxǔ	v.	permit; allow
准则	zhǔnzé	n.	basic principle
标准	biāozhǔn	n./adj.	standard
不准	bùzhǔn	v.	not allowed
获准	huòzhǔn	v.	be approved
批准	pīzhǔn	v.	approve; permit
水准	shuǐzhǔn	n.	level; standard

练 习 Exercise:

根据右偏旁写汉字并注音:

Form a character with each right-side component given, also provide its *pinyin*:

1. 且　　　2. 目　　　3. 各　　　4. 皮

5. 页　　　6. 隹　　　7. 夬　　　8. 舌

死 sǐ (ㄙˇ)

1. die / dead (v. / adj.)
2. extremely (adv.)

6

笔　顺 Stroke order:

| 一 | 厂 | 歹 | 歹 | 歹 | 死 | | | |

字　体 Scripts:

死　死　死　死　死　死　朊

钢笔字　宋体　楷书　隶书　行书　草书　篆书

提　示 Tips:

人受刺(匕)而死(歹)。"歹"读音"dǎi"，和英文的 die 巧合。

A man was stabbed (匕, dagger) to death (歹). It is also a coincidence that the pronunciation of 歹 (dǎi) is almost the same as the English word "die".

部　件 Components:

歹 + 匕　　　结构图示：死　　| | |

部　首 Radical:

歹 (dǎi, bad)

常用词语 Frequently-used words or phrases:

死敌	sǐdí	n.	deadly enemy
死活	sǐhuó	n.	dead or alive
死路	sǐlù	n.	dead end; no way out
死人	sǐrén	n.	dead people
死尸	sǐshī	n.	corpse; dead body
死亡	sǐwáng	v.	die
死心	sǐxīn	v.	drop the idea forever
死者	sǐzhě	n.	the dead
处死	chǔsǐ	v.	put to death; execute
该死	gāisǐ	ph. / sl.	Damn it! / damned
送死	sòngsǐ	v.	court death
生老病死	shēng lǎo bìng sǐ	id.	birth, old age, illness, death

练　习 Exercise:

解释下列短语　Explain the following phrases:

1. 高兴死了
2. 渴(kě, thirsty)得要死
3. 哭得死去活来
4. 死要面子(miànzi, face)

jiù (ㄐㄧㄡˋ)

1. come near (v.)
2. undertake; accomplish (v.)
3. at once; right away (adv.)

他一看书就睡觉。

12

笔 顺 Stroke order:

京	京	就	就	就			

字 体 Scripts:

就	就	就	就	就	就	就
钢笔字	宋体	楷书	隶书	行书	草书	篆书

提 示 Tips:

左边是"京"(jīng),右边是"尤"(yóu),左右读音合起来,就是 jiòu(jiù)"就"。

This is an unusual phonetic-compound character with the combination of the sounds of the left "jīng" (京) and the right "yóu" (尤), producing "jiù" (就).

部 件 Components:

京 + 尤   结构图示：就

部 首 Radical:

亠 (文字头, wénzìtóu, top part of 文)

常用词语 Frequently-used words or phrases:

就地	jiùdì	adv.	on the spot
就是	jiùshì	v.	the same as; that is
就手	jiùshǒu	adv.	handily; while you're at it
就算	jiùsuàn	conj.	even if
就学	jiùxué	v.	attend school
就要	jiùyào	adv.	soon
就业	jiùyè	v.	obtain employment
就职	jiùzhí	v.	assume office; swear in (a position)
成就	chéngjiù	n.	accomplishment
将就	jiāngjiù	v.	make do with

练 习 Exercise:

翻译下面句子,注意"就"的用法 Translate the following sentences into English. Pay attention to the usage of 就:

1. 你等一下,我这就来。   2. 大风早上就停了。   3. 他一会儿就做完了。

chá (ㄔㄚˊ)

9

tea (n.)

笔 顺	**Stroke order:**

艹 艾 茶

字 体	**Scripts:**

茶　茶　茶　茶　茶　茶　茶

钢笔字　宋体　楷书　隶书　行书　草书　篆书

提 示	**Tips:**

"茶"又像草(艹)，又像树(木)，中间有人在采茶。

The tea leaves (艹) grow on tea woods (木) with people (人) plucking them in between.

部 件	**Components:**

　　艹 + 人 + 木　　结构图示：茶

部 首	**Radical:**

艹 (草字头，cǎozìtóu，grass)

常用词语	**Frequently-used words or phrases:**

茶杯	chábēi	n.	tea cup
茶点	chádiǎn	n.	tea and refreshment
茶壶	cháhú	n.	teapot
茶会	cháhuì	n.	tea party
茶几	chájī	n.	coffee table
茶水	cháshuǐ	n.	tea
茶叶	cháyè	n.	tea leaves
采茶	cǎichá	v. o.	pick up tea leaves
红茶	hóngchá	n.	black tea
花茶	huāchá	n.	scented tea
浓茶	nóngchá	n.	strong tea
沏茶	qīchá	v.	brew tea

练 习	**Exercise:**

猜字谜　Solve the riddle for a character:

　　草木之中有一人。＿＿＿＿＿

菜

cài (ㄘㄞˋ)

11 vegetable; dish (n.)

笔　顺	**Stroke order:**

⺿	艹	艹	芣	苹	菜			

字　体	**Scripts:**

菜　菜　菜　菜　菜　篆　菜

钢笔字　宋体　楷书　隶书　行书　草书　篆书

提　示	**Tips:**

草字头(艹)表示蔬菜,"采"(cǎi)是读音。

艹 indicates vegetation, and 采 (cǎi) is a phonetic component.

部　件	**Components:**

艹 + ⺤ + 木　　　结构图示: 菜

部　首	**Radical:**

艹 (草字头, cǎozìtóu, grass)

常用词语	**Frequently-used words or phrases:**

菜单	càidān	n.	menu
菜地	càidì	n.	vegetable field
菜农	càinóng	n.	vegetable farmer
菜市	càishì	n.	market
菜园	càiyuán	n.	vegetable garden
白菜	báicài	n.	Chinese cabbage
点菜	diǎncài	v.	order food
饭菜	fàncài	n.	food
酒菜	jiǔcài	n.	wine and food
种菜	zhòngcài	v. o.	plant vegetables
做菜	zuòcài	v. o.	cook; prepare the dishes
一道菜	yí dào cài	ph.	a course (of food)
中国菜	zhōngguócài	n.	Chinese food

练　习	**Exercise:**

字谜　Solve the riddle for a character:

上头去下头,下头去上头。

谜底是"至",请解释。Please explain why the answer is 至.

报 7

bào (ㄅㄠ)
1. report (v. /n.)
2. newspaper (n.)
3. recompense (v.)

笔 顺 Stroke order:

扌	护	护	报				

字 体 Scripts:

报　　报　　报　　报　　报　　択　　靮

钢笔字　宋体　　楷书　　隶书　　行书　　草书　　篆书

提 示 Tips:

左边的"扌"和右边的"又"都是手,想像双手打开一张报纸的情景。

Both the left 扌 and the right 又 components are "hand". Imagine opening a newspaper with both hands.

部 件 Components:

扌 + 艮　　　　　结构图示：报

部 首 Radical:

扌 (提手, tíshǒu, hand)

常用词语 Frequently-used words or phrases:

报酬	bàochou	n.	reward
报到	bàodào	v.	report (for duty); register
报道	bàodào	v. /n.	report (of news)
报告	bàogào	v. /n.	report
报刊	bàokān	n.	newspaper and periodical
报名	bàomíng	v.	enroll; sign up
报纸	bàozhǐ	n.	newspaper
电报	diànbào	n.	wire; telegraph; telegram
预报	yùbào	n. /v.	forecast

练 习 Exercise:

加部首　Add a different radical for each of the following rows of characters:

1. 方 己 古 孝 正 ___
2. 车 寸 云 力 井 元 斤 ___
3. 音 士 田 相 ___

张 7

zhāng （ㄓㄤ）
1. open (v.)
2. (a measure) (m.)
3. (a surname) (n.)

一张

Stroke order:

ㄱ	ㄱ	弓	张				

字 体 **Scripts:**

张　张　张　张　张　张　张

钢笔字　宋体　楷书　隶书　行书　草书　篆书

提 示 **Tips:**

张弓的意思。注意左边"弓"的写法,右边"长"(zhǎng)是声旁。

The opening (pulling) of a bow 弓. Pay attention to the way of writing 弓 on the left. 长 (zhǎng) on the right is the phonetic component.

部 件 **Components:**

弓 + 长　　　　　结构图示：张　|　|

部 首 **Radical:**

弓 (gōng, bow)

常用词语 **Frequently-used words or phrases:**

张开	zhāngkāi	v.	open
张贴	zhāngtiē	v.	paste
张扬	zhāngyáng	v.	spread out
张嘴	zhāngzuǐ	v. o.	open one's mouth; ask for (a loan, etc.)
紧张	jǐnzhāng	adj.	tense; nervous; tight
开张	kāizhāng	v.	begin; open a business
纸张	zhǐzhāng	n.	paper
主张	zhǔzhāng	v. /n.	advocate / proposition
东张西望	dōngzhāng-xīwàng	id.	looking in all directions
两张床	liǎng zhāng chuáng	ph.	two beds
三张地图	sān zhāng dìtú	ph.	three maps

练 习 **Exercise:**

填量词　Give the measure words for the characters:

一（　）画　两（　）书　三（　）报　四（　）事　五（　）朋友

一（　）茶　两（　）手　一（　）房　两（　）语言

産 chǎn (ㄔㄢˇ)

give birth to;
6 **produce (v.)**

笔 顺 Stroke order:

| 、 | 二 | 亠 | 产 | 立 | 产 | | | |

字 体 Scripts:

产　　产　　产　　产　　产　　産　　産

钢笔字　　宋体　　楷书　　隶书　　行书　　草书　　篆书

提 示 Tips:

下边是工厂(厂)，上边是工厂生产的产品(立)，注意不是"六"。

The products (立) came out from the factory (厂). Note that the top part is not 六.

部 件 Components:

立 + 丿　　　　　结构图示：产

部 首 Radical:

亠 (文字头，wénzìtóu，top part of 文)

常用词语 Frequently-used words or phrases:

产地	chǎndì	n.	place of production
产妇	chǎnfù	n.	a woman giving birth
产假	chǎnjià	n.	maternal leave
产量	chǎnliàng	n.	yield; volume of production
产生	chǎnshēng	v.	produce
财产	cáichǎn	n.	wealth and property
国产	guóchǎn	adj.	domestically produced
减产	jiǎnchǎn	v.	reduce production
破产	pòchǎn	v.	go bankrupt
生产	shēngchǎn	v./n.	produce; give birth / production; birth
特产	tèchǎn	n.	special product
增产	zēngchǎn	v.	increase production

练 习 Exercise:

解释颠倒词语　Explain the following transverse terms:

生产—产生　　　　张开—开张　　　　报时—时报　　　　冷水—水冷

366

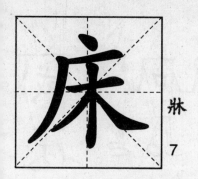

床　　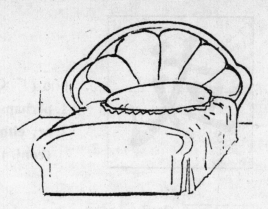

啉	chuáng (彳ㄨㄤ)
7	**bed (n.)**

笔　顺　Stroke order:

| 广 | 床 | | | | | | |

字　体　Scripts:

床　　床　　床　　床　　床　　床　　茻

钢笔字　宋体　楷书　隶书　行书　草书　篆书

提　示　Tips:

床由木制,放在房子(广)里。

A bed is made of wood (木) and is placed in the room (广).

部　件　Components:

广 + 木　　　　结构图示： 床

部　首　Radical:

广 (guǎng, shelter)

常用词语　Frequently-used words or phrases:

床单	chuángdān	n.	bed sheet
床垫	chuángdiàn	n.	mattress
床架	chuángjià	n.	bedstead
床铺	chuángpù	n.	bedding
床位	chuángwèi	n.	bed; berth
病床	bìngchuáng	n.	hospital bed; sickbed
车床	chēchuáng	n.	lathe
起床	qǐchuáng	v.	get up
单人床	dānrénchuáng	n.	single bed
双人床	shuāngrénchuáng	n.	double bed
小孩床	xiǎoháichuáng	n.	child bed; cradle

练　习　Exercise:

字谜　Solve the riddle for a character:

瞧左相右看下面。 _____

或 8

huò （ㄏㄨㄛˋ）
1. perhaps (adv.)
2. or; either...or...
(conj.)

笔 顺 Stroke order:

| 一 | 一 | 豆 | 或 | 或 | 或 | | | |

字 体 Scripts:

或 　 或 　 或 　 或 　 或 　 或 　 或域

钢笔字　　宋体　　楷书　　隶书　　行书　　草书　　篆书

提 示 Tips:

"或"下边的"口一"是边界的意思。边界只大约，不一定。

口 一 on the lower left part of 或 indicates the border. The border is just an approximation, thus "perhaps, probability".

部 件 Components:

戈 + 口 + 一　　　　结构图示：或

部 首 Radical:

戈 (gē, spear)

常用词语 Frequently-used words or phrases:

或许	huòxǔ	adv.	perhaps
或者	huòzhě	conj.	or
或迟或早	huòchí-huòzǎo	id.	sooner or later
或大或小	huòdà-huòxiǎo	id.	larger or smaller
或多或少	huòduō-huòshǎo	id.	more or less
或明或暗	huòmíng-huò'àn	id.	on and off (of the light); either overt or covert

练 习 Exercise:

为每行添加一种部首　Add a radical for each row of characters:

1. 井 兑 舌 青 正 隹 ___

2. 昔 牛 故 言 本 且 ___

3. 工 可 又 舌 每 气 ___

4. 子 也 马 口 生 未 ___

368

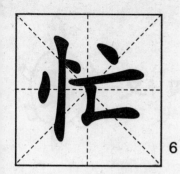

忙

máng (ㄇㄤ)
6
busy (adj.)

Stroke order:

忄	忄	忙	忙				

字　体 Scripts:

忙　忙　忙　忙　忙　忙　忙

钢笔字　宋体　楷书　隶书　行书　草书　篆书

提　示 Tips:

左边是竖心(忄)，右边"亡"(wáng)是声旁。有趣的是古人把"忙、懒、快、慢"都看作是心理活动。

The left is the heart radical （忄）. The right element indicates the pronunciation. The ancient people think 忙 (busy), 懒 (lazy), 快 (fast), and 慢 (slow) are all psychological activities.

部　件 Components:

忄 + 亡　　　结构图示：忙

部　首 Radical:

忄 (竖心, shùxīn, heart)

常用词语 Frequently-used words or phrases:

忙乱	mángluàn	adj.	be in a rush and a muddle
帮忙	bāngmáng	v.	help
匆忙	cōngmáng	adj.	in a hurry
繁忙	fánmáng	adj.	busy
急忙	jímáng	adv.	in a hurry; hastily
连忙	liánmáng	adv.	in a hurry; immediately
大忙人	dàmángrén	n.	busy person
急急忙忙	jíjímángmáng	adj.	in a hurry
忙不过来	mángbuguòlái	ph.	too busy to

练　习 Exercise:

解释短语　Explain the following short phrases:

1. 忙于工作　　　　2. 死里求生　　　　3. 准时到家
4. 东张西望　　　　5. 中国画报　　　　6. 北京晚报

369

慢 màn (ㄇㄢˋ)

14 slow (adj.)

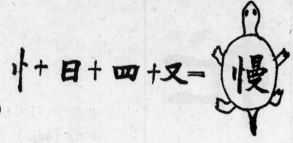

| 笔　顺 | **Stroke order:** |

| 忄 | 忄 | 慢 | 慢 | | | | | |

| 字　体 | **Scripts:** |

慢　　慢　　慢　　慢　　慢　　慢　　慢

钢笔字　宋体　楷书　隶书　行书　草书　篆书

| 提　示 | **Tips:** |

"曼"（màn）是声旁。"曼"从下往上是"又、罒、日"，你没有如期完成工作，别人说："又过了四天，太慢了！"

曼 (màn) includes 日 (day), 罒 (four) and 又 (again). If you were too slow in your work, you might be told: "Another four days have gone by! You are too slow!"

| 部　件 | **Components:** |

忄 + 日 + 罒 + 又　　　结构图示：慢

| 部　首 | **Radical:** |

忄 (竖心，shùxīn, heart)

| 常用词语 | **Frequently-used words or phrases:** |

慢车	mànchē	n.	slow train or bus
慢走	mànzǒu	ph.	walk slowly; Take it easy!
快慢	kuàimàn	n.	fast or slow; speed
且慢	qiěmàn	ph.	Hold on!
慢镜头	mànjìngtóu	n.	slow motion (of a movie camera)
慢慢来	mànmànlái	ph.	Take your time!
慢腾腾	màntēngtēng	adj.	at a slow pace
慢性子	mànxìngzi	n.	slow poke; phlegmatic temperament
慢条斯理	màntiáo-sīlǐ	id.	leisurely

| 练　习 | **Exercise:** |

为每行添加一种部首　Give a radical for each row of characters:

1. 欠　夬　令　佳　＿＿＿

2. 亡　夬　曼　青　＿＿＿

3. 乞　马　斤　巴　＿＿＿

前 qián (ㄑㄧㄢˊ)

1. front (adj. / n.)

9 **2. former (n.)**

前边那个人是你爸还是你妈？

笔 顺	Stroke order:

丷 肖 前

字 体	Scripts:

前　　前　　前　　前　　前　　岁　　肖

钢笔字　宋体　楷书　隶书　行书　草书　篆书

提 示	Tips:

把"丷"想像成向前冲的牛角。

Imagine the two dots as two horns of a buffalo that is charging forward.

部 件	Components:

丷 + 月 + 刂　　　　结构图示：前

部 首	Radicals:

八（丷）(bā, eight)；刂（立刀, lìdāo, knife)

常用词语	Frequently-used words or phrases:

前边	qiánbiān	n.	front; ahead
前夫	qiánfū	n.	former husband
前后	qiánhòu	n.	front and behind; altogether; about
前进	qiánjìn	v.	advance
前面	qiánmiàn	n.	front; ahead
前提	qiántí	n.	premise; prerequisite
前天	qiántiān	n.	the day before yesterday
前途	qiántú	n.	future
前线	qiánxiàn	n.	frontline
从前	cóngqián	n.	before; in the past
目前	mùqián	n.	presently; at the moment
提前	tíqián	v.	bring forward; advance; ahead of time
以前	yǐqián	n.	before; previously

练 习	Exercise:

写反义词　Give the antonyms of the following words:

前＿＿　快＿＿　老＿＿　开＿＿　活＿＿　哭＿＿

371

mín (ㄇㄧㄣˊ)

5

people; civilian (n.)

笔　順	Stroke order:

⁷	⁷	⼾	⼾	民			

字　体	Scripts:

民	民	民	民	民	民	民
钢笔字	宋体	楷书	隶书	行书	草书	篆书

提　示	Tips:

注意"民"字下边两个钩(ㄥ)都是同一方向的。

Pay attention to the two hooks (ㄥ) of this character kicking up in the same direction.

部　件	Component:

民　　　　　　　结构图示：民　　　☐

部　首	Radical:

乙（乛）(折, zhé, turning stroke)

常用词语	Frequently-used words or phrases:

民歌	míngē	n.	folk song
民间	mínjiān	n.	among the people; folk
民意	mínyì	n.	people's opinion
民主	mínzhǔ	adj. / n.	democratic / democracy
民族	mínzú	n.	nation; nationality
公民	gōngmín	n.	citizen
居民	jūmín	n.	resident
农民	nóngmín	n.	farmer
平民	píngmín	n.	civilian; common people
人民	rénmín	n.	people
移民	yímín	v. / n.	migrate / immigrant

练　习	Exercise:

汉译英　Translate the following into English:

1. 这个从中国来的新移民已经成为美国公民了。

2. 这位老师最喜欢唱民歌。

身

7   shēn (ㄕㄣ)

body (n.)

Stroke order:

| ´ | ⺊ | ⼕ | ⺈ | 白 | 身 | 身 | | |

字　体 Scripts:

身　　身　　身　　身　　身　　方　　身

钢笔字　宋体　楷书　隶书　行书　草书　篆书

提　示 Tips:

身体,突出大腹及前伸的腿。

This is a pictograph that shows a man with a pot belly walking on his short legs.

部　件 Component:

身　　　　　　结构图示：身　　☐

部　首 Radical:

身 (shēn, body)

常用词语 Frequently-used words or phrases:

身边	shēnbiān	n.	at one's side; have . . . with one
身材	shēncái	n.	stature; figure; body shape
身份	shēnfèn	n.	status
身高	shēngāo	n.	height
身世	shēnshì	n.	one's background
身手	shēnshǒu	n.	skill
身体	shēntǐ	n.	body
身心	shēnxīn	n.	body and mind
身子	shēnzi	n.	body
出身	chūshēn	n.	one's background
动身	dòngshēn	v.	start on (a journey)
人身	rénshēn	n.	human body
终身	zhōngshēn	n.	all one's life

练　习 Exercise:

观察"身"部的字　Observe the characters that have the component 身：

射　躬　躯　躺　躲

373

wán （ㄨㄢˊ）

1. intact; whole (adj.)

7

2. finish (v.)

Stroke order:

宀	宀	宀	宇	完			

字　体 **Scripts:**

完　　完　　完　　完　　完　　完　　完

钢笔字　　宋体　　楷书　　隶书　　行书　　草书　　篆书

提　示 **Tips:**

"元"（yuán）是声旁，"宀"是屋顶。当屋顶建好后，房子就完成了。

元 is a phonetic element based on its old pronunciation. 宀 indicates the roof, thus a house is built after the completion of the roof.

部　件 **Components:**

宀 + 元　　　　　结构图示：完

部　首 **Radical:**

宀 （宝盖, bǎogài, roof）

常用词语 **Frequently-used words or phrases:**

完备	wánbèi	adj.	perfect
完毕	wánbì	v.	complete
完成	wánchéng	v.	finish; complete
完工	wángōng	v.	complete (a job)
完满	wánmǎn	adj.	successful; satisfactory
完美	wánměi	adj.	perfect; intact
完全	wánquán	adj./adv.	complete / completely
完善	wánshàn	adj./v.	perfect / improve and perfect
完整	wánzhěng	adj.	intact; integrate

练　习 **Exercise:**

解释下列句中加点的词的含义　Interpret the following dotted words:

1. 他的工作完成了。＿＿＿＿＿

2. 我完全同意他的计划。＿＿＿＿＿

3. 他的汽车开了三年了，还完好如新。＿＿＿＿＿

4. 谢天谢地，你没有出事。＿＿＿＿＿＿

院

yuàn (ㄩㄢˋ)

9

yard (n.)

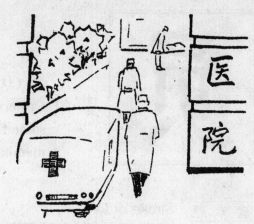

Stroke order:

阝	院							

Scripts:

院　院　院　院　院　院　院

钢笔字　宋体　楷书　隶书　行书　草书　篆书

Tips:

"完"是声旁,想像"阝"是一支拐杖,代表老人院。

完 is the phonetic component. Imagine 阝 as a crutch, symbolizing illness or hospital.

Components:

阝 + 宀 + 元　　　结构图示：院

Radical:

阝（在左）(双耳, shuāng'ěr, double ears)

Frequently-used words or phrases:

院士	yuànshì	n.	academician
院长	yuànzhǎng	n.	president; dean
产院	chǎnyuàn	n.	maternity hospital
出院	chūyuàn	v.	discharge from a hospital
法院	fǎyuàn	n.	court
学院	xuéyuàn	n.	college; institute; school
医院	yīyuàn	n.	hospital
住院	zhùyuàn	v.	stay in hospital
电影院	diànyǐngyuàn	n.	movie theater; cinema
研究院	yánjiūyuàn	n.	graduate school; research institute

Exercise:

找对应词　Match each Chinese word with its English counterpart:

1. 电影院　　2. 医院　　3. 学院　　4. 研究院

5. 国务院　　6. 后院　　7. 法院　　8. 四合院

A. the State Council　　B. college　　　　C. hospital　　D. cinema

F. court　　　　G. research institute　　H. backyard　　I. quadrangle

375

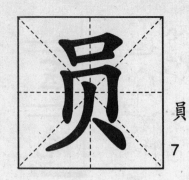

员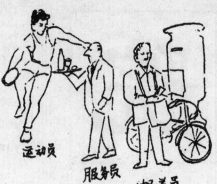

yuán (ㄩㄢˊ)

7

1. (a person engaged in some field) (n.)
2. member (n.)

运动员

服务员

邮递员

Stroke order:

口　员

字　体　Scripts:

员　员　员　员　员　免　員

钢笔字　宋体　楷书　隶书　行书　草书　篆书

提　示　Tips:

上边是一个窗口，下边有一个人，一半在门内，一半在门外。

A person (人) just stepped out of his house door (门), under a window (口).

部　件　Components:

口 + 贝　　　　结构图示：员

部　首　Radicals:

口 (kǒu, mouth)；贝 (bèi, cowry)

常用词语　Frequently-used words or phrases:

员工	yuángōng	n.	staff, personnel
教员	jiàoyuán	n.	teacher
人员	rényuán	n.	personnel
学员	xuéyuán	n.	trainee; student
职员	zhíyuán	n.	staff
炊事员	chuīshìyuán	n.	cook
服务员	fúwùyuán	n.	waiter; bellboy; service personnel
售货员	shòuhuòyuán	n.	sales person
邮递员	yóudìyuán	n.	mail man; postman

练　习　Exercise:

找对应词　Match each Chinese word with its English counterpart:

1. 教员　　2. 学员　　3. 研究员　　4. 炊事员　　5. 售货员

6. 职员　　7. 人员　　8. 服务员　　9. 邮递员

A. cook　　B. personnel　　C. postman　　D. teacher　　E. student

F. staff member　　G. research fellow　　H. attendant　　I. shop assistant

圆 yuán (ㄩㄢˊ)

10

1. **round** (adj.)

2. **circle** (n.)

笔 顺	**Stroke order:**

冂	圆	圆						

字 体	**Scripts:**

圆	圆	圆	圆	圆	圆	圆
钢笔字	宋体	楷书	隶书	行书	草书	篆书

提 示	**Tips:**

"员"是声旁;"囗"应当是个圆圈,由于汉字是方块字,○写成了囗。

员 is the phonetic component, and 囗 in its original form is a circle ○.

部 件	**Components:**

囗 + 员   结构图示: 圆   □

部 首	**Radical:**

囗 (方框, fāngkuàng, enclosure)

常用词语	**Frequently-used words or phrases:**

圆滑	yuánhuá	adj.	tactful; smooth and evasive
圆满	yuánmǎn	adj.	satisfactory
圆圈	yuánquān	n.	circle; ring
圆心	yuánxīn	n.	the center point of a circle
圆形	yuánxíng	n.	circle
圆周	yuánzhōu	n.	circumference
圆桌	yuánzhuō	n.	round table
方圆	fāngyuán	n.	circumference; perimeter
团圆	tuányuán	v.	reunite
圆珠笔	yuánzhūbǐ	n.	ballpoint pen

练 习	**Exercise:**

填空并翻译   Fill in each blank with an appropriate character and translate the new word
into English:

dào: __ 理   yuán: 方 __   qiú: __ 学

　　收 __   　　服务 __   　　足 __

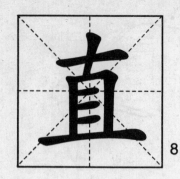

zhí (业)

8

straight; direct (adj.)

Stroke order:

| 一 | 十 | 广 | 古 | 古 | 直 | 自 | 直 | |

字　体 **Scripts:**

直　　直　　直　　直　　直　　直　　直

钢笔字　　宋体　　楷书　　隶书　　行书　　草书　　篆书

提　示 **Tips:**

上边是个十字架,下边是个梯子(且),表示直立,垂直。

Both the cross (十) on top and the ladder 且 below were erected straight.

部　件 **Components:**

十 + 且　　　　　结构图示：直

部　首 **Radical:**

十 (shí, ten)

常用词语 **Frequently-used words or phrases:**

直达	zhídá	v.	through; nonstop
直到	zhídào	v.	all the way until
直角	zhíjiǎo	n.	right angle
直接	zhíjiē	adj.	direct
直率	zhíshuài	adj.	straight forward; frank
直线	zhíxiàn	n.	straight line
笔直	bǐzhí	adj.	perfectly straight; straight as a ramrod
垂直	chuízhí	v.	perpendicular
简直	jiǎnzhí	adv.	simply; just; at all
一直	yìzhí	adv.	straightly; all the way
正直	zhèngzhí	adj.	honest; impartial
直辖市	zhíxiáshì	n.	a municipality directly under the Central Government

练　习 **Exercise:**

改正错字　Correct the wrongly-written characters:

被　张　直　练　汽　冷　感　考　年

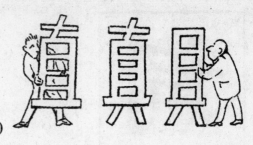

zhēn (ㄓㄣ)

10

1. true; real (adj.)
2. really (adv.)

| 笔　顺 | Stroke order: |

| 直 | 真 | | | | | | | | |

| 字　体 | Scripts: |

真　真　真　真　真　眞　眞

钢笔字　宋体　楷书　隶书　行书　草书　篆书

| 提　示 | Tips: |

"直"下加个"八"字。

Add 八 below 直.

| 部　件 | Components: |

直 + 八　　　　结构图示：真

| 部　首 | Radicals: |

十 (shí, ten)；八 (bā, eight)

| 常用词语 | Frequently-used words or phrases: |

真假	zhēnjiǎ	n.	true or false
真理	zhēnlǐ	n.	truth
真情	zhēnqíng	n.	true feelings; the facts
真实	zhēnshí	adj.	true; factual
真相	zhēnxiàng	n.	truth
真心	zhēnxīn	adj.	sincere; faithful
真正	zhēnzhèng	adj.	real; true
传真	chuánzhēn	n.	fax
认真	rènzhēn	adj.	serious; conscientious
真心实意	zhēnxīn–shíyì	id.	with all sincerity

| 练　习 | Exercise: |

英译汉　Translate the following into Chinese:

1. Is this news (消息, xiāoxi) true? ＿＿＿＿＿＿＿＿＿＿＿

2. How time flies! ＿＿＿＿＿＿＿＿＿＿＿

3. We must seek after the truth. ＿＿＿＿＿＿＿＿＿＿＿

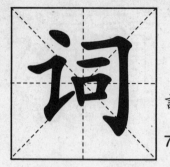

词
cí (ㄘ)
7
word (n.)

笔 顺 Stroke order:

讠	订	讨	词					

字 体 Scripts:

词　　词　　词　　词　　词　　词　　詞

钢笔字　　宋体　　楷书　　隶书　　行书　　草书　　篆书

提 示 Tips:

词是语言的一部分,当然是言字旁(讠),"司"(sī)是声旁。

A word is a part of the speech (讠). 司 (sī) is the phonetic component.

部 件 Components:

讠 + 司　　　　　　结构图示： 词 ☐☐

部 首 Radical:

讠 (言字旁, yángzìpáng, speech)

常用词语 Frequently-used words or phrases:

词典	cídiǎn	n.	dictionary
词汇	cíhuì	n.	vocabulary
词头	cítóu	n.	prefix
词尾	cíwěi	n.	suffix
代词	dàicí	n.	pronoun
动词	dòngcí	n.	verb
副词	fùcí	n.	adverb
介词	jiècí	n.	preposition
连词	liáncí	n.	conjunction
量词	liàngcí	n.	measure word
名词	míngcí	n.	noun
形容词	xíngróngcí	n.	adjective

练 习 Exercise:

谜语欣赏　Read the following riddle:

上边有一半,下边有一半;

除去(chúqù, remove)一半,还有一半。　_____

答案是"随",请解释。　The answer is 随. Can you explain why?

380

12

děng (ㄉㄥˇ)

1. wait; await (v.)
2. class; grade (n.)

笔 顺 Stroke order:

⺮	竺	等						

字 体 Scripts:

等　　等　　等　　等　　等　　才　　箐

钢笔字　宋体　　楷书　　隶书　　行书　　草书　　篆书

提 示 Tips:

竹字头(⺮)，下边是寺庙(sìmiào)。请在寺庙的竹林下等我。

Please wait for me at the temple (寺) under the bamboo trees (⺮).

部 件 Components:

⺮ + 土 + 寸　　　结构图示：等

部 首 Radical:

竹 (⺮) (zhú, bamboo)

常用词语 Frequently-used words or phrases:

等车	děngchē	v. o.	wait for the bus or train
等待	děngdài	v.	wait for
等到	děngdào	v.	wait until
等等	děngděng	part.	and so on; etc.
等等	děngdeng	v.	wait a minute
等候	děnghòu	v.	wait; expect
等级	děngjí	n.	rank; class
等于	děngyú	v.	equal to
高等	gāoděng	adj.	high class
头等	tóuděng	adj.	first class
一等奖	yīděngjiǎng	n.	top prize

练 习 Exercise:

汉译英　Translate the following into English:

1. 中文写作比赛，他得了三等奖。

2. 我等了半小时，公共汽车才来。

3. 来开会的有小王、小张、小李、小林等人。

381

红
hóng (ㄏㄨㄥˊ)
6   red (adj.)

| 笔　顺 | **Stroke order:** |

纟	红							

| 字　体 | **Scripts:** |

红　　红　　红　　红　　红　　红　　紅

钢笔字　　宋体　　楷书　　隶书　　行书　　草书　　篆书

| 提　示 | **Tips:** |

"纟"旁原来写作"糸",丝线;"工"(gōng)是声旁。

纟 was written as 糸 in its ancient form, which indicates the silk threat used for embroidery. 工(gōng) serves as the phonetic component.

| 部　件 | **Components:** |

纟 + 工　　　　　结构图示：红

| 部　首 | **Radical:** |

纟 (绞丝, jiǎosī, silk)

| 常用词语 | **Frequently-used words or phrases:** |

红茶	hóngchá	n.	black tea
红牌	hóngpái	n.	red card
红旗	hóngqí	n.	red flag
红人	hóngrén	n.	a favourite person with sb. in power
红色	hóngsè	n.	red (color)
口红	kǒuhóng	n.	lipstick
通红	tōnghóng	adj.	completely red
眼红	yǎnhóng	adj.	jealous
红绿灯	hónglǜdēng	n.	traffic lights
红通通	hóngtōngtōng	adj.	all red
红白喜事	hóngbáixǐshì	id.	wedding and funeral

| 练　习 | **Exercise:** |

找对应词　Match each Chinese word with its English counterpart:

1. 红旗　　2. 红叶　　3. 红人　　4. 红白喜事
5. 红利　　6. 眼红　　7. 红茶　　8. 红十字会

A. the Red Cross　　B. black tea　　C. jealousy　　D. red flag　　E. bonus
F. wedding and funeral　　G. red leaves　　H. favourite person

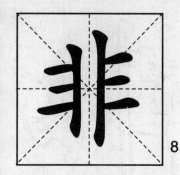

8

fēi (ㄈㄟ)
1. wrong (n.)
2. no; not (adv.)

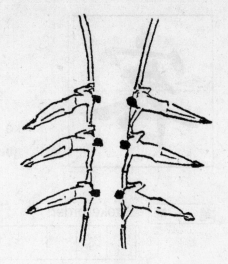

| 笔 顺 | Stroke order: |

| 丨 | 丿 | 丮 | 彐 | 刲 | 訹 | 非 | 非 | |

| 字 体 | Scripts: |

非　　非　　非　　非　　沖　　跎　　洲

钢笔字　　宋体　　楷书　　隶书　　行书　　草书　　篆书

| 提 示 | Tips: |

想像两排人并肩而立,但面向不同方向。

Imagine two rows of people standing side by side, but facing different directions.

| 部 件 | Components: |

彐 + ⺬　　　　结构图示：非

| 部 首 | Radical: |

丨 (竖, shù, vertical stroke)

| 常用词语 | Frequently-used words or phrases: |

非常	fēicháng	adv.	extremely; unusually
非法	fēifǎ	adj.	illegal
非分	fēifèn	adj.	presumptuous; assuming
非命	fēimìng	n.	die in a violent death
非议	fēiyì	v.	reproach
非洲	Fēizhōu	n.	Africa
除非	chúfēi	conj.	unless
是非	shìfēi	n.	right and wrong; dispute
非正式	fēizhèngshì	adj.	unofficial; informal
非……不可	fēi...bùkě	ph.	must; have to
非亲非故	fēiqīn-fēigù	id.	neither relatives nor friends
非同小可	fēitóng-xiǎokě	id.	can't be treated lightly

| 练 习 | Exercise: |

字谜　Solve the riddle for a character:

左边三十一,右边一十三;

整个看过去,三百二十三。　____

383

kè (丂ㄜ)

9

guest; visitor (n.)

| 笔 顺 | **Stroke order:** |

宀	客							

| 字 体 | **Scripts:** |

客　　客　　客　　客　　客　　宏　　閑

钢笔字　　宋体　　楷书　　隶书　　行书　　草书　　篆书

| 提 示 | **Tips:** |

"宀"代表房子、家，客人到家；"各"(gè)是声旁。

宀 represents house. 各(gè) is the phonetic element. There is a guest in my house.

| 部 件 | **Components:** |

宀 + 各　　　　　　结构图示：客

| 部 首 | **Radical:** |

宀 (宝盖, bǎogài, roof)

| 常用词语 | **Frequently-used words or phrases:** |

客车	kèchē	n.	passenger train or bus
客船	kèchuán	n.	passenger ship
客店	kèdiàn	n.	hotel
客房	kèfáng	n.	guest room
客观	kèguān	adj.	objective
客气	kèqi	adj.	polite; courteous
客人	kèrén	n.	guest
客套	kètào	n.	polite formula; civilities
乘客	chéngkè	n.	passenger
顾客	gùkè	n.	customer
旅客	lǚkè	n.	passenger; tourist
请客	qǐngkè	v.	invite sb. to eat; give a party

| 练 习 | **Exercise:** |

把所缺的笔画补充完整　Complete the missing strokes in the characters:

常　意　讨　叁　装　慢　晚　拿　教

难

难 nán/nàn
(ㄋㄢˊ/ㄋㄢˋ)
10

1. nán: **difficult;**
   unpleasant(adj.)
2. nàn: **disaster (n.)**

笔 顺 Stroke order:

又	难							

字 体 Scripts:

难　难　难　难　难　難　難

钢笔字　宋体　楷书　隶书　行书　草书　篆书

提 示 Tips:

"难"字不难写,"又 + 隹"即可。

The character 难 is not difficult at all. Just add 隹 to 又.

部 件 Components:

又 + 隹　　　结构图示：难

部 首 Radical:

又 (yòu, again)

常用词语 Frequently-used words or phrases:

难道	nándào	adv.	Could it be...? Should it be...?
难得	nándé	v./adj.	hard to come by; rare; unusual
难怪	nánguài	v.	no wonder
难过	nánguò	adj.	sorry; sorrowful
难看	nánkàn	adj.	ugly; hard to read
难受	nánshòu	adj.	unbearable; intolerable; feel bad
难听	nántīng	adj.	unpleasant (sound)
困难	kùnnán	n./adj.	difficulty / difficult
难民	nànmín	n.	refugee
苦难	kǔnàn	n.	suffering; misery
灾难	zāinàn	n.	disaster

练 习 Exercise:

根据所给左、右偏旁写汉字:

Write characters with the components given to the left or the right:

左:纟_____　　ネ_____　　弓_____

右:见_____　　隹_____　　青_____

385

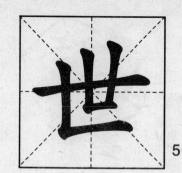

shì (尸)

5   **lifetime; age; era (n.)**

| 笔 顺 | **Stroke order:** |

| 一 | 十 | 卅 | 卅 | 世 | | | | |

| 字 体 | **Scripts:** |

世　　世　　世　　世　　世　　世　　世

钢笔字　　宋体　　楷书　　隶书　　行书　　草书　　篆书

| 提 示 | **Tips:** |

先写"廿"(niàn)，它的意思是二十，再写"乚"。

Write the character 廿 (niàn) first, which means twenty. Then write 乚 .

| 部 件 | **Components:** |

廿 + 乚　　　　　结构图示：世 □

| 部 首 | **Radical:** |

一 (横，héng, horizontal stroke)

| 常用词语 | **Frequently-used words or phrases:** |

世代	shìdài	n.	for generations
世纪	shìjì	n.	century
世家	shìjiā	n.	old and well-known family
世界	shìjiè	n.	world
世面	shìmiàn	n.	various aspects of society; world
出世	chūshì	v.	be born
家世	jiāshì	n.	family background
面世	miànshì	v.	experience the world; appear
去世	qùshì	v.	pass away; die
身世	shēnshì	n.	one's life experience
逝世	shìshì	v.	die; pass away
问世	wènshì	v.	appear; be first issued

| 练 习 | **Exercise:** |

把下列各字依笔画数由少到多排列　Arrange the following characters from the least number of strokes to the most number of strokes:

张　很　第　世　画　再　能　＿＿＿＿＿＿＿＿

jiè (ㄐㄧㄝˋ)

9　**boundary (n.)**

| 笔　顺 | **Stroke order:** |

田	罒	罘	界	界				

| 字　体 | **Scripts:** |

界　界　界　界　界　𥅆　畍

钢笔字　宋体　楷书　隶书　行书　草书　篆书

| 提　示 | **Tips:** |

上边是"田",表示田界,土地范围;下边"介"(jiè)是声旁。

The 田 at the top of this character is rice paddy, which indicates the boundary of the rice paddy. The 介 (jiè) at the bottom is a phonetic component.

| 部　件 | **Components:** |

田 + 介　　　　结构图示：界

| 部　首 | **Radical:** |

田 (tián, field)

| 常用词语 | **Frequently-used words or phrases:** |

界河	jièhé	n.	boundary river
界限	jièxiàn	n.	limit; boundary
界线	jièxiàn	n.	dividing line
边界	biānjiè	n.	border
分界	fēnjiè	v.	be demarcated by
国界	guójiè	n.	national boundary
交界	jiāojiè	v.	have a common boundary
世界	shìjiè	n.	world
外界	wàijiè	n.	the outside world
眼界	yǎnjiè	n.	outlook
新闻界	xīnwénjiè	n.	the press

| 练　习 | **Exercise:** |

英译汉　Translate the following into Chinese:

1. world outlook　　　　2. World War II　　　　3. Esperanto

4. world standard　　　　5. world history　　　　6. universal time

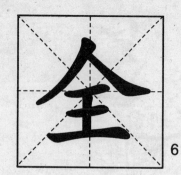

全

quán （くひ弓）

whole; complete (adj.)

6

Stroke order:

| 人 | 全 | | | | | | | | |

字　体　Scripts:

全 全 全 全 全 全 全
钢笔字　宋体　楷书　隶书　行书　草书　篆书

提　示　Tips:

上边是"人"，下边是国王(王)，全体服从王。

The upper part （人） of this character indicates a pyramid, and underneath it is the king （王）, who rules the whole nation.

部　件　Components:

人 ＋ 王　　　　结构图示：全

部　首　Radical:

人 (rén, man)

常用词语　Frequently-used words or phrases:

全部	quánbù	n.	the whole; all parts
全场	quánchǎng	n.	the whole audience; all those present
全国	quánguó	n.	the whole nation
全局	quánjú	n.	overall situation
全力	quánlì	n.	whole effort; full strength
全面	quánmiàn	adj.	full scale
全民	quánmín	n.	all the people
全年	quánnián	n.	the whole year
全球	quánqiú	n.	the whole world
全体	quántǐ	n.	whole; entire (group); all
安全	ānquán	adj.	safe; security
健全	jiànquán	adj. /v.	sound / perfect
完全	wánquán	adj. /adv.	complete / completely

练　习　Exercise:

英译汉　Translate the following into Chinese:

1. the whole nation　　2. the whole world　　3. the whole armed force

4. full name　　5. the whole (group)　　6. plenary meeting

sè (ㄙㄜˋ)
1. color (n.)
2. scene; scenery (n.)
3. woman's looks (n.)
4. looks; expression (n.)

6

笔　　顺	Stroke order:

字　　体	Scripts:

色　　色　　色　　色　　色　　色　　色

钢笔字　　宋体　　楷书　　隶书　　行书　　草书　　篆书

提　　示	Tips:

"色"以前也写作"𢀖"，人们常说："色字上头一把刀。"

色 used to be written as 𢀖. The Chinese often say, "A beauty can hurt you like a knife."

部　　件	Components:

⺈ + 巴　　　　　结构图示：色

部　　首	Radical:

刀（⺈）（dāo, knife）

常用词语	Frequently-used words or phrases:

色彩	sècǎi	n.	color
色调	sèdiào	n.	hue; tone; tinge
色情	sèqíng	n.	salacity; pornography
白色	báisè	n.	white (color)
彩色	cǎisè	n.	color
出色	chūsè	adj.	outstanding
红色	hóngsè	n.	red (color)
黄色	huángsè	n./adj.	yellow (color) / pornographic
景色	jǐngsè	n.	scene
脸色	liǎnsè	n.	facial expression; facial color
女色	nǚsè	n.	woman's charms
蓝色	lánsè	n.	blue (color)
颜色	yánsè	n.	color

练　　习	Exercise:

把上述常用词按词义归作四类。

Arrange the above words into four groups according to their meanings.

389

无 無 wú (ㄨˊ)

nothing／not have

4 (adj.／v.)

笔　顺	**Stroke order:**

一　二　牙　无

字　体	**Scripts:**

无　无　无　无　无　无　天齋

钢笔字　宋体　楷书　隶书　行书　草书　篆书

提　示	**Tips:**

比较"无"与"天"的区别。

Note the difference between 无 and 天.

部　件	**Component:**

无　　　　　结构图示：无

部　首	**Radicals:**

一 (横, héng, horizontal stroke)；二 (èr, two)

常用词语	**Frequently-used words or phrases:**

无比	wúbǐ	adv.	incomparable; extremely
无不	wúbù	adv.	invariably; without exception
无法	wúfǎ	adv.	unable; incapably
无非	wúfēi	adv.	nothing but
无关	wúguān	v.	be unrelated; irrelevant
无论	wúlùn	conj.	no matter; regardless
无情	wúqíng	adj.	merciless; heartless
无数	wúshù	adj.	numerous
无私	wúsī	adj.	fair; selfless
无用	wúyòng	adj.	useless
虚无	xūwú	adj.	illusory; nihilistic
无线电	wúxiàndiàn	n.	wireless; radio

练　习	**Exercise:**

找对应词　Match the following words with their English counterparts:

1. 无比　　　2. 无不　　　3. 无敌　　　4. 无故

5. 无关　　　6. 无能　　　7. 无情　　　8. 无意

A. unmatched　　　B. without exception　　C. without reason　　D. extremely

E. have no intention　　F. unrelated　　　G. merciless　　　H. incompetent

义 義 yì (ㄧˋ)

1. justice (n.)
3 2. meaning (n.)

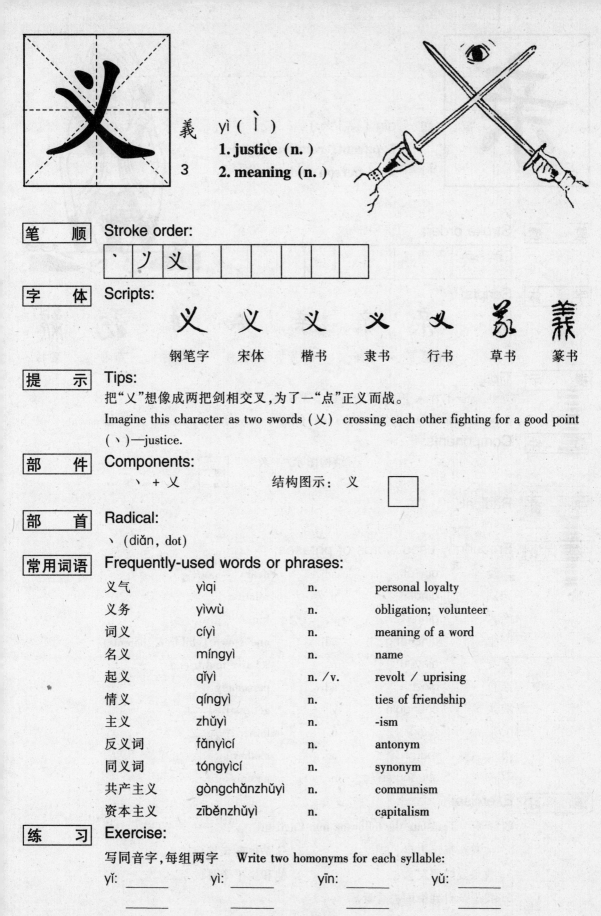

Stroke order:

丶	丷	义					

字　体　Scripts:

义	义	义	义	义	羕	羲
钢笔字	宋体	楷书	隶书	行书	草书	篆书

提　示　Tips:

把"义"想像成两把剑相交叉,为了一"点"正义而战。

Imagine this character as two swords (义) crossing each other fighting for a good point (丶)—justice.

部　件　Components:

丶 + 乂　　　结构图示：义　☐

部　首　Radical:

丶 (diǎn, dot)

常用词语　Frequently-used words or phrases:

义气	yìqi	n.	personal loyalty
义务	yìwù	n.	obligation; volunteer
词义	cíyì	n.	meaning of a word
名义	míngyì	n.	name
起义	qǐyì	n. /v.	revolt / uprising
情义	qíngyì	n.	ties of friendship
主义	zhǔyì	n.	-ism
反义词	fǎnyìcí	n.	antonym
同义词	tóngyìcí	n.	synonym
共产主义	gòngchǎnzhǔyì	n.	communism
资本主义	zīběnzhǔyì	n.	capitalism

练　习　Exercise:

写同音字,每组两字　Write two homonyms for each syllable:

yǐ: _____　　yì: _____　　yīn: _____　　yǔ: _____

_____　　　_____　　　_____　　　_____

親 **qīn** (くⅠㄣ)
9
1. **parent; relatives (n.)**
2. **in person (adv.)**

Stroke order:

立 亲								

字 体　Scripts:

亲　亲　亲　亲　亲　親　親

钢笔字　宋体　楷书　隶书　行书　草书　篆书

提 示　Tips:

立(lì, stand)在木上，急切地盼望亲人到来。

A person standing (立 lì) on the tree (木) is eager for the coming of his dear one.

部 件　Components:

立 + 木　　　　结构图示：亲 □

部 首　Radical:

立 (lì, erect)

常用词语　Frequently-used words or phrases:

亲爱	qīn'ài	adj.	dear
亲戚	qīnqi	n.	relative
亲人	qīnrén	n.	kin
亲生	qīnshēng	adj.	one's own (children, parents)
亲友	qīnyǒu	n.	relative and friend
亲自	qīnzì	adv.	personally
成亲	chéngqīn	v.	get married
父亲	fùqin	n.	father
母亲	mǔqin	n.	mother
双亲	shuāngqīn	n.	parents

练 习　Exercise:

汉译英　Translate the following into English:

1. 他双亲都已去世。　　2. 这是他的亲笔信。

3. 我亲爱的朋友。　　4. 他和她下个月成亲。

5. 我想亲自到中国去看看。

392

xīn（ㄒ丨ㄣ）

13　**new; newly (adj. / adv.)**

笔　順	**Stroke order:**

亲 新 □ □ □ □ □ □

字　体	**Scripts:**

新	新	新	新	新	新	新
钢笔字	宋体	楷书	隶书	行书	草书	篆书

提　示	**Tips:**

"亲"是声旁，"斤"是斧头，"斤"旁有"木"，刚刚砍下来的木头是新的。

亲 is the sound element, and 斤 is an axe. The wood (木) that was just cut is fresh.

部　件	**Components:**

立 + 朩 + 斤　　　结构图示：新

部　首	**Radical:**

斤（jīn, axe）

常用词语	**Frequently-used words or phrases:**

新房	xīnfáng	n.	wedding room
新婚	xīnhūn	n.	newly-married
新居	xīnjū	n.	new residence
新郎	xīnláng	n.	groom
新年	xīnnián	n.	New Year
新娘	xīnniáng	n.	bride
新闻	xīnwén	n.	news
新鲜	xīnxiān	adj.	fresh
重新	chóngxīn	adv.	again; anew
创新	chuàngxīn	v.	create
革新	géxīn	v.	reform
清新	qīngxīn	adj.	fresh; pure and fresh
新加坡	Xīnjiāpō	n.	Singapore

练　习	**Exercise:**

用以下八个部件组成十个以上的字：

Use the following components to form at least ten characters:

立　口　木　亻　斤　十　日　门

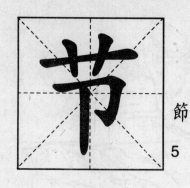

jié (ㄐㄧㄝˊ)

節

5

1. festival (n.)
2. economize (v.)
3. (a measure) (m.)

CHRISTMAS, THANKSGIVING
EASTER, SPRING FESTIVAL

笔 顺	Stroke order:

| 艹 | 节 | | | | | | |

字 体	Scripts:

节　　节　　节　　节　　节　　茸　　節

钢笔字　　宋体　　楷书　　隶书　　行书　　草书　　篆书

提 示	Tips:

木和竹的连接处称为"节"。繁体字是竹字头(節),"卩"(jié)表示关节。

节 is the knot of a bamboo or a tree. Ancient people used it to mark a special day or a festival.

部 件	Components:

艹 + 卩　　　　　结构图示：节

部 首	Radical:

艹 (草字头 , cǎozìtóu , grass)

常用词语	Frequently-used words or phrases:

节目	jiémù	n.	program
节日	jiérì	n.	festival day
节省	jiéshěng	v.	save
节约	jiéyuē	v.	economize
春节	Chūnjié	n.	the Spring Festival; lunar New Year holiday
关节	guānjié	n.	joint; key links
过节	guòjié	v.	celebrate a festival
儿童节	Értóngjié	n.	Children's Day
复活节	Fùhuójié	n.	Easter
国庆节	Guóqìngjié	n.	National Day
一节课	yì jié kè	ph.	a period of class

练 习	Exercise:

为各组字加一个部首　Add a radical to each group of components:

1. 央 采 化 旱 ＿＿＿　　　　2. 且 未 马 口 子 ＿＿＿

3. 各 子 女 元 豕 ＿＿＿

394

7

jiǎo/jué
(ㄐㄧㄠ/ㄐㄩㄝ)
1. jiǎo: **horn (n.)**
2. jué: **role; part (n.)**
3. jué: **contend (v.)**

笔 顺 | Stroke order:

ク	⼴	勹	角	角	角			

字 体 | Scripts:

角　　角　　角　　角　　角　　角　　角

钢笔字　　宋体　　楷书　　隶书　　行书　　草书　　篆书

提 示 | Tips:

上边是一只角的形状，下边是"用"(yòng)字。

The upper part looks like a horn, and the lower part is the character 用(yòng).

部 件 | Components:

ク + 用　　　　结构图示：角

部 首 | Radical:

角 (jiǎo, horn)

常用词语 | Frequently-used words or phrases:

角斗	juédòu	v./n.	wrestle
角色	juésè	n.	role
丑角	chǒujué	n.	clown
口角	kǒujué	n.	quarrel
主角	zhǔjué	n.	leading role; protagonist
角落	jiǎoluò	n.	corner
墙角	qiángjiǎo	n.	wall corner
死角	sǐjiǎo	n.	dead corner
三角形	sānjiǎoxíng	n.	triangle
牛角尖	niújiǎojiān	n.	tip of a buffalo horn; a tiny problem
勾心斗角	gōuxīn-dòujiǎo	id.	intrigue against each other
五角大楼	Wǔjiǎo Dàlóu	n.	Pentagon

练 习 | Exercise:

人民币的单位是"元、角、分"，口语里常作"块、毛、分"。用两种读法读出下列钱数：

The basic units for Renminbi are 元, 角, 分 in writing, but 块, 毛, 分 in conversation.

Read out the following denominations in two ways:

¥3.75　　　　¥12.49　　　　¥127.68　　　　¥95.32

395

jiě (ㄐㄧㄝˇ)

13

1. divide; separate (v.)
2. explain; solve (v.)

刀

角

牛

| 笔 顺 | **Stroke order:** |

| 角 | 觔 | 解 | | | | | | | |

| 字 体 | **Scripts:** |

解 解 解 解 解 鉾 觧

钢笔字　宋体　楷书　隶书　行书　草书　篆书

| 提 示 | **Tips:** |

这个字由"刀、牛、角"三部分组成,用刀分解牛角。

This character is composed of 刀, 牛, 角—to dissect a horn with a knife.

| 部 件 | **Components:** |

角 + 刀 + 牛　　　结构图示: 解

| 部 首 | **Radical:** |

角 (jiǎo, horn)

| 常用词语 | **Frequently-used words or phrases:** |

解答	jiědá	v.	solve; answer
解放	jiěfàng	v.	liberate
解决	jiějué	v.	solve
解释	jiěshì	v./n.	explain / explanation
分解	fēnjiě	v.	resolve; disintegrate
和解	héjiě	v.	settle a dispute; resolve
见解	jiànjiě	n.	opinion; idea
讲解	jiǎngjiě	v.	explain
理解	lǐjiě	v.	understand
了解	liǎojiě	v.	understand; comprehend
解放军	jiěfàngjūn	n.	liberation army
一知半解	yìzhī-bànjiě	id.	have scanty knowledge

| 练 习 | **Exercise:** |

观察以下含"角"的字:

Learn the following characters that have the radical 角:

嘴 解 触 觞 觚 觯 斛 觖

396

始

8

shǐ (ㄕˇ)

begin; beginning
(v. / n.)

| 笔　顺 | **Stroke order:** |

| 女 | 始 | 始 | | | | | |

| 字　体 | **Scripts:** |

| 始 | 始 | 始 | 始 | 始 | 始 | 始 |
| 钢笔字 | 宋体 | 楷书 | 隶书 | 行书 | 草书 | 篆书 |

| 提　示 | **Tips:** |

"女"字旁，"台"(tái)又指胎儿。人的生命始于母亲。

This character is composed of the 女 radical and the character 台 (tái). 台 originally means "fetus"; thus a human life begins from the mother.

| 部　件 | **Components:** |

女 + 台　　　结构图示：始

| 部　首 | **Radical:** |

女 (nǚ, female)

| 常用词语 | **Frequently-used words or phrases:** |

始末	shǐmò	n.	beginning and end
始终	shǐzhōng	adv.	from beginning to end; throughout
始祖	shǐzǔ	n.	beginning ancestor
创始	chuàngshǐ	adj.	original; initiatory
开始	kāishǐ	v.	begin; start
原始	yuánshǐ	adj.	wild; original
始终如一	shǐzhōng-rúyī	id.	remain the same throughout
有始有终	yǒushǐ-yǒuzhōng	id.	carry sth. through to the end
自始至终	zìshǐ-zhìzhōng	id.	from the beginning to the end
周而复始	zhōu'érfùshǐ	id.	revolve in a cycle

| 练　习 | **Exercise:** |

根据结构画出下面各字的方框图并填入汉字：

Make a square for each character according to its structure and place the character into it:

解　整　谢　常　影　宿　紧　激

397

科

9

kē（ㄎㄜ）

1. branch; division (n.)
2. science (n.)

Stroke order:

禾	科						

字　体　**Scripts:**

科　　科　　科　　科　　科　　科　　科

钢笔字　　宋体　　楷书　　隶书　　行书　　草书　　篆书

提　示　**Tips:**

左边是"禾"不是木,右边是"斗",不是头。用斗(dǒu)量禾,并分类。

The left component is 禾 (standing grain), not 木; the right component is 斗 (a dry measure = 1 decaliter), not 头. Grains were first measured with a 斗 and then divided into different grades.

部　件　**Components:**

禾 + 斗　　　　　结构图示：科

部　首　**Radical:**

禾 (hé, standing grain)

常用词语　**Frequently-used words or phrases:**

科技	kējì	n.	science and technology
科目	kēmù	n.	subject; branch
科学	kēxué	n.	science
科研	kēyán	n.	scientific study
儿科	érkē	n.	pediatrics
妇科	fùkē	n.	gynaecology
工科	gōngkē	n.	engineering department
理科	lǐkē	n.	science department
内科	nèikē	n.	internal medicine department
文科	wénkē	n.	liberal arts
百科全书	bǎikēquánshū	n.	encyclopedia

练　习　**Exercise:**

翻译　Translate the following sentences into English:

1. 这位科学家在中学时就喜欢学理科。

2. 我病了,可是我不知道应该去看哪一科的大夫。

级 jí (ㄐㄧˊ)

6 **level; rank (n.)**

笔 顺 Stroke order:

纟 纠 级 级

字 体 Scripts:

级 级 级 级 级 级 級

钢笔字　宋体　楷书　隶书　行书　草书　篆书

提 示 Tips:

左边是"纟",蚕丝;右边是"及"(jí),作声旁。"级"本指丝的等级。

The left 纟 is the silk radical, and the right is 及 (jí), the phonetic component. Hence, 级 indicates the grades of silk.

部 件 Components:

纟 + 及　　　结构图示：级 ⊞

部 首 Radical:

纟 (绞丝, jiǎosī, silk)

常用词语 Frequently-used words or phrases:

级别	jíbié	n.	grade
班级	bānjí	n.	class (at school)
超级	chāojí	adj.	super; super class
初级	chūjí	adj.	primary; elementary
等级	děngjí	n.	grade; rank
高级	gāojí	adj.	high-grade; advanced
留级	liújí	v.	stay at the same grade
年级	niánjí	n.	grade (at school)
上级	shàngjí	n.	superior; higher level
升级	shēngjí	v.	promote
超级市场	chāojí shìchǎng	n.	supermarket

练 习 Exercise:

观察以下含有"及"旁的字,它们的读音多念 jí:

Pay attention to the following characters that have the 及 component. Note most of them are pronounced jí:

级　极　伋　汲　芨　圾　笈

399

极 jí (ㄐㄧˊ)
7
1. extremely (adv.)
2. pole (n.)

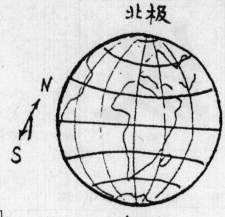

北极

南极

Stroke order:

木	极							

字 体 **Scripts:**

极　极　极　极　极　极　極

钢笔字　宋体　楷书　隶书　行书　草书　篆书

提 示 **Tips:**

左边是"木",树的顶点叫"极";"及"(jí)是声旁。

The left side is 木 (wood), so the top of a tree is 极; 及 is the phonetic element.

部 件 **Components:**

木 + 及　　　结构图示：极

部 首 **Radical:**

木 (mù, wood)

常用词语 **Frequently-used words or phrases:**

极点	jídiǎn	n.	the limit; the extreme
极端	jíduān	adv. /n.	extremely / extremity
极力	jílì	adv.	try every effort
极其	jíqí	adv.	extremely
极限	jíxiàn	n.	limit
北极	Běijí	n.	the North Pole
积极	jījí	adj.	active; possitive
南极	Nánjí	n.	the South Pole
消极	xiāojí	adj.	passive; negative
罪大恶极	zuìdà-èjí	id.	be guilty of the most heinous crime

练 习 **Exercise:**

汉译英　Translate the following into English:

1. 北极　　　　　2. 正极　　　　　3. 极其

4. 极点　　　　　5. 极力帮助　　　6. 高兴至极

400

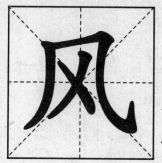

风
風
fēng (ㄈㄥ)
4
wind (n.)

笔　顺 Stroke order:

丿　几　凡　风

字　体 Scripts:

风　风　风　风　风　凤　凬

钢笔字　宋体　楷书　隶书　行书　草书　篆书

提　示 Tips:

想像远处一个女人的头发被风吹动,五官看不清。

Imagine that a girl's hair is caught by the wind and flows all over her face.

部　件 Components:

几 + 乂　　　结构图示：风

部　首 Radical:

风(fēng, wind)

以"风"作部首的字,往往与风有关,如"飘(piāo)、飓(jù)"等。

Characters with the radical 风 are normally related to wind, e.g. 飘 (piāo, flutter), 飓 (jù, hurricane), etc.

常用词语 Frequently-used words or phrases:

风暴	fēngbào	n.	windstorm
风波	fēngbō	n.	disturbance
风光	fēngguāng	n.	scene
风浪	fēnglàng	n.	wave
风力	fēnglì	n.	strength of wind; wind power
风俗	fēngsú	n.	custom
风味	fēngwèi	n.	special flavor; local color
刮风	guāfēng	v. o.	windy
台风	táifēng	n.	typhoon

练　习 Exercise:

找对应词　Match each character with its English counterpart:

1. 台风　　2. 风波　　3. 风车　　4. 风度　　5. 风光
6. 风力　　7. 风气　　8. 风声　　9. 风俗　　10. 风味

A. atmosphere　　B. special flavor　　C. customs　　D. scene　　E. typhoon
F. windmill　　G. wind power　　H. rumor　　I. demeanor　　J. disturbance

dài (ㄉㄞˋ)

5 **generation; dynasty (n.)**

| 笔　顺 | **Stroke order:** |

| 亻 | 亻 | 代 | 代 | | | | |

| 字　体 | **Scripts:** |

代　　代　　代　　代　　代　　代　　代

钢笔字　宋体　　楷书　　隶书　　行书　　草书　　篆书

| 提　示 | **Tips:** |

左边的"亻"旁表示人类；注意右边不是"戈"(gē)，而是"弋"(yì)。

The 亻 on the left represents human beings; the right side element is 弋 (yì), not 戈 (gē).

| 部　件 | **Components:** |

亻 + 弋　　　　结构图示：代　　|　|

| 部　首 | **Radical:** |

亻 (单人, dānrén, man)

| 常用词语 | **Frequently-used words or phrases:** |

代表	dàibiǎo	v./n.	represent / representative; representation
代词	dàicí	n.	pronoun
代价	dàijià	n.	price; cost
代理	dàilǐ	v.	act on somebody's behalf / agent
代数	dàishù	n.	algebra
代替	dàitì	v.	substitute
朝代	cháodài	n.	dynasty
当代	dāngdài	n.	contemporary
古代	gǔdài	n.	ancient times
历代	lìdài	n.	for generations
时代	shídài	n.	times; era
现代	xiàndài	n.	present; modern era

| 练　习 | **Exercise:** |

解释下列词语　Explain the following words in English:

古代 _____　　　　现代 _____　　　　当代 _____

时代 _____　　　　汉代 _____　　　　上一代人 _____

biǎo (ㄅㄧㄠ)
1. surface (n.)
2. show (v.)
3. watch (n.)

8

笔 顺 Stroke order:

| 丰 | 声 | 耒 | 表 | 表 | | | |

字 体 Scripts:

表 表 表 表 表 表 表

钢笔字　宋体　楷书　隶书　行书　草书　篆书

提 示 Tips:

古字下边是"衣"，上边是"毛"，表示表面、外表。

The lower part of this character was 衣 (clothing) in its ancient form; the upper part symbolizes hair (毛), thus indicating the outside of a garment.

部 件 Components:

丰 + 伙　　　结构图示：表

部 首 Radical:

一（横，héng，horizontal stroke）

常用词语 Frequently-used words or phrases:

表达	biǎodá	v.	express
表面	biǎomiàn	n.	surface
表明	biǎomíng	v.	show; indicate
表示	biǎoshì	v. /n.	show; reveal / indication
表现	biǎoxiàn	v. /n.	express / manifestation
表演	biǎoyǎn	v. /n.	perform / show; performance
代表	dàibiǎo	v. /n.	represent / representative; representation
发表	fābiǎo	v.	publish; issue
手表	shǒubiǎo	n.	wrist watch
填表	tiánbiǎo	v. o.	fill in a form
图表	túbiǎo	n.	chart; figure; graphic
外表	wàibiǎo	n.	outward appearance

练 习 Exercise:

汉译英　Translate the following into English:

外表＿＿＿＿＿＿　　电表＿＿＿＿＿＿　　表面＿＿＿＿＿＿

表现＿＿＿＿＿＿　　代表＿＿＿＿＿＿　　仪表＿＿＿＿＿＿

办 bàn (ㄅㄢ)

4

1. do; handle; run (v.)
2. punish (by law) (v.)

Stroke order:

力	力	办					

字　体 Scripts:

办　办　办　办　办　**办**　**辦**

钢笔字　宋体　楷书　隶书　行书　草书　篆书

提　示 Tips:

办事需要力量,所以用"力"作部首。

It needs strength to work. That's why 力 (strength) is used as the radical.

部　件 Components:

力 + 丶 + 丶　　结构图示: 办

部　首 Radical:

力 (lì, strength)

常用词语 Frequently-used words or phrases:

办到	bàndào	v.	able to do
办法	bànfǎ	n.	method
办公	bàngōng	v.	handle official business
办理	bànlǐ	v.	handle
办事	bànshì	v.	work; handle business
办学	bànxué	v.	run a school
法办	fǎbàn	v.	punish by law
举办	jǔbàn	v.	hold
好办	hǎobàn	adj.	easy to be done
难办	nánbàn	adj.	hard to deal with
照办	zhàobàn	v.	do accordingly
办公室	bàngōngshì	n.	office
办年货	bàn niánhuò	v. o.	shop for the New Year

练　习 Exercise:

字谜 Solve the riddle for a character:

力字加两点,不能猜成办。 _____

定

8

dìng （ㄉㄧˋ）
1. calm; stable (adj.)
2. decide (v.)
3. subscribe; book (v.)

笔 顺 Stroke order:

宀	定							

字 体 Scripts:

定　　定　　定　　定　　定　　宅　　宼

钢笔字　　宋体　　楷书　　隶书　　行书　　草书　　篆书

提 示 Tips:

"宀"加上"是"的下部。

This character is formed with the 宀 radical substituting the 日 in the character 是 .

部 件 Components:

宀 ＋ 疋　　　　　结构图示： 定

部 首 Radical:

宀 (宝盖, bǎogài, roof)

常用词语 Frequently-used words or phrases:

定居	dìngjū	v.	settle down; reside
定期	dìngqī	adv. /adj.	regularly / periodical
定义	dìngyì	n.	definition
安定	āndìng	adj.	steady; stable
必定	bìdìng	adv.	must; surely
固定	gùdìng	adj.	fixed; secured
决定	juédìng	v. /n.	decide / decision
一定	yídìng	adv.	certainly; must
约定	yuēdìng	v.	arrange; agree on

练 习 Exercise:

把各字分解后重新组合成新字:

Separate the characters into their basic components and recompose the basic components with other components to form two new characters:

例 Example: 定：　宀 — 安

　　　　　　疋 — 是

级：　　　　客：　　　　设：　　　　姓：

405

gào (ㄍㄠˋ)

7

1. tell; inform (v.)
2. accuse (v.)

让它喝一口，
免得它告状。

笔 顺 | Stroke order:

, ⌐ 丄 生 告

字 体 | Scripts:

告　告　告　告　告　告　告

钢笔字　宋体　楷书　隶书　行书　草书　篆书

提 示 | Tips:

"告"（gào）的发音接近英文的 cow（牛）。"告"的上边是个牛头（生），下边是"口"。

The pronunciation of this character (gào) is close to the English word "cow". It is also composed of a cow's head (生) and a mouth (口).

部 件 | Components:

生 + 口　　　结构图示：告

部 首 | Radicals:

口 (kǒu, mouth); 牛 (生) (niú, ox)

常用词语 | Frequently-used words or phrases:

告别	gàobié	v.	say good-bye; farewell
告诉	gàosu	v.	tell
告知	gàozhī	v.	inform
报告	bàogào	v./n.	report
布告	bùgào	n.	announcement; notice
广告	guǎnggào	n.	advertisement
劝告	quàngào	v.	advise; urge
预告	yùgào	v.	forecast

练 习 | Exercise:

在两个或三个字中各取一部分组成新字　Take one component from each character in a group and combine them into a new character:

例 Example: 答：合

红：纟 给　　　　　　　　　音：

对：　　　路：　　　告：　　　机：

谁：___　很：___　爸：___　听：___

406

计 jì（ㄐㄧˋ）

4

1. count; compute (v.)
2. idea; plan (n.)

新设计

笔　顺　Stroke order:

讠	计						

字　体　Scripts:

计　　计　　计　　计　　计　　讣　　計

钢笔字　宋体　楷书　隶书　行书　草书　篆书

提　示　Tips:

左边是"讠"(言)，右边是"十"，"十"代表数目。计的意思是计数。

The left side is the speech radical（讠）; the right side is 十 (ten). Sound out when counting up to ten.

部　件　Components:

讠 + 十　　　　结构图示：计 ▢▢

部　首　Radical:

讠（言字旁，yánzìpáng，speech）

常用词语　Frequently-used words or phrases:

计划	jìhuà	v./n.	plan
计时	jìshí	v.	reckon by time
计数	jìshù	v.	calculate; count
计算	jìsuàn	v.	calculate; figure; compute
估计	gūjì	v.	figure; estimate
合计	héjì	v.	total
会计	kuàijì	n.	accountant; accounting
设计	shèjì	v./n.	design
预计	yùjì	v.	estimate
计算机	jìsuànjī	n.	computer
温度计	wēndùjì	n.	thermometer

练　习　Exercise:

写同音字　Give the homonyms for the following characters:

计(jì) _____　　办(bàn) _____　　始(shǐ) _____　　元(yuán) _____

诉 sù (ㄙㄨ)
7
1. tell (v.)
2. complain; accuse (v.)

笔 顺 Stroke order:

讠	诉	诉					

字 体 Scripts:

诉　　诉　　诉　　诉　　诉　　诉　　諦

钢笔字　宋体　楷书　隶书　行书　草书　篆书

提 示 Tips:

部首是"讠"(言)，告诉别人当然得用言语。注意右边是"斥"(chì)，"斥"字加一点。

The speech radical (讠 or 言) on the left gives the idea that you must talk when you want to tell somebody something. The right component is 斥, which is formed with an additional dot on the character 斤.

部 件 Components:

讠 + 斥　　　　结构图示：诉　　| |

部 首 Radical:

讠 (言字旁, yánzìpáng, speech)

常用词语 Frequently-used words or phrases:

诉苦	sùkǔ	v.	complain
诉说	sùshuō	v.	tell in detail
诉讼	sùsòng	v./n.	go to law / accusation
告诉	gàosù	v.	tell
控诉	kòngsù	v.	accuse; sue
倾诉	qīngsù	v.	reveal one's innermost feeling
上诉	shàngsù	v.	appeal (law)
胜诉	shèngsù	v.	win a lawsuit
诉诸武力	sùzhū wǔlì	id.	appeal to force

练 习 Exercise:

猜字谜　Solve each riddle for a character:

1. 听说一半多一点儿。＿＿＿

2. 一半讲古,一半说今。＿＿＿　＿＿＿

業 yè（丨せˋ）

5

1. line of business (n.)

2. enterprise; cause (n.)

笔 顺 Stroke order:

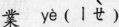

丨	刂	刂|	业	业				

字 体 Scripts:

业	业	业	业	业	業	業
钢笔字	宋体	楷书	隶书	行书	草书	篆书

提 示 Tips:

先写两竖,再写两点,最后写一横。想像这个字是某种行业的标志。

Imagine this character as a trademark for a certain line of business. Pay attention to the writing of this character: make the two vertical lines first, then two dots, and finally the bottom horizontal stroke.

部 件 Components:

‖ ＋ 丷 ＋ 一   结构图示：业 □

部 首 Radical:

业 (yè, enterprise)

常用词语 Frequently-used words or phrases:

业务	yèwù	n.	business; affairs
业余	yèyú	adj.	amateur
毕业	bìyè	v.	graduate
工业	gōngyè	n.	industry
农业	nóngyè	n.	agriculture
就业	jiùyè	v.	obtain employment; get a job
商业	shāngyè	n.	business; commerce
事业	shìyè	n.	career
学业	xuéyè	n.	school work
营业	yíngyè	v.	business; operation

练 习 Exercise:

写出各组字的共同部分　Give the main element shared by each group:

业　　　　　又　　　　　甲

亚 ___　　　叉　　　　　由

　　　　　义 ___　　　电 ___

光 guāng (ㄍㄨㄤ)
1. light (n.)
2. glory (n.)
3. smooth; glossy (adj.)

6

笔 顺 Stroke order:

| 丨 | 丷 | 丷 | 业 | 屵 | 光 | | | |

字 体 Scripts:

光　　光　　光　　光　　光　　光　　炗

钢笔字　　宋体　　楷书　　隶书　　行书　　草书　　篆书

提 示 Tips:

像光芒四射的样子 ⚡。注意下边是"儿"字。

This character shows brilliant sunlight shining in all directions. Note the bottom part is the character 儿.

部 件 Components:

⚡ + 儿　　　　结构图示：光 ▯

部 首 Radicals:

小 (⚡) (xiǎo, small); 儿 (ér, child)

常用词语 Frequently-used words or phrases:

光滑	guānghuá	adj.	smooth
光景	guāngjǐng	n.	condition; scene
光亮	guāngliàng	adj.	shiny; bright
光临	guānglín	v.	(of a guest) honour sb. with one's presence
光芒	guāngmáng	n.	ray of light; brilliance
光明	guāngmíng	adj./n.	bright / light
光荣	guāngróng	adj./n.	glorious / glory
灯光	dēngguāng	n.	lamplight
观光	guānguāng	v.	go sightseeing
借光	jièguāng	v.	Excuse me.

练 习 Exercise:

汉译英　Translate the following into English:

1. 谢谢您的光临。

2. 借光,请让我过去。

3. 儿子考了个全省第一,我们全家都感到十分光荣。

410

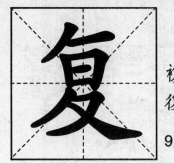

復¹ fù (ㄈㄨˋ)
復²
³
9

1. duplicate (v.)
2. answer (v.)
3. recover; resume (v.)

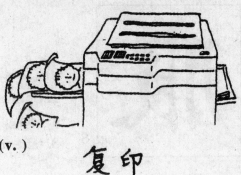

复印

笔　顺 | Stroke order:

| 丿 | 白 | 复 | 复 | | | | |

字　体 | Scripts:

复　　复　　复　　复　　复　　攵　　覆

钢笔字　宋体　楷书　隶书　行书　草书　篆书

提　示 | Tips:

如果去掉"复"字左边的两撇，就变成"夏"，又一日，重复。

Take away the two short slanting strokes on the left, and this character will be left with three components: 又，一，日 (again another day). Thus, it gives the meaning of "repetition, duplication".

部　件 | Components:

丿 + 日 + 夕　　结构图示：复

部　首 | Radicals:

夕 (折文, zhéwén, variant of 文); 丿 (撇, piě, left-falling stroke)

常用词语 | Frequently-used words or phrases:

复活	fùhuó	v.	come back to life; revive
复习	fùxí	v.	review
复写	fùxiě	v.	copy
复信	fùxìn	v./n.	reply (a letter)
复印	fùyìn	v.	copy; duplicate
复杂	fùzá	adj.	complicated; complex
重复	chóngfù	v.	repeat; duplicate
答复	dáfù	v./n.	reply / answer
反复	fǎnfù	adv./v.	repeatedly / repeat
克复	kèfù	v.	retake; recover

练　习 | Exercise:

比较形近字　Distinguish each pair of characters looking similar:

1. 使　2. 老　3. 并　4. 话　5. 设　6. 今　7. 复　　8. 茶
　　便　　考　　关　　活　　没　　令　　夏(xià)　荼(tú)

411

服

fú (ㄈㄨˊ)

1. clothes; dress (n.)
2. serve; obey (v.)
3. take medicine (v.)

8

我的衣服呢?

笔 顺 Stroke order:

| 月 | 肝 | 肥 | 服 | | | | |

字 体 Scripts:

服　服　服　服　服　釈　胴

钢笔字　宋体　楷书　隶书　行书　草书　篆书

提 示 Tips:

左边是"月",右边是"报"(bào)的右边。

This character is formed with the 月 on the left, and the right half of 报 (bào) on the right.

部 件 Components:

月 + 艮　　　结构图示: 服 | | |

部 首 Radical:

月 (yuè, moon)

常用词语 Frequently-used words or phrases:

服从	fúcóng	v.	obey
服务	fúwù	v./n.	serve / service
服装	fúzhuāng	n.	clothing; costume
克服	kèfú	v.	overcome
说服	shuōfú	v.	persuade
衣服	yīfu	n.	clothes; dress
西服	xīfú	n.	Western suit; dress
工作服	gōngzuòfú	n.	working clothes

练 习 Exercise:

把各字分解后重新组合成新字　Break each character into its basic components and recompose the component with another component so as to make two new characters:

例 Example: 定: 宀—安

疋—是

服: ___ ___　　觉: ___ ___　　很: ___ ___　　答: ___ ___

412

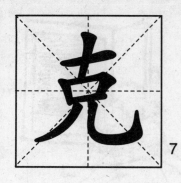

克

kè (丂さ)

7
1. **overcome** (v.)
2. **gram** (g.) (m.)

十 + 口 = 古

口 + 儿 = 兄

十 + 口 + 儿 = 克

笔　顺 Stroke order:

十	古	克							

字　体 Scripts:

克　克　克　克　克　克　亨

钢笔字　宋体　楷书　隶书　行书　草书　篆书

提　示 Tips:

"克"可以分为"十兄",也可以分为"古儿",甚至分为"十口儿"。

This character can be divided in various ways: 十兄, 古儿, or 十口儿 .

部　件 Components:

十 + 口 + 儿　　结构图示：克

部　首 Radicals:

十 (shí, ten); 儿 (ér, child)

常用词语 Frequently-used words or phrases:

克服	kèfú	v.	overcome
克扣	kèkòu	v.	embezzle part of the money to be issued
克制	kèzhì	v.	restrain
攻克	gōngkè	v.	capture (a place)
马克	Mǎkè	n.	mark (currency)
扑克	pūkè	n.	poker game
千克	qiānkè	n.	kilogram
坦克	tǎnkè	n.	tank (military)
休克	xiūkè	v.	suffer from shock
克己奉公	kèjǐ-fènggōng	n.	whole-hearted devotion to official duty

练　习 Exercise:

如果从纸的背面来看这些字,哪些字还保持原来的形状?

Which of the following characters retain the same forms in the mirror reading?

克　片　业　死　由　回　正　己　公　目　哭

413

8

kōng/kòng (ㄎㄨㄥ/ㄎㄨㄥˋ)
1. kōng: **sky (n.)**
2. kōng: **empty; hollow /**
   in vain (adj. /adv.)
3. kòng: **empty space; free**
   time / vacant (n. /adj.)
4. kòng: **leave empty (v.)**

笔 顺 Stroke order:

宀	穴	空						

字 体 Scripts:

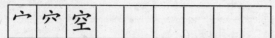

空　　空　　空　　空　　空　　宊　　空

钢笔字　　宋体　　楷书　　隶书　　行书　　草书　　篆书

提 示 Tips:

"穴"(xué, hole)表示洞穴,"工"(gōng)是声旁。

穴 (hole) indicates caves and 工 (gōng) is the phonetic component.

部 件 Components:

　穴 ＋ 工　　　　　　结构图示：空

部 首 Radical:

穴 (xué, hole)

常用词语 Frequently-used words or phrases:

空洞	kōngdòng	adj.	hollow
空话	kōnghuà	n.	idle talk
空间	kōngjiān	n.	space; empty space
空军	kōngjūn	n.	air force
空气	kōngqì	n.	air; atmosphere
空前	kōngqián	adj.	unprecedented
太空	tàikōng	n.	outer space
空欢喜	kōnghuānxǐ	ph.	be happy for nothing
空闲	kòngxián	n. /adj.	free time / free
空白	kòngbái	n.	empty; blank
有空	yǒukòng	v. o.	have leisure; have time

练 习 Exercise:

查字典查出下列"穴"部字的意义,想想它们和洞穴的意义有没有联系:

Look up the dictionary for the meanings of the words that have the 穴 radical. Ponder the reasons for their use of the 穴 radical:

窗　穿　帘　窄　容　窃　突　穷　究

414

片

p/àn （夂丨ㄢ）

1. a flat, thin piece (n.)

2. (a measure) (m.)

4

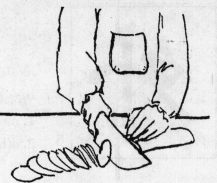

Stroke order:

| 丿 | 丿' | 广 | 片 | | | | |

字　体　Scripts:

片　　片　　片　　片　　片　　片　　片

钢笔字　宋体　楷书　隶书　行书　草书　篆书

提　示　Tips:

木（✳ ）字的一半，表示一片木。

This character is one half of 木 (✳ wood), indicating a piece of wood.

部　件　Component:

片　　　　　结构图示：片

部　首　Radical:

片 (piàn, slice)

常用词语　Frequently-used words or phrases:

片段	piànduàn	n.	part; passage; fragment
片面	piànmiàn	adj.	one sided; unilateral
片子	piànzi	n.	business card; slice
唱片	chàngpiàn	n.	record (music)
刀片	dāopiàn	n.	razor
卡片	kǎpiàn	n.	card
名片	míngpiàn	n.	calling card; business card
图片	túpiàn	n.	picture
相片	xiàngpiàn	n.	photograph
影片	yǐngpiàn	n.	movie; film
照片	zhàopiàn	n.	photograph

练　习　Exercise:

根据声旁写形声字：

Write pictophonetic characters according to the phonetic parts given:

例 Example: 工：功 红 空

1. 正： __ __ __　　2. 青： __ __ __

3. 巴： __ __ __　　4. 可： __ __ __

415

wài (ㄨㄞ)
1. outer; outward (n.)
2. other; foreign (pron.)

5

笔 顺 Stroke order:

夕	夕	外					

字 体 Scripts:

外　外　外　外　外　外　外

钢笔字　宋体　楷书　隶书　行书　草书　篆书

提 示 Tips:

"夕"(xī)表示夜晚,"丨"是院墙,"、"表示在墙外。

夕 (xī) means "evening", 丨 symbolizes a wall, and 丶 indicates "outside (外) of the wall".

部 件 Components:

夕 + 卜　　　结构图示：外

部 首 Radical:

夕 (xī, evening)

常用词语 Frequently-used words or phrases:

外币	wàibì	n.	foreign currency
外边	wàibiān	n.	outside
外表	wàibiǎo	n.	outward appearance
外地	wàidì	n.	places other than where one is
外国	wàiguó	n.	foreign country
外交	wàijiāo	n.	diplomacy; foreign affairs
外面	wàimiàn	n.	outside
外语	wàiyǔ	n.	foreign language
格外	géwài	adv.	especially
海外	hǎiwài	n.	overseas
课外	kèwài	n.	extracurricular

练 习 Exercise:

找出成对的反义词来　Give the antonyms for the following characters:

外　始　新　无　难　客　真　前　慢　死
后　旧　内　主　假　终　有　生　易　快

wǎng (ㄨㄤˇ)
1. go; past (v.)
2. toward; to (prep.)

8

Stroke order:

′	�ノ	彳	往				

字 体 **Scripts:**

往　　往　　往　　往　　往　　往　　淫

钢笔字　　宋体　　楷书　　隶书　　行书　　草书　　篆书

提 示 **Tips:**

"住"(zhù)字多一撇(丿)，表示离家往外走，不住了。

With an extra slanting stroke to the character 住 (zhù, live), this character gives the meaning of "going to another place; no longer staying at home".

部 件 **Components:**

彳 + 主　　　　结构图示：往

部 首 **Radical:**

彳 (双人, shuāngrén, a pair of men)

常用词语 **Frequently-used words or phrases:**

往常	wǎngcháng	n.	usually; habitually
往东	wǎngdōng	ph.	eastward
往返	wǎngfǎn	v.	back and forth; come and go
往来	wǎnglái	v.	associate
往年	wǎngnián	n.	(in) former years
往日	wǎngrì	n.	bygone days
往事	wǎngshì	n.	past events
往往	wǎngwǎng	adv.	frequently
交往	jiāowǎng	v.	associate; contact
来来往往	láilái-wǎngwǎng	id.	come and go

练 习 **Exercise:**

给下面各字加一笔,使它们变成不同的字；

Add one more stroke to each of the characters to form a new character:

住　目　王　心　帅　了　今

问　人　白　万　休　止　咋

417

论 論 lùn (ㄌㄨㄣˋ)
6
1. discuss (v.)
2. opinion; view (n.)

| 笔　顺 | **Stroke order:** |

| 讠 | 讠 | 讠 | 论 | | | | |

| 字　体 | **Scripts:** |

论　　论　　论　　论　　论　　论　　論
钢笔字　宋体　　楷书　　隶书　　行书　　草书　　篆书

| 提　示 | **Tips:** |

"讠"旁表示言语，"仑"(lún)是声旁。

讠 indicates "speech", and 仑 (lún) is the phonetic component.

| 部　件 | **Components:** |

讠 + 仑　　　　　结构图示：论

| 部　首 | **Radical:** |

讠 (言字旁，yánzìpáng，speech)

| 常用词语 | **Frequently-used words or phrases:** |

论点	lùndiǎn	n.	argument
论据	lùnjù	n.	ground of argument
论理	lùnlǐ	v.	based on reason
论述	lùnshù	v.	discuss
论文	lùnwén	n.	thesis
论证	lùnzhèng	v. / n.	prove / proof
理论	lǐlùn	n.	theory
谬论	miùlùn	n.	fallacy
社论	shèlùn	n.	editorial
谈论	tánlùn	v.	discuss
讨论	tǎolùn	v.	discuss
议论	yìlùn	v. / n.	commentate; comment / comment

| 练　习 | **Exercise:** |

翻译下列词组　Translate the following into Chinese:

1. come and go　　2. discuss　　　3. overcome　　4. air

5. thesis　　　　6. theory　　　　7. past events　8. foreign

谈 tán (ㄊㄢ)

10

1. talk; chat (v.)
2. what is said (n.)

| 笔 顺 | Stroke order: |

| 讠 | 讼 | 谈 | | | | | | | |

| 字 体 | Scripts: |

谈　谈　谈　谈　谈　谈　談

钢笔字　宋体　楷书　隶书　行书　草书　篆书

| 提 示 | Tips: |

"讠"表示说话,"炎"(yán)是声旁。

讠 shows "talking", and 炎 (yán) is the phonetic element.

| 部 件 | Components: |

讠 + 灬 + 火　　　结构图示: 谈　☐☐

| 部 首 | Radical: |

讠 (言字旁, yánzìpáng, speech)

| 常用词语 | Frequently-used words or phrases: |

谈话	tánhuà	v. /n.	talk
谈论	tánlùn	v.	discuss
谈判	tánpàn	v. /n.	negotiate / negotiation
谈天	tántiān	v.	chat
谈心	tánxīn	v.	heart-to-heart talk
会谈	huìtán	v. /n.	confer / conference
交谈	jiāotán	v.	converse
空谈	kōngtán	n. /v.	empty talk / indulge in idle talk
闲谈	xiántán	v.	chat; chitchat

| 练 习 | Exercise: |

组词造句:

Form a double-syllable word by combining the existing character with another one. Also make a sentence with the new word:

1. 谈＿＿＿＿＿＿＿　　4. 讲＿＿＿＿＿＿＿

2. 说＿＿＿＿＿＿＿　　5. 话＿＿＿＿＿＿＿

3. 语＿＿＿＿＿＿＿　　6. 诉＿＿＿＿＿＿＿

星

xīng (ㄒ丨ㄥ)

9 star (n.)

笔 顺 | Stroke order:

| 日 | 星 | | | | | | | |

字 体 | Scripts:

星　星　星　星　星　星　曐星

钢笔字　宋体　楷书　隶书　行书　草书　篆书

提 示 | Tips:

"日",太阳,星球;"生"(shēng)是声旁。

日 is the sun, and it's a celestial. 生(shēng) is the phonetic component.

部 件 | Components:

日 + 生　　　　结构图示： 星

部 首 | Radical:

日 (rì, sun)

常用词语 | Frequently-used words or phrases:

星期	xīngqī	n.	week
星球	xīngqiú	n.	star; celestial body
星星	xīngxing	n.	star
歌星	gēxīng	n.	singing star
流星	liúxīng	n.	shooting star; metor
卫星	wèixīng	n.	satellite
新星	xīnxīng	n.	new star
影星	yǐngxīng	n.	movie star
星期日	xīngqīrì	n.	Sunday
星期天	xīngqītiān	n.	Sunday
星期一	xīngqīyī	n.	Monday

练 习 | Exercise:

找出成对的同音字来　Pair the homonyms:

非　星　画　题　笑　心　目　办　世　男

新　南　化　飞　兴　木　提　校　是　半

420

xíng/háng (ㄒㄧㄥˊ/ㄏㄤˊ)

1. xíng: **go; travel (v.)**

2. xíng: **OK (adj.)**

3. háng: **line; business; firm (n.)**

6

雨中行

| 笔 顺 | **Stroke order:** |

| 彳 | 彳 | 仁 | 行 | | | | | |

| 字 体 | **Scripts:** |

行　　行　　行　　行　　行　　彳亍　　炎

钢笔字　　宋体　　楷书　　隶书　　行书　　草书　　篆书

| 提 示 | **Tips:** |

古字作炎,左右相同,方向相反,表示左右脚行走的足迹。

In its old form, this character showed two rows of foot tracks made by the left and right feet.

| 部 件 | **Components:** |

彳 + 亍　　　　　结构图示：行

| 部 首 | **Radical:** |

彳 (双人, shuāngrén, a pair of men)

| 常用词语 | **Frequently-used words or phrases:** |

行动	xíngdòng	v./n.	move / operation; action
行李	xíngli	n.	baggage
行人	xíngrén	n.	pedestrian
行为	xíngwéi	n.	behavior; conduct
行走	xíngzǒu	v.	walk
发行	fāxíng	v.	issue; publish
行家	hángjia	n.	expert
行列	hángliè	n.	ranks
行业	hángyè	n.	trade; profession
同行	tóngháng	n.	people of the same trade or occupation
银行	yínháng	n.	bank

| 练 习 | **Exercise:** |

确定各词中"行"的读音　Distinguish the different pronunciations of 行:

行人_____　　行业_____　　行车_____　　行家_____　　自行车_____

行走_____　　银行_____　　发行_____　　行动_____　　行情_____

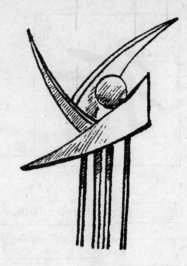

xíng (ㄒㄧㄥˊ)

7   **form; body (n.)**

| 笔　顺 | **Stroke order:** |

开	形							

| 字　体 | **Scripts:** |

形　　形　　形　　形　　形　　形　　形

钢笔字　　宋体　　楷书　　隶书　　行书　　草书　　篆书

| 提　示 | **Tips:** |

左边是"开"字，一个物体的形状；右边像影，物体有形才有影。

The 开 on the left is the shape of an object, and the three slanting strokes on the right represent reflection. Without shape (形), there would not be any reflection.

| 部　件 | **Components:** |

开 + 彡　　　　结构图示：形

| 部　首 | **Radical:** |

彡 （三撇，sānpiě，three left-falling strokes）

| 常用词语 | **Frequently-used words or phrases:** |

形成	xíngchéng	v.	constitute; form
形容	xíngróng	v.	describe
形式	xíngshì	n.	shape; style
形势	xíngshì	n.	situation
形体	xíngtǐ	n.	form; shape
形象	xíngxiàng	n./adj.	image / vivid
形状	xíngzhuàng	n.	shape; form; appearance
地形	dìxíng	n.	terrain; topography
情形	qíngxíng	n.	situation
图形	túxíng	n.	graph
多边形	duōbiānxíng	n.	polygon
形影不离	xíngyǐng-bùlí	id.	unseparable like shape and shadow

| 练　习 | **Exercise:** |

解释词语　Explain the following phrases:

1. 形影不离 _____　2. 形形色色 _____　3. 电影明星 _____

4. 人行横道 _____　5. 星星点点 _____　6. 谈笑风生 _____

鬚 [1]
須 [2]   xū (ㄒㄩ)

9   1. beard; mustache (n.)
           2. must; have to (adv.)

Stroke order:

彡	须						

字　体 Scripts:

须　　须　　须　　须　　须　　汔　　須

钢笔字　　宋体　　楷书　　隶书　　行书　　草书　　篆书

提　示 Tips:

"页"代表头部,左边"彡"表示胡须。

页 symbolizes a head, and the three slanting strokes on the left represent beard.

部　件 Components:

彡 + 页　　　　结构图示：须

部　首 Radicals:

彡 (三撇, sānpiě, three left-falling strokes); 页 (yè, head; page)

常用词语 Frequently-used words or phrases:

须眉	xūméi	n.	beard and eyebrow—man
须要	xūyào	v.	require; need
须臾	xūyú	n.	moment; instant
须知	xūzhī	v./n.	must know / notice
须子	xūzi	n.	tassel
必须	bìxū	adv.	must; required
胡须	húxū	n.	beard; mustache
留须	liúxū	v. o.	grow beard
无须	wúxū	adv.	It's not necessary to...
务须	wùxū	adv.	must; be sure

练　习 Exercise:

按例示写出汉字　Write characters according to the two examples:

例　Example：形—须　　　　如—听

法—　　　　休—　　　　取—　　　　明—

冷—　　　　凉—　　　　确—　　　　相—

选

選

xuǎn (ㄒㄩㄢˇ)

9

select; choose; elect (v.)

笔　顺	**Stroke order:**

先	选							

字　体	**Scripts:**

选　　选　　选　　选　　选　　选　　選

钢笔字　宋体　楷书　隶书　行书　草书　篆书

提　示	**Tips:**

"先"(xiān)是声旁。

先(xiān) is the phonetic component.

部　件	**Components:**

先 + 辶　　　结构图示：选

部　首	**Radical:**

辶 (走之, zǒuzhī, advance)

常用词语	**Frequently-used words or phrases:**

选拔	xuǎnbá	v.	select
选集	xuǎnjí	n.	selected collection
选举	xuǎnjǔ	v./n.	vote / election
选民	xuǎnmín	n.	voter
选票	xuǎnpiào	n.	ballot
选区	xuǎnqū	n.	electoral precinct
选手	xuǎnshǒu	n.	selected athlete
选择	xuǎnzé	v.	select; choose
大选	dàxuǎn		general election
竞选	jìngxuǎn	v.	run for election; campaign for election
候选人	hòuxuǎnrén	n.	candidate

练　习	**Exercise:**

找出各字的声旁,分别注音:

Locate the phonetic component and give its *pinyin*:

例 Example:　极(jí)—(及 jí)　　冷(lěng)—(令 lìng)

1. 选(　　)—(　　　)　　2. 星(　　)—(　　　)　　3. 新(　　)—(　　　)

4. 客(　　)—(　　　)　　5. 院(　　)—(　　　)　　6. 让(　　)—(　　　)

7. 政(　　)—(　　　)　　8. 期(　　)—(　　　)　　9. 校(　　)—(　　　)

医 醫 yī (丨)

7

1. doctor (n.)
2. medical science (n.)

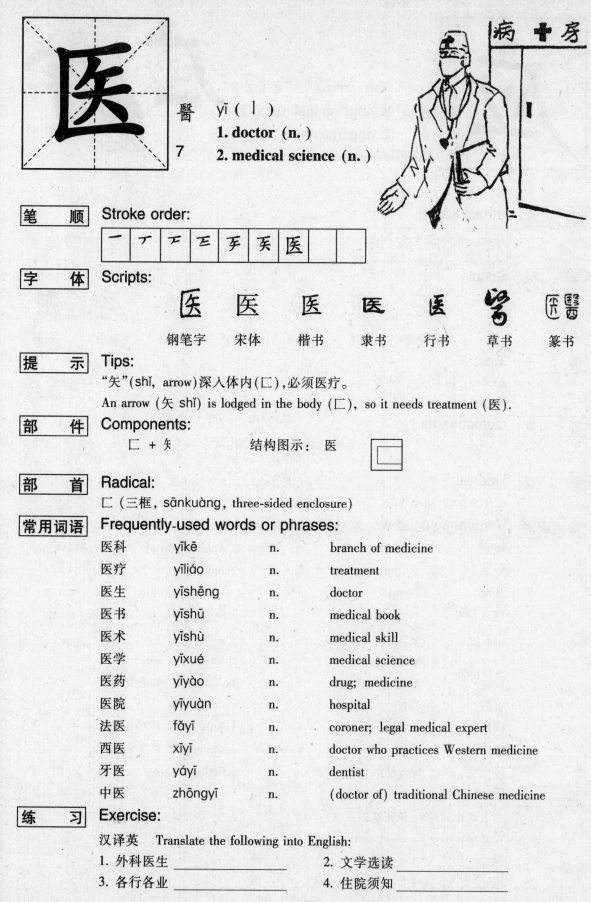

笔 顺 | Stroke order:

一 丁 匚 匡 匡 医 医

字 体 | Scripts:

医 医 医 医 医 醫 医醫

钢笔字　宋体　楷书　隶书　行书　草书　篆书

提 示 | Tips:

"矢"(shǐ, arrow)深入体内(匚),必须医疗。

An arrow (矢 shǐ) is lodged in the body (匚), so it needs treatment (医).

部 件 | Components:

匚 + 矢　　　结构图示：医

部 首 | Radical:

匚 (三框, sānkuàng, three-sided enclosure)

常用词语 | Frequently-used words or phrases:

医科	yīkē	n.	branch of medicine
医疗	yīliáo	n.	treatment
医生	yīshēng	n.	doctor
医书	yīshū	n.	medical book
医术	yīshù	n.	medical skill
医学	yīxué	n.	medical science
医药	yīyào	n.	drug; medicine
医院	yīyuàn	n.	hospital
法医	fǎyī	n.	coroner; legal medical expert
西医	xīyī	n.	doctor who practices Western medicine
牙医	yáyī	n.	dentist
中医	zhōngyī	n.	(doctor of) traditional Chinese medicine

练 习 | Exercise:

汉译英　Translate the following into English:

1. 外科医生 _____　2. 文学选读 _____

3. 各行各业 _____　4. 住院须知 _____

425

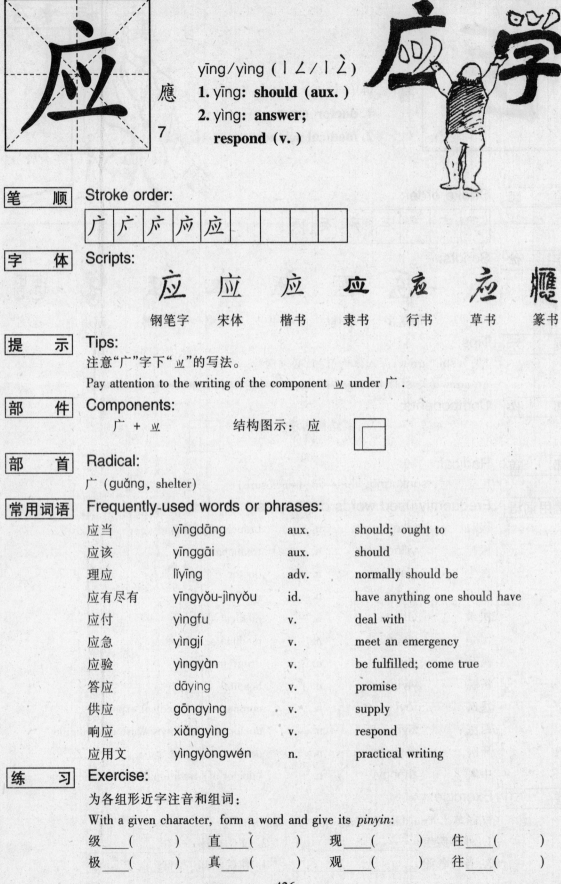

应

應

7

yīng／yìng （ㄧㄥ／ㄧㄥˋ）
1. yīng: **should (aux.)**
2. yìng: **answer;**
   respond (v.)

广	广	广	应	应				

字　体 | Scripts:

应	应	应	应	应	应	應
钢笔字	宋体	楷书	隶书	行书	草书	篆书

提　示 | Tips:

注意"广"字下"ㄱ"的写法。

Pay attention to the writing of the component ㄱ under 广.

部　件 | Components:

广 ＋ ㄱ　　　　结构图示：应

部　首 | Radical:

广 (guǎng, shelter)

常用词语 | Frequently-used words or phrases:

应当	yīngdāng	aux.	should; ought to
应该	yīnggāi	aux.	should
理应	lǐyīng	adv.	normally should be
应有尽有	yīngyǒu-jìnyǒu	id.	have anything one should have
应付	yìngfu	v.	deal with
应急	yìngjí	v.	meet an emergency
应验	yìngyàn	v.	be fulfilled; come true
答应	dāying	v.	promise
供应	gōngyìng	v.	supply
响应	xiǎngyìng	v.	respond
应用文	yìngyòngwén	n.	practical writing

练　习 | Exercise:

为各组形近字注音和组词：

With a given character, form a word and give its *pinyin*:

级＿＿（　　） 直＿＿（　　） 现＿＿（　　） 住＿＿（　　）

极＿＿（　　） 真＿＿（　　） 观＿＿（　　） 往＿＿（　　）

426

该 gāi (ㄍㄞ)

8

1. ought to (aux.)
2. this (pron.)

Stroke order:

讠	该							

字 体 Scripts:

该　该　该　该　该　诐　誺

钢笔字　宋体　楷书　隶书　行书　草书　篆书

提 示 Tips:

"亥"(hài)是声旁,注意"亥"的写法。

亥 (hài) is the phonetic component. Note the writing of this component.

部 件 Components:

讠 + 亥　　　结构图示：该

部 首 Radical:

讠 (言字旁, yánzìpáng, speech)

常用词语 Frequently-used words or phrases:

该厂	gāichǎng	ph.	this (that) factory
该校	gāixiào	ph.	this school
该死	gāisǐ	id.	deserve to die
不该	bùgāi	ph.	shouldn't
活该	huógāi	v.	serve somebody right
应该	yīnggāi	aux.	should
该我了	gāi wǒ le	ph.	It's my turn.
早该如此	zǎo gāi rúcǐ	ph.	should have done it long ago

练 习 Exercises:

一、抄写以下含有"亥"偏旁的字:

Copy down the following characters with the 亥 component:

咳　垓　核　孩　劾　阂

二、根据拼音写出汉字 Transcribe the pronunciations into characters:

1. 飞 jī＿＿　　好 jí＿了　　　jǐ＿个人　　设 jì＿

2. 星 qī＿　　　qí＿他　　　　qǐ＿床　　　空 qì＿

3. 老 shī＿　　shí＿候　　　开 shǐ＿　　办 shì＿

427

lā (ㄌㄚ)

8 **pull; draw (v.)**

Stroke order:

扌	拉							

Scripts:

拉　　拉　　拉　　拉　　拉　　拉　　𥳑

钢笔字　　宋体　　楷书　　隶书　　行书　　草书　　篆书

Tips:

"扌"表示用手拉。"立",站立好才能拉。

扌 indicates "dragging". 立 means "standing". One has to stand well before he is able to drag (拉) something.

Components:

扌 + 立　　　　　结构图示：拉

Radical:

扌 (提手, tíshǒu, hand)

Frequently-used words or phrases:

拉车	lāchē	v. o.	pull a cart
拉扯	lāchě	v.	drag; pull
拉倒	lādǎo	v.	Forget it!
拉开	lākāi	v.	pull. . . out or away
拉杂	lāzá	adj.	rambling; jumbled; ill-organized
拖拉	tuōlā	adj.	dilatory; slow; sluggish
拉拉队	lālāduì	n.	cheering team
拉关系	lā guānxi	id.	try to establish a relationship with sb.
阿拉伯	Ālābó	n.	Arab
拖拉机	tuōlājī	n.	tractor

Exercise:

用同一偏旁组成不同的字：

Form different characters by adding different components:

例 Example:　立：<u>位、音、拉</u>

不：_____　　　日：_____　　　艮：_____

也：_____　　　合：_____　　　又：_____

428

念

niàn (ㄋㄧㄢˋ)
1. think of (v.)
2. study (v.)

8

Stroke order:

今	念						

字　体 Scripts:

念　念　念　念　念　念　念

钢笔字　宋体　楷书　隶书　行书　草书　篆书

提　示 Tips:

"今"天要用"心""念"书。

One has to study (念) attentively (心) today (今).

部　件 Components:

今 + 心　　　结构图示：念

部　首 Radical:

心 (xīn, heart)

常用词语 Frequently-used words or phrases:

念佛	niànfó	v. o.	pray to Buddha
念经	niànjīng	v.	chant scripture
念旧	niànjiù	v.	keep old friendship in mind
念书	niànshū	v. o.	study
念头	niàntou	n.	idea; thinking
观念	guānniàn	n.	concept
思念	sīniàn	v.	think of
想念	xiǎngniàn	v.	long for
念念不忘	niànniàn-búwàng	id.	bear in mind constantly

练　习 Exercise:

注音、组词,并把各组相同的偏旁写在(　)中:

Form a two-syllable word with the character given and give its *pinyin*; also write in the ( ) the radical shared by each group of characters:

1. 怎＿＿＿＿　意＿＿＿＿　志＿＿＿＿　念＿＿＿＿　(　)
2. 选＿＿＿＿　远＿＿＿＿　运＿＿＿＿　进＿＿＿＿　(　)
3. 反＿＿＿＿　受＿＿＿＿　友＿＿＿＿　汉＿＿＿＿　(　)

农 農

nóng (ㄋㄨㄥˊ)

6

farming; farmer (n.)

| 笔 顺 | **Stroke order:** |

| , | 一 | ㇒ | 农 | 农 | 农 | | | |

| 字 体 | **Scripts:** |

农 农 农 农 农 农 農

钢笔字　宋体　楷书　隶书　行书　草书　篆书

| 提 示 | **Tips:** |

注意笔顺,先写"一",再写"𧘇"。

Pay attention to the order of writing: first 一, then 𧘇.

| 部 件 | **Components:** |

一 + 𧘇　　　结构图示：农 ☐

| 部 首 | **Radicals:** |

一 (秃宝盖, tūbǎogài, cover); 、(点, diǎn, dot)

| 常用词语 | **Frequently-used words or phrases:** |

农场	nóngchǎng	n.	farm
农村	nóngcūn	n.	village, countryside
农具	nóngjù	n.	farming tool
农历	nónglì	n.	lunar calendar
农忙	nóngmáng	n.	busy farming season
农民	nóngmín	n.	farmer
农闲	nóngxián	n.	off farming season
农业	nóngyè	n.	agriculture
务农	wùnóng	v.	work as a farmer

| 练 习 | **Exercise:** |

各组字中有一个字与其他字没有共同点,试把它找出来　Find out from each group a
character that doesn't share the same component with the others:

1. 听　新　近　诉　（　）
2. 看　姐　着　眼　（　）
3. 改　故　这　放　（　）
4. 念　冷　领　玲　（　）

430

命

mìng (ㄇㄧˋ)

1. life (n.)

2. order (n. /v.)

8

| 笔　　顺 | Stroke order: |

| 入 | 仒 | 合 | 命 | | | | |

| 字　　体 | Scripts: |

命　　命　　命　　命　　命　　令　　命

钢笔字　　宋体　　楷书　　隶书　　行书　　草书　　篆书

| 提　　示 | Tips: |

"命"由"口"和"令"组成。

This character is formed with 口 and 令 (lìng) (口令 means "word of command").

| 部　　件 | Components: |

人 + 一 + 口 + 卩　　结构图示：命

| 部　　首 | Radical: |

人 (rén, man)

| 常用词语 | Frequently-used words or phrases: |

命令	mìnglìng	v. /n.	order
命运	mìngyùn	n.	fate; fortune
革命	gémìng	v. /n.	revolutionize / revolution
救命	jiùmìng	v. o.	Help!
拼命	pīnmìng	v.	risk one's life
人命	rénmìng	n.	human life
生命	shēngmìng	n.	life
寿命	shòumìng	n.	longevity; life expectancy
性命	xìngmìng	n.	life

| 练　　习 | Exercise: |

为下列汉字注音,并找出其声旁:

Give the *pinyin* for each character, and find out its phonetic component:

例 Example: 请 qǐng (青)

汽___( )　　情___( )　　房___( )　　华___( )　　客___( )

院___( )　　冷___( )　　识___( )　　选___( )　　影___( )

431

岁

歲

suì (ㄙㄨㄟˋ)

6   year; year of age (n.)

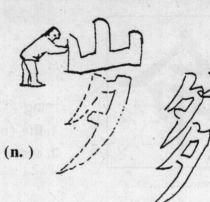

Stroke order:

山	岁						

字　体

Scripts:

岁　　岁　　岁　　岁　　岁　　岁　　歲

钢笔字　　宋体　　楷书　　隶书　　行书　　草书　　篆书

提　示

Tips:

"岁"由"山"、"夕"两个字组成。

This character is made up of 山 and 夕 .

部　件

Components:

山 + 夕　　　　结构图示：岁

部　首

Radicals:

山 (shān, hill); 夕 (xī, evening)

常用词语

Frequently-used words or phrases:

岁末	suìmò	n.	end of a year
岁数	suìshu	n.	age
岁月	suìyuè	n.	days, time
年岁	niánsuì	n.	age
守岁	shǒusuì	v.	stay up late on the New Year's Eve
万岁	wànsuì	v.	Long live...!
周岁	zhōusuì	n.	anniversary
足岁	zúsuì	n.	full... year(s) old
辞旧岁	cí jiùsuì	v. o.	bid farewell to the outgoing year
上了岁数	shàngle suìshu	ph.	get old

练　习

Exercise:

写出一个有相同偏旁的字来：

Write a character that has the same component as the given character:

例 Example:　快—块 (相同偏旁：夬)

岁—　　　　应—　　　　须—　　　　难—

拉—　　　　眼—　　　　考—　　　　图—

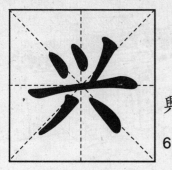

兴 xīng/xìng (ㄒㄧㄥ/ㄒㄧㄥ)

1. xīng: **become popular (v.)**

6 2. xìng: **mood; desire (n.)**

笔 顺 Stroke order:

丶	丷	丷	丷	兴				

字 体 Scripts:

兴　兴　兴　兴　兴　兴　興

钢笔字　宋体　楷书　隶书　行书　草书　篆书

提 示 Tips:

"兴"字上部"丷"为"应"字下部。

The upper part of this character 兴 is the lower part of the character 应.

部 件 Components:

丷 ＋ 八　　　结构图示：兴

部 首 Radical:

八 (bā, eight)

常用词语 Frequently-used words or phrases:

兴办	xīngbàn	v.	set up
兴奋	xīngfèn	adj.	excited
兴建	xīngjiàn	v.	build
兴起	xīngqǐ	v.	rise; spring up
兴旺	xīngwàng	adj.	flourishing; prosperous
时兴	shíxīng	adj.	fashionable
新兴	xīnxīng	adj.	newly arise
兴趣	xìngqù	n.	interest
兴致	xìngzhì	n.	mood of enjoyment
高兴	gāoxìng	adj.	glad

练 习 Exercise:

为同音字组词　Form a word with each of the homonyms given:

yǐ: 以（　） yīng: 应（　） kè: 客（　） xìng: 兴（　）

已（　）　　英（　）　　克（　）　　姓（　）

lì: 利（　）立（　）历（　）力（　）

433

系 係
繋

xì/jì (ㄒ丨ˋ/ㄐ丨ˋ)

1. xì: system;
   department (n.)

7

2. jì: tie; fasten (v.)

笔　顺 | Stroke order:

一	玄	系						

字　体 | Scripts:

系　　系　　系　　系　　系　　系　　篆

钢笔字　　宋体　　楷书　　隶书　　行书　　草书　　篆书

提　示 | Tips:

"系"字可分为三部分来写：丿、幺、小。

This character can be written in three parts: 丿, 幺, and 小.

部　件 | Components:

丿 + 幺 + 小　　结构图示：系

部　首 | Radicals:

丿 (撇, piě, left-falling stroke); 糸 (mì, silk)

常用词语 | Frequently-used words or phrases:

系统	xìtǒng	n./adj.	system / systematic
关系	guānxì	n./v.	relationship / be related; concern
联系	liánxì	v./n.	contact
体系	tǐxì	n.	system
语系	yǔxì	n.	branch of language
太阳系	tàiyángxì	n.	solar system
外语系	wàiyǔxì	n.	department of foreign languages
中文系	zhōngwénxì	n.	Chinese department
系鞋带	jì xiédài	ph.	tie the shoe lace
系安全带	jì ānquándài	ph.	buckle up the safety belt

练　习 | Exercise:

把字形相近的字排成双　Pair up the characters that have the similar appearence:

关　农　直　话　使　次　买　已　观　看　快

天　着　决　衣　并　现　便　活　卖　无　真

块　干　今　第　问　弟　己　千　令　间

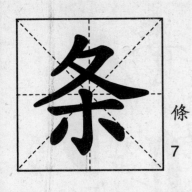

tiáo (ㄊㄧㄠ)

1. **a long narrow piece** (n.)
2. **item; article** (n.)
3. **(a measure)** (m.)

條

7

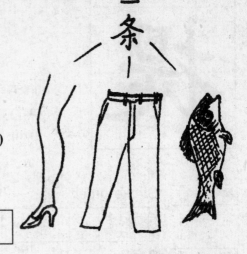

笔 顺 Stroke order:

丿	夕	夂	条				

字 体 Scripts:

条　　条　　条　　条　　条　　条　　條

钢笔字　宋体　楷书　隶书　行书　草书　篆书

提 示 Tips:

上部是"夂",和"各"字的上部相同;下边是"朩",表示枝条。

The upper part (夂) of this character is identical with that of 各; 朩 at the bottom indicates branches and twigs.

部 件 Components:

夂 ＋ 朩　　　　结构图示: 条

部 首 Radicals:

木 (mù, wood); 夂 (折文, zhéwén, variant of 文)

常用词语 Frequently-used words or phrases:

条件	tiáojiàn	n.	condition
条子	tiáozi	n.	note
便条	biàntiáo	n.	note
教条	jiàotiáo	n. /adj.	dogma / dogmatic
借条	jiètiáo	n.	IOU note
面条	miàntiáo	n.	noodle
收条	shōutiáo	n.	receipt
一条心	yì tiáo xīn	ph.	unite in one mind
三条新闻	sān tiáo xīnwén	ph.	three pieces of news

练 习 Exercise:

各组字中有一个字与其他字没有共同点,试把它找出来　Find out from each group a character that has nothing in common with the others:

1. 跟　很　浪　眼　（　）
2. 英　决　快　块　（　）
3. 住　谁　注　往　（　）
4. 见　现　观　员　（　）

tí (ㄊㄧˊ)

12 carry; lift;
bring up (v.)

| 笔　顺 | Stroke order: |

| 扌 | 提 | | | | | | |

| 字　体 | Scripts: |

提　提　提　提　提　挭　煋

钢笔字　宋体　楷书　隶书　行书　草书　篆书

| 提　示 | Tips: |

左边是提手旁(扌)，表示向上的动作。

The hand radical (扌) indicates the action of lifting up an object.

| 部　件 | Components: |

扌 + 是　　　结构图示：提

| 部　首 | Radical: |

扌 (提手, tíshǒu, hand)

| 常用词语 | Frequently-used words or phrases: |

提倡	tíchàng	v.	promote; advocate
提出	tíchū	v.	bring out
提高	tígāo	v.	raise
提起	tíqǐ	v.	lift up; mention
提前	tíqián	v.	move the schedule earlier
提问	tíwèn	v.	bring up a question
提醒	tíxǐng	v.	remind
提要	tíyào	n.	summary
提议	tíyì	v. /n.	propose / proposal
提早	tízǎo	v.	shift to an earlier time
前提	qiántí	n.	prerequisite

| 练　习 | Exercise: |

找对应词　Match each Chinese word with its English counterpart:

1. 提出　　2. 提议　　3. 提醒　　4. 提高　　5. 提名
6. 提问　　7. 提示　　8. 提要　　9. 提供　　10. 提倡

A. supply　　B. hint　　C. bring out　　D. proposal　　E. nominate
F. raise　　G. remind　　H. summary　　I. promote　　J. ask a question

题
题
15

tí (ㄊㄧˊ)
1. topic (n.)
2. inscribe;
   write (v.)

作文题：愉快的一天

Stroke order:

是	题							

字　体 Scripts:

题　　题　　题　　题　　题　　题　　題

钢笔字　宋体　楷书　隶书　行书　草书　篆书

提　示 Tips:

"页"表示头部，题目可看作是文章的头。

页 means "head", so 题 can be considered as the head of an article.

部　件 Components:

是 + 页　　　　结构图示：题

部　首 Radical:

页 (yè, head; page)

常用词语 Frequently-used words or phrases:

题词	tící	v./n.	inscribe / inscription
题名	tímíng	v./n.	inscribe one's name / autograph
题目	tímù	n.	theme; title; topic
题字	tízì	v./n.	inscribe / inscription
标题	biāotí	n.	headline
话题	huàtí	n.	topic of conversation
试题	shìtí	n.	test questions
问题	wèntí	n.	question
习题	xítí	n.	exercise
主题	zhǔtí	n.	theme; subject

练　习 Exercise:

用所给的声旁写出形声字：

Make a pictophonetic character with the phonetic component given:

求（　）　令（　）　里（　）　及（　）　是（　）

其（　）　相（　）　工（　）　生（　）　力（　）

bù (ㄅㄨˋ)

5

1. cloth (n.)
2. declare; announce (v.)

笔 顺 Stroke order:

一	𠂇	布						

字 体 Scripts:

布　　布　　布　　布　　布　　布　　帛

钢笔字　宋体　楷书　隶书　行书　草书　篆书

提 示 Tips:

上边是手(𠂇)，下边是"巾"。

The upper part of this character is "hand", and the lower part is 巾 "towel".

部 件 Components:

　𠂇 + 巾　　　结构图示：布

部 首 Radical:

巾 (jīn, napkin)

常用词语 Frequently-used words or phrases:

布告	bùgào	n.	announcement; notice
布局	bùjú	n.	layout; composition
布匹	bùpǐ	n.	bolt of cloth
布置	bùzhì	v.	decorate; arrange
发布	fābù	v.	publish; issue
分布	fēnbù	v.	distribute
公布	gōngbù	v.	announce
麻布	mábù	n.	sackcloth
棉布	miánbù	n.	cotton cloth
瀑布	pùbù	n.	waterfall
宣布	xuānbù	v.	announce

练 习 Exercise:

利用所给字的左右或上下偏旁另组两个新字：

Take any components from the characters given to form two new characters:

例 Example: 级：红、极

布：_____　题：_____　边：_____　思：_____　拉：_____　决：_____

438

gòu (《ㄡ)

11 **enough (adj.)**

"你看够了没有？"

笔　顺 Stroke order:

句	够							

字　体 Scripts:

够　　够　　够　　够　　够　　够　　够

钢笔字　　宋体　　楷书　　隶书　　行书　　草书　　篆书

提　示 Tips:

"句"(jù, 古音读 gōu)是声旁, "多"表示足够。

The character 句, pronounced "gōu" in the ancient times, serves as the phonetic component. 多 indicates "sufficient".

部　件 Components:

　　句 + 夕 + 夕　　　结构图示：够

部　首 Radicals:

勹 (包字头, bāozìtóu, top part of 包)；夕 (xī, evening)

常用词语 Frequently-used words or phrases:

够本	gòuběn	adj.	break even
够格	gòugé	adj.	be qualified
够用	gòuyòng	v.	enough; sufficient
够数	gòushù	v.	enough
不够	búgòu	v.	not enough
能够	nénggòu	aux.	can
足够	zúgòu	adj.	sufficient
够朋友	gòupéngyou	ph.	be a friend indeed
够得上	gòudeshàng	ph.	comparable to
够意思	gòuyìsi	adj.	terrific; really kind

练　习 Exercise:

根据偏旁写汉字　Make characters with the radical on either the left or the right side:

偏旁在左 (left side)：王____　米____　阝____　月____　纟____

偏旁在右 (right side)：____阝　____彡　____刂　____攵　____卩

劳

勞

láo （ㄌㄠ）

7　**work (v.)**

Stroke order:

艹	艹	劳					

字　体　**Scripts:**

劳　　劳　　劳　　劳　　劳　　劳　　劳

钢笔字　　宋体　　楷书　　隶书　　行书　　草书　　篆书

提　示　**Tips:**

下边是"力"，劳动必须出力；上边由"艹"、"冖"组成。

The lower part of this character is 力. One has to use strength to work. The upper part of this character is formed with 艹 and 冖.

部　件　**Components:**

　艹 + 冖 + 力　　结构图示：劳

部　首　**Radical:**

艹 (草字头, cǎozìtóu, grass)

常用词语　**Frequently-used words or phrases:**

劳动	láodòng	v. / n.	toil / labor
劳改	láogǎi	v.	labor reform
劳工	láogōng	n.	laborer
劳驾	láojià	v.	Excuse me; may I trouble you
劳苦	láokǔ	adj.	toil; hard work
劳累	láolèi	adj.	tired; overworked
劳力	láolì	n.	labor force; labor
勤劳	qínláo	adj.	diligent in working
辛劳	xīnláo	adj.	bitter; toilsome
多劳多得	duōláo-duōdé	id.	The more you work, the more you gain.
不劳而获	bùláo-érhuò	id.	reap the gain without working

练　习　**Exercise:**

借助字典，想想"力"作为部首在下面这些字里所表示的意义：

Consult a dictionary and find out the meaning of the 力 radical in each character given:

劳　办　加　动　助　努　勤　劲　势　励

輕

qīng （く丨ㄥ）

9   light (adj.)

"你很轻"

| 笔　顺 | **Stroke order:** |

车　轩　轻　轻

| 字　体 | **Scripts:** |

轻　轻　轻　轻　轻　輕　輕

钢笔字　宋体　楷书　隶书　行书　草书　篆书

| 提　示 | **Tips:** |

左边是"车"，右边"巠"是声旁。注意"巠"不能写成"圣"或"圣"。

The left component of this character is "car"; the right component 巠 is the sound element. Note that 巠 is different from both 圣 and 圣.

| 部　件 | **Components:** |

车 + 巠　　　结构图示：轻

| 部　首 | **Radical:** |

车 (chē, cart)

| 常用词语 | **Frequently-used words or phrases:** |

轻便	qīngbiàn	adj.	light and easy
轻轻	qīngqīng	adv.	lightly
轻声	qīngshēng	n.	in soft voice; unstressed tone in Chinese
轻视	qīngshì	v.	despise; neglect
轻松	qīngsōng	adj.	light-hearted; at ease
轻易	qīngyì	adj.	easily
轻重	qīngzhòng	n.	weight
减轻	jiǎnqīng	v.	lighten; ease; alleviate
看轻	kànqīng	v.	look down upon; underestimate
年轻	niánqīng	adj.	young

| 练　习 | **Exercise:** |

猜一猜这些字的读音，然后查字典，找出它们的读音和意义：

Try to guess the pronunciation of each character first. Then look up a dictionary for the correct pronunciation and meaning:

氢　柄　苹　胞　油　棋　芳

経　jīng (ㄐㄧㄥ)

8

1. pass; through (v.)
2. scripture; classics (n.)

笔　顺　Stroke order:

纟	经						

字　体　Scripts:

经　　经　　经　　经　　经　　羟　　經

钢笔字　　宋体　　楷书　　隶书　　行书　　草书　　篆书

提　示　Tips:

本义是纺织品上的经线,因此用"纟"(silk)作部首,"圣"是声旁。

The original meaning of this character is "the warp of a silk product". That's why it has a silk radical. 圣 is a phonetic element.

部　件　Components:

纟 + 圣　　　　结构图示：经 [□|]

部　首　Radical:

纟 (绞丝, jiǎosī, silk)

常用词语　Frequently-used words or phrases:

经常	jīngcháng	adv.	regularly; frequently
经费	jīngfèi	n.	budget; fund
经过	jīngguò	v./prep.	pass through / after...
经济	jīngjì	n./adj.	economics / economical
经理	jīnglǐ	n.	manager
经受	jīngshòu	v.	undergo
经验	jīngyàn	n.	experience
曾经	céngjīng	adv.	have ever; once
圣经	Shèngjīng	n.	the Bible
已经	yǐjīng	adv.	already

练　习　Exercise:

找对应词　Match each Chinese word with its English counterpart:

1. 经常　　2. 经过　　3. 经济　　4. 经理　　5. 曾经

6. 经手　　7. 经受　　8. 经验　　9. 经费　　10. 经由

A. manager　　B. budget　　C. pass through　　D. economics　　E. experience

F. in charge　　G. undergo　　H. frequently　　I. through　　J. have had experienced

442

重

zhòng/chóng
(ㄓㄨㄥˋ/ㄔㄨㄥˊ)
1. zhòng: **heavy (adj.)**
2. chóng: **repeat (v.)**

9

笔 顺 Stroke order:

| 一 | 二 | 亖 | 盯 | 重 | 重 | | |

字 体 Scripts:

重　　重　　重　　重　　重　　重　　重

钢笔字　宋体　楷书　隶书　行书　草书　篆书

提 示 Tips:

重字可分成"千""里"二字。拿着东西走一千里的路,你就知道重的意思了。

This character can be divided into 千 (thousand) and 里 (mile). Walking one thousand miles with something carried in your hand, you'll realize the meaning of "heaviness".

部 件 Components:

千 + 里　　　　结构图示：重

部 首 Radicals:

丿(撇, piě, left-falling stroke); 里 (lǐ, mile)

常用词语 Frequently-used words or phrases:

重复	chóngfù	v.	repeat
重孙	chóngsūn	n.	great-grandson
重提	chóngtí	v.	bring up the subject again
双重	shuāngchóng	adj.	double
重病	zhòngbìng	n.	serious illness
重大	zhòngdà	adj.	important; serious
重点	zhòngdiǎn	n.	focal point
重量	zhòngliàng	n.	weight
重视	zhòngshì	v.	emphasize
重心	zhòngxīn	n.	center of gravity
重要	zhòngyào	adj.	key; important
保重	bǎozhòng	v.	take care (of yourself)

练 习 Exercise:

确定下列各词中"重"的读音:

Distinguish the different pronunciations of 重 in the following words:

重大　重视　重新　重心　重孙　重提　重要　重读　重病　双重

liáng/liàng
(ㄌㄧㄤˊ/ㄌㄧㄤˋ)
12
1. liáng: **measure** (v.)
2. liàng: **quantity** (n.)

笔 顺 | Stroke order:

日	旦	量						

字 体 | Scripts:

量　　量　　量　　量　　量　　量　　量

钢笔字　宋体　楷书　隶书　行书　草书　篆书

提 示 | Tips:

"量"字可分为"日、一、里"。每天走一里,量量看,一生走多远?

This character is composed of three elements: 日, 一 and 里 (mile). Based on the measurement of one mile a day, how many miles will you walk in your whole life?

部 件 | Components:

日 + 一 + 里　　结构图示: 量

部 首 | Radicals:

日 (rì, sun); 里 (lǐ, mile)

常用词语 | Frequently-used words or phrases:

量度	liángdù	n.	measurement
量具	liángjù	n.	measuring tool
量筒	liángtǒng	n.	measuring cylinder
量尺寸	liáng chǐcùn	v. o.	measure the size
量体温	liáng tǐwēn	v. o.	take the body temperature
量变	liàngbiàn	n.	quantitative change
量词	liàngcí	n.	measure word (in Chinese)
产量	chǎnliàng	n.	output
重量	zhòngliàng	n.	weight
量力而行	liànglì-érxíng	id.	act according to one's ability

练 习 | Exercise:

找出藏在"量"字中的字来　Find out the characters hidden in the character 量:

量: _____

pǎo （ㄆㄠˇ）

12　run (v.)

| 笔　顺 | **Stroke order:** |

足 𧾷 𧼒 跑 | | | | |

| 字　体 | **Scripts:** |

跑　　跑　　跑　　跑　　跑　　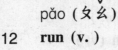

钢笔字　　宋体　　楷书　　隶书　　行书　　草书　　篆书

| 提　示 | **Tips:** |

𧾷（足），即脚，部首；"包"(bāo)是声旁。

𧾷（足）means "foot". 包(bāo) is the phonetic component.

| 部　件 | **Components:** |

𧾷 + 包　　　　结构图示：跑

| 部　首 | **Radical:** |

足（zú, foot）

| 常用词语 | **Frequently-used words or phrases:** |

跑步	pǎobù	v.	foot race; run
跑车	pǎochē	n.	sports car
跑道	pǎodào	n.	runway
跑马	pǎomǎ	v. o.	ride a horse; horse race
跑腿	pǎotuǐ	v.	run errands
奔跑	bēnpǎo	v.	run; gallop
长跑	chángpǎo	n.	long distance run
慢跑	mànpǎo	v.	run at easy paces
起跑	qǐpǎo	v.	start running
赛跑	sàipǎo	v.	foot race
跑江湖	pǎo jiānghú	id.	wander about for adventures

| 练　习 | **Exercise:** |

把下列各词按词义归类成对　Pair up the words in the same category:

例 Examples: 风、雨　　红、白

谈　农　走　风　说　红　干　海　白　工　给

画　跑　送　做　雨　图　元　哥　分　姐　江

445

容 róng (ㄖㄨㄥˊ)

10
1. appearance (n.)
2. hold; contain (v.)

Stroke order:

宀　穴　突　容

Scripts:

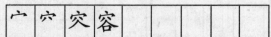

容　　容　　容　　容　　容　　宕　　宮

钢笔字　　宋体　　楷书　　隶书　　行书　　草书　　篆书

提　示 **Tips:**

把这个字想像成一个人的脸：上边是帽子，嘴上有两撇长胡子，意思是容貌、面容。

Imagine this character as the facial feature of a person, with a hat on top and a mustache on the upper lip.

部　件 **Components:**

宀 + 谷　　　　结构图示： 容

部　首 **Radical:**

宀 (宝盖, bǎogài, roof)

常用词语 **Frequently-used words or phrases:**

容貌	róngmào	n.	appearance; facial description
容忍	róngrěn	v.	tolerate
容许	róngxǔ	v.	allow; permit
容易	róngyì	adj.	easy
从容	cóngróng	adj.	relaxed; calm
内容	nèiróng	n.	content
笑容	xiàoróng	n.	smile
形容	xíngróng	v.	describe
阵容	zhènróng	n.	battle formation

练　习 **Exercise:**

根据所给的部首写两个汉字：

Make two characters with each of the radicals given:

部首在上： 广 _____　　 宀 _____　　 宀 _____

部首在左： 扌 _____　　 亻 _____　　 阝 _____

部首在右： 刂 _____　　 页 _____　　 攵 _____

446

易

yì（ㄧˋ）
1. change（v.）
2. easy（adj.）

8

| 笔 顺 | **Stroke order:** |

| 日 | 易 | | | | | | |

| 字 体 | **Scripts:** |

易　　易　　易　　易　　易　　易　　易

钢笔字　　宋体　　楷书　　隶书　　行书　　草书　　篆书

| 提 示 | **Tips:** |

原指蜥蜴(xīyì, lizard)极容易找到。注意写法，"易"不能写作"勿"。

The meaning of this character was developed from the idea that lizards (蜥蜴 xīyì) can be easily found everywhere. Note that the writing of 易 is different from 勿.

| 部 件 | **Components:** |

日 + 勿　　　　结构图示：易

| | |

| 部 首 | **Radical:** |

日（rì, sun）

| 常用词语 | **Frequently-used words or phrases:** |

易经	Yìjīng	n.	*The Book of Changes*
易手	yìshǒu	v.	change hands
简易	jiǎnyì	adj.	simple and easy
交易	jiāoyì	n.	trade; exchange
贸易	màoyì	n.	trade
平易	píngyì	adj.	amiable
轻易	qīngyì	adj.	easily
容易	róngyì	adj.	easy
好容易	hǎoróngyì	adv.	with great effort
好不容易	hǎobùróngyì	adv.	with great difficulty

| 练 习 | **Exercise:** |

据拼音写汉字　Transcribe the following pronunciations into characters:

yì: 同___　　　qīng: ___快　　　yuán: 教___

　　正___　　　　　　___年　　　　　　方___

　　容___　　　　　　___楚　　　　　　平___

447

需

14

xū (ㄒㄩ)

1. need; want (v.)
2. needs; necessities (n.)

| 笔 顺 | Stroke order: |

雫	需						

| 字 体 | Scripts:

需　　需　　需　　需　　需　　需　　需

钢笔字　　宋体　　楷书　　隶书　　行书　　草书　　篆书

| 提 示 | Tips:

可以分成"雨"、"而"两部分,"雨"(yǔ)是声旁。

This character can be separated into two parts: 雨 and 而. 雨 (yǔ) is the sound component.

| 部 件 | Components:

雫 + 而　　　　结构图示： 需

| 部 首 | Radical:

雨 (yǔ, rain)

| 常用词语 | Frequently-used words or phrases:

需求	xūqiú	n.	necessity
需要	xūyào	v.	need; require
必需	bìxū	adj.	necessary
急需	jíxū	v.	need urgently
军需	jūnxū	adj.	military supplies
无需	wúxū	adv.	unnecessary
必需品	bìxūpǐn	n.	necessities

| 练 习 | Exercise:

根据拼音写汉字:

Transcribe the following pronunciations into characters:

xū: 必____　　　xìng: ____名　　　yīng: ____当
　　____要　　　　　　高____　　　　　　____国
yì: 大____　　　yè: ____晚　　　jì: ____划
　　____务　　　　　　作____　　　　　　____者

448

jiē (ㄐㄧㄝ)

1. receive (v.)
2. meet (v.)

11

| 笔 顺 | Stroke order: |

扌 扌 接 | | | | | | |

| 字 体 | Scripts:

接　接　接　接　接　接　接

钢笔字　宋体　楷书　隶书　行书　草书　篆书

| 提 示 | Tips:

一只手(扌)扶住站(立)着的"女"孩儿。

A hand (扌) helps a girl (女) stand up (立).

| 部 件 | Components:

扌 + 立 + 女　　结构图示：接

| 部 首 | Radical:

扌 (提手, tíshǒu, hand)

| 常用词语 | Frequently-used words or phrases:

接班	jiēbān	v. o.	take one's turn in duty
接待	jiēdài	v.	receive
接管	jiēguǎn	v.	take control
接见	jiējiàn	v.	receive; meet
接近	jiējìn	v.	near; approach
接连	jiēlián	adv.	in a row; in succession
接受	jiēshòu	v.	accept
间接	jiànjiē	adj.	indirect
连接	liánjiē	v.	connect. . . with. . . ; link up
迎接	yíngjiē	v.	greet

| 练 习 | Exercise:

找对应词　Match the Chinese words with their English counterparts:

1. 连接　　2. 接受　　3. 接待　　4. 接见　　5. 接力

6. 接近　　7. 接吻　　8. 接着　　9. 接电话

A. relay　　B. reception　　C. meet　　D. near　　E. accept

F. kiss　　G. follow after　　H. answer a telephone　　I. connect

449

hòu (ㄏㄡˋ)

10

1. **wait** (v.)
2. **time** (n.)

候车室

笔　顺	**Stroke order:**

亻 | 亻 | 亻 | 亻 | 候 | | | |

字　体	**Scripts:**

候　　候　　候　　候　　候　　候　　候

钢笔字　宋体　楷书　隶书　行书　草书　篆书

提　示	**Tips:**

注意中间有一竖（丨）。右上角不是"工"；右下角不是"天"，是"矢"（shǐ）。

Note that there is a short stroke between the two main components. The top part of the right-hand component is not 工, and the lower right part is not 天 but 矢 (shǐ).

部　件	**Components:**

亻 + 丨 + ㄱ + 矢　　结构图示：候

部　首	**Radical:**

亻 （单人，dānrén，man)

常用词语	**Frequently-used words or phrases:**

候补	hòubǔ	v.	be an alternate
候诊	hòuzhěn	v.	wait to see a doctor
等候	děnghòu	v.	wait
气候	qìhòu	n.	climate
时候	shíhòu	n.	time
问候	wènhòu	v. /n.	give regards to / greeting
候车室	hòuchēshì	n.	waiting room (in a station)
候机室	hòujīshì	n.	waiting room (in an airport)
候选人	hòuxuǎnrén	n.	candidate

练　习	**Exercise:**

根据拼音写汉字,翻译词义：

Transcribe the pronunciations and translate each term thus formed:

hòu: 等＿＿　　　róng: 笑＿＿　　　nóng: ＿＿业

＿＿机　　　　　　　＿＿易　　　　　　　＿＿民

450

cān / shēn (ㄘㄢ/ㄕㄣ)

参
8

1. cān: **join; take part in** (v.)
2. cān: **refer; consult** (v.)
3. shēn: **ginseng** (n.)

笔 顺 | Stroke order:

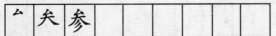

字 体 | Scripts:

参	参	参	参	参	参	𣶬
钢笔字	宋体	楷书	隶书	行书	草书	篆书

提 示 | Tips:

先写"厶",再写"大",最后写"彡"。

To write this character, first begin with 厶, then 大, and last 彡.

部 件 | Components:

厶 + 大 + 彡   结构图示：参

部 首 | Radicals:

厶 (私字, sīzì, privacy); 彡 (三撇, sānpiě, three left-falling strokes)

常用词语 | Frequently-used words or phrases:

参观	cānguān	v.	tour (an establishment); visit
参加	cānjiā	v.	participate in
参见	cānjiàn	v.	see (a superior or references)
参军	cānjūn	v.	join the military forces
参考	cānkǎo	v. /n.	refer to / reference
参谋	cānmóu	n. /v.	staff officer / give advice
参与	cānyù	v.	participate in
参战	cānzhàn	v.	enter a war
人参	rénshēn	n.	ginseng (medical herb)
高丽参	Gāolìshēn	n.	Korean ginseng

练 习 | Exercise:

注音并翻译下列词语：

For each of the following terms, give its *pinyin* and English meaning:

{ 参观学校＿＿＿＿＿＿＿   { 重要原因＿＿＿＿＿＿＿   { 说得好＿＿＿＿＿＿＿
{ 买人参＿＿＿＿＿＿＿＿   { 重复使用＿＿＿＿＿＿＿   { 得到＿＿＿＿＿＿＿

451

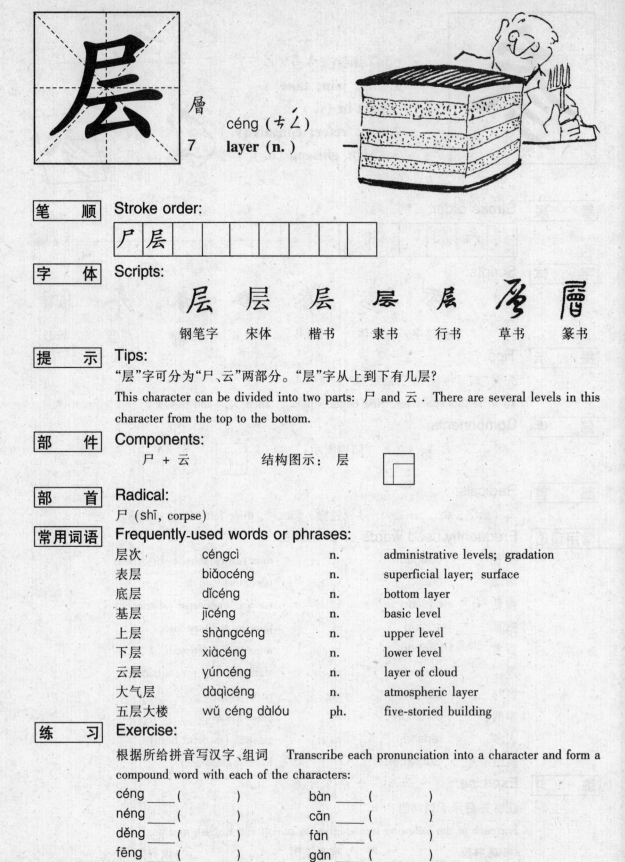

层

層

céng (ちㄥ)

7　layer (n.)

笔　顺 Stroke order:

| 尸 | 层 | | | | | | | |

字　体 Scripts:

层　　层　　层　　层　　层　　层　　層

钢笔字　宋体　楷书　隶书　行书　草书　篆书

提　示 Tips:

"层"字可分为"尸、云"两部分。"层"字从上到下有几层？

This character can be divided into two parts: 尸 and 云 . There are several levels in this character from the top to the bottom.

部　件 Components:

尸 + 云　　　　结构图示：层

部　首 Radical:

尸 (shī, corpse)

常用词语 Frequently-used words or phrases:

层次	céngcì	n.	administrative levels; gradation
表层	biǎocéng	n.	superficial layer; surface
底层	dǐcéng	n.	bottom layer
基层	jīcéng	n.	basic level
上层	shàngcéng	n.	upper level
下层	xiàcéng	n.	lower level
云层	yúncéng	n.	layer of cloud
大气层	dàqìcéng	n.	atmospheric layer
五层大楼	wǔ céng dàlóu	ph.	five-storied building

练　习 Exercise:

根据所给拼音写汉字、组词　Transcribe each pronunciation into a character and form a compound word with each of the characters:

céng ____ (　　　　)　　　bàn ____ (　　　　　)

néng ____ (　　　　)　　　cān ____ (　　　　　)

děng ____ (　　　　)　　　fàn ____ (　　　　　)

fēng ____ (　　　　)　　　gàn ____ (　　　　　)

gèng ____ (　　　　)　　　màn ____ (　　　　　)

452

導

dǎo (ㄉㄠˇ)

6   lead (v.)

Stroke order:

| ⁻ | ⁻⁻ | 巳 | 导 | | | | |

字　体   Scripts:

导　　导　　导　　导　　导　　草　　導

钢笔字　宋体　楷书　隶书　行书　草书　篆书

提　示   Tips:

注意上边是"巳"(sì)，不是"己"(jǐ)或"已"(yǐ)。

Note the the upper part of this character is 巳 (sì); it is neither 己 (jǐ) nor 已 (yǐ).

部　件   Components:

巳 + 寸　　　　结构图示：导

部　首   Radicals:

己（巳）(jǐ, self); 寸 (cùn, inch)

常用词语   Frequently-used words or phrases:

导弹	dǎodàn	n.	guided missile
导师	dǎoshī	n.	counselor; tutor
导体	dǎotǐ	n.	conductor
导演	dǎoyǎn	v./n.	direct / director (of film or drama)
导致	dǎozhì	v.	contribute to; result in
辅导	fǔdǎo	v.	guide, tutor
教导	jiàodǎo	v./n.	teach / teaching
领导	lǐngdǎo	v./n.	lead / leader
向导	xiàngdǎo	n.	guide
指导	zhǐdǎo	v./n.	guide / guidance; counseling
导火线	dǎohuǒxiàn	n.	fuse

练　习   Exercise:

根据拼音写汉字　Transcribe the following into characters:

lǐng(　)　　　diàn(　)　　　yuè(　)　　　míng(　)
zhǐ(　)　→ 导 ←　tǐ(　)　　　fēng(　)　→ 光 ←　nián(　)
jiào(　)　　　shī(　)　　　hóng(　)　　　huá(　)

453

bù (ㄅㄨ)
1. step (n.)
2. walk (v.)

7

| 笔 顺 | **Stroke order:** |

| 止 | 屮 | 止 | 步 | | | | |

| 字 体 | **Scripts:** |

步　　步　　步　　步　　步　　步　　步

钢笔字　宋体　楷书　隶书　行书　草书　篆书

| 提 示 | **Tips:** |

上边是"止",下边不是"少",比"少"少一点:少。

The upper part is 止, and the lower part is similar to 少 but without the right dot.

| 部 件 | **Components:** |

止 + 少　　　　结构图示：步

| 部 首 | **Radical:** |

止 (zhǐ, stop)

| 常用词语 | **Frequently-used words or phrases:** |

步兵	bùbīng	n.	infantry
步伐	bùfá	n.	step; gait
步枪	bùqiāng	n.	rifle
步行	bùxíng	v.	walk
步骤	bùzhòu	n.	step; procedure
初步	chūbù	adj.	first step
地步	dìbù	n.	situation; stage
脚步	jiǎobù	n.	foot step
进步	jìnbù	v. /n.	improve / improvement
跑步	pǎobù	v.	run
止步	zhǐbù	v.	stop; halt

| 练 习 | **Exercise:** |

同音字组词　Form a word with each of the following homonyms:

步 ___　　　　轻 ___　　　　市 ___

不 ___　　　　青 ___　　　　事 ___

布 ___　　　　清 ___　　　　世 ___

dī (ㄉㄧ)

7　　**low (adj.)**

Stroke order:

亻	亻	亿	仾	低	低			

字　体 Scripts:

低　　低　　低　　低　　低　　低　　阺

钢笔字　宋体　楷书　隶书　行书　草书　篆书

提　示 Tips:

"氏"(dǐ)是声旁,注意下边有一点。

氏(dǐ) is the phonetic component. Note that there is a dot at the bottom of the character.

部　件 Components:

　　亻 + 氏　　　　　结构图示：低　　□□

部　首 Radical:

亻 (单人，dānrén，man)

常用词语 Frequently-used words or phrases:

低潮	dīcháo	n.	low ebb; low tide
低沉	dīchén	adj.	low and deep (voice); low
低调	dīdiào	n.	low-key
低估	dīgū	v.	underestimate
低级	dījí	adj.	low-class; low taste; elementary
低声	dīshēng	adv.	in low voice; softly
低头	dītóu	v. o.	lower one's head
高低	gāodī	n.	height; pitch; level
减低	jiǎndī	v.	lower; reduce
降低	jiàngdī	v.	lower; descend; cut down
眼高手低	yǎngāo-shǒudī	id.	be fastidious but incompetent

练　习 Exercise:

写反义词　Give the antonyms for each of the following characters:

高＿＿＿　轻＿＿＿　难＿＿＿　冷＿＿＿　旧(jiù, old)＿＿＿

快＿＿＿　是＿＿＿　里＿＿＿　主＿＿＿　假(jiǎ, false)＿＿＿

455

bù (ㄅㄨ)

10

1. part; unit; section (n.)
2. (a measure) (m.)

笔 顺 Stroke order:

立	音	部					

字 体 Scripts:

部	部	部	部	部	郜	齰
钢笔字	宋体	楷书	隶书	行书	草书	篆书

提 示 Tips:

由"立、口、阝"三部分组成。

This character is composed of 立, 口, and 阝.

部 件 Components:

立 + 口 + 阝　　结构图示：部

部 首 Radical:

阝（在右）(双耳, shuāng'ěr, double ears)

常用词语 Frequently-used words or phrases:

部队	bùduì	n.	troops; force
部分	bùfen	n.	part; portion
部件	bùjiàn	n.	parts (of machine)
部门	bùmén	n.	department; section
部首	bùshǒu	n.	radical
部位	bùwèi	n.	position; location
部下	bùxià	n.	subordinate
部长	bùzhǎng	n.	minister
干部	gànbù	n.	cadre
内部	nèibù	n.	internal; inside; interior
全部	quánbù	n.	the whole; entire
外部	wàibù	n.	outside; external; exterior

练 习 Exercise:

"阝"作为部首，有的在右(邑，指城市)，有的在左(阜，指土山)，注意观察：

Note that the 阝 radical can be placed at the left (阜) or right (邑) of a character:

阝(阜)：防 阳 阴 陈 院 随 附 阿 队

阝(邑)：那 邮 邻 部 都 邦 郊 郭 邓

错 cuò (ㄘㄨㄛˋ)

1. wrong (adj.)

13　2. mistake; fault (n.)

Stroke order:

丿　丿　乍　乍　钅　钅　错

Scripts:

错　错　错　错　错　错　錯

钢笔字　宋体　楷书　隶书　行书　草书　篆书

Tips:

左边是"钅"(金)旁,右边是"借"的右半部。

The left component of this character is the metal radical (钅), and the right component is the right part of the character 借 (borrow; lend).

Components:

钅 + 昔　　　结构图示：错

Radical:

钅 (金字旁, jīnzìpáng, metal)

Frequently-used words or phrases:

错处	cuòchu	n.	error; mistake
错怪	cuòguài	v.	wrongly blame
错过	cuòguò	v.	miss (a chance, train, etc.)
错觉	cuòjué	n.	misconception
错误	cuòwù	n.	mistake; error
错字	cuòzì	n.	wrong character; misprint
不错	búcuò	adj.	not bad
差错	chācuò	n.	error; mistake
过错	guòcuò	n.	fault
认错	rèncuò	v. o.	admit one's error

Exercise:

观察下列金字旁(钅)的字,想想"钅"在这些字中的意义　Note the metal radical (钅) in the following characters, and figure out the necessity for the metal radical:

钉　针　钟　钢　钱　铁　银　铜　锡

发
發 [1]
髦 [2]

5

fā/fà (ㄈㄚ/ㄈㄚˋ)
1. fā: **send (v.)**
2. fà: **hair (n.)**

笔 顺 Stroke order:

ㄥ	㇄	发	发				

字 体 Scripts:

发　发　发　发　发　友　𦤴

钢笔字　宋体　楷书　隶书　行书　草书　篆书

提 示 Tips:
注意比较"发"和"友"的不同。
Note the slight difference between 发 and 友 .

部 件 Components:
𠃌 + 又　　　结构图示：发

部 首 Radicals:
又 (yòu, again)；乙（乚）(折, zhé, turning stroke)

常用词语 Frequently-used words or phrases:

发表	fābiǎo	v.	publish; make (a statement, speech)
发财	fācái	v.	get rich
发火	fāhuǒ	v.	ignite; get angry
发觉	fājué	v.	discover; find out
发明	fāmíng	v. /n.	invent / invention
发生	fāshēng	v.	occur; happen
发现	fāxiàn	v. /n.	discover / discovery
发展	fāzhǎn	v.	develop
出发	chūfā	v.	set off
开发	kāifā	v.	develop; exploit
理发	lǐfà	v. o.	have a haircut
头发	tóufa	n.	hair

练 习 Exercise:
给下列词语注音并翻译：
For each of the following words, give its *pinyin* and English meaning:

1. 发表　2. 发电机　3. 发现　4. 发明　5. 发觉
6. 发笑　7. 理发员　8. 发财　9. 头发　10. 发烧

458

备 備 bèi (ㄅㄟ)

8 **prepare / preparation (v. / n.)**

笔 顺 | Stroke order:

夂	备								

字 体 | Scripts:

备　　备　　备　　备　　备　　侑　　儞

钢笔字　　宋体　　楷书　　隶书　　行书　　草书　　篆书

提 示 | Tips:

注意比较"备"与"各"的不同。

Note the difference between 备 and 各 .

部 件 | Components:

　　夂 ＋ 田　　　　　结构图示：备

部 首 | Radicals:

夂 (折文, zhéwén, variant of 文); 田 (tián, field)

常用词语 | Frequently-used words or phrases:

备案	bèi'àn	v.	keep in file
备荒	bèihuāng	v.	prepare against natural disaster
备件	bèijiàn	n.	spare parts
备考	bèikǎo	n.	for reference
备课	bèikè	v.	make preparation for teaching
备用	bèiyòng	v.	reserve
备战	bèizhàn	v.	prepare for war
具备	jùbèi	v.	equip with; in pocession of
设备	shèbèi	n.	facility; equipment
装备	zhuāngbèi	v. / n.	equip; install / equipment
准备	zhǔnbèi	v.	prepare; get ready
备忘录	bèiwànglù	n.	memorandum

练 习 | Exercise:

指出"夂"在下列各字中的位置：

Locate the 夂 component in the following characters:

冬　务　备　条　处　各　夏

结
結
9

jié/jiē (ㄐㄧㄝˊ/ㄐㄧㄝ)
1. jié: **knit; tie** (v.)
2. jié: **marry** (v.)
3. jiē: **bear; form** (v.)

笔 顺 Stroke order:

纟	纩	结						

字 体 Scripts:

结　　结　　结　　结　　结　　结　　結

钢笔字　　宋体　　楷书　　隶书　　行书　　草书　　篆书

提 示 Tips:

"吉"(jí)是声旁。注意"吉"的上部是"士"(shì),不是"土"。

吉(jí) is the phonetic component. Note that the upper right component is 士(shì) not 土 .

部 件 Components:

纟 + 吉　　　　　结构图示：结

部 首 Radical:

纟 (绞丝 , jiǎosī, silk)

常用词语 Frequently-used words or phrases:

结冰	jiébīng	v. o.	freeze; frozen
结构	jiégòu	n.	structure
结果	jiéguǒ	n. /conj.	result / as a result
结婚	jiéhūn	v.	marry
结局	jiéjú	n.	conclusion; ending
结论	jiélùn	n.	conclusion (of a syllogism)
结束	jiéshù	v.	end; conclude
团结	tuánjié	v. /n.	unite / unity
总结	zǒngjié	v. o.	summarize / summary
结果	jiēguǒ	v.	bear fruit
结实	jiēshi	adj.	stout

练 习 Exercise:

汉译英　Translate the following into English:

1. 树上结了不少苹果。＿＿＿＿＿＿＿＿＿＿＿＿＿＿＿＿＿＿＿＿

2. 团结就是力量。＿＿＿＿＿＿＿＿＿＿＿＿＿＿＿＿＿＿＿＿＿＿＿

3. 王先生和李小姐明天旅行结婚。＿＿＿＿＿＿＿＿＿＿＿＿＿＿＿

紧 jǐn (ㄐㄧㄣˇ)

10 **tight; urgent (adj.)**

| 笔 顺 | Stroke order: |

| l | ll | l又 | 紧 | | | | | |

| 字 体 | Scripts: |

紧　紧　紧　紧　紧　紧　𦆲

钢笔字　宋体　楷书　隶书　行书　草书　篆书

| 提 示 | Tips: |

上边是"l又",下边是"糸"(mì),不是"系"(xì)。

Note that the lower part of this character is 糸, not 系 . The upper part is written like this:
l又 .

| 部 件 | Components: |

ll + 又 + 糸　　结构图示：紧

| 部 首 | Radical: |

糸 (mì, silk)

| 常用词语 | Frequently-used words or phrases: |

紧急	jǐnjí	adj.	urgent
紧密	jǐnmì	adj.	tight
紧迫	jǐnpò	adj.	pressing; imminent
紧要	jǐnyào	adj.	important
紧张	jǐnzhāng	adj.	tense; nervous
吃紧	chījǐn	adj.	urgent
赶紧	gǎnjǐn	adv.	in a hurry
加紧	jiājǐn	adv.	speed up; intensively
要紧	yàojǐn	adj.	important
抓紧	zhuājǐn	v.	grasp tightly; pay close attention to

| 练 习 | Exercise: |

填写所缺的部分 Write down the missing part:

例 Example：糸—紧

红　杰　盏　装　解　焦、

461

miàn (ㄇㄧㄢˋ)

9

face; surface (n.)

笔 顺	**Stroke order:**

一　丆　丆　丙　而　而　面　面

字 体	**Scripts:**

面　　面　　面　　面　　面　　面　　篆

钢笔字　宋体　楷书　隶书　行书　草书　篆书

提 示	**Tips:**

由"而"字变化而来，注意比较这两个字。

Note the similarity between this character and 而.

部 件	**Components:**

丆 + 囬　　　结构图示：　面

部 首	**Radical:**

一（横，héng，horizontal stroke）

常用词语	**Frequently-used words or phrases:**

面包	miànbāo	n.	bread
面对	miànduì	v.	face against
面粉	miànfěn	n.	flour
面孔	miànkǒng	n.	face
面目	miànmù	n.	face
面前	miànqián	n.	in the face of; in front of
表面	biǎomiàn	n.	superficiality; surface
当面	dāngmiàn	adv.	right in front of somebody
对面	duìmiàn	n.	across; the other side
见面	jiànmiàn	v.	meet
全面	quánmiàn	adj.	full scale

练 习	**Exercise:**

把拼音写成汉字　Transcribe each *pinyin* into a Chinese character:

dōng＿＿＿＿　　　　　　shàng＿＿＿＿

xī　＿＿＿＿　　　　　　　xià　＿＿＿＿

nán＿＿＿＿　　边　　　　lǐ　＿＿＿＿　　面

běi＿＿＿＿　　　　　　　wài＿＿＿＿

zuǒ＿＿＿＿　　　　　　　qián＿＿＿＿

yòu＿＿＿＿　　　　　　　hòu＿＿＿＿

yuán (ㄩㄢˊ)

10   original; primary (adj.)

Stroke order:

厂	石	原							

字　体　Scripts:

原　原　原　原　原　原　原

钢笔字　宋体　楷书　隶书　行书　草书　篆书

提　示　Tips:

可分为"厂、白、小"三字。

This character is composed of three elements: 厂, 白 and 小 .

部　件　Components:

厂 + 白 + 小　　结构图示：原

部　首　Radical:

厂 (chǎng, factory)

常用词语　Frequently-used words or phrases:

原本	yuánběn	n. / adv.	original copy / originally
原籍	yuánjí	n.	ancestral hometown
原来	yuánlái	adv. / n.	originally / former
原理	yuánlǐ	n.	theory
原谅	yuánliàng	v.	forgive; pardon
原始	yuánshǐ	adj.	original
原先	yuánxiān	n.	at the beginning
原因	yuányīn	n.	reason; cause
原则	yuánzé	n.	principle
原子	yuánzǐ	n.	atom
高原	gāoyuán	n.	plateau
平原	píngyuán	n.	plane; flat land
中原	Zhōngyuán	n.	central plain of China

练　习　Exercise:

汉译英　Translate the following into English:

1. 他原籍在河南。_____

2. 请原谅,我这样做是有原因的。_____

3. 她一紧张,原来想好的话都忘了。_____

463

yuè (ㄩㄝˋ)

1. get over (v.)

2. exceed (v.)

12

| 笔 顺 | **Stroke order:** |

走　走　赴　越　越　越

| 字 体 | **Scripts:** |

越　越　越　越　越　战　越

钢笔字　宋体　楷书　隶书　行书　草书　篆书

| 提 示 | **Tips:** |

把"走"的最后一笔写长些,把声旁"戉"(yuè)放在上面。注意"戉"与"成"的区别。

To write this character, first make a 走 and extend the bottom line further, then put the sound element 戉(yuè) on it. Note that 戉 is different from 成.

| 部 件 | **Components:** |

走 ＋ 戉　　　结构图示：越

| 部 首 | **Radical:** |

走 (zǒu, walk)

| 常用词语 | **Frequently-used words or phrases:** |

越发	yuèfā	adv.	even further; even more
越轨	yuèguǐ	v.	jump track; exceed the normal
越过	yuèguò	v.	surpass; pass
越级	yuèjí	v.	bypass the immediate leadership
越南	Yuènán	n.	Vietnam
越权	yuèquán	v.	overstep one's authority
越狱	yuèyù	v.	escape from jail
超越	chāoyuè	v.	exceed; surpass
优越	yōuyuè	adj.	superior
卓越	zhuōyuè	adj.	outstanding
越……越……	yuè...yuè...	ph.	the more... the more...
越来越……	yuèláiyuè...	ph.	become more and more...

| 练 习 | **Exercise:** |

观察含有"走"的字　Study the characters containing the 走 radical:

起　赶　越　趣　趁　赴　赵　陡

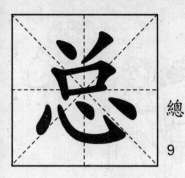
總
9

zǒng (ㄗㄨㄥˇ)
1. assemble;
   put together (v.)
2. chief; head (adj.)
3. always (adv.)

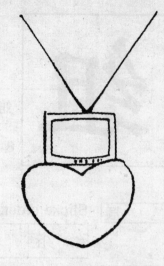

| 笔 顺 | **Stroke order:** |

| ⺍ | 总 | 总 | | | | | | |

| 字 体 | **Scripts:** |

总　　总　　总　　总　　总　　总　　總

钢笔字　　宋体　　楷书　　隶书　　行书　　草书　　篆书

| 提 示 | **Tips:** |

上部是"说"的右上部,下边是"心"。"心"是人说话的总控制。

In the character 总, the upper part is the same as the top-right part of 说 (talk); while the bottom one, 心 (mind), is the general control of one's speech.

| 部 件 | **Components:** |

⺍ + 口 + 心　　　结构图示：总

| 部 首 | **Radical:** |

心 (xīn, heart)

| 常用词语 | **Frequently-used words or phrases:** |

总得	zǒngděi	adv.	must; have to; be bound to
总共	zǒnggòng	adv.	total
总管	zǒngguǎn	n.	general manager
总结	zǒngjié	v. /n.	sum up / summary
总理	zǒnglǐ	n.	premier; prime minister
总算	zǒngsuàn	adv.	at last; finally
总统	zǒngtǒng	n.	president
总之	zǒngzhī	conj.	in conclusion; anyway
总领事	zǒnglǐngshì	n.	consul general
总司令	zǒngsīlìng	n.	commander-in-chief
夜总会	yèzǒnghuì	n.	night club

| 练 习 | **Exercise:** |

圈出各字的部首　Circle the radical of each character:

总　越　原　紧　备　发　部　步　导　层

容　易　轻　劳　然　兴　岁　形　克

465

组 | zǔ (ㄗㄨˇ)

8

1. organize (v.)
2. group (n.)
3. set; series (m.)

笔 顺 Stroke order:

纟 组

字 体 Scripts:

组　　组　　组　　组　　组　　组　　組

钢笔字　宋体　楷书　隶书　行书　草书　篆书

提 示 Tips:

"且"(qiě)作为声旁,可是"组"却念 zǔ。

Although the 且 as in 而且 is used as the sound element, this character is read as "zǔ" not "qiě".

部 件 Components:

纟 + 且　　　　结构图示：组 ▯▯

部 首 Radical:

纟 (绞丝, jiǎosī, silk)

常用词语 Frequently-used words or phrases:

组成	zǔchéng	v.	organize into
组合	zǔhé	v./n.	compose of; assemble / combination
组建	zǔjiàn	v.	put together; form
组织	zǔzhī	v./n.	organize / organization
组装	zǔzhuāng	v.	package; assemble
词组	cízǔ	n.	word group; phrase
分组	fēnzǔ	v.o.	divide into groups
改组	gǎizǔ	v.	reorganize
小组	xiǎozǔ	n.	small group; committe
一组邮票	yì zǔ yóupiào	ph.	a set of stamps

练 习 Exercise:

拆开偏旁,另组新字:

Form two new characters by using the components of a given character:

例 Example：经：红、轻

组＿＿＿　运＿＿＿　观＿＿＿　备＿＿＿　借＿＿＿

466

zhì (ㄓˋ)

8

1. rule; govern (v.)
2. cure; treat (v.)

台 TAIWAN 湾

笔 顺 **Stroke order:**

氵	治							

字 体 **Scripts:**

治　治　治　治　治　治　治

钢笔字　宋体　楷书　隶书　行书　草书　篆书

提 示 **Tips:**

由三点水加上台湾的"台"字组成，台人治水。

This character is composed of the water radical 氵 and 台 as in 台湾 (Taiwan). Imagine this as "the control of the flood by Taiwanese".

部 件 **Components:**

氵 + 厶 + 口　　结构图示：治

部 首 **Radical:**

氵 (三点水, sāndiǎnshuǐ, water)

常用词语 **Frequently-used words or phrases:**

治安	zhì'ān	n.	public order; public security
治国	zhìguó	v.	manage the nation
治理	zhìlǐ	v.	manage; control
治疗	zhìliáo	v.	treat (illness)
治丧	zhìsāng	v.	make funeral arrangement
治学	zhìxué	v.	pursue one's study; do research
防治	fángzhì	v.	prevent and cure
统治	tǒngzhì	v.	rule; control
医治	yīzhì	v.	treat (illness)
政治	zhèngzhì	n.	politics
自治	zìzhì	v.	autonomy; self control

练 习 **Exercise:**

选择填空　Choose the proper character to form a meaningful word:

1. zhì 病(志、治)　　2. 组 hé(河、合)　　3. 总 jié(结、节)

4. 越 nán(南、男)　　5. 高 yuán(元、原)　　6. 经 cháng(常、长)

7. 准 bèi(被、备)　　8. 错 wù(物、误)

帮 bāng（ㄅㄤ）

9

1. help (v.)
2. gang (n.)

帮一下

Stroke order:

| 一 | 二 | 三 | 丰 | 邦 | 帮 | | | |

字　体 Scripts:

帮	帮	帮	帮	帮	帮	帮
钢笔字	宋体	楷书	隶书	行书	草书	篆书

提　示 Tips:

"邦"(bāng)是声旁。

邦(bāng) is the sound element.

部　件 Components:

邦 + 巾　　　结构图示：帮

部　首 Radical:

巾 (jīn, napkin)

常用词语 Frequently-used words or phrases:

帮办	bāngbàn	v. / n.	assist in managing / deputy
帮厨	bāngchú	v.	help in the kitchen
帮工	bānggōng	n. / v.	temporary worker / help with work
帮会	bānghuì	n.	gang
帮忙	bāngmáng	v.	help
帮派	bāngpài	n.	gang; faction
帮手	bāngshǒu	n.	assistant
帮凶	bāngxiōng	n.	accomplice
帮助	bāngzhù	v.	help; assist
匪帮	fěibāng	n.	bandits
黑帮	hēibāng	n.	gang; gangster
帮倒忙	bāngdàománg	ph.	make the matter worse with one's help
跑单帮	pǎodānbāng	id.	travel for one's own business

练　习 Exercise:

指出"巾"在各字的位置　Locate the radical 巾 in the characters below:

市　布　师　吊　帆　希　帘　帕　帛　帝　带　帮

场
6

場 chǎng (ㄔㄤˇ)
1. open field (n.)
2. (a measure) (m.)

笔 顺 Stroke order:

土	圹	场	场				

字 体 Scripts:

场　场　场　场　场　场　場

钢笔字　宋体　楷书　隶书　行书　草书　篆书

提 示 Tips:

注意右边不是"勿"(wù)，而是"昜"。

Note that the right side is not 勿, but 昜.

部 件 Components:

土 + 昜　　　结构图示：场

部 首 Radical:

土 (tǔ, earth)

常用词语 Frequently-used words or phrases:

场地	chǎngdì	n.	location; field
场合	chǎnghé	n.	occasion
场面	chǎngmiàn	n.	scene; event
操场	cāochǎng	n.	playground
广场	guǎngchǎng	n.	square; open field
会场	huìchǎng	n.	location of conference
剧场	jùchǎng	n.	theater
农场	nóngchǎng	n.	farm
球场	qiúchǎng	n.	ball field; ball court
市场	shìchǎng	n.	market
飞机场	fēijīchǎng	n.	airport
运动场	yùndòngchǎng	n.	sports field
一场比赛	yì chǎng bǐsài	ph.	a contest; a match

练 习 Exercise:

写汉字并翻译成英语　Transcribe the *pinyin* into words, and then into English:

shìchǎng—　　　　fāshēng—　　　　tímù—

qiúchǎng—　　　　huāshēng—　　　　tíqǐ—

469

変

變
biàn (ㄅㄧㄢˋ)
8   change (v. /n.)

Stroke order:

丶	一	亠	亣	亦	亦	变		

字 体 **Scripts:**

变　　变　　变　　变　　变　　変　　鑾

钢笔字　宋体　楷书　隶书　行书　草书　篆书

提 示 **Tips:**

上边是"亦"(亦),下边是"又"。

This character is composed of 亦(亦) on top and 又 at the bottom.

部 件 **Components:**

亦 + 又　　　　　结构图示：变

部 首 **Radicals:**

又 (yòu, again) ; 亠 (文字头, wénzìtóu, top part of 文)

常用词语 **Frequently-used words or phrases:**

变成	biànchéng	v.	change into
变动	biàndòng	v.	move; change
变革	biàngé	v. /n.	reform
变更	biàngēng	v.	change; alter
变卦	biànguà	v.	go back on one's word
变化	biànhuà	v. /n.	change
变换	biànhuàn	v.	change; substitute
变心	biànxīn	v.	cease to be faithful
变质	biànzhì	v.	go bad; change for the worse
改变	gǎibiàn	v.	alter; change
事变	shìbiàn	n.	event; incident
政变	zhèngbiàn	n.	coupe
转变	zhuǎnbiàn	v.	change; transform

练 习 **Exercise:**

下边这些字有一个共同点,共同之处是什么呢?

There is something in common among all the characters below. What's it?

从　林　非　双　朋　业

470

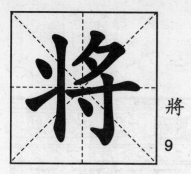

将 9

jiāng/jiàng (ㄐㄧㄤ/ㄐㄧㄤ)
1. jiāng: be going to (adv.)
2. jiāng: check (in Chinese chess) (v.)
3. jiàng: general, commander (n.)

笔　顺　Stroke order:

、　冫　丬　丬ク　将

字　体　Scripts:

将　　将　　将　　将　　将　　乃　　牁

钢笔字　　宋体　　楷书　　隶书　　行书　　草书　　篆书

提　示　Tips:

左边是"丬";右上边是"夕",右下方是"寸"。

The left side is 丬, and the right side is composed of 夕 and 寸.

部　件　Components:

丬 + 夕 + 寸　　　结构图示：将

部　首　Radicals:

丬 (将字旁, jiāngzìpáng, left side of 将); 寸 (cùn, inch)

常用词语　Frequently-used words or phrases:

将近	jiāngjìn	v.	nearly; almost
将军	jiāngjūn	n.	general (officer)
将来	jiānglái	n.	future
将要	jiāngyào	adv.	about to; soon
即将	jíjiāng	adv.	soon
将领	jiànglǐng	n.	general
将士	jiàngshì	n.	officers and soldiers
大将	dàjiàng	n.	general; senior general
麻将	májiàng	n.	mahjong game
上将	shàngjiàng	n.	general
少将	shàojiàng	n.	major general
中将	zhōngjiàng	n.	lieutenant general

练　习　Exercise:

比较下列含"丬"字的读音,找出共同点来　Compare the pronunciations of the following characters, and find out their common points:

壮　状　妆　装　将

471

fǔ (ㄈㄨˇ)
1. government office (n.)
2. your (honorable) home (n.)

8

| 笔 顺 | **Stroke order:** |

广 疒 府 | | | | | |

| 字 体 | **Scripts:** |

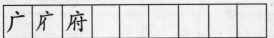

府　　府　　府　　府　　府　　府　　府
钢笔字　　宋体　　楷书　　隶书　　行书　　草书　　篆书

| 提 示 | **Tips:** |

部首"广"表示屋舍建筑,下边的"付"(fù)是声旁。

The radical 广 indicates "house, building", and the lower part 付 (fù) is the sound component.

| 部 件 | **Components:** |

广 + 亻 + 寸　　　　结构图示：府

| 部 首 | **Radical:** |

广 (guǎng, shelter)

| 常用词语 | **Frequently-used words or phrases:** |

府上	fǔshàng	n.	your home; your house
城府	chéngfǔ	n.	subtlety
地府	dìfǔ	n.	hell
官府	guānfǔ	n.	government office
贵府	guìfǔ	n.	your honorable mansion
首府	shǒufǔ	n.	capital
王府	wángfǔ	n.	mansion for the noble
学府	xuéfǔ	n.	institue of higher learning
政府	zhèngfǔ	n.	government
总统府	zǒngtǒngfǔ	n.	presidential mansion

| 练 习 | **Exercise:** |

根据拼音写汉字并译成英语:

Transcribe the following *pinyin* into characters and give their English meaning:

zhèngfǔ—　　　　bǐjiào—　　　　xūyào—　　　　děnghòu—

lìzhèng—　　　　jiàoshī—　　　　bìxū—　　　　hòumiàn—

離
lí (ㄌㄧˊ)

10   leave; apart (v.)

WOMAN   MAN

笔 顺 | Stroke order:

亠　文　㐆　卤　离　离　离

字 体 | Scripts:

离　　离　　离　　离　　离　　離　　離

钢笔字　宋体　　楷书　　隶书　　行书　　草书　　篆书

提 示 | Tips:

注意"离"字的写法：先写"文"，再写"凵"，然后是"冂"，最后写"厶"。

Pay attention to the writing of this character: first write 文, then 凵 and 冂, finally 厶.

部 件 | Components:

亠 + 凶 + 禸　　结构图示：离

部 首 | Radical:

亠（文字头，wénzìtóu，top part of 文）

常用词语 | Frequently-used words or phrases:

离别	líbié	v.	part; leave
离婚	líhūn	v.	divorce
离境	líjìng	v.	leave a country
离开	líkāi	v.	leave; depart
离奇	líqí	adj.	odd; unusual; fascinating
离任	lírèn	v.	leave one's post
离散	lísàn	v.	scatter apart
离职	lízhí	v.	leave one's job temporarily; leave office
分离	fēnlí	v.	separate
隔离	gélí	v.	keep apart; isolate
距离	jùlí	v./n.	be apart from / distance

练 习 | Exercise:

以下每两个相邻的字可组成一个词，请解释各词的意义，并继续连下去：

Each of the following characters will form a word with the next character. Explain each of the new words and continue doing it in the same way:

分 离 别 人 名 家 事 情

例 lì (ㄌㄧˋ)

8

example (n.)

Stroke order:

| 亻 | 亻 | 佢 | 例 | | | | |

字　体 Scripts:

例　例　例　例　例　伪　阙

钢笔字　宋体　楷书　隶书　行书　草书　篆书

提　示 Tips:

声旁是"列"(liè)。注意"例"与"倒"(dào)的不同。

This is a phonetic-compound character with 列 (liè) indicating the sound. Note the difference between 例 and 倒(dào).

部　件 Components:

亻 + 歹 + 刂　　结构图示：例

部　首 Radical:

亻 (单人, dānrén, man)

常用词语 Frequently-used words or phrases:

例会	lìhuì	n.	regular meeting
例假	lìjià	n.	official holiday; menstrual period
例句	lìjù	n.	example sentence
例如	lìrú	v.	for example
例题	lìtí	n.	example question
例外	lìwài	n.	exception
例证	lìzhèng	n.	illustration
例子	lìzi	n.	example
比例	bǐlì	n.	proportion; scale
举例	jǔlì	v.	give an example
例行公事	lìxíng-gōngshì	id.	routine; routine business

练　习 Exercise:

试分别写出下列各字及声旁的拼音：

Give the *pinyin* for each character and its phonetic element as well:

跑　海　星　空　新　院　客　冷　精　起

474

流 liú (ㄌㄧㄡˊ)
10 flow (v.)

笔 顺 Stroke order:

| 氵 | 汯 | 浐 | 浐 | 流 | | | | |

字 体 Scripts:

流　流　流　流　流　流　篆

钢笔字　宋体　楷书　隶书　行书　草书　篆书

提 示 Tips:

"氵"(水)表示流动，"㐬"是声旁。注意下部"儿"的写法。

氵(水) shows the flowing of water, and 㐬 is the sound component. Note the writing of the right lower part: 儿.

部 件 Components:

氵 + 亠 + 儿　　结构图示：流

部 首 Radical:

氵(三点水, sāndiǎnshuǐ, water)

常用词语 Frequently-used words or phrases:

流产	liúchǎn	v.	abort; miscarry
流动	liúdòng	v.	flow; circulate freely
流利	liúlì	adj.	fluent
流露	liúlù	v.	reveal; show unintentionally
流失	liúshī	v.	be washed away; lose
流通	liútōng	v.	flow through; circulate
流星	liúxīng	n.	meteor
流行	liúxíng	v. /adj.	spread around / popular; in fashion
交流	jiāoliú	v.	exchange
一流	yīliú	adj.	first rate
流离失所	liúlí-shīsuǒ	id.	become destitute and homeless

练 习 Exercise:

找对应词　Match each Chinese word with its English counterpart:

1. 流动　　2. 流放　　3. 流产　　4. 河流　　5. 流星
6. 流利　　7. 流行　　8. 流体　　9. 流通　　10. 第一流

A. fluid　　　B. first-rate　　C. abort　　D. circulate　　E. river
F. popular　　G. flow　　　H. meteor　　I. fluent　　J. exile

475

社

7

shè (ㄕㄜˋ)
agency; society (n.)

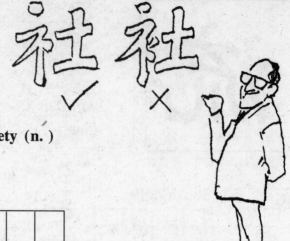

Stroke order:

丶 ｜ ｜ ｜ ｜ 社 ｜ ｜ ｜

字　体 Scripts:

社　　社　　社　　社　　社　　社　　社

钢笔字　宋体　楷书　隶书　行书　草书　篆书

提　示 Tips:

注意"礻"(示)旁的写法,只有一点,不同于"衤"(衣)旁。

Note the 礻 (示) radical is different from the 衤 (衣) radical by having only one slanting dot.

部　件 Components:

礻 + 土　　　结构图示：社 ▯▯

部　首 Radical:

礻 (示字旁, shìzìpáng, divine)

常用词语 Frequently-used words or phrases:

社会	shèhuì	n.	society
社交	shèjiāo	n.	social contact
社论	shèlùn	n.	editorial
社员	shèyuán	n.	club member
报社	bàoshè	n.	newspaper office
结社	jiéshè	v.	form a club or association
旅社	lǚshè	n.	hotel; inn
社会学	shèhuìxué	n.	sociology
出版社	chūbǎnshè	n.	publishing house
旅行社	lǚxíngshè	n.	travel agency
通讯社	tōngxùnshè	n.	news agency
社会主义	shèhuìzhǔyì	n.	socialism

练　习 Exercise:

把下面的字按照"礻"和"衤"这两个不同的部首分开:

Separate the following characters into the 礻 radical and 衤 radical groups:

礼　社　裤　神　衫　被　祝

福　裙　初　祖　禁　装　视

476

shén (ㄕㄣ)
1. god (n.)
2. spirit (n.)

9

笔 顺 Stroke order:

| 礻 | 袖 | 神 | | | | | |

字 体 Scripts:

神　神　神　神　神　神　褊

钢笔字　宋体　楷书　隶书　行书　草书　篆书

提 示 Tips:

"申"(shēn)是声旁，"礻"表示神灵。

"申"(shēn) is the phonetic component, and 礻 indicates spirits.

部 件 Components:

礻 + 申　　　结构图示：神　| | |

部 首 Radical:

礻 (示字旁, shìzìpáng, indicate)

常用词语 Frequently-used words or phrases:

神话	shénhuà	n.	mythology
神经	shénjīng	n.	nerve
神奇	shénqí	adj.	mysterious; mystical
神气	shénqì	n. /adj.	air; expression / proud
神情	shénqíng	n.	expression; look
神态	shéntài	n.	manner; expression
神仙	shénxiān	n.	fairy; spirit
鬼神	guǐshén	n.	spirits; ghosts and goblins
精神	jīngshén/jīngshen	n. /adj.	spirit / energetic
留神	liúshén	v. o.	pay attention to

练 习 Exercise:

根据所给拼音写汉字　Transcribe the *pinyin* into appropriate characters:

shè: ＿＿立　　shén: ＿＿么　　lì: 先＿＿

　　＿＿会　　　　＿＿气　　　　＿＿用

zhì: 同＿＿　　yuán: ＿＿因　　yì: ＿＿志

　　＿＿理　　　　方＿＿　　　　容＿＿

声 聲 shēng (ㄕㄥ)
sound; voice;
7 tone (n.)

| 笔 顺 | **Stroke order:** |

| 一 | 十 | 士 | 吉 | 吉 | 吉 | 声 | | |

| 字 体 | **Scripts:** |

声　　声　　声　　声　　声　　聲　　聲
钢笔字　宋体　楷书　隶书　行书　草书　篆书

| 提 示 | **Tips:** |

注意上部是"士"，不是"土"；下边是"尸"，不是"尸"。

Note the upper part is 士, not 土; the bottom part is not 尸, but 尸.

| 部 件 | **Components:** |

士 + 尸　　　　结构图示：声

| 部 首 | **Radical:** |

士 (shì, scholar)

| 常用词语 | **Frequently-used words or phrases:** |

声调	shēngdiào	n.	tone; voice
声明	shēngmíng	v./n.	state; declare / statement
声母	shēngmǔ	n.	(initial) consonant (of a Chinese syllable)
声望	shēngwàng	n.	prestige
声响	shēngxiǎng	n.	sound; noise
声音	shēngyin	n.	sound; voice
风声	fēngshēng	n.	sound of wind
回声	huíshēng	n.	echo
名声	míngshēng	n.	reputation; popularity
四声	sìshēng	n.	four tones (of Chinese characters)
相声	xiàngsheng	n.	cross talk by two people
笑声	xiàoshēng	n.	laughter

| 练 习 | **Exercise:** |

下列各字中哪些含有"士"，哪些含有"土"？

Which of the following characters have 士, and which have 土?

志 在 坐 社 去 地 声 结 周 吉 壮 喜 基

式

shì (ㄕ)

6   **type; pattern (n.)**

| 笔 顺 | **Stroke order:** |

| 一 | 二 | 式 | 式 | | | | | |

| 字 体 | **Scripts:** |

式   式   式   式   式   式   式

钢笔字   宋体   楷书   隶书   行书   草书   篆书

| 提 示 | **Tips:** |

注意右上边是"弋"(yì),不能写成"戈"(gē)。

Note that the right component is 弋 which cannot be written as 戈.

| 部 件 | **Components:** |

弋 + 工   结构图示: 式   ☐

| 部 首 | **Radicals:** |

工 (gōng, worker) ; 弋 (yì, arrow)

| 常用词语 | **Frequently-used words or phrases:** |

式样	shìyàng	n.	style; format
等式	děngshì	n.	equality (in math)
方式	fāngshì	n.	style; way; format
西式	xīshì	adj.	Western style
新式	xīnshì	adj.	modern; new style
形式	xíngshì	n.	form; type
样式	yàngshì	n.	type; form; style
正式	zhèngshì	adj.	formal; official
中式	zhōngshì	adj.	Chinese style
开幕式	kāimùshì	n.	opening ceremony
入场式	rùchǎngshì	n.	ceremony of entry

| 练 习 | **Exercise:** |

下列各字中哪些含有"弋",哪些含有"戈"?

Which of the following characters have 弋, and which have 戈?

划   成   战   式   载   我   武   或   贰   栽

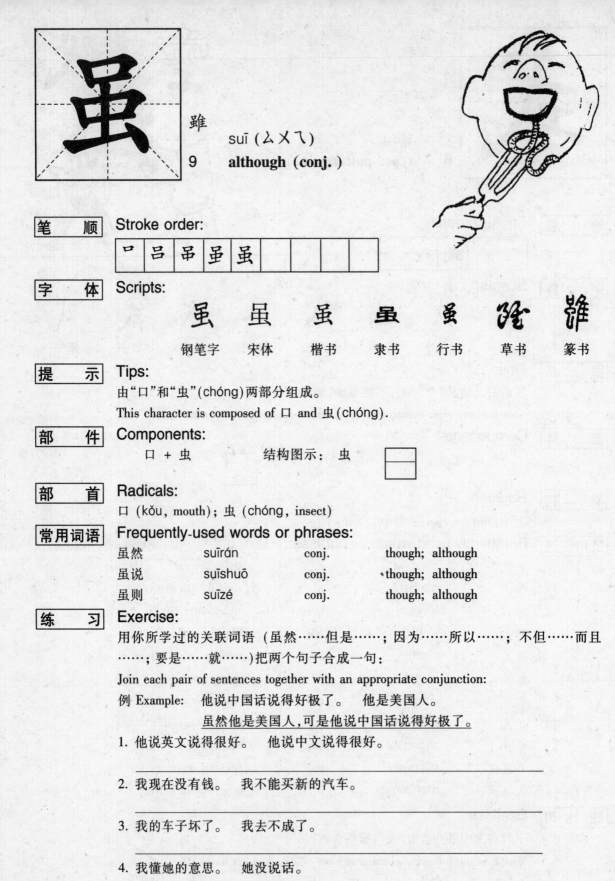

虽
雖
suī (ㄙㄨㄟ)
9 although (conj.)

笔　顺 Stroke order:

口	吕	吊	虽	虽				

字　体 Scripts:

虽　虽　虽　虽　虽　虽　雖

钢笔字　宋体　楷书　隶书　行书　草书　篆书

提　示 Tips:

由"口"和"虫"(chóng)两部分组成。

This character is composed of 口 and 虫(chóng).

部　件 Components:

口 + 虫　　　　结构图示：虫

部　首 Radicals:

口 (kǒu, mouth)；虫 (chóng, insect)

常用词语 Frequently-used words or phrases:

虽然	suīrán	conj.	though; although
虽说	suīshuō	conj.	though; although
虽则	suīzé	conj.	though; although

练　习 Exercise:

用你所学过的关联词语（虽然……但是……；因为……所以……；不但……而且……；要是……就……）把两个句子合成一句：

Join each pair of sentences together with an appropriate conjunction:

例 Example：　他说中国话说得好极了。　他是美国人。

　　　　　　虽然他是美国人，可是他说中国话说得好极了。

1. 他说英文说得很好。　他说中文说得很好。

　　_____

2. 我现在没有钱。　我不能买新的汽车。

　　_____

3. 我的车子坏了。　我去不成了。

　　_____

4. 我懂她的意思。　她没说话。

　　_____

算

suàn (ㄙㄨㄢˋ)

14 **calculate (v.)**

笔　顺	**Stroke order:**

竹	笡	算						

字　体	**Scripts:**

算　算　算　算　算　算　算

钢笔字　宋体　楷书　隶书　行书　草书　篆书

提　示	**Tips:**

竹字头(⺮)表示算盘用竹子作成,中间可以看作是算盘,下面原为两只手在打算盘。

The top part of this character indicates what an abacus is made of. The center part is an abacus, and the lower part was originally a symbol of two hands working on an abacus.

部　件	**Components:**

⺮ + 目 + 廾　　结构图示：算

部　首	**Radical:**

竹 (⺮) (zhú, bamboo)

常用词语	**Frequently-used words or phrases:**

算命	suànmìng	v. o.	fortune telling
算盘	suànpán	n.	abacus
算是	suànshì	v.	consider as; count as
算数	suànshù	v.	calculate
算术	suànshù	n.	arithmetic
算账	suànzhàng	v. o.	figure out the bill; settle accounts
打算	dǎsuàn	v.	plan
计算	jìsuàn	v.	calculate
总算	zǒngsuàn	adv.	after all
计算机	jìsuànjī	n.	calculator; computer
精打细算	jīngdǎ-xìsuàn	id.	spend (money) wisely

练　习	**Exercise:**

填上各字所缺的中间部分：

Fill in the missing part in the center of each character:

意　茉　复　参　紧　尕　笄　卖

481

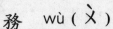 wù (ㄨˋ)

1. **affairs; business (n.)**
5
2. **must (adv.)**

笔　顺	**Stroke order:**

夂 务 | | | | | | |

字　体	**Scripts:**

务　　务　　务　　务　　务　　务　　务

钢笔字　　宋体　　楷书　　隶书　　行书　　草书　　篆书

提　示	**Tips:**

由"夂"和"力"组成。

This character is composed of 夂 and 力.

部　件	**Components:**

夂 + 力　　　　　结构图示：务

部　首	**Radicals:**

夂（折文，zhéwén，variant of 文）；力（lì，strength）

常用词语	**Frequently-used words or phrases:**

务必	wùbì	adv.	must
财务	cáiwù	n.	finance
服务	fúwù	v./n.	serve / service
公务	gōngwù	n.	official business
家务	jiāwù	n.	domestic work
任务	rènwù	n.	mission
商务	shāngwù	n.	business; commerce
事务	shìwù	n.	affairs; business
特务	tèwù	n.	special agent; spy
业务	yèwù	n.	vocational work; business
义务	yìwù	n.	voluntary; obligation

练　习	**Exercise:**

给下列汉字注音,把相同的形旁写在括号中:

Provide *pinyin* for the following characters, and fill in the parenthesis with the radical shared by each row of characters:

办____　男____　动____　加____　务____　（ ）

运____　近____　选____　远____　连____　（ ）

次____　决____　冷____　准____　　　　　（ ）

482

物

wù (ㄨˋ)

8

thing; matter (n.)

礼物 · 食物 · 动物

| 笔 顺 | **Stroke order:** |

| ノ | ⺧ | ⺧ | 牛 | 物 | | | | |

| 字 体 | **Scripts:** |

物　物　物　物　物　物　物

钢笔字　　宋体　　楷书　　隶书　　行书　　草书　　篆书

| 提 示 | **Tips:** |

"牛"旁表示动物、事物;"勿"(wù, don't)是声旁。

牛 (ox) is an animal, a big item of things. 勿 (wù, don't) is the phonetic component.

| 部 件 | **Components:** |

牛 + 勿　　　　结构图示:物　　[|]

| 部 首 | **Radical:** |

牛 (niú, ox)

| 常用词语 | **Frequently-used words or phrases:** |

物产	wùchǎn	n.	product
物价	wùjià	n.	commodity price
物理	wùlǐ	n.	physics
物品	wùpǐn	n.	goods
物质	wùzhì	n.	material
财物	cáiwù	n.	property
动物	dòngwù	n.	animal
礼物	lǐwù	n.	present; gift
人物	rénwù	n.	figure; person
食物	shíwù	n.	food
事物	shìwù	n.	affair
植物	zhíwù	n.	plant
动物园	dòngwùyuán	n.	zoo

| 练 习 | **Exercise:** |

观察含有"牛"或"牜(⺧)"的字:

Differentiate the characters that has the 牛 or 牜 (⺧) radical:

牡　牝　牟　牢　告　牺　牲　特　犁　靠

483

实

實
8

shí（ㄕ）
1. solid (adj.)
2. reality (n.)
3. fruit (n.)

Stroke order:

宀	实							

字　体 Scripts:

实　实　实　实　实　实　寳

钢笔字　宋体　楷书　隶书　行书　草书　篆书

提　示 Tips:

"头"上戴帽（宀），落实。

It's very practical to wear a hat (宀) on the head (头).

部　件 Components:

宀 + 头　　　结构图示：实

部　首 Radical:

宀（宝盖, bǎogài, roof）

常用词语 Frequently-used words or phrases:

实际	shíjì	n. /adj.	reality / practical
实习	shíxí	v.	practise
实现	shíxiàn	v.	fulfill
实行	shíxíng	v.	carry out
实验	shíyàn	n. /v.	experiment
果实	guǒshí	n.	fruit
结实	jiēshi	adj.	solid; firm
其实	qíshí	adv.	in fact; really
事实	shìshí	n.	fact
现实	xiànshí	n. /adj.	reality / actual
实事求是	shíshì-qiúshì	id.	seek truth from the fact

练　习 Exercise:

注音并翻译下列各词：

Give the *pinyin* and English meanings of the following words:

实物＿＿＿（　　）　务实＿＿＿（　　）　开花结实＿＿＿＿＿（　　）

事物＿＿＿（　　）　事务＿＿＿（　　）　实事求是＿＿＿＿＿（　　）

484

11

shāng (ㄕㄤ)

1. business; trade (n.)

2. discuss (v.)

Stroke order:

字　体　Scripts:

商　商　商　商　商　髙　商

钢笔字　宋体　楷书　隶书　行书　草书　篆书

提　示　Tips:

写"商"字时先写"亠", 再写"丷", 再写"冂", 最后写"古"。

The correct order for writing this character is 亠 first, 丷 next, then 冂 and 古.

部　件　Components:

亠 + 丷 + 冋　　结构图示：商

部　首　Radical:

亠 (文字头, wénzìtóu, top part of 文)

常用词语　Frequently-used words or phrases:

商标	shāngbiāo	n.	trade mark
商场	shāngchǎng	n.	shopping center; mall
商店	shāngdiàn	n.	shop; store
商量	shāngliang	v.	discuss
商品	shāngpǐn	n.	commodity; merchandise
商人	shāngrén	n.	businessman; merchant
商业	shāngyè	n.	commerce; business
厂商	chǎngshāng	n.	factory owner
经商	jīngshāng	v.	engage in trade; run business
协商	xiéshāng	v.	consult; talk things over
工商业	gōngshāngyè	n.	industry and business

练　习　Exercise:

英译汉　Translate the following into Chinese:

1. I'll discuss this problem with him tomorrow morning.

2. There is a new shopping center over there.

3. Both his parents are business persons.

查对

chá (ㄔㄚˊ)

9

inspect; check (v.)

Stroke order:

木	杳	查						

字　体　Scripts:

查　　查　　查　　查　　查　　查　　查

钢笔字　宋体　楷书　隶书　行书　草书　篆书

提　示　Tips:

木(mù,谐音:每 měi)日一查。

木 (mù) is borrowed to indicate approximately the sound of 每 (měi, every), thus forming the idea of "checking it every day (日)".

部　件　Components:

木 + 日 + 一　　结构图示：查

部　首　Radical:

木 (mù, wood)

常用词语　Frequently-used words or phrases:

查对	cháduì	v.	check and verify
查号	chá hào	v. o.	check the number
查看	chákàn	v.	check and find out
查明	chámíng	v.	find out
查清	cháqīng	v.	make a thorough investigation
查税	chá shuì	v. o.	audit for the tax
查问	cháwèn	v.	inquire; investigate
调查	diàochá	v. /n.	investigate / investigation
检查	jiǎnchá	v.	inspect
搜查	sōuchá	v.	search
查字典	chá zìdiǎn	v. o.	look up (a word) in a dictionary

练　习　Exercise:

根据所给部首及位置填写汉字　Place the radical at the position as instructed, so it will form a new character with other component(s):

例 Example: 木在左：(木 + 几:机)

木：木在右：(　　) 　　木在左：(　　) 　　木在上：(　　) 　　木在下：(　　)

日：日在右：(　　) 　　日在左：(　　) 　　日在上：(　　) 　　日在下：(　　)

按 9

àn (ㄢˋ)

1. press; push down (v.)
2. according to (prep.)

Stroke order:

扌	按							

Scripts:

按	按	按	按	按	掞	𤔔
钢笔字	宋体	楷书	隶书	行书	草书	篆书

Tips:

用手(扌)按住，"安"(ān)是声旁。

Press down with one's hand (扌). 安 (ān) indicates the sound.

Components:

扌 + 宀 + 女　　结构图示：接

Radical:

扌 (提手, tíshǒu, hand)

Frequently-used words or phrases:

按理	ànlǐ	v.	base on reason
按摩	ànmó	v.	massage
按钮	ànniǔ	n.	button
按期	ànqī	adv.	on schedule
按时	ànshí	adv.	on time
按说	ànshuō	adv.	ordinarily
按照	ànzhào	v.	according to
按门铃	àn ménlíng	v. o.	ring the door bell
按手印	àn shǒuyìn	v. o.	take the finger print
编者按	biānzhě'àn	n.	editor's note

Exercise:

根据所给部首写汉字,每个部首写三个字:

Make three characters with each of the radicals:

1. 扌: ___ ___ ___　　2. 广: ___ ___ ___

3. 竹: ___ ___ ___　　4. 纟: ___ ___ ___

带

带 dài (ㄉㄞˋ)
1. belt; tape (n.)
9 2. bring; take (v.)

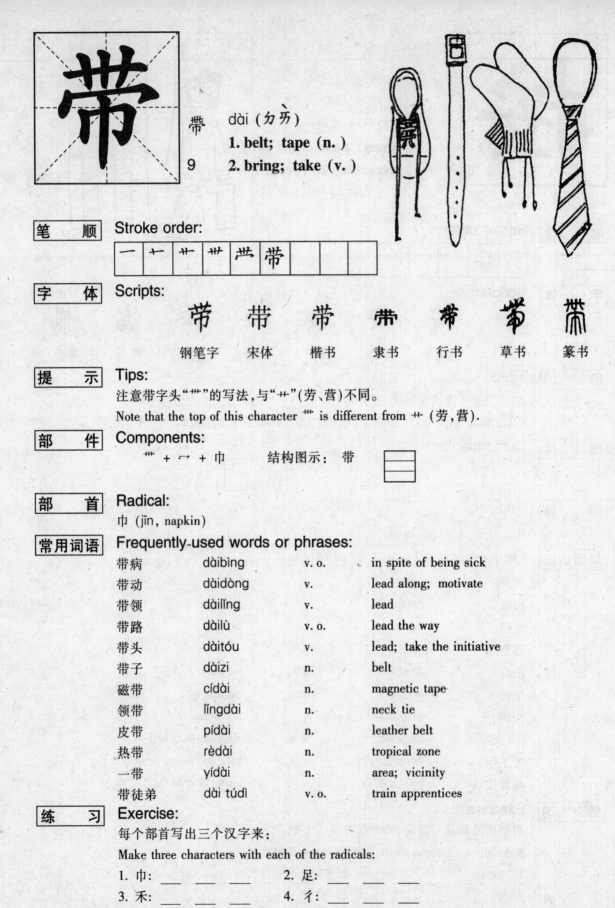

Stroke order:

一 十 卄 卅 丗 带

Scripts:

带　带　带　带　带　带　帯

钢笔字　宋体　楷书　隶书　行书　草书　篆书

Tips:

注意带字头"卅"的写法，与"艹"(劳、营)不同。

Note that the top of this character 卅 is different from 艹 (劳, 营).

Components:

卅 ＋ 冖 ＋ 巾　　结构图示：带

Radical:

巾 (jīn, napkin)

Frequently-used words or phrases:

带病	dàibìng	v. o.	in spite of being sick
带动	dàidòng	v.	lead along; motivate
带领	dàilǐng	v.	lead
带路	dàilù	v. o.	lead the way
带头	dàitóu	v.	lead; take the initiative
带子	dàizi	n.	belt
磁带	cídài	n.	magnetic tape
领带	lǐngdài	n.	neck tie
皮带	pídài	n.	leather belt
热带	rèdài	n.	tropical zone
一带	yídài	n.	area; vicinity
带徒弟	dài túdì	v. o.	train apprentices

Exercise:

每个部首写出三个汉字来：

Make three characters with each of the radicals:

1. 巾: ___ ___ ___　　2. 足: ___ ___ ___

3. 禾: ___ ___ ___　　4. 亻: ___ ___ ___

shěng/xǐng
(ㄕㄥˇ/ㄒㄧㄥˇ)

1. shěng: **province (n.)**
2. shěng: **economize; save (v.)**
3. xǐng: **examine; be aware (v.)**

9

| 笔 顺 | **Stroke order:** |

少 省

| 字 体 | **Scripts:** |

省　省　省　省　省　岁　峕省

钢笔字　宋体　楷书　隶书　行书　草书　篆书

| 提 示 | **Tips:** |

上边是"少"，少用就是节省。下边是"目"，也是看着钱的意思。

The upper part is 少 (less), implying spending less; while the lower part is 目, indicating "watch the spending carefully".

| 部 件 | **Components:** |

少 + 目　　　　　结构图示：省

| 部 首 | **Radical:** |

目 (mù, eye)

| 常用词语 | **Frequently-used words or phrases:** |

省城	shěngchéng	n.	provincial capital
省份	shěngfèn	n.	province
省会	shěnghuì	n.	state capital; provincial capital
省力	shěnglì	v. /adj.	save the effort / laborsaving
省略	shěnglüè	v.	skip; omit
省钱	shěngqián	v.	save money
省事	shěngshì	v. /adj.	save the effort / time-saving
省心	shěngxīn	v. /adj.	save worry / carefree
节省	jiéshěng	v.	save; frugal
外省	wàishěng	n.	other provinces
省悟	xǐngwù	v.	come to realize the truth
反省	fǎnxǐng	v.	examine oneself; soul searching

| 练 习 | **Exercise:** |

解释下列词语中加点的字的意义：
Give the English meanings of the dotted characters:

1. 省时间_____　　2. 河北省_____　　3. 买皮带 _____

4. 带他去_____　　5. 学商科_____　　6. 商谈大事_____

所

suǒ (ㄙㄨㄛˇ)

8

1. place (n.)
2. (a measure) (m.)

笔 顺 | Stroke order:

| ´ | 厂 | 斤 | 戶 | 所 | | | | |

字 体 | Scripts:

所　　所　　所　　**所**　　所　　仏　　所

钢笔字　　宋体　　楷书　　隶书　　行书　　草书　　篆书

提 示 | Tips:

左边"戶"本是"户",门的一半,引申为房子。右边是"斤",造房子的斧头。

The left element used to be 户, which means "door", or "house" by extending its meaning. The right element 斤 (axe) is a symbol of construction tools.

部 件 | Components:

戶 + 斤　　　　结构图示: 所 | | |

部 首 | Radical:

斤 (jīn, axe)

常用词语 | Frequently-used words or phrases:

所得	suǒdé	n.	what one gains
所谓	suǒwèi	adj.	so called
所以	suǒyǐ	conj.	therefore
所有	suǒyǒu	v./n.	own; possess / possession
所长	suǒzhǎng	n.	head of an institute
厕所	cèsuǒ	n.	lavatory; toilet
场所	chǎngsuǒ	n.	location; place
处所	chùsuǒ	n.	place; position
诊所	zhěnsuǒ	n.	clinic; doctor's office
派出所	pàichūsuǒ	n.	police station
托儿所	tuō'érsuǒ	n.	nursery
招待所	zhāodàisuǒ	n.	guest house
一所房子	yì suǒ fángzi	ph.	a house

练 习 | Exercise:

观察"斤"在各字中的位置,并数笔画:

Locate the radical 斤 in the characters and count the number of strokes of each character:

斥　欣　所　断　斯　新　忻　斫

490

特

tè (ㄊㄜˋ)

10   special (adj.)

| 笔 顺 | **Stroke order:** |

| 牛 | 牜 | 特 | | | | | | | |

| 字 体 | **Scripts:** |

特　　特　　特　　特　　特　　牸　　牸

钢笔字　　宋体　　楷书　　隶书　　行书　　草书　　篆书

| 提 示 | **Tips:** |

左边是"牛",右边是寺庙(sìmiào, temple)。"特"原指一种特别的牛。

A special kind of cow (牛) is selected for sacrifice to 寺 (temple).

| 部 件 | **Components:** |

牛 + 土 + 寸　　　结构图示： 特

| 部 首 | **Radical:** |

牛 (niú, ox)

| 常用词语 | **Frequently-used words or phrases:** |

特别	tèbié	adj.	special; particular
特产	tèchǎn	n.	special product
特长	tècháng	n.	special talent
特等	tèděng	adj.	special class
特地	tèdì	adv.	for a special purpose; specially
特点	tèdiǎn	n.	special characteristic
特色	tèsè	n.	special feature
特殊	tèshū	adj.	distinguished; special
特征	tèzhēng	n.	special mark; special feature
独特	dútè	adj.	unique; distinctive
模特儿	mótèr	n.	model
奇特	qítè	adj.	peculiar; queer

| 练 习 | **Exercise:** |

造句　Make a sentence with each of the words given:

1. 特别＿＿＿＿＿＿＿＿＿＿＿＿　　2. 特地＿＿＿＿＿＿＿＿＿＿＿＿

3. 特产＿＿＿＿＿＿＿＿＿＿＿＿　　4. 特长＿＿＿＿＿＿＿＿＿＿＿＿

tōng （ㄊㄨㄥ）

10

1. open; through （v.）
2. understand; know （v.）

| 笔　顺 | **Stroke order:** |

| マ | 甬 | 通 | | | | | | |

| 字　体 | **Scripts:** |

通　通　通　通　通　通　通

钢笔字　　宋体　　楷书　　隶书　　行书　　草书　　篆书

| 提　示 | **Tips:** |

"甬"(yǒng)是声旁，部首"辶"表示直走，没有停顿。

甬 (yǒng) is the phonetic element, while the 辶 radical indicates "advance without stop".

| 部　件 | **Components:** |

甬 + 辶　　　　　结构图示：通　　

| 部　首 | **Radical:** |

辶 (走之, zǒuzhī, advance)

| 常用词语 | **Frequently-used words or phrases:** |

通常	tōngcháng	adv.	normally; usually
通车	tōngchē	v. o.	be open for traffic
通过	tōngguò	v.	pass through
通俗	tōngsú	adj.	popular; vulgar
通通	tōngtōng	adv.	completely
通信	tōngxìn	v.	exchange of mails
通讯	tōngxùn	n.	communications
通知	tōngzhī	v./n.	inform / notice
交通	jiāotōng	n.	traffic
普通	pǔtōng	adj.	common
普通话	pǔtōnghuà	n.	Mandarin
中国通	zhōngguótōng	n.	expert in Chinese studies

| 练　习 | **Exercise:** |

翻译下列句子并注意"通"的含义：

Translate the following sentences, paying attention to the meanings of 通：

1. 这条路不通学校。＿＿＿＿＿　　2. 晚上我要和她通个电话。＿＿＿＿＿

3. 她通四种语言。＿＿＿＿＿　　4. 他是中国通。＿＿＿＿＿

魚
yú (ㄩˊ)
8 **fish (n.)**

Stroke order:

⺈	血	鱼					

Scripts:

鱼　　鱼　　鱼　　鱼　　鱼　　鱼　　魚

钢笔字　　宋体　　楷书　　隶书　　行书　　草书　　篆书

Tips:

本是象形字,简化字失去鱼尾,变成鱼跃出水面。

This was originally a pictograph of a fish. The present simplified form cuts out the tail section and replaces it with a horizontal stroke, giving the meaning of "a fish jumps out of the water".

Components:

⺈ + 田 + 一　　　结构图示：鱼

Radical:

鱼 (yú, fish)

Frequently-used words or phrases:

鱼雷	yúléi	n.	torpedo
鱼鳞	yúlín	n.	fish scale
鱼卵	yúluǎn	n.	fish egg
鱼肉	yúròu	n. /v.	filet of fish / cut up like fish and meat
钓鱼	diàoyú	v. o.	fishing
鲨鱼	shāyú	n.	shark
鱼肝油	yúgānyóu	n.	fish liver oil (medicine)
美人鱼	měirényú	n.	mermaid
鱼米之乡	yúmǐ zhī xiāng	ph.	land of abundance (rice and fish)
如鱼得水	rúyúdéshuǐ	id.	feel like fish in the water; be in one's element

Exercise:

查字典找出下列各字的意义,想想它们为什么以"鱼"作部首:

Look up in a dictionary the meanings of the following characters. Think about the reason for their use of the fish radical 鱼:

渔　鲜　鳞　鲨　鲤　鲁　鲸　鱿　鳖　稣

制

制¹
裂
8

zhì (　)
1. make;
   manufacture (v.)
2. system (n.)

Stroke order:

ノ	⸦	乍	牻	制				

字　体　**Scripts:**

制　　制　　制　　制　　制　　制　　制

钢笔字　　宋体　　楷书　　隶书　　行书　　草书　　篆书

提　示　**Tips:**

左上是"牛",指牛皮、兽皮;下面是"巾",布类;右边是"刂"(刀)。字义是缝制衣服。

The upper left part of this character is 牛, meaning cowhide or animal fur; under it is 巾, indicating rags; then the right side is 刂 (刀, knife). Thus, the three combined together indicate the making of clothes with the cutting of a fur.

部　件　**Components:**

牻 + 刂　　　　结构图示：制

部　首　**Radical:**

刂 (立刀, lìdāo, knife)

常用词语　**Frequently-used words or phrases:**

制裁	zhìcái	v.	punish
制订	zhìdìng	v.	set up; regulate
制度	zhìdù	n.	system
制品	zhìpǐn	n.	product
制造	zhìzào	v.	manufacture; make
制止	zhìzhǐ	v.	stop; halt
公制	gōngzhì	n.	metric system
控制	kòngzhì	v.	control
限制	xiànzhì	v.	limit
私有制	sīyǒuzhì	n.	private ownership

练　习　**Exercise:**

字谜欣赏　Solve the riddle for a character. The answer is given on the right.

头在海里游泳,尾在天上发光。

答案是"鲁",想想为什么。 The answer is 鲁. Try to explain it.

指

zhǐ (뽀)
1. finger (n.)
2. point at (v.)

9

Stroke order:

扌	扩	扣	指					

字　体 Scripts:

指　　指　　指　　指　　指　　拍　　𣪊

钢笔字　宋体　楷书　隶书　行书　草书　篆书

提　示 Tips:

左边是"手"(扌),右边"旨"(zhǐ)是声旁。

The left component gives the meaning of a hand, and the right component 旨 (zhǐ) indicates the sound.

部　件 Components:

扌 + 匕 + 日　　结构图示：指

部　首 Radical:

扌 (提手, tíshǒu, hand)

常用词语 Frequently-used words or phrases:

指导	zhǐdǎo	v. /n.	advise; guide / advice; guidance
指点	zhǐdiǎn	v.	point out (one's mistake)
指定	zhǐdìng	v.	designate; appoint
指教	zhǐjiào	v.	advise
指南	zhǐnán	n.	guide book
指使	zhǐshǐ	v.	instigate; urge
指示	zhǐshì	n. /v.	direction / advise (from a superior)
指正	zhǐzhèng	v.	advise and correct
戒指	jièzhǐ	n.	ring
手指	shǒuzhǐ	n.	finger

练　习 Exercise:

注音并翻译下列词语：

Give both the *pinyin* and the English meanings of the following words:

指点 ＿＿＿＿＿＿＿　　　指导 ＿＿＿＿＿＿＿　　　指教 ＿＿＿＿＿＿＿

指南 ＿＿＿＿＿＿＿　　　指正 ＿＿＿＿＿＿＿　　　指甲 ＿＿＿＿＿＿＿

指名 ＿＿＿＿＿＿＿　　　手指头 ＿＿＿＿＿＿＿

jiàn (ㄐㄧㄢˋ)

8 **build; erect (v.)**

Stroke order:

| フ | フ | ヨ | ⺕ | ⺕ | 聿 | 建 | 建 |

字　体 **Scripts:**

建　　建　　建　　建　　建　　建　　建

钢笔字　宋体　楷书　隶书　行书　草书　篆书

提　示 **Tips:**

注意笔顺，下边不是"辶"，而是"廴"。

Pay attention to the stroke order. The bottom part is not 辶 but 廴.

部　件 **Components:**

聿 ＋ 廴　　　　结构图示：建

部　首 **Radical:**

廴（建之旁，jiànzhīpáng，left side of 建）

常用词语 **Frequently-used words or phrases:**

建成	jiànchéng	v.	establish as; found as
建国	jiànguó	v.	found a state
建交	jiànjiāo	v.	establish diplomatic relationship
建军	jiànjūn	v.	build up the military force
建立	jiànlì	v.	establish
建设	jiànshè	v.	construct; build
建议	jiànyì	v. /n.	suggest / suggestion
建造	jiànzào	v.	build; construct
建筑	jiànzhù	v. /n.	construct / building
重建	chóngjiàn	v.	rebuild; reestablish
创建	chuàngjiàn	v.	found; establish
封建	fēngjiàn	adj. /n.	feudal / feudalism

练　习 **Exercise:**

观察含有"廴"的字　Read the following characters having the 廴 radical:

廷　延　诞　庭　建　健　毽

496

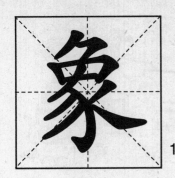

象

xiàng (ㄒㄧㄤˋ)

11

1. elephant (n.)
2. imitate (v.)

笔 顺 Stroke order:

| ⺈ | 𠂊 | 𠂉 | 刍 | 𧰨 | 𧰨 | 象 | 象 |

字 体 Scripts:

象 象 象 象 象 象 象𧰨

钢笔字　宋体　楷书　隶书　行书　草书　篆书

提 示 Tips:

象形字，上边本是大象的鼻子。

A pictograph of an elephant standing up and swinging its long trunk.

部 件 Components:

⺈ + 口 + 豕　　　结构图示：象

部 首 Radicals:

刀 (⺈) (dāo, knife)；豕 (shǐ, swine)

常用词语 Frequently-used words or phrases:

象棋	xiàngqí	n.	Chinese chess
象牙	xiàngyá	n.	ivory
象征	xiàngzhēng	n./v.	symbol / symbolize
抽象	chōuxiàng	adj.	abstract
大象	dàxiàng	n.	elephant
对象	duìxiàng	n.	boy or girl friend; partner; object
迹象	jìxiàng	n.	sign; token; indication
假象	jiǎxiàng	n.	false impression
景象	jǐngxiàng	n.	scene; sight; picture
气象	qìxiàng	n.	meteorology; scene
现象	xiànxiàng	n.	phenomenon
象形字	xiàngxíngzì	n.	pictographic character

练 习 Exercise:

下边这些字哪些是象形字，哪些是形声字？

Which of the following characters are pictographic, and which are pictophonetic?

山　神　水　人　病　子　口　月

较　请　马　吗　门　们　心　日

497

数 13

shù/shǔ
(ㄕㄨˋ/ㄕㄨˇ)
1. shù: **number** (n.)
2. shǔ: **count** (v.)

| 笔　顺 | **Stroke order:** |

| 米 | 娄 | 数 | | | | | |

| 字　体 | **Scripts:** |

数　数　数　数　数　数　数

钢笔字　宋体　楷书　隶书　行书　草书　篆书

| 提　示 | **Tips:** |

由"米、女、攵"三部分组成。

This character is composed of 米, 女 and 攵.

| 部　件 | **Components:** |

米 + 女 + 攵　　结构图示：数

| 部　首 | **Radical:** |

攵（反文，fǎnwén，reversed 文）

| 常用词语 | **Frequently-used words or phrases:** |

数词	shùcí	n.	numeral
数量	shùliàng	n.	quantity; amount
数目	shùmù	n.	number; amount
数学	shùxué	n.	arithmatics; mathematics
数字	shùzì	n.	numeral; number
次数	cìshù	n.	number of times
代数	dàishù	n.	algebra
多数	duōshù	n.	majority
少数	shǎoshù	n.	minority
岁数	suìshù	n.	age
数数儿	shǔ shùr	ph.	count the number
数一数二	shǔyī-shǔ'èr	id.	number one or number two; top

| 练　习 | **Exercise:** |

写出加点的词语的读音和意义：

Give the pronunciation and English meaning of each dotted word:

1. 倒数第一＿＿＿＿＿　　2. 心中有数＿＿＿＿＿　　3. 学好数学＿＿＿＿＿

4. 学习数数＿＿＿＿＿　　5. 天文数字＿＿＿＿＿

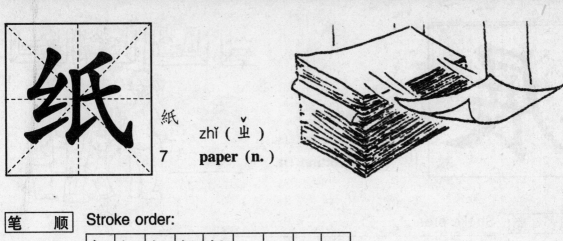

纸　zhǐ (ㄓ)
7　**paper (n.)**

笔　顺	**Stroke order:**

纟	纟	红	纤	纸			

字　体	**Scripts:**

纸　纸　纸　纸　纸　纸　紙

钢笔字　宋体　楷书　隶书　行书　草书　篆书

提　示	**Tips:**

古时纸由丝、布头等制成，所以用"纟"作部首。"氏"(shì)是声旁，下边没有一点。

Paper used to be made of silk and rags. That's why this character has a silk radical 纟.
氏(shì) is the phonetic component. Note that there is no dot at the bottom.

部　件	**Components:**

纟 + 氏　　　结构图示：纸

部　首	**Radical:**

纟 (绞丝，jiǎosī, silk)

常用词语	**Frequently-used words or phrases:**

纸币	zhǐbì	n.	banknote; paper money
纸牌	zhǐpái	n.	card (game)
纸张	zhǐzhāng	n.	paper
报纸	bàozhǐ	n.	newspaper
草纸	cǎozhǐ	n.	toilet paper
图纸	túzhǐ	n.	blueprint
信纸	xìnzhǐ	n.	letter paper
白纸黑字	báizhǐ-hēizì	id.	(as clear as) black and white

练　习	**Exercise:**

在括号里标出下列形近字的读音，并扩成词语：

Write in the parenthesis the pronunciation of each character. Also add an additional
character to form a new word:

{ 带___（　　） { 注___（　　） { 低___（　　） { 听___（　　） { 老___（　　）
{ 常___（　　） { 住___（　　） { 纸___（　　） { 所___（　　） { 考___（　　）

{ 向___（　　） { 进___（　　） { 现___（　　） { 容___（　　） { 使___（　　）
{ 问___（　　） { 讲___（　　） { 观___（　　） { 客___（　　） { 便___（　　）

499

zhǎn (ㄓㄢˇ)

10

1. spread out (v.)
2. exhibition (n.)

笔 顺	**Stroke order:**

尸	屈	展						

| 字 体 | **Scripts:** |

展　展　展　展　展　展　展

钢笔字　宋体　楷书　隶书　行书　草书　篆书

| 提 示 | **Tips:** |

先写"尸"，再写"丗"；注意下边是"⺊"，容易错写成"𧘇"。

How to write 展? First, 尸, then, 丗; finally ⺊. The common mistake is to write ⺊ as 𧘇.

| 部 件 | **Components:** |

尸 + 丧　　　结构图示：展

| 部 首 | **Radical:** |

尸 (shī, corpse)

| 常用词语 | **Frequently-used words or phrases:** |

展出	zhǎnchū	v.	put on display
展开	zhǎnkāi	v.	spread out; unfold
展览	zhǎnlǎn	v./n.	put on display / exhibition
展示	zhǎnshì	v.	show; reveal
展望	zhǎnwàng	v.	look into the distance
展现	zhǎnxiàn	v.	unfold before one's eyes; emerge
开展	kāizhǎn	v.	develop; carry out
舒展	shūzhǎn	v.	unfold; extend
书展	shūzhǎn	n.	book show
书画展	shūhuàzhǎn	n.	painting and calligraphy exhibition

| 练 习 | **Exercise:** |

改正下面的错字　Correct the following wrongly-written characters:

黑　建　带　式　神　念　易　越　谢

练　考　真　诉　结　低　步　导　候

500

练习参考答案

1. 一　　（略）
2. 二　　（略）
3. 三　　（略）
4. 四　　各字的笔画数(the number of strokes in each character)：
　　　　罗 8；　罡 10；　罪 13；　泗 8；　驷 8；　罚 9；　蜀 13；　署 13
5. 五　　（略）
6. 六　　（略）
7. 七　　（略）
8. 八　　各字的笔画数(the number of strokes in each character)：
　　　　分 4；　半 5；　只 5；　关 6；　共 6；　弟 7；　前 9；　益 10；　曾 12
9. 九　　（略）
10. 十　　（略）
11. 日　　各字的笔画数(the number of strokes in each character)：
　　　　昌 8；　旧 5；　旭 6；　明 8；　间 7；　晶 12；　暑 12；　朝 12；　暮 14
12. 月　　September 23　九月二十三日；　July 4　　　　七月四日；
　　　　February 14　二月十四日；　　December 25　十二月二十五日；
　　　　October 1st　十月一日；　　　November 30　十一月三十日
13. 人　　从：follow；　众：many, the masses
14. 大　　一共 37 人：什, 10 人；　谷, 8 人；　仇, 9 人；　夫, 2 人
15. 头　　人头：human head, the number of people；　日头：the sun；
　　　　一头牛：a cow；　三头六臂：with three heads and six arms—
　　　　superhuman powers
16. 太　　大太太：first wife；　太空人：astronauts；　人太多：too many people
17. 天　　1. 七天；　　2. 五天；　　3. 六月
18. 夫　　一、大夫 doctor, physician；　　大人 adult；
　　　　头太大 The head is too big；　太夫人 your mother
　　　　二、夫
19. 入　　1. 入　　　2. 二
20. 从　　He comes from Japan, but he obeys his wife.
21. 北　　1. 北京的人太多了。　　　　2. 大夫是北京人。
22. 比　　1. 他比哥哥高。　　　　　　2. 法国比中国小。
23. 明　　（略）
24. 早　　（略）

25. 白　一、understand;　　Mrs Bai;　　white

　　　　二、(略)

26. 百　400：四百;　　　　213：二百一十三;　　　760：七百六十;

　　　899：八百九十九;　　956：九百五十六;　　579：五百七十九

27. 时　1. 明早七点;　　2. 十二月二十六日下午六时

28. 是　一、(略)

　　　　二、三,一部;　四,口部;　六,亠部;　时,日部;　是,日部;

　　　　　　早,日部;　月,月部;　百,白或一部;　天,一或大部

29. 上　(略)

30. 下　卡：block　七上八下：an unsettled state of mind

31. 口　(略)

32. 古　一、叶

　　　　二、古,十部,5画,上下结构;　早,日部,6画,上下结构

33. 叫　叫,吾,只,古(叶)

34. 听　1. People listened to his talk, but they didn't understand.

　　　2. The wife asked her husband to answer the phone.

35. 言　各字的笔画数(the number of strokes in each character):

　　　信9;　誊13;　誓14;　计4;　访6;　话8;　请10;　谢12;　狱9

36. 信　(略)

37. 手　各字的笔画数(the number of strokes in each character):

　　　拿10;　拳10;　掰12;　掌12;　打5;　提12;　指9;　擦17

38. 又　各字的笔画数(the number of strokes in each character):

　　　又3;　双4;　邓4;　发5;　取8;　受8;　圣5;　变8

39. 双　(略)

40. 友　一、(略)

　　　　二、日：早,是,明

　　　　　　又：双,友,发

　　　　　　口：叫,古,听

41. 有　1. There are the sun and the moon in the sky.

　　　2. Everyone has a mouth. Everyone has two hands.

　　　　Everyone closes his mouth. Everyone uses his hands.

42. 受　五、七、九、四、八、六、十、三、二、一

43. 爱　Dagu loves Xinzi, but Xinzi loves money.

　　　Dagu is rich, so Xinzi loves Dagu.

44. 争　爱人　有钱　天明　听明白

45. 反　十→二;　上→土,工,下;　天→夫;　田→白,目,旧,旦;　反→友

46. 饭　(略)

47. 取　饭 fàn　争 zhēng　叫 jiào　爱 ài　听 tīng　取 qǔ　受 shòu

　　　言 yán　下 xià　早 zǎo　时 shí　日 rì　友 yǒu　上 shàng

48. 最　　（略）

49. 左　　1. 最大的　　2. 左手　　3. 取信　　4. 早上　　5. 爱人

　　　　6. 双手　　7. 古代　　8. 太大　　9. 左边

50. 右　　一、双，　左，　右

　　　　二、左思右想、左顾右盼、左膀右臂、左说右说、左挑右选

51. 了　　1. have heard　　　2. have eaten the meal　　3. have fetched mail

　　　　4. have understood　5. have called three times

52. 子　　1-J　2-C　3-A　4-E　5-H　6-D　7-F　8-B　9-G　10-I

53. 字　　（略）

54. 个　　1. Xinzi has written 12 big characters.

　　　　2. Dagu has ordered 5 dishes.

　　　　3. Xinzi has eaten a mouthful of rice.

　　　　4. Dagu has four friends.

55. 中　　1. 二，又，了　　2. 中，日，反　　3. 饭，听，言

　　　　4. 信，是　　　5. 最

56. 才　　ài 爱；　bǎi 百；　cái 才；　dà 大；　èr 二；　fǎn 反；　gǔ 古

57. 木　　各字的笔画数(the number of strokes in each character)：

　　　　机 6；　条 7；　李 7；　困 7；　禁 13；　未 5；　森 12；　彬 11；　沐 7；

58. 林　　林中木 trees in the woods；　　　才子 gifted scholar；

　　　　古木 old tree；　　　　　　　　人才 a person of ability；

　　　　爱子 beloved son；　　　　　　个人 individual；

　　　　左右手 right-hand man；　　　　口才 eloquence；

　　　　双木为林 two 木 (trees) make a character of 林 (forest)

59. 本　　未 have not，future；　　末 tip of a branch，end

60. 体　　1. body；　2. scripts；　3. the four limbs of man：arms and legs；

　　　　4. upper body；　5. individual；　6. celestial body

61. 术　　jiào 叫；　kǒu 口；　liù 六；　qǔ 取；　rù 入；　sān 三；

　　　　shǒu 手；　tài 太；　wǔ 五；　xià 下；　yǒu 有；　zuǒ 左

62. 李　　一、1. 个　2. 口　3. 本　4. 个　5. 双（只）

　　　　二、李，　术，　林，　本

63. 休　　休(朱，移)

64. 果　　体，果，休，争，最，信，反，时，术

65. 不　　1. 卡　2. 中　3. 一

66. 还　　1. hái，huán；　2. le，liǎo；　3. dà，dài；　4. zhōng，zhòng

67. 杯　　李子 plum；　杯子 cup；　果子 fruit；　本子 notebook；

　　　　日子 day，date

68. 土　　各字的笔画数(the number of strokes in each character)：

　　　　去 5；　至 6；　地 6；　社 7；　在 6；

　　　　封 9；　幸 8；　坐 7；　坡 8；　疆 19

69. 坏　果子 fruit；　坏人 bad person；　休息 rest；　体力 physical strength；
　　　　还手 strike back；　字体 script

70. 坐　1. 最坏的　2. 果木　3. 坐下　4. 取信　5. 口中　6. 人才

71. 干　可以左右颠倒的：又 一 个 林 干 不 双 人 坐 言 口 日 六 中 天 本
　　　　可以上下颠倒的：一 口 日 中 干

72. 于　一→十；二→土；十→干；日→旦；人→个；白→百；干→王；
　　　　木→本；上→止；口→中；个→不；才→木；了→子；大→太

73. 千　二千一百三十四；　　　七千五百八十九；
　　　　四千七百；　　　　　　一千九百五十

74. 女　各字的笔画数（the number of strokes in each character）：
　　　　好 6；　安 6；　奶 5；　汝 6；　委 8；　奀 10；　娶 11；　囡 6；　嬴 16

75. 好　好人 good person；　好听 pleasant to hear；　好友 good friend
　　　　好手 good hand；　好话 a good word；　　　友好 friendly

76. 如　1. 如　　　2. 人(天)，子(干)

77. 安　1-f　2-i　3-d　4-c　5-g　6-a　7-b　8-e　9-h　10-j

78. 家　1. set up a home　2. return home　　3. letter from the family
　　　　4. family member　5. a member of the same clan　6. at home

79. 我　一、1. 我是　2. 我爱　3. 我听　4. 我叫
　　　　　　5. 我信　6. 我有　7. 我取　8. 我坐
　　　　二、(略)

80. 你　亻：你 休 体 信　　　口：叫 听 古 右
　　　　又：双 受 反 取　　　木：本 林 李 果

81. 也　一、各字的笔画数（the number of strokes in each character）：
　　　　　池 6；　他 5；　她 6；　拖 8；　迤 8
　　　　二、(略)

82. 他　(略)

83. 她　1. 我爱你，可是你不爱我。
　　　　2. 她爱我，可是我不爱她。
　　　　3. 他爱她，可是她不爱他。
　　　　4. 你不爱我，可是我还爱你。
　　　　5. 她不爱他，可是他还爱她。

84. 它　1. 我是中国人。　　2. 你是中国人。　　3. 他是中国人。
　　　　4. 她是中国人。　　5. 它是北京鸭。

85. 水　各字的笔画数（the number of strokes in each character）：
　　　　永 5；　汉 5；　洲 9；　烫 10；　淼 12；　沓 8；　黎 15；　泉 9

86. 小　尖：pointed, tip　　尘：dust, dirt

87. 少　奀 bad；　森 forest；　众 the masses；　仔 youngster

88. 半　他

89. 工　各字的笔画数（the number of strokes in each character）：

左 5；　巧 5；　式 6；　贡 7；　巫 7；　差 9；　江 6；　项 9

90. 王　　主 5；　玉 5；　全 6；　弄 7；　玩 8；
　　　　　皇 9；　班 10；　匡 5；　琴 12；　汪 7

91. 主　　土（干），主

92. 注　　1. 沐 mù，wash one's hair；bathe　　2. 汰 tài，wash
　　　　　3. 柏 bǎi，cypress　　　　　　　　4. 佐 zuǒ，assist
　　　　　5. 授 shòu，award，give　　　　　6. 按 àn，press，push down

93. 住　　1. 反　　2. 友　　3. 双

94. 国　　1. 工人 worker；　人工 man-made；artificial；manual work
　　　　　2. 头上 on the head；　上头 upper，above，on top of
　　　　　3. 国王 king，monarch；　王国 kingdom
　　　　　4. 家人 members of a family；　人家 household，family，other

95. 马　　各字的笔画数(the number of strokes in each character)：
　　　　　驻 8；　驾 8；　冯 5；　笃 9；　闯 6；　骂 9；　腾 13；　羁 17

96. 吗　　(略)

97. 妈　　女 ＋ 子 口 马 也 ＝ 好 如 妈 她

98. 父　　各字的笔画数(the number of strokes in each character)：
　　　　　爷 6；　　爹 10；　　斧 8；　　釜 10

99. 爸　　1. 他爸爸是大夫。　　　　　2. 她妈妈是工人。
　　　　　3. 他的父母是中国人。　　　4. 他爱中国。

100. 吧　　1. Is she your girl friend?
　　　　　2. She is your girl friend，isn't she?

101. 把　　子

102. 的　　1. 我的信　2. 他们的国家　3. 很好的水果　4. 美丽的图画

103. 儿　　各字的笔画数(the number of strokes in each character)：
　　　　　兀 3；　元 4；　兄 5；　先 6；　克 7；　党 10；　竞 10；　尧 6；　兜 11

104. 几　　各字的笔画数(the number of strokes in each character)：
　　　　　凡 3；　凤 4；　凭 8；　凯 8；　凳 14

105. 机　　(略)

106. 样　　各字的笔画数(the number of strokes in each character)：
　　　　　养 9；　　美 9；　　羹 19；　姜 9；　　氧 10；　　恙 10；
　　　　　羞 10；　着 11；　羚 11；　群 13；　羸 19

107. 养　　(略)

108. 美　　1. 美国比日本大。　2. 中国人口比美国多。　3. 你是美国人吗？

109. 门　　各字的笔画数(the number of strokes in each character)：
　　　　　闩 4；　闪 5；　问 6；　闷 7；　间 7；　阔 12；　们 5；　扪 6；　焖 11

110. 们　　(略)

111. 问　　(略)

112. 间　　一 二 三 口 日 田 十 干 工 土 里 中 王 千

505

甲 旦 早 百 山 亘 川 舌 电 壬 巨 己 上 圭

113. 多　　1. 小　2. 少　3. 坏　4. 右　5. 下　6. 地下

114. 夜　　半夜 midnight　　多半 probably　　人间 man's world　　美人 beauty
　　　　好样 example　　样子 appearance　　天机 something inexplicable
　　　　儿时 childhood　　把手 handle　　马头 horse head　　国家 country
　　　　主机 main engine

115. 望　　少　王　术(本)　间　子　木　天(夫或太)

116. 什　　一、门,mén；　马,mā；　巴,bā；　主,zhù；
　　　　　　子,zì；　反,fàn；　羊,yàng；　几,jī
　　　　二、日　宀　亻　木　一　辶　耳　曰

117. 么　　1. 她在这儿做什么工作？　2. 你最爱吃什么水果？　3. 她多么美啊！

118. 今　　1. 安家字它　2. 明时早是
　　　　3. 机样林杯　4. 你们休他体住

119. 昨　　1. 昨天　今天　明天　　　　2. 昨晚　今晚　明晚
　　　　3. 上个月　这个月　下个月　　4. 去年　今年　明年

120. 作　　女子 woman　　子女 children　　儿女 children　　女儿 daughter
　　　　明天 tomorrow　　天明 daybreak　　作用 function　　用作 serve as

121. 心　　(略)

122. 怎　　一、双　林　坐
　　　　二、作昨怎；　杯还坏；　好字李

123. 必　　吗 如 国 美 饭 家 叫 好 爸

124. 在　　(略)

125. 来　　1. 他今天来我家。　2. 她明天来我家。
　　　　3. 你昨天来我家。　4. 他们来过我家。

126. 去　　(略)

127. 却　　一、各字的笔画数(the number of strokes in each character)：
　　　　　　卫 3；　印 5；　危 6；　即 7；　卷 8；　卸 9；　卿 10
　　　　二、1. but　　2. stop going

128. 到　　(略)

129. 倒　　1. 人　口　白(一)　丿　父　心　口　厶(土)　亻
　　　　2. "福倒" reads as "福到" (Happiness comes)

130. 文　　1. bā bǎ bà（巴）；　　2. dào dǎo（dào）（倒）；
　　　　3. zuò zuó zěn（乍）；　4. ma(má) mā（马）

131. 之　　(略)

132. 这　　1. 这个　2. 这边　3. 这时　4. 这个月　5. 这个人　6. 这一天

133. 那　　(略)

134. 哪　　1. 你妈妈在哪儿？
　　　　2. 他买哪个？
　　　　3. 哪怕她不爱我,我还爱她。

4. 哪些东西是你的？

135. 呢　　（略）

136. 谁　　（略）

137. 为　　1. Why don't you go to her house?

　　　　2. Whom do you work for?

138. 目　　各字的笔画数(the number of strokes in each character)：

　　　　泪8；睡13；省9；相9；盯7；眉9；盾9；瞿18

139. 眼　　1. have grandiose aims but puny abilities

　　　　2. quick of eye and deft of hand；sharp-eyed and quick-moving

　　　　3. have sharp eyes and keen ears：be observant and alert

　　　　4. Beauty lies in the eyes of the beholder.

140. 看　　1. watch　2. see　3. read　4. visit　5. look after

　　　　6. look (down upon)　7. visit (a doctor)　8. have (a try)

141. 见　　各字的笔画数(the number of strokes in each character)：

　　　　观6；视8；现8；觉9；览9；规8；窥13

142. 现　　1. 哪　2. 左　3. 昨　4. 杯　5. 饭　6. 样　7. 果　8. 现

143. 观　　相

144. 东　　我来看她；我到她家；我看见她；谁看见她？　她到我家来看谁？谁看见我不在家？　我来到她家；谁不在家？　我看见她来到；我来到她家看谁不在；　等等。

145. 西　　各字的笔画数(the number of strokes in each character)：

　　　　要9；栗10；票11；潭15；栖10；洒9；晒10

146. 要　　早　妈　倒　最

147. 南　　东　南　西　北　上　下　左　右

148. 画　　1. 亻　　2. 木　　3. 口　　4. 女

149. 名　　名人　人名　名画　人家　家人　作家　作画　名作　名家　画名　画作

150. 各　　各:个　作:做　友:有　它:他她

151. 万　　1. 五万　　2. 十二万　　3. 四百万　　4. 三万万,三亿

　　　　5. 十亿　　6. 六千七百万

152. 方　　各字的笔画数(the number of strokes in each character)：

　　　　房8；施9；旁10；访6；旗14；仿6；旅10

153. 房　　house；woman；adopted son；cup；height, stature；gifted scholar；plum；crown prince；king；beloved son

154. 放　　1-c　2-e　3-b　4-a　5-g　6-f　7-d　8-h

155. 可　　1. 可是　　2. 可爱(可怜)

156. 哥　　（略）

157. 河　　土　木

158. 何　　who；why；how；when；why must；let alone

159. 弟　　The younger brother went to his home last night and saw the

elder brother drawing a picture.

160. 第　1. 中国　　2. Mississippi

161. 且　各字的笔画数(the number of strokes in each character)：
咀8；　租10；　祖9；　阻7；　诅7；　蒩11；　苴8

162. 姐　1. big and small characters　2. context　3. valuable assistant
4. the East and the West

163. 妹　1. 爸爸　2. 妈妈　3. 哥哥　4. 姐姐　5. 弟弟　6. 妹妹

164. 而　一　方　十　丿　女　八(ㄙ)　羊　丿　人(入)　土　丨

165. 以　(略)

166. 山　各字的笔画数(the number of strokes in each character)：
岁6；　岛7；　岩8；　峰10；　仙5；　出5；　岳8；　幽9；　嵌12

167. 出　1. go out　2. become a monk or nun　3. go abroad
4. come out　5. go out　6. come in and go out

168. 火　各字的笔画数(the number of strokes in each character)：
灭5；　灰6；　灯6；　灸7；　炎8；　炉8；　烫10；　荧9

169. 点　1. 请明早八点来我家。　2. 我能说一点汉语。　3. 现在几点？

170. 照　哥　出　炎

171. 热　1-C　2-F　3-B　4-E　5-I　6-J　7-H　8-G　9-A　10-D

172. 然　灬 犬；　乍 心；　斤 辶；　乡 页；　方 攵；　丷 广

173. 黑　1. 黑白电视　2. 黑市　3. 出城　4. 火山

174. 石　各字的笔画数(the number of strokes in each character)：
矿8；　码8；　泵9；　拓8；　研9；　破10；　确12；　岩8；　宕8

175. 和　各字的笔画数(the number of strokes in each character)：
秀7；　稻15；　私7；　委8；　乘10；　秉8；　酥12；　馥18

176. 利　1. 利　2. 观

177. 种　和　木　白　大　土(干,工)　万　问　今　小　休　从　日　心　火

178. 内　冂　门　冂　冂　门　冂(冂)　用　冂

179. 同　同日 on the same day；　同时 at the same time；
不同 not the same；　同心 with one heart；
同样 the same；　一同 together

180. 市　night market；　in the market；　money given to children by the
elders for the Chinese New Year；　favorable；restore good relations；
domestic；　inland；　seeds；　kindling material；　but also

181. 用　甩5；　甫7；　葡12；　敷15；　甬9；　甬7

182. 力　(略)

183. 历　1. 力历利　2. 和河何　3. 他它她　4. 十石时

184. 男　1. 女　2. 水　3. 子　4. 妹　5. 弟
6. 月　7. 那　8. 入　9. 去　10. 坏

185. 动　(略)

186. 地　　1. 他们坐在地上。　　2. 北京在中国什么地方？

187. 买　　（略）

188. 卖　　哪—那　买—卖　反—饭　李—力　子—字　有—又

189. 对　　"You are right, they are a couple," I told her.

190. 只　　I can use only one hand to write. How about you?

191. 识　　口

192. 认　　（略）

193. 生　　new words；　be shy with strangers；　eat raw food；　student；
　　　　　vivid；　life；　in born；　sb. new to a job；　produce；　living
　　　　　things；　all one's life；　birthday；　give birth to a child

194. 先　　1. husband　2. mister　3. teacher

195. 后　　1. 后天　2. 后代　3. 后果　4. 后门　5. 后来　6. 皇后

196. 胜　　先 xiān　识 shí　卖 mài　内 nèi　种 zhòng (zhǒng)
　　　　　且 qiě　昨 zuó　女 nǚ　最 zuì　中 zhōng (zhòng)

197. 姓　　（略）

198. 雨　　各字的笔画数 (the number of strokes in each character)：
　　　　　雪 11；　雷 13；　霜 17；　露 21；　震 15；　雹 13；　霞 17；　零 13

199. 学　　student；　learning；　educational background；　knowledge；
　　　　　learn drawing；　learn from good examples；　follow bad
　　　　　examples；　learn the Chinese language；　go to school；　university；
　　　　　primary school；　middle school

200. 觉　　1. 觉悟　睡觉　2. 一只　只有　3. 种子　种花

201. 习　　乙　十　乙 (人)　冂 (丨)　口 (丿)　丶　一　丿　土

202. 书　　letters；　letter from family；　title；　book；　intellectual；　scripts；
　　　　　letter of credence；　ancient books；　almanac；　calligraphy

203. 汉　　（略）

204. 江　　the Han people；　man；　the East Han (historic period)；　brave
　　　　　man；　the south of the Yangtze River；　water of river；　go from
　　　　　bad to worse

205. 语　　（略）

206. 说　　（略）

207. 话　　1. boast, talk big　2. There is more to it than what is said.
　　　　　3. speak Chinese—about China

208. 活　　1. active volcano　2. move about　3. eat meal without paying the
　　　　　price of labour　4. say words of equivocality

209. 讲　　讲—说　江—河　话—语　习—学

210. 进　　又　口

211. 读　　读书 read books, read aloud, study；　　看书 read books
　　　　　汉语 (spoken) Chinese；　　中文 Chinese (written and spoken)

说话 talk　　讲话 talk，speak，give a speech

进来 come in　进去 go in

212. 哭　　（略）

213. 笑　　（略）

214. 器　　1. 卖　2. 出　3. 后　4. 哭

215. 朋　　1. 男朋友　　2. 女朋友　　3. 好朋友　　4. 小朋友

　　　　5. 中国朋友　6. 美国朋友　7. 你爸爸的朋友　8. 我弟弟的朋友

216. 再　　（略）

217. 向　　（略）

218. 响　　可　日　目　田（器）　吾　只　古　舌

219. 英　　1-c　2-e　3-b　4-g　5-h　6-f　7-a　8-d

220. 法　　China　　　　中国　中国人　汉语（中文）

　　　　Japan　　　　日本　日本人　日语（日文）

　　　　U.S.A.　　　美国　美国人　英语（英文）

　　　　Britain　　　英国　英国人　英语（英文）

　　　　France　　　法国　法国人　法语（法文）

221. 吃　　我吃—我吃饭—我吃中国饭—我爱吃中国饭

222. 年　　1. 一九九二年三月十五日　　2. 一九九五年十二月二十九日

　　　　3. 一九九七年九月二十六日上午八点三十分

223. 元　　（略）

224. 远　　far-away place；　foresight；　go on a long journey；　long-range；

　　　　far-away mountains；　remote antiquity

225. 近　　（略）

226. 毛　　（略）

227. 分　　1. 百分之五十　2. 百分之十四　3. 百分之百　4. 百分之一百五十

228. 块　　￥45 四十五元　￥84.50 八十四块五；　￥3.65 三块六毛五；

　　　　￥27.49 二十七块四毛九；　　￥138.99 一百三十八块九毛九；

　　　　￥84.50 八十四块五；　　　￥1129.90 一千一百二十九块九；

　　　　￥16273.81 一万六千二百七十三块八毛一

229. 快　　1. fast　2. quickly　3. soon　4. happy　5. sharp

230. 很　　一、1. 很好　2. 很老　3. 很大　4. 很多　5. 很早　6. 很长

　　　　二、大小　多少　好坏　远近　黑白　先后　上下　左右

231. 跟　　（略）

232. 走　　1. His son can walk now.　　　　2. I am leaving tomorrow.

　　　　3. Why has my watch stopped?　4. You can get out from this door.

233. 路　　1. The journey is very far.　2. a journey of 8,000 miles

　　　　3. fellow traveller　　　4. have the pull，have the way

234. 自　　（略）

235. 己　　1. 我自己　2. 我们自己　3. 你自己　4. 你们自己

5. 他自己　6. 他们自己　7. 她自己　8. 它自己

236. 已　（略）

237. 改　1-C　2-E　3-A　4-F　5-I　6-H　7-B　8-G　9-D　10-J

238. 起　1. sound　2. start to say　3. start to do　4. start to cry

5. start to smile

239. 记　（略）

240. 没　没去 didn't go (have not gone)——不去 will not go（以下略）

241. 设　起 路 胜 和；　利 放 明 那

242. 与　1. 一　　2. 也

243. 写　1. 我给爸爸写了一封信。　2. 那本有名的小说《家》是谁写的？

244. 午　1. 清早　2. 上午　3. 中午　4. 下午　5. 夜里　6. 半夜

245. 许　1. 有　2. 一

246. 得　各字的笔画数(the number of strokes in each character)：

行 6；　彻 7；　衍 9；　微 13；　德 15；　衡 16；　履 15

247. 但　二、fàng fáng（方）；　shèng xìng（生）；　hé hé（可）；

guān xiàn（见）；　xiàng xiǎng（向）；　qǐ jǐ（己）

248. 青　1. green mountain and water　2. blue sky and bright sun

3. when the new crop is still in the blade and the old one

is all consumed：temporary shortage

249. 清　1. clearly　　2. clear　　3. completely

250. 情　人情 human relations；　感情 feelings；　热情 enthusiasm；

军情 military situation；　情人 lover；　情书 love letter；

情报 intelligence；　情面 feelings

251. 请　1-G　2-D　3-B　4-E　5-C　6-A　7-F

252. 精　（略）

253. 能　1. have the gift of the gab　2. be ready to accept a higher

or a lower post　3. be able to wield both the pen and the gun

254. 开　1. open the door　2. turn on the light　3. have a meeting

4. drive a car　5. start　6. run a factory　7. boiled water

8. write out a prescription　9. open fire　10. crack a joke

255. 并　力　口

256. 关　1. turn off the switch　2. turn on the switch

257. 送　（略）

258. 车　各字的笔画数(the number of strokes in each character)：

军 6；　连 7；　库 7；　轻 9；　载 10；　暂 12；　惭 11；　轨 6；　轰 8

259. 连　1-B　2-H　3-A　4-C　5-F　6-G　7-D　8-J　9-E　10-I

260. 军　冖 冖 宀 宀 宀 ⺍ ⺍ 穴 穴 卝 卝

261. 此　（略）

262. 些　这些 these；　一些 some；　那些 those；　多些 more；　哪些 which

511

ones；大些 bigger

263. 老　　老年人 old aged people；　老百姓 commoner；　老虎 tiger；
　　　　老朋友 old friend；　　　老头儿 old man；　　　老太太 old lady
264. 考　　1. 朋友 没有　2. 请坐 工作　3. 现在 再见　4. 汉字 自己
265. 者　　（略）
266. 教　　jiāo：教书　教弟弟　教汉语
　　　　jiào：教堂　教练　教师　教材　教育　教学　教授
267. 师　　师 时 使 是
268. 着　　1. She said with a smile，"See you tomorrow."
　　　　2. He looked at his girlfriend.
269. 会　　1. He can speak Chinese now.
　　　　2. He can drink a lot of wine.
　　　　3. She is fully recovered and can leave her sickbed now.
270. 两　　三分之二；　两（二）百二十二本书；　买了两斤李子；　两本汉语书；
　　　　请你两天以后再来；　第二天
271. 史　　毕华；　更史；　设没；　今令；　司习；　爱受；　觉学；
　　　　爷爸；　块快；　雨两
272. 使　　（略）
273. 更　　1. gēnggǎi xiàomíng—change the title of a school
　　　　2. gèngjiā hǎokàn—more good-looking
　　　　3. sāngēng-bànyè—midnight
　　　　4. gèng hǎo gèng měi de míngtiān—a better and more beautiful
　　　　　tomorrow
274. 便　　1. fāngbiàn—convenient　　2. biànfàn—a simple meal
　　　　3. biànfú—informal dress　　4. biànyī—civilian clothes
　　　　5. dàbiàn—defecation　　　6. shùnbiàn—conveniently
275. 交　　1. hand over to　　　　2. cross
　　　　3. associate to　　　　4. deal
276. 校　　1. 小学校　2. 夜校　3. 校车　4. 校长　5. 军校　6. 校医
277. 较　　谢 啊 倒 做 感 南 圆 器
278. 回　　1. round trip　2. reply　3. return　4. return to one's own country
　　　　5. return　6. see you later　7. turn one's head　8. reply
279. 合　　（略）
280. 拿　　1. 回　2. 合　3. 拿
281. 给　　（略）
282. 答　　哈
283. 正　　1-C　2-B　3-F　4-I　5-J　6-D　7-H　8-A　9-G　10-E
284. 证　　历史 大使；　大笑 学校；　正中 证明；　男方 南方人
285. 政　　1. 政教 改放　　2. 进连 远近

286. 整　　整 证 政；　　答 给 拿

287. 立　　1. stand up　2. stand point　3. three dimensions　4. make a
merit　5. immediately　6. public　7. independence　8. set
up one's goal

288. 位　　1. 了（也可为"一"）　　2. 合　　3. 一　　4. 止

289. 音　　1-C　2-D　3-B　4-A

290. 意　　（略）

291. 找　　1-D　2-H　3-A　4-B　5-J　6-E　7-G　8-C　9-I　10-F

292. 公　　1. public：公安 公开 公路 公文 大公无私 公认
2. male animal：公鸡　　3. husband's father：公公 公婆
4. metric system：公斤 公里

293. 共　　休 如 好 他 她 什 李 古 干 土 叶 呆 杏 早 仔 合 囚 囷 困 田 日 团

294. 打　　（略）

295. 收　　1. 到　2. 工　3. 买　4. 入　5. 音　6. 听

296. 都　　都(dū)市：city；　　　　　　我们都(dōu)去：All of us are going；
大都(dū)会：metropolitan；　　大家都(dōu)会：everybody knows；
首都(dū)：capital；　　　　　　人人都(dōu)笑了：everyone smiles

297. 当　　（略）

298. 常　　（略）

299. 气　　（略）

300. 汽　　1. 煤气　2. 空气　3. 汽车　　4. 汽水
5. 天气　6. 生气　7. 水蒸气　8. 汽油

301. 过　　1. He will return to China to celebrate the New Year.
2. That saying is out of date.
3. The rainfall is excessive this year.
4. The couple can manage to get along quite well.

302. 成　　（略）

303. 别　　别 望 南 教 整 清 常 读 怎

304. 相　　1. 相向；　东动；　方放；　哥个
2. 机记；　间件；　收受；　七气

305. 想　　1. 机级 已记　2. 相详 想向

306. 思　　己 jǐ (self)　　　　快 kuài (fast)　　　　史 shǐ (history)
已 yǐ (already)　块 kuài (dollar)　　更 gèng (more)

307. 志　　想不开 take things too hard；　相思 yearning between lovers；
意志 will, determination；　　　同志 comrade；
想起 remember；　　　　　　　思考 ponder over

308. 感　　1-D　2-G　3-J　4-I　5-H　6-B　7-C　8-E　9-F　10-A

309. 厂　　（略）

310. 长　　cháng：长处,长久,长年,长远,长途,长城

zhǎng：生长，长高，厂长，年长，校长，长子

311. 借　1. I have borrowed a book from him.

2. I have lent a book to him.

3. I will borrow some money from him.

4. He doesn't want to lend money to me.

312. 练　1. 包子　2. 电影　3. 还有　4. 看花

5. 不敢　6. 考试　7. 能够　8. 改正

313. 晚　1. tonight　　2. evening newspaper　3. good night

4. night snack　5. sooner or later　　6. evening party

7. old age　　8. too late

314. 其　志 练 长 常 记 吃 买 考 却 更 学

315. 期　学期 星期 日期 时期；　期间 期中 期望 期考

316. 化　（略）

317. 花　1-C　2-H　3-I　4-B　5-J　6-F　7-D　8-G　9-A　10-E

318. 华　花华化；期其起气；师时使是

319. 事　1. 有件事情我想问你。　2. 我们需要事实证明。

320. 笔　1-E　2-B　3-F　4-I　5-G　6-C　7-J　8-D　9-A　10-H

321. 让　化日口己（正）

322. 因　（略）

323. 母　1-D　2-A　3-F　4-G　5-H　6-I　7-B　8-E　9-C

324. 每　1. 每人　2. 每天　3. 每年　4. 每本书　5. 每个国家　6. 每个朋友

7. 每个学生　8. 每位教师　9. 每个学期　10. 每样东西

325. 海　谢 精 意 路 河 照 语 读 倒 识 器 爱 但……

326. 高　1. gāoshǒu (past master)　2. gāojiàn (your opinion)

3. gāoxìng (happy)　4. nǚgāoyīn (soprano)　5. qīnggāo
(above politics and world interests)　6. gāozhōng (senior
high school)　7. gāodì (highland)　8. gāomàozi (flattery)

327. 京　Beijing，Tokyo，Nanjing

328. 影　高

329. 电　1. telephone　2. computer　3. television　4. electric wire

5. electrician　6. refrigerator

330. 平　1-I　2-E　3-C　4-B　5-F　6-H　7-J　8-G　9-D　10-A

331. 包　也

332. 衣　现 精 路 朋 给；　利 影 却 政 都

333. 被　（略）

334. 装　1. This clothes shop is being remodeled.

2. She could be easily identified as a model by her dress.

335. 故　（略）

336. 做　做

337. 飞　北京 Beijing—京北 the north of Beijing;
事故 accident—故事 story;
中华 China—华中 the center of China;
上海 Shanghai—海上 at sea;
笔名 pen name—名笔 famous pen;
人生观 outlook on life—观人生 see life

338. 图　1. 国图　2. 意志　3. 故教　4. 老考

339. 运　1-C　2-E　3-I　4-B　5-J　6-G　7-H　8-F　9-A　10-D

340. 加　1. 王　2. 三

341. 号　1. 今天几号？2. 你的电话号码是多少？3. 你要大号的还是小号的？

342. 件　1. My wife bought this shirt for me.
2. This is surely not an easy job.
3. She gave me two birthday gifts.

343. 令　1. 令　2. 方　3. 太　4. 术　5. 广

344. 领　领 哭 头 为 书 买 写 历 军

345. 里　1. 盒子前边　2. 盒子后边　3. 盒子上边　4. 盒子下边
5. 盒子左边　6. 盒子右边　7. 盒子里边　8. 盒子外边

346. 理　哪里哪里：Oh, it's nothing. You are flattering me.

347. 求　1. 请求　2. 求爱　3. 要求　4. 求学

348. 球　球(求)　领(令)　期(其)　想(相)　整(正)　精(青)　起(己)
响(向)　哥(可)　倒(到)　运(云)　卖(买)　爸(巴)　故(古)
华(化)　让(上)

349. 谢　些 写 谢；收 熟 手 受；之 直 只 志

350. 由　早上 early morning　上午 morning　午饭 lunch　饭前 before the
meal　前门 front door　门口 the door way　口号 slogan　号令 order

351. 众　(略)

352. 知　1. You, and only you, the best friend of mine, know the load on my
mind.
2. There is an old Chinese saying："Knowing the enemy and knowing
yourself, you can fight a hundred battles with no danger of
defeat."
3. A pair of *mus*（木）makes a forest（林）; three people（人）make a
crowd（众）.

353. 道　1. 到道　2. 七期　3. 地第　4. 的地　5. 明名
6. 南男　7. 化画　8. 政证　9. 笑校　10. 之知

354. 边　口　力

355. 病　(略)

356. 次　(略)

357. 决　1-B　2-F　3-I　4-G　5-J　6-C　7-H　8-E　9-A　10-D

358. 冷　　1. 冷决　2. 江河　3. 林相　4. 种和

　　　　5. 但作　6. 很得　7. 呢叫　8. 明晚

359. 准　　1. 姐 jiě　2. 相 xiāng　3. 路 lù　4. 被 bèi

　　　　5. 领 lǐng　6. 准 zhǔn　7. 决 jué　8. 话 huà

360. 死　　1. extremely happy　　　2. be parched with thirst

　　　　3. weep one's heart out　　4. save face at all costs

361. 就　　1. Wait a moment，I'll be right back.

　　　　2. The strong wind has subsided since this morning.

　　　　3. He has finished it very quickly.

362. 茶　　茶

363. 菜　　(略)

364. 报　　1. 攵　2. 辶　3. 心

365. 张　　张　本　张　件　个　杯　只　间　种

366. 产　　生产 produce　产生 produce；

　　　　张开 open　开张 business opening；

　　　　报时 give the correct time　时报 *Times* (newspaper)；

　　　　冷水 cold water　水冷 the water is cold

367. 床　　目

368. 或　　1. 讠　2. 亻　3. 氵　4. 女

369. 忙　　1. be busy with one's work　2. fight to escape death

　　　　3. return home on time　　4. gaze around

　　　　5. *China Pictorial*　　　　6. *Beijing Evening News*

370. 慢　　1. 丷　2. 忄　3. 口

371. 前　　前后　快慢　老少　开关　死活　哭笑

372. 民　　1. This new Chinese immigrant has become a U.S. citizen.

　　　　2. This teacher likes to sing folk songs best.

373. 身　　(略)

374. 完　　1. finish　2. completely　3. as good as new　4. thank goodness

375. 院　　1-D　2-C　3-B　4-G　5-A　6-H　7-F　8-I

376. 员　　1-D　2-E　3-G　4-A　5-I　6-F　7-B　8-H　9-C

377. 圆　　道理 principle；　　　收到 receive；

　　　　方圆 circumference；　服务员 attendant；

　　　　求学 go to school；　　足球 football

378. 直　　被　张　直　练　汽　冷　感　考　年

379. 真　　1. 这消息是真的吗？　2. 时间过得真快啊！　3. 我们必须追求真理。

380. 词　　(略)

381. 等　　1. He got the third prize in the contest of Chinese composition.

　　　　2. I had waited for half an hour before the bus came.

　　　　3. The people who will come to the meeting are Xiao Wang，Xiao

516

Zhang，Xiao Li，Xiao Lin and so on.

382. 红　1-D　2-G　3-H　4-F　5-E　6-C　7-B　8-A

383. 非　非

384. 客　常 意 谢 整 装 慢 晚 拿 教

385. 难　练，被，张；视，难，清

386. 世　世 再 张 画 很 能 第

387. 界　1. 世界观　　2. 第二次世界大战　3. 世界语
　　　4. 世界标准　5. 世界历史　　　　　6. 世界标准时

388. 全　1. 全国　2. 全世界　3. 全军　4. 全名　5. 全体　6. 全会

389. 色　1. color 色彩，色调，白色，彩色，红色，黄色，蓝色，颜色　2. scene 景色
　　　3. woman's looks 色情，女色　4. looks 脸色

390. 无　1-D　2-B　3-A　4-C　5-F　6-H　7-G　8-E

391. 义　以 已；意义；音因；语雨

392. 亲　1. His parents have passed away.
　　　2. This is his handwritten letter.
　　　3. my dear friend
　　　4. He is getting married with her next month.
　　　5. I want to go to see China myself.

393. 新　音 困 位 亲 新 古 问 间 们 休 什 闲 早 听 叶 呆 杏 昕 暗 呆

394. 节　1. 艹　2. 女　3. 宀

395. 角　¥3.75 三元七角五分，三块七毛五；
　　　¥12.49 十二元四角九分，十二块四毛九；
　　　¥127.68 一百二十七元六角八分，一百二十七块六毛八；
　　　¥95.32 九十五元三角二分，九十五块三毛二

396. 解　（略）

397. 始　（略）

398. 科　1. This scientist has been interested in science since he was a high
　　　　 school student.
　　　2. I am sick，but I don't know which department of a hospital I should
　　　　 visit.

399. 级　（略）

400. 极　1. the North Pole　2. positive electrode　3. extremely
　　　4. the limit　5. try every effort to help　6. extremely happy

401. 风　1-E　2-J　3-F　4-I　5-D　6-G　7-A　8-H　9-C　10-B

402. 代　古代 ancient times；　现代 modern times；　当代 contemporary；
　　　时代 the time；　　　　汉代 the Han Dynasty；
　　　上一代人 people of the last generation

403. 表　外表 outward appearance；　电表 eletric meter；　表面 surface；
　　　表现 performance；　代表 representative；　仪表 appearance / meter

517

404. 办　　为

405. 定　　级:给 极　　客:字 路　　设:语 没　　姓:妈 胜

406. 告　　对 谁:讨(难);　　路 很:跟;　　告 爸:吧;　　音 机 听:新

407. 计　　计-记　办-半　始-使　元-员

408. 诉　　1. 诉　　2. 计,认

409. 业　　(略)

410. 光　　1. Thank you for your coming.

　　　　2. Excuse me, please let me get through.

　　　　3. My son got the first place in the examination of the whole
　　　　　province. Everyone in my family is greatly honored by this news.

411. 复　　(略)

412. 服　　服:胜 报　　觉:学 现　　很:得 跟　　答:笑 拿

413. 克　　业 由 回 目

414. 空　　(略)

415. 片　　1. 证 政 整　2. 清 情 晴　3. 把 爸 吧　4. 哥 河 何

416. 外　　内外　始终　新旧　有无　难易　主客　真假　前后　快慢　生死

417. 往　　住—往　目—自　王—主　心—必　帅—师　了—子　今—令
　　　　问—间　人—大　白—百　万—方　休—体　止—正　咋—昨

418. 论　　1. 来去　2. 讨论　3. 克服　4. 空气
　　　　5. 论文　6. 理论　7. 往事　8. 外国的

419. 谈　　(略)

420. 星　　非—飞　星—兴　画—化　题—提　笑—校
　　　　心—新　目—木　办—半　世—是　难—男

421. 行　　xíng:行人,行车,自行车,行走,发行,行动;
　　　　háng:行业,行家,银行,行情

422. 形　　1. inseparable like shape and shadow　2. of every hue
　　　　3. movie star　　4. street crossing　　5. tiny spots
　　　　6. talk cheerfully and humorously

423. 须　　法—却 休—校 取—难 明—胜 冷—领 凉—就 确—解 相—眼

424. 选　　1. 选 xuǎn—先 xiān;　　2. 星 xīng—生 shēng;　　3. 新 xīn—斤 jīn;
　　　　4. 客 kè—各 gè;　　　　5. 院 yuàn—完 wán;　　6. 让 ràng—上 shàng;
　　　　7. 政 zhèng—正 zhèng;　8. 期 qī—其 qí;　　　　9. 校 xiào—交 jiāo

425. 医　　1. surgeon　2. selected literature readings　3. all trades
　　　　and professions　4. notice to inpatients

426. 应　　(略)

427. 该　　二、1. 飞机　好极了　几个人　设计
　　　　　　2. 星期　其他　起床　空气
　　　　　　3. 老师　时候　开始　办事

428. 拉　　不:坏 杯 还　　日:明 晚 星　　艮:很 根 跟

也:他 她 地　　　合:答 拿 给　　　又:汉 难 双

429. 念　　（略）

430. 农　　1. 诉　　2. 姐　　3. 这　　4. 念

431. 命　　汽 qì（气）　情 qíng（青）　房 fáng（方）　华 huá（化）　客 kè（各）；
　　　　院 yuàn（完）　冷 lěng（令）　识 shí（只）　选 xuǎn（先）　影 yǐng（景）

432. 岁　　岁:岩 多；　　应:床 兴；　　须:影 领；　　难:汉 谁
　　　　拉:找 位；　　眼:看 跟；　　考:老；　　　图:国 终

433. 兴　　以为　已经；　应该　英文；　客人　克服；　高兴　姓名；
　　　　有利　起立　历史　努力

434. 系　　关并　农衣　直真　话活　使便　次决　买卖　已己
　　　　观现　看着　快块　天无　干千　今令　第弟　问间

435. 条　　1. 浪　　2. 英　　3. 谁　　4. 员

436. 提　　1-C　2-D　3-G　4-F　5-E　6-J　7-B　8-H　9-A　10-I

437. 题　　求（球）　令（领）　里（理）　及（极）　是（题）
　　　　其（期）　相（想）　工（红）　生（胜）　力（历）

438. 布　　布:右 常　　题:提 领　　边:加 远
　　　　思:界 想　　拉:打 位　　决:冷 快

439. 够　　1. 现 精 跑 朋 红　　　2. 那 影 利 改 却

440. 劳　　（略）

441. 轻　　（略）

442. 经　　1-H　2-C　3-D　4-A　5-J　6-F　7-G　8-E　9-B　10-I

443. 重　　zhòng:重大　重视　重心　重要　重读　重病
　　　　chóng:重新　重孙　重提　重读　双重

444. 量　　量:一、二、三、日、旦、里、田、甲、由、工、干、
　　　　　　土、十、早、亘、川、巨、口、己、王、上、圭

445. 跑　　谈说　农工　走跑　风雨　红白　干做
　　　　海江　给送　画图　元分　哥姐

446. 容　　广:床 应　　　宀:容 家　　　亠:六 京
　　　　扌:提 找　　　彳:很 得　　　足:跑 跟
　　　　刂:利 别　　　页:领 须　　　攵:故 放

447. 易　　yì:同意,正义,容易；　qīng:轻快,青年,清楚；
　　　　yuán:教员,方圆,平原

448. 需　　xū:必须,需要；　xìng:姓名,高兴；　yīng:应当,英国；
　　　　yì:大意,义务；　yè:夜晚,作业；　jì:计划,记者

449. 接　　1-I　2-E　3-B　4-C　5-A　6-D　7-F　8-G　9-H

450. 候　　hòu:等候,候机；　róng:笑容,容易；　nóng:农业,农民

451. 参　　cānguān xuéxiào　参观学校　visit a school
　　　　mǎi rénshēn　买人参　buy ginger
　　　　zhòngyào yuányīn　重要原因　an important reason

chóngfù shǐyòng　重复使用　reuse

shuō de hǎo　说得好　well said

dédào　得到　obtain

452. 层　　（略）

453. 导　　领导 指导 教导 / 导电 导体 导师

　　　　月光 风光 红光 / 光明 光年 光华

454. 步　　步行 不行 布告 / 轻快 青年 清白 / 市民 事情 世界

455. 低　　高低 轻重 难易 冷热 旧新

　　　　快慢 是非 里外 主次 假真

456. 部　　（略）

457. 错　　（略）

458. 发　　1. fābiǎo (publish)　2. fādiànjī (generator)　3. fāxiàn (discover)

　　　　4. fāmíng (invent)　5. fājué (find out)　6. fāxiào (laugh)

　　　　7. lǐfàyuán (barber) 8. fācái (get rich) 9. tóufa (hair on one's head)

　　　　10. fāshāo (have a fever)

459. 备　　（略）

460. 结　　1. The tree has borne quite a few apples.

　　　　2. Unity is strength.

　　　　3. Mr. Wang and Miss Li are going to have a honeymoon trip

　　　　　 tomorrow.

461. 紧　　结,然,整,装,解,热

462. 面　　东边 西边 南边 北边 左边 右边 / 上面 下面 里面 外面 前面 后面

463. 原　　1. His ancestral hometown is Henan Province.

　　　　2. Please forgive me, but I have reason for doing so.

　　　　3. Being nervous, she forgot the words she had intended to say.

464. 越　　（略）

465. 总　　总(心)；越(走)；原(厂)；紧(糸)；备(夂；田)；发(又，乀)；部(阝)

　　　　步(止)；导(巳,寸)；层(尸)；容(宀)；易(日)；轻(车)；劳(力)

　　　　然(灬)；兴(八)；岁(山)；形(彡)；克(十)；

466. 组　　组:给姐；运:动进；观:难现；备:条思 借:们错；

467. 治　　1.治 2.合 3.结 4.南 5.原 6.常 7.备 8.误

468. 帮　　（略）

469. 场　　市场 market；　　发生 take place；　　题目 title；

　　　　球场 ball field；　花生 peanut；　　　提起 mention；

470. 变　　左右对称 (symmetry)

471. 将　　（略）

472. 府　　政府 (government)；比较 (compare)；需要 (need)；等候 (wait)

　　　　例证 (example)；教师 (teacher)；必须 (must)；后面 (back)

473. 离　　（略）

474. 例　跑 pǎo—包 bāo；　　海 hǎi—每 měi；　　星 xīng—生 shēng；
　　　　空 kōng—工 gōng；　　新 xīn—斤 jīn；　　院 yuàn—完 wán；
　　　　客 kè—各 gè；　　　冷 lěng—令 lìng；　　精 jīng—青 qīng；
　　　　起 qǐ—己 jǐ

475. 流　1-G　2-J　3-C　4-E　5-H　6-I　7-F　8-A　9-D　10-B

476. 社　（略）

477. 神　shè：设立 社会；　　shén：什么 神气；　　lì：先例 利用；
　　　　zhì：同志 治理；　　yuán：原因 方圆；　　yì：意志 容易

478. 声　士：志 声 结 吉 壮 喜
　　　　土：在 坐 社 去 地 周 基

479. 式　（略）

480. 虽　1. 他不但英文说得好，而且中文也说得好。
　　　　2. 要是我现在有钱，我就能买新的汽车了。
　　　　3. 因为我的车子坏了，所以我去不成了。
　　　　4. 虽然她没说话，但是我懂她的意思。

481. 算　意，茶，复，参，紧，原，算，卖

482. 务　（略）

483. 物　（略）

484. 实　实物 shíwù (material object)　务实 wùshí (deal with concrete
　　　　matters relating to work)　开花结实 kāihuā-jiēshí (blossom
　　　　and bear fruit)　事物 shìwù (thing, object)　事务 shìwù
　　　　(work, routine)　实事求是 shíshì-qiúshì (seek truth from facts)

485. 商　1. 明早我要和他商量这个问题。
　　　　2. 那边有一个新的商场。
　　　　3. 他的父母都是商人。

486. 查　木：休 杯 查 果　　　日：旧 明 旦 昔

487. 按　1. 报 找 打　2. 床 府 应　3. 答 笑 算　4. 级 红 给

488. 带　1. 帮 带 布　2. 跑 跟 路　3. 和 利 种　4. 很 得 往

489. 省　1. save　2. province　3. belt
　　　　4. take　5. business　6. discuss

490. 所　各字的笔画数 (the number of strokes in each character)：
　　　　斥 5；　欣 8；　所 8；　断 11；　斯 12；　新 13；　忻 7；　斫 9

491. 特　（略）

492. 通　1. This road doesn't lead to the school.
　　　　2. I am going to make a phone call to her this evening.
　　　　3. She knows four languages.
　　　　4. He is an old China hand.

493. 鱼　（略）

494. 制　（略）

495. 指 指点 zhǐdiǎn (show how)； 指导 zhǐdǎo (guide)；
指教 zhǐjiào (advise)；   指南 zhǐnán (guide book)；
指正 zhǐzhèng (make comments and criticisms)； 指甲 zhǐjiɑ (nail)；
指明 zhǐmíng (point out)； 手指头 shǒuzhǐtou (finger)

496. 建 （略）

497. 象 象形字：山 水 人 子 口 月 马 门 心 日
形声字：神 病 较 请 吗 们

498. 数 1. dàoshǔ, count backwards 2. shù, a pretty good idea of how
things stand 3. shùxué, mathematics 4. shǔ shù, count
5. shùzì, figure

499. 纸 （略）

500. 展 黑 建 带 式 神 念 易 越 谢
练 考 真 诉 结 低 步 导 候

责任编辑：施春宏
装帧设计：朱 丹

图书在版编目（CIP）数据

外国人汉字速成：汉英/（美）林柏松等编著。—北京：华语教学出版社，1996.8
ISBN 7-80052-460-4

I.外... II.林... III.汉字—对外汉语教学—自学参考资料 IV.H195.4

中国版本图书馆CIP数据核字（96）第 02340 号

外国人汉字速成

PATRICK LIN　周　健　陆景周

*

©华语教学出版社
华语教学出版社出版
（中国北京百万庄路 24 号）
邮政编码 100037
北京外文印刷厂印刷
中国国际图书贸易总公司发行
（中国北京车公庄西路 35 号）
北京邮政信箱第 399 号　邮政编码 100044
1996 年（16 开）第一版
1999 年第二版
（汉英）
ISBN 7-80052-460-4／H·552
08950
9—CE—2998P